"十二五"国家重点出版物出版规划项目

SAE
CHINA

中国汽车工程学会
汽车工程图书出版专家委员会　推荐出版

新能源汽车关键技术研究丛书

地面车辆混合驱动系统建模与控制优化

MODELING AND CONTROL OPTIMIZATION FOR GROUND VEHICLE HYBRID PROPULSION SYSTEM

邹　渊　胡晓松　著

北京理工大学出版社
BEIJING INSTITUTE OF TECHNOLOGY PRESS

内 容 简 介

本书围绕混合驱动系统构型、参数匹配与控制优化设计展开，阐述了地面车辆混合驱动系统集成与控制优化设计的基础理论、技术途径和应用方法。第1章分析了混合驱动系统及其控制优化技术。第2章分析混合驱动系统构型及其特征。第3章提出混合驱动系统建模与系统控制的技术挑战，归纳关键部件模型以及快速控制工程技术。第4章分析了锂离子动力电池建模与系统辨识技术。第5章分析了混合驱动系统最优控制及系统优化的理论和方法。第6章分析混合驱动系统非线性规划的优化控制理论和方法。第5章和第6章都结合实际应用开展深入剖析，以加深读者理解。第7章和第8章分别针对轮式和履带车辆给出了混合驱动系统建模、控制优化以及快速控制工程的实例。

版权专有 侵权必究

图书在版编目（CIP）数据

地面车辆混合驱动系统建模与控制优化/邹渊，胡晓松著 . —北京：北京理工大学出版社，2015.1

ISBN 978-7-5682-0523-8

Ⅰ.①地… Ⅱ.①邹… ②胡… Ⅲ.①混合动力汽车-动力系统-研究 Ⅳ.①U469.7

中国版本图书馆 CIP 数据核字（2015）第 082078 号

出版发行 / 北京理工大学出版社有限责任公司
社　　址 / 北京市海淀区中关村南大街5号
邮　　编 / 100081
电　　话 / （010）68914775（总编室）
　　　　　（010）82562903（教材售后服务热线）
　　　　　（010）68948351（其他图书服务热线）
网　　址 / http：// www.bitpress.com.cn
经　　销 / 全国各地新华书店
印　　刷 / 保定市中画美凯印刷有限公司
开　　本 / 710 毫米×1000 毫米　1/16
印　　张 / 18　　　　　　　　　　　　　　责任编辑 / 林　杰
彩　　插 / 6　　　　　　　　　　　　　　　　　　　　封　雪
字　　数 / 300 千字　　　　　　　　　　　　文案编辑 / 杜春英
版　　次 / 2015 年 1 月第 1 版　2015 年 1 月第 1 次印刷　　责任校对 / 周瑞红
定　　价 / 68.00 元　　　　　　　　　　　　责任印制 / 王美丽

图书出现印装质量问题，请拨打售后服务热线，本社负责调换新能源汽车已被国家列入七大战略新兴产业之一和《中国制造2025》十大重点优先发展的领域之一。习近平总书记指出，"发展新能源汽车是我国由汽车大国迈向汽车强国的必由之路"。国家《节能与新能源汽车产业发展规划（2012—2020年）》指出，汽车产业是国民经济的重要支柱产业，在国民经济和社会发展中发挥着重要作用。随着我国经济持续快速发展和城镇化进程加速推进，今后较长一段时期汽车需求量仍将保持增长势头，由此带来的能源紧张和环境污染问题将更加突出。加快培育和发展节能汽车与新能源汽车，既是有效缓解能源和环境压力，推动汽车产业可持续发展的紧迫任务，也是加快汽车产业转型升级、培育新的经济增长点和国际竞争优势的战略举措。

结合国际汽车产业发展趋势来看，大力发展以纯电动汽车、插电式混合动力汽车、燃料电池汽车等为代表的新能源汽车，不仅有助于解决我国汽车消费面临的能源、环保和噪声污染等问题，也是我国汽车产业实现由大变强的重要途径之一。在国家"863计划"等科技重大项目和节能与新能源汽车示范推广等扶持政策的大力支持和推动下，我国汽车企业纷纷加大新能源汽车产业化力度，新能源汽车关键零部件及相关技术取得重大进步，动力电池发展环境持续优化，驱动电机技术稳步提升，整车控制技术研发应用水平显著提升。

目前，我国新能源汽车研发体系已初步形成，2015年新能源汽车产销量跃居世界第一。自主研制开发出混合动力、插电式混合动力、纯电动和燃料电池汽车等各类整车产品，初步掌握了电动汽车整车设计、系统集成等关键技术，基本形成混合动力、纯电动和燃料电池新能源汽车动力系统技术平台和新能源汽车技术标准体系框架和测试评价能力，建立了新能源汽车的动力技术平台，形成了比较完整的关键零部件体系；自主开发的纯电动汽车在整车动力系统匹配与集成设计、整车控制方面，取得了突破性进展，接近国际先进水平。

本丛书汇集了近年来我国新能源汽车研究掌握的新技术、新理论等先进成果，充分体现了我国在新能源汽车领域所取得的卓越成绩。北京理工大学、同济大学、吉林大学、华南理工大学、北京信息科技大学、中国汽车技术研究中心、长安汽车工程研究院等国内从事相关领域研究的权威单位共同组建了本丛书的作者队伍，期望以此为新能源汽车领域专家和学者搭建学术交流平台，对提升我国新能源汽车的研发水平起到促进作用，也是出版界助力提升我国新能源汽车关键技术的重要成果。

本丛书以新能源汽车领域的研发与设计为主线，以纯电动汽车、插电式混合动力汽车以及燃料电池汽车为对象，围绕新能源汽车电池、电机、电控等关键技术的设计、仿真、优化和工程应用开展研究，汇集了我国近年来在纯电动车辆技术、混合动力驱动系统控制、混合动力耦合系统构型与装置、电动汽车整车控制优化、新能源车辆轻量化、燃料电池汽车建模等领域取得的重要理论及技术成果。其学术价值得到了国际专家学者的高度认可，其中《地面车辆混合驱动系统建模与控制优化》《混合动力耦合系统构型与耦合装置分析设计方法》已与德国 Springer 签署版权输出协议。

本丛书入选"十二五"国家重点出版物出版规划项目，其出版得到了中国汽车工程学会（SAE-CHINA）汽车工程图书出版专家委员会以及作者单位的领导、专家及工作人员的关心和大力支持，在此深表感谢！此外，书中难免存在不当之处，敬请读者批评指正！

北京理工大学副校长　孙逢春

在车辆驱动系统电气化的发展背景下，混合驱动系统已经成为地面车辆一类重要的机电装备。该类机电装备构型复杂，不同学科和动态过程耦合交叉，系统动态特性与控制密切相关，如何实现最优的系统集成与控制是混合驱动系统面临的重要理论和技术挑战之一。究其理论实质是确保综合性能最优的系统与控制集成设计，也即常说的系统动态匹配与优化控制问题。

本书主要围绕上述问题展开。侧重分析了地面车辆混合驱动系集成与控制的现状、驱动系统构型以及混合驱动系建模与仿真技术，建模方面重点阐述了锂离子电池参数辨识和最优状态估计技术。阐述了混合驱动系统最优控制和系统优化的基础理论和工程方法。阐述了以伪谱法和凸优化为代表的混合驱动系统非线性规划系统优化控制的基础理论和工程方法。最终给出了相关理论和方法在轮式车辆和履带车辆混合驱动系统建模与控制应用实例。全书采用基于模型的设计（MBD，Model-Based Design）思路，把混合驱动系统动态特性与控制理论密切结合，注重先进控制技术在混合驱动系统设计的深入应用，较为系统的阐述了作者在混合驱动系统集成与控制设计相关理论和方法及其工程技术实践，具有较高的理论意义和工程应用价值。

本书第一作者邹渊博士多年来一直从事混合驱动系统集成与控制的相关研究工作，其所在的科研团队对轮式或履带式车辆混合驱动系统均有深入研究。令人欣喜的是，作为机械工程的青年学者，能够把先进控制理论和方法与混合驱动系统匹配与性能调控密切结合，持续在混合驱动系统集成与控制领域刻苦钻研，为车辆混合驱动系统集成与控制设计引入了新的思路及技术途径，相信会对我国混合驱动系统集成与控制的相关理论和技术发展产生积极的影响，推动混合驱动系统集成与控制技术的发展。

本书提供了丰富的工程应用实例，基础理论与工程应用密切结合是本书的特点。该特点使得本书既适合于高等院校的师生阅读，也适合于研究及企业相关研发人员阅读。我乐于向从事混合驱动系统研发工作的相关师生以及科研人员推荐本书。

中国汽车工程学会理事长

地面车辆混合驱动系统建模与控制优化

推荐序

Track-laying vehicles, also known as tracked vehicles, are commonly used in off-road driving, when the soil can be soft and uneven. Because of their unique mechanical designs, their propulsion and steering power requirements are intertwined. This unique attribute is a major reason transmissions for tracked vehicles are different from those designed for wheeled vehicles—torques and speeds to the left and right tracks must be independently controlled for straight driving and turning. An important future development trend of tracked vehicles is their hybridization, for better fuel economy and performance. However, it is clear that hybrid powertrains designed for wheeled vehicles cannot be readily applied to tracked vehicles. While some publications exist in the literature, they are hard to find partly because of the fact tracked vehicles are heavily used in military applications. This inconvenient truth unfortunately impacted the development of hybrid powertrains for agriculture, construction and mining tracked vehicles.

Both authors of this book are faculty members of the Beijing Institute of Technology with experience in the design of traditional tracked vehicles. Both of them also have studied at the University of Michigan, as visiting scholars in my laboratory, working on the modeling, analysis and optimization of hybrid wheeled vehicles and battery systems. A few years after they return to their home institute, I am thrilled to find that they have co-authored this book, applying model-based methods to the design and analysis of hybrid tracked vehicles. They presented and discussed several existing series and power-split hybrid powertrains. In addition, the model-based methods described in this book draw from the rich literature of hybrid wheeled vehicles. Many of the presented methods can be applied to the design and analysis of hybrid tracked vehicles provided that proper models are available.

Millions of hybrid wheeled vehicles have been sold world-wide. They are living evidence that hybrid technologies are mature and can provide unprecedented fuel saving performance. This book represents an important effort in spreading the knowledge to tracked vehicles. I

地面车辆混合驱动系统建模与控制优化

推荐序

found it well organized and a joy to read. I hope the readers enjoy it as much as I did.

Huei Peng

Professor, Department of Mechanical Engineering

Director, US-China Clean Energy Research Center—Clean Vehicle Consortium

University of Michigan

系统集成与控制是地面车辆驱动系统顶层设计技术，其内涵为通过驱动系的匹配与控制获得系统层面的最优性能。混合驱动系由于构型、参数配置与工作模式灵活多变，工作过程对控制极度依赖，系统匹配与控制对驱动系性能影响更为显著。本著作围绕混合驱动系构型、参数匹配与控制优化设计展开，立足于著者在该领域的理论和研究实践，着眼于系统动力学基本原理与视角，引入基于模型的设计（MBD，Model-Based Design）理念，从模型表征和系统匹配及控制入手，阐述了地面车辆混合驱动系集成与控制优化设计的基础理论、技术途径和应用方法。

本书特点一是模型与控制设计并重，模型重在揭示驱动系的动静态特性而控制重在实现最优的利用和调控；二是理论和技术实践并重，包括系统建模、最优控制和系统优化的基础理论和技术实现与工程应用方法。力求让读者从系统层面把握地面车辆混合驱动系集成与控制设计的理论与技术实质。第 1 章对地面车辆混合驱动系发展、系统控制及优化技术进行综合分析。第 2 章分析地面车辆混合驱动系构型及其特征。第 3 章提出地面车辆混合系统建模与系统控制的技术挑战，并归纳关键部件模型以及快速控制工程技术。第 4 章分析了锂离子动力电池建模与系统辨识技术。第 5 章分析了混合驱动系最优控制及系统优化的理论和方法。第 6 章分析地面车辆混合驱动系非线性规划的优化控制理论和方法。第 5 章和第 6 章都接合实际应用开展深入剖析，以加深读者理解。第 7 章和第 8 章分别针对轮式和履带车辆给出了混合驱动系建模、控制优化以及快速控制工程的实例。

拙文能够成稿完全受惠于北京理工大学车辆工程学科多位教授的指导和培养。感谢孙逢春教授在作者求学和工作中给予的指导和帮助，孙老师是作者博士期间的导师，也是作者所在北京理工大学电动车辆国家工程实验室和国防科技创新团队"电驱动理论与关键技术"的学术带头人，本书完成得益于他的大力支持与帮助。感谢项昌乐教授在作者工作和学术上的指导与鼓励。感谢作者所在电动车辆国家工程实验室以及车辆工程学科同事们给予的包容、帮助和砥砺，感谢张承宁教授和林程教授的支持与帮助。拙文成稿也得益于作者在密歇根大学安娜堡校区和瑞士联邦苏黎世理工大学的合作研究，感谢 Huei Peng 教授和 Lino Guzzella 教授在学术上的合作与讨论。本书内容大多来自作者及其所在团队的科研实践。其中胡晓松博士撰写 4.1 至 4.5、4.7.1 和 4.7.2 以及 6.4 和 6.5 凸优化部分，特此致谢。

感谢国家自然科学基金（50905015 和 51375044）、国防基础科研重点项目（B2220132010）和高等学校创新引智计划（B12022）的资助。感谢研究生刘腾、高玮、邵冰、孙石、田野、刘德兴和魏守洋协助整理并校对部分书稿。感谢北京理工大学出版社的支持。

岳拴云女士在写作过程中给予了充分的理解与支持，使作者能集中精力完成了写作，谨致以深深的感谢。

希望本书的出版能为混合驱动系集成与控制技术的发展贡献力量。囿于著者水平以及科学技术的快速发展，书中观点和内容难免有不当之处，恳请批评指正。

目录

1　前言／1

1.1　地面车辆混合驱动系统现状／1

1.1.1　地面车辆动力驱动系统发展历史／1

1.1.2　地面车辆混合驱动系统现状及发展／3

1.1.3　地面车辆混合驱动系统发展趋势和技术特征／9

1.2　地面车辆混合驱动系统控制技术／10

1.2.1　系统控制在混合驱动系统中的作用／10

1.2.2　混合动力驱动系统控制结构／10

1.3　基于模型的系统优化与最优控制／13

1.3.1　基于模型的控制／13

1.3.2　地面车辆混合驱动系统优化设计／15

1.3.3　混合驱动系统最优控制／16

2　地面车辆混合驱动系统构型／23

2.1　混合驱动系统基本构成和分类／23

2.1.1　混合驱动系统基本构成／23

2.1.2　混合驱动系统的分类／25

2.2　轮式车辆混合驱动系统／31

2.2.1　串联式混合驱动系统／31

2.2.2　并联式混合驱动系统／33

2.2.3　混联式混合驱动系统／35

2.3　履带车辆混合驱动系统／38

2.3.1　串联式混合驱动系统／39

2.3.2　并联、混联式混合驱动系统／40

3　地面车辆混合驱动系统建模与仿真技术／46

3.1　混合驱动系统建模与仿真的作用及挑战／46

3.2　地面车辆及混合驱动系统部件模型／48

3.2.1　车辆动力学模型／48

3.2.2　发动机模型／55

3.2.3　传动系统模型／57

3.2.4　储能系统模型／59

3.2.5　电机驱动系统模型／65

3.2.6　电功率母线以及电源变换器模型／71

3.3　地面车辆混合驱动系统仿真技术／73

3.3.1　面向控制的系统仿真技术／74

1

3.3.2 仿真软件及环境 / 76

4 锂离子动力电池建模与系统辨识 / 82

4.1 车用动力电池种类与比较 / 82

4.2 车用锂离子电池种类与比较 / 83

4.3 锂离子电池模型类型 / 84

4.3.1 电化学模型 / 85

4.3.2 黑箱电池模型 / 86

4.3.3 等效电路模型 / 86

4.4 锂离子电池模型在整车仿真和电池管理中的
应用 / 87

4.4.1 锂离子电池模型在整车能量管理策略仿真中的
应用 / 87

4.4.2 锂离子电池模型在电池管理中的应用 / 88

4.5 锂离子电池模型的辨识方法 / 89

4.6 锂离子电池状态卡尔曼滤波最优估计方法 / 90

4.6.1 滤波器系数及调整 / 91

4.6.2 扩展卡尔曼滤波器 / 91

4.7 实例 / 94

4.7.1 基于最小二乘算法的线性电池模型辨识 / 94

4.7.2 基于数值优化的非线性电池模型辨识 / 96

4.7.3 锂离子电池 SOC 和 SOH 卡尔曼滤波最优估计 / 100

5 地面车辆混合驱动系统最优控制及系统优化 / 119

5.1 地面车辆混合驱动系统优化控制的数学基础 / 120

5.1.1 确定性动态规划理论及算法基础 / 121

5.1.2 随机动态规划理论及算法基础 / 124

5.1.3 庞特里亚金极小值原理基础 / 125

5.2 基于确定性动态规划的并联式商用车优化
控制 / 127

5.2.1 车辆结构及其部件建模 / 128

5.2.2 基于静态优化的控制方法设计 / 134

5.2.3 混合动力汽车能量管理优化问题的建立 / 136

5.2.4 相关结论 / 146

5.3　基于庞特里亚金极值原理的并联式商用车优化控制 / 146

5.3.1　能量优化控制策略问题描述 / 146

5.3.2　基于极小值原理的求解结果 / 149

5.4　基于随机动态规划的优化控制 / 152

5.4.1　混合动力履带车辆驱动系统及其建模 / 153

5.4.2　基于随机动态规划的优化控制模型 / 155

5.4.3　结果分析及相关结论 / 159

5.5　系统参数和控制的耦合优化 / 161

5.5.1　系统参数和控制的耦合优化问题 / 162

5.5.2　基于最优控制理论的系统参数和控制的耦合优化 / 162

6　车辆混合驱动系统非线性规划优化控制 / 171

6.1　最优控制到非线性规划转化 / 171

6.1.1　间接法 / 172

6.1.2　直接法 / 172

6.2　伪谱法的理论基础 / 173

6.2.1　状态和控制变量离散化 / 175

6.2.2　微分矩阵与导数近似 / 175

6.2.3　NLP 问题的求解 / 176

6.3　混合动力车辆最优控制问题求解 / 177

6.3.1　整车模型与问题描述 / 178

6.3.2　结果分析与对比 / 179

6.4　凸优化基础 / 182

6.4.1　凸优化的意义与优势 / 182

6.4.2　凸优化的基本概念 / 183

6.5　凸优化在混合驱动系统优化控制中的应用 / 184

6.5.1　FCHV 混合动力系统部件大小的选型问题 / 184

6.5.2　混合驱动系统的数学建模 / 186

6.5.3　优化结果 / 193

6.5.4　其他混合动力系统应用 / 195

7　轮式车辆混合驱动系统建模与控制实例 / 201

7.1　功率分流型混合驱动系统优化控制 / 201

7.1.1　动力驱动系统模型 / 202

7.1.2 功率分流型混合驱动系统最优控制问题 / 205

7.1.3 结果与讨论 / 207

7.2 并联式商用车控制实时仿真 / 212

7.2.1 基于 dSPACE 的硬件在环仿真（HIL）/ 213

7.2.2 混合动力商用车"驾驶员-综合控制器"在环的实时仿真
平台搭建 / 214

7.2.3 混合动力商用车"驾驶员-综合控制器"在环的整车控制
实时仿真 / 217

8 履带车辆混合驱动系统建模与控制实例 / 222

8.1 混合动力高速履带车辆实例 / 222

8.1.1 双电机独立驱动高速履带车辆混合驱动系统参数
匹配 / 223

8.1.2 双电机独立驱动高速履带车辆控制策略设计 / 231

8.2 混合动力推土机实例 / 253

8.2.1 混合动力推土机驱动系统建模及其参数匹配 / 253

8.2.2 混合动力推土机的控制设计 / 262

8.2.3 混合动力推土机快速控制仿真工程 / 265

彩插附图 / 273

1

前　言

1.1　地面车辆混合驱动系统现状

1.1.1　地面车辆动力驱动系统发展历史

在人类历史发展的长河中，地面车辆一直作为一类主要的交通工具来实现自由移动的梦想，其中地面车辆动力驱动系统则占据着重要地位，其作用是把车载能量源转化为动力，并经过功率适应性调控传递到驱动轮或履带上以实现车辆正常行驶。

纵观地面车辆的发展历史，其每次质量上大的飞跃都与动力驱动系统的技术革新和发展密切相关。在 18 世纪以前一段较长的历史时期，地面车辆主要依靠牲畜作为动力，其动力驱动系统较为简单，牵引功率通过缆绳传递到车体上，通过赶车人对牲畜的驯服来实现驱动功率的控制。图 1-1 是中国秦代兵马俑中出现的两乘马车。

18—19 世纪是地面车辆动力驱动系统技术的萌芽和发展期，其发展与工业革命密切相关，蒸汽机、电动机和内燃机等动力转化装置技术和产品为地面车辆动力驱动系统注入新活力。有记载表明，最早的地面车辆动力驱动系统的雏形可能发明于中国清朝康熙年间，传教士南怀仁制作了蒸汽机小车，该发明基于蒸汽机动力系统[1]。此后，蒸汽机动力系统还被广泛地应用在汽车、铁路和船舶上[2]。19 世纪末，在巴黎举行的国际电气展览（International Exposition of Electricity）上出现了电力驱动的汽车，此后到 20 世纪初，电动汽车被广泛应用在城市公共交通和个人交通系统中。几乎在同一

图 1-1　中国秦代两乘马车兵马俑

时期，以内燃机为动力的汽车由德国人卡尔·本茨发明出来。在 19 世纪末一度形成了电动汽车和内燃机汽车并存的局面。到 20 世纪初，一方面由于内燃机技术的进步，如起动机的应用，另一方面由于加油便利且续驶里程远大于电动汽车，以内燃机为动力的汽车逐渐成为主流。美国福特车型的大量生产最终使得以内燃机为动力的汽车成为历史的选择，并催生了汽车工业百年发展的历程和革新，对人类社会和生活产生了巨大的影响。

20 世纪末至今，全球能源危机以及环境保护的压力使得人们重新审视以石化燃料为主体的内燃机汽车工业的弊病。内燃机汽车庞大的产量和使用既消耗大量的石化自然资源，同时也产生了大量有害排放物，污染空气且引发了温室效应，威胁着地球生态平衡与安全。清洁汽车技术日益被重视和研究，如各类替代燃料车辆，特别是电动汽车又一次成为世界研究的热点。

目前，电动车辆的定义逐渐明确，一般相对于以内燃机为动力的常规车辆而言，多指在车辆动力驱动系统驱动功率流中含有电功率的车辆。电动汽车一般包括纯电动汽车（BEV，Battery-powered Electric Vehicles）、混合动力汽车（HEV，Hybrid Electric Vehicles）和燃料电池汽车（FEV，Fuel Cell Electric Vehicles）。也有以是否具备接入电网充电的能力来分类的，类别包括可充电电动汽车、燃料电池汽车和混合动力汽车，可充电电动汽车又包括纯电动汽车和插电式混合动力汽车（PHEV，Plug-in Hybrid Electric Vehicles）两类。其他路面车辆的分类一般借鉴电动汽车分类的提法。由于当前车载电能存储技术及产品的能量密度、功率密度和使用成本无法达到内燃机车辆的水平，因此纯电动汽车和燃料电池汽车多用在公共交通和政府主导的示范项目中，用以降低人口密度较大的城区的排放污染，并引领汽车工业向绿色环保的方向发展。

混合动力汽车由于兼具内燃机动力驱动系统和电气化驱动系统的特点，具备充分发挥两类驱动系统的优势的潜力，是极具市场竞争力的技术。然而，电气化驱动的引入使得系统复杂度增加，特别是由于同时具有多个动力源，如何实现功率的高效利用与传统的内燃机车辆不尽相同，这是地面车辆混合驱动系统的关键技术和难点，也是本书的核心主题。

1.1.2 地面车辆混合驱动系统现状及发展

地面车辆混合驱动系统的发展缘由既来自节能与环保的要求，如提高动力驱动效率可以增加续驶里程而导致单位里程的油耗与排放降低，也来自混合驱动系统为提升车辆总体性能提供了更大的发展空间，如电驱动系统的反应远比内燃机系统迅速和灵敏，电缆传递功率比机械传动更具灵活性。此外市场竞争中用户更不会接受车辆综合性价比的丝毫降低，而囿于当前电驱动系统在车载电储能密度和能量补充上无法达到内燃机的储能水平和能量补充的便利性，综合内燃机和电动机的混合动力驱动系统可以兼具两类动力驱动系统的优势，可以提高系统综合性能且更加节能与环保。当前地面车辆混合动力驱动系统已经逐步应用在多种类型的轮式车辆上。表 1-1 为截止到 2014年，美国市场各类混合动力乘用车的销售情况[3]。

部分装备混合动力驱动系统的乘用车已经实现了规模可观的市场销售，如丰田公司的普锐斯（Prius）轿车目前全球销量已经超过 500 万辆[4]。该车采用混联式混合动力驱动系统，依靠行星轮系使内燃机、发电机和驱动电动机实现动力复合来驱动车辆，该动力复合方式获得了更大的系统优化空间和性能设计空间，使该系统成为迄今为止业界公认的成功的混合动力驱动系统之一，其结构如图 1-2 所示。美国通用汽车公司推出了沃蓝达（Volt）双模式混合动力驱动系统，该系统采用行星排和多个离合器实现发动机和两个电动机的动力耦合，依靠离合器和制动器配合实现工作模式的切换。与普锐斯系统不同的是，该系统依托多个离合器实现双工作模式。该动力耦合模式体现了一类模块化的思想，依据该思路，通用汽车公司使用行星轮系提出了三行星排、多模混合动力驱动系统[5]。

在混合动力乘用车中，福特汽车研制的前后轴混联混合动力系统值得重视，相比于丰田普锐斯和通用沃蓝达系统，该混合动力驱动系统结构具有一定的特色，即采用前后轴同时驱动的方式，内燃机和电动机 1 动力耦合后用于驱动前轴，而后轴通过电动机 2 来驱动。这种结构体现了动力驱动系统与车身驱动构型的一体化设计趋势。

混合动力驱动系统也广泛应用在商用车领域，各大商用车生产商纷纷推出了装备混合动力驱动系统的客车与卡车。美国举办了高效率卡车混合动力展览（HTUF），以此来推动商用车混合动力驱动系统的技术发展和市场应用。伊顿公司推出了前置并联式的混合动力驱动系统，发动机和电动机在自

4

表1-1 美国市场各类混合动力乘用车销售情况（截止到2014年）

1999—2014年混合动力车辆在美国的销售量

车辆类型	1999	2000	2001	2002	2003	2004	2005	2006	2007	2008	2009	2010	2011	2012	2013	2014	总计 1999—2014
Toyota Prius		5 562	15 556	20 119	24 600	53 991	107 897	106 971	181 221	158 574	139 682	140 928	136 463	147 503	145 172	122 776	1 498 616
Prius c														35 733	41 979	40 570	118 282
Prius v														40 669	34 989	30 762	114 819
														223 905	222 140	274 500	1 731 717
Toyota Camry								31 341	54 477	46 272	22 887	14 587	9 241	45 656	44 448	39 515	308 424
Honda Civic				13 700	21 800	25 571	25 864	31 251	32 575	31 297	15 119	7 336	4 703	7 156	7 719	5 070	229 161
Ford Fusion											15 554	20 816	11 286	14 100	37 270	35 405	134 431
Lincoln MKZ											0	1 192	5 739	6 067	7 469	10 033	30 500
Mercury Milan											1 468	1 416	0	0	0	0	2 884
											17 022	23 424	17 025	20 167	44 739	45 438	167 815
Lexus RX400 h/450 h							20 674	20 161	17 291	15 200	14 464	15 119	10 723	12 223	11 307	9 351	146 513
Ford Escape						2 993	18 797	20 149	21 386	17 173	14 787	11 182	10 089	1 441	0	0	117 997
Mercury Mariner							998	3 174	3 722	2 329	1 693	890	0	0			12 806
						2 993	19 795	23 323	25 108	19 502	16 480	12 072	10 089	1 441	0	0	130 803
Toyota Highlander							17 989	31 485	22 052	19 441	11 086	7 456	4 549	5 291	5 070	3 621	128 040
Hyundai Sonata													19 672	20 754	21 761	21 052	83 240
Kia Optima														10 084	13 919	13 776	37 779
													19 672	30 838	35 680	34 828	121 019
Honda Insight	17	3 788	4 726	2 216	1 200	583	666	722	0	0	20 572	20 962	15 549	5 846	4 802	3 965	85 614
Lexus CT 200 h													14 381	17 671	15 071	17 673	64 796
Ford C-Max Hybrid														10 935	28 056	19 162	58 153
Honda Accord						1 061	16 826	5 598	3 405	196					979	13 977	42 042
Chevrolet Malibu										2 093	4 162	405	24	16 664	13 779	1 018	38 145

续表

1999—2014 年混合动力车辆在美国的销售量

车辆类型	1999	2000	2001	2002	2003	2004	2005	2006	2007	2008	2009	2010	2011	2012	2013	2014	总计 1999—2014
Nissan Altima									8 388	8 819	9 357	6 710	3 236	103	0	0	36 613
Lexus ES 300 h														7 041	16 562	14 837	38 440
Toyota Avalon														747	16 468	17 048	34 263
Honda CR-Z												5 249	11 330	4 192	4 550	3 562	28 883
Buick LaCrosse eAssist													1 801	12 010	7 133	7 353	28 297
Lexus HS 250 h											6 699	10 663	2 864	649	5	0	20 880
Chevy Tahoe										3 745	3 300	1 426	519	533	376	65	9 964
GMC Yukon										1 610	1 933	1 221	598	560	288	31	6 241
										5 355	5 233	2 647	1 117	1 093	664	96	16 205
Saturn Vue									4 403	2 920	2 656	50	0	0	0	0	10 029
Subaru XV Crosstrek Hybrid																7 926	7 926
Volkswagen Jetta Hybrid														162	5 655	1 939	7 756
Lexus GS 450 h								1 784	1 645	678	469	305	282	607	522	183	6 475
Chevrolet Silverado											1 598	2 393	1 165	469	104		5 729
GMC Sierra											0	0	0	471	65	30	536
Cadillac Escalade										801	1 958	1 210	819	940	169	41	6 295
Buick Regal eAssist													123	708	372	662	5 909
																	6 332
Porsche Cayenne												206	1 571	1 180	615	650	4 222
Infiniti Q50															307	3 456	3 763

续表

1999—2014 年混合动力车辆在美国的销售量

车辆类型	1999	2000	2001	2002	2003	2004	2005	2006	2007	2008	2009	2010	2011	2012	2013	2014	总 计 1999—2014
Nissan Pathfinder Hybrid															334	2 480	2 814
Acura ILX														972	1 461	379	2 812
Lexus LS600hL									937	907	258	129	84	54	115	65	2 549
Infiniti QX60 Hybrid															676	1 678	2 354
Infiniti M35h/Q70													378	691	475	180	1 724
Saturn Aura									772	285	527	54				0	1 638
BMW ActiveHybrid 3													0	402	905	151	1 458
Audi Q5 Hybrid														270	854	283	1 407
Mercedes-Benz S400												801	309	121	64	10	1 305
Mazda Tribute												570	484	90	0	0	1 144
BMW ActiveHybrid 5														404	520	112	1 036
Volkswagen Touareg Hybrid													390	250	118	30	788
Porsche Panamera S													52	570	164	0	786
BMW ActiveHybrid 7												102	338	231	31	45	747
Mercedes-Benz ML450												627	1	20	11	20	679
Chevrolet Impala eAssist															56	565	621
Mercedes-Benz E400 Hybrid															282	158	440
Lexus NX Hybrid																354	354
BMW ActiveHybrid X6												205	43	4	0	0	252
Acura RLX Hybrid														0	0	133	133
Chrysler Aspen										46	33	0	0	0	0	0	79
Dodge Durango											9	0	0	0	0	0	9

动机械变速器（AMT）前完成动力耦合，依靠单向离合器实现发动机动力的接通和切断，并形成了包括控制系统在内的整套解决方案。该方案中，电动机也可以工作在发电状态下以此来实现制动能量回馈或车载发电。该方案的特点是内燃机动力输出轴与电动机转子同轴布置，较为紧凑。

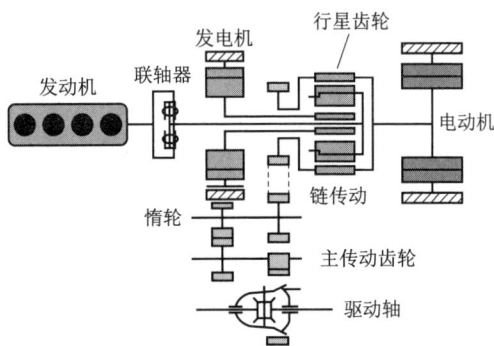

图1-2　日本丰田公司普锐斯混合动力驱动系统

　　Oshkosh 公司为美国军方研制了柴油发动机和超级电容混合供电的、串联式混合动力和多轮驱动混合动力驱动系统（Propulse 混合动力系统）。该驱动系统中，柴油发动机-发电机组和超级电容可以实现混合供电，由多台电动机分别单独驱动车轮。装备该混合动力驱动系统的卡车还可以兼作移动电源，该车燃油经济性提高了约20%。值得一提的是，该电动机驱动采用了交流-交流变频器控制技术，直接对交流电进行调制与控制，提高了系统转化效率。

　　除上述轮式车辆外，在节能减排和车辆驱动系统电气化发展的背景下，混合动力驱动系统在履带车辆上的应用正在日益增多，主要用于以战斗车辆为代表的高速履带车辆和以工程机械装备为代表的低速履带车辆。与传统履带车辆仅有内燃机动力源不同，履带车辆混合动力驱动系统一般采用两个或两个以上动力源，如内燃机和电动机/发电机，依赖控制技术通过不同能量场转换实现功率耦合来驱动车辆行驶。与轮式车辆具有导向转向系统不同，履带车辆仅依托驱动系统通过"滑移转向（Skid-steering）"造成两侧履带速度差来调节行驶方向[6,7]。该特点要求履带车辆混合驱动系统必须具备对两侧履带灵活分配功率的能力，这使得履带车辆混合动力驱动系统的复杂程度较轮式车辆混合驱动系统有所增加。

　　混合动力驱动系统最早应用在高速履带车辆上。21 世纪初世界范围内出现了针对高速履带车辆混合动力系统的大规模理论研究与实车试制。得益于电子功率器件功率密度的提高以及自动控制技术的迅速发展，混合动力高速履带车辆在机动性能、灵活供电以及燃油经济性方面的优势凸显出来，发展混合动力高速履带车辆几乎成为全球共识。美国几乎在所有的高速履带车辆上都开展了混合动力驱动系统的研究与实车试验，如提出了未来履带高速作战车辆方案（Future Combat System）[8]，研制了双侧电机独立驱动的、发动机-发电机组和动力电池组混合供电的串联式混合动力履带车辆[9]。德国伦克

7

公司（Renk AG）和英国昆腾（Qinetiq）公司都研制了用于高速履带车辆的混合动力驱动装置和电力机械综合传动系统（EMT，Electro-mechanical Transmission），代表了履带车辆混合驱动系统的两类典型方案。其中伦克公司的 EMT 方案在每侧驱动轮前通过行星传动进行功率综合，以此来实现直驶和转向的功率叠加，采用两个电动机分别驱动直驶和转向分路，发动机-发电机组向两个电动机提供电力；而昆腾公司的 EMT 系统构型方案更倾向于类似双电机独立驱动的结构，通过两个电动机和位于中部的"控制差速器"来实现转向，通过发动机-发电机组向所有电动机提供动力。

美国通用汽车公司提出的"多模混联式混合驱动方案"代表着履带车辆混合驱动系统的新进展和较高水平[10]。该系统方案既可以由发动机动力输出直接参与两侧链轮的驱动，同时，发动机也可以驱动发电机发电供直驶电动机和转向电动机使用，依靠多个离合器结合或分离来实现多模式驱动是其突出技术特征。为了提高系统效率和功率平衡，该方案引入了电储能装置，用于吸收多余或再生功率，或者补充电功率。多个离合器系统以及储能装置的引入使系统工作的灵活性和控制的自由度加大，系统设计和控制具有较高的挑战性。

上述国外高速履带式混合动力驱动系统多处于系统研发与试验验证阶段。我国在高速履带车辆混合动力驱动系统领域也开展了相关的深入研究和试制。北京理工大学和装甲兵工程学院最早开展了双电机独立驱动电传动履带车辆的研发工作，研制了发动机-发电机组和电池组混合供电、双电机独立驱动的高速履带车辆，并开展了试验验证研究[11,12]。2010 年至今，北京理工大学和北方车辆研究所也开展了高速履带车辆各类混合驱动系统的研究工作，并获得一定进展[13,14]。

在低速履带车辆方面，混合动力驱动系统已逐渐应用在履带式工程机械上，特别是主要依赖驱动系统开展作业的推土机上，极大地提高了整机的工作效能和燃油经济性。美国卡特皮勒公司对低速履带式混合动力驱动系统开展持续深入的研究，提出了多种混合驱动方案。2009 年，卡特推出的履带式混合动力 D7E 推土机即采用该专利思路，该混合驱动系统构成见图 1-3。采用发动机-发电机组发电，直驶电动机负责驱动直驶分路，转向分路依托液压泵-马达来传递功率，通过电液综合差速转向实现功率复合。由于混合动力的特点以及机械旋转部件数量减少，该推土机燃油经济性和可靠性明显提高[15]。国内山推股份、吉林大学、长安大学和北京理工大学等都对低速履带车辆混合动力驱动系统开展了构型、参数匹配和系统控制的研究工作[16,17]。

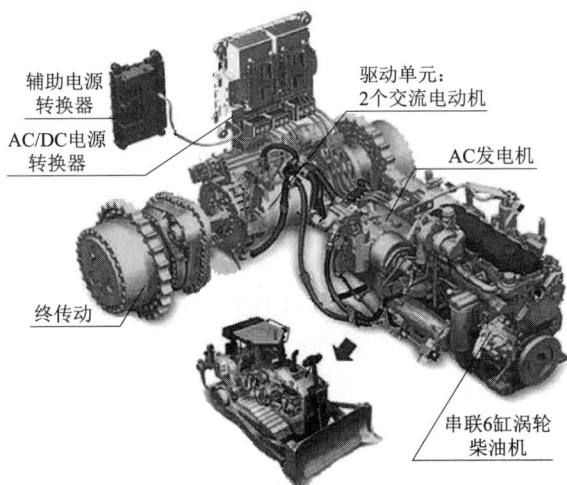

辅助电源转换器

AC/DC电源转换器

驱动单元：2个交流电动机

AC发电机

终传动

串联6缸涡轮柴油机

图1-3　卡特皮勒D7E推土机混合驱动系统构成

1.1.3　地面车辆混合驱动系统发展趋势和技术特征

通过上述地面车辆混合驱动系统的梳理和分析，可以获得两类鲜明的技术发展趋势和特点。一是地面车辆混合驱动系统驱动结构向复杂和综合的方向发展。纯电驱动关键技术及产品难以同时满足车载储能密度和功率密度的要求，存在成本高、配套设施难以满足使用要求等缺点，故而必须依赖以内燃机为动力源的车辆传动动力驱动系统，由此催生了兼具技术可行性和市场接受度的地面车用混合驱动系统。该类驱动系统具备更加灵活、多样化的工作模式和工作空间，通常依赖复杂的机械、电力或液压系统的功率综合来达到这一要求，具体表现在结构复杂多变的机械行星轮系、电力变换控制器以及泵-马达系统被广泛地应用在地面车辆混合驱动系统中，如丰田普锐斯混合动力系统、通用汽车沃蓝达混合动力驱动系统以及通用动力履带车辆电力机械综合装置（EMT）、卡特皮勒D7E动力驱动系统等。二是混合驱动系统已经形成一类复杂的机电综合装备，涉及机械、电气和控制多个学科，部件之间的动力学过程和特性各异且表现出强耦合的特点。地面车辆混合驱动系统多使用不同种类的动力源和传动部件，如内燃机、电动机、发电机和电池等，其工作在不同的时间频率尺度，动态响应各不相同，非线性和时变特征明显，相互作用与影响非常复杂。以上技术特征使得地面车辆混合动力驱动系统的复杂度大幅增加，这种复杂度对系统设计与集成形成了严峻的技术挑战，也是制约我国地面车辆混合动力驱动系统设计的基础理论和关键技术问题。

该技术挑战主要表现在，如何在具有不确定性和随机过程特点的地面车辆动力学需求与功能约束条件下获得系统层面最优的混合动力驱动系统配置与控制，实质上可视为可变结构下随机动力学系统的性能参数和控制最优设计问题。由于混合驱动系统协同工作模式不唯一，任何时候都必须由控制系统响应操作员输入来确定各部件工作点，驱动系统必须和控制系统综合使用才能完成动力生成和功率传递，获得相互匹配和优化的驱动系统配置及其控制对混合驱动系统日趋重要，它们协同作用对多个动力源或功率传递环节进行调节以适应车辆的功率要求，同时要确保各部件工作在许可范围，这是其基本功能和容许约束条件。其更高的技术要求表现为：控制系统要具备获得随机过程下统计学意义上最优的综合性能指标，该指标可以是多个优化目标的综合值，一般与工作性能、燃油消耗、排放和电池寿命等相关，且具备一定的自适应能力。

1.2 地面车辆混合驱动系统控制技术

1.2.1 系统控制在混合驱动系统中的作用

系统控制在现代地面车辆动力驱动系统中占据着重要位置，已经成为地面车辆动力驱动系统的核心技术。地面车辆动力驱动系统控制的目的是驱动功率的适应性调控，确保动力驱动系统按照驾驶员意图，高效而安全地释放驱动功率以驱动车辆行驶。地面车辆混合动力驱动系统一般采用两个或两个以上动力源，如内燃机和电动机/发电机，依赖控制技术通过不同能量场转换实现功率耦合来驱动车辆行驶。由于存在多个动力源，因此该类车辆具备高效率协同工作来提高驱动系统燃油效率以及灵活供电等巨大潜力，但多个动力源也造成驱动系统构型选择复杂、系统配置灵活，同时构型和配置与系统控制密切耦合等技术特点。如何在动力学需求与功能约束条件下，获得整体层面最优的驱动系统构型、配置与控制是地面车辆混合驱动系统设计面临的主要技术挑战，也是我国地面车辆动力驱动系统向复合化、电气化变革中亟待解决的关键基础理论和技术问题。

1.2.2 混合动力驱动系统控制结构

混合动力车辆兼具传统燃油汽车和纯电动汽车的优点，是二者的优势组合，这个结合的纽带就是混合动力汽车的整车控制系统，整车控制系统的主要功能是进行整车能量管理和混合动力系统的控制。整车控制系统如同混合动力车辆的大脑，指挥各个系统的协调工作，以达到效率、排放和动力性最优，同时兼顾行驶的平稳性。

整车控制系统根据驾驶员的操作（如加速踏板、制动踏板、变速杆的操作等）判断驾驶员的意图，在满足驾驶需求的前提下，最优地分配电动机、发动机、电池等动力部件的功率输出，实现能量的最优管理，使有限的燃油发挥最大的功效。目前，除插电式以外的混合动力汽车都不需要外部充电，因此与传统汽车一样，混合动力汽车的能量全部来自发动机的燃料燃烧所释放的热能，电动机驱动所需的电能是燃料的热能在车辆行驶中转换为电能后储存在蓄电池中的。能量管理策略的目标就是使燃料能量转换效率尽可能高。燃油（料）能量转换效率是指燃油（料）所含的化学能（热能）通过动力装置、储能装置和传动系统，最终转变为驱动车轮的机械能的比例。

混合动力车辆是一个集成的系统，由发动机、电动机、发电机、电池组、变速箱、离合器和制动器等子系统组成。每一个子系统都是一个复杂的装置，有着其本身的功能特性和期望性能。在这种情况下，几乎每一个子系统都是由传感器、控制器和执行器组成的复杂控制系统。各个子系统之间是互相影响的，它们需要以一种最优的方式合理地组织起来，从而达到车辆不同的控制目标，如燃油经济性、排放性、充放电平衡以及动力性等。随着混合动力汽车控制系统越来越复杂以及人们对车辆需要同时满足多项性能指标的要求日益严苛，需要一个集成的、整车层面的控制器来对各子系统进行管理，协调控制各子系统共同完成车辆各项性能指标要求。

一般来说，用于控制混合动力传动系统的是一个分层的控制，如图1-4所示的两层控制。动力驱动系统控制器代表了整车层面对驱动系统的控制，它可以协调控制各子系统控制器来满足整车燃油经济性和排放性等性能要求。根据驾驶员的操作（如加速踏板和制动踏板信号等）以及当前各个子系统的状态（如发动机转速、电动机转速、电池组SOC、变速箱挡位等），整车控制器必须做出判断并计算出对各个子系统的期望输出（如发动机转矩、电动机转矩、期望的变速箱挡位、机械制动力矩等），并将控制指令发送到相应的子系统控制器中。从整车控制器发送到各子控制器中的指令成了各子控制器的控制目标，子控制器包括发动机电子控制单元、电动机控制器、变速箱控制器、电池管理系统等。大多数情况下，子控制器的控制任务可以看成是一个典型的调节/跟踪控制问题，例如电动机转矩的控制可以通过自适应滑模控制（ASMC）方法实现[18]。各子控制系统在满足整车控制器的控制指令下，也可以实现其他的控制目标，如提高车辆操纵性能等。整车控制系统和子控制系统的控制特性见表1-2。

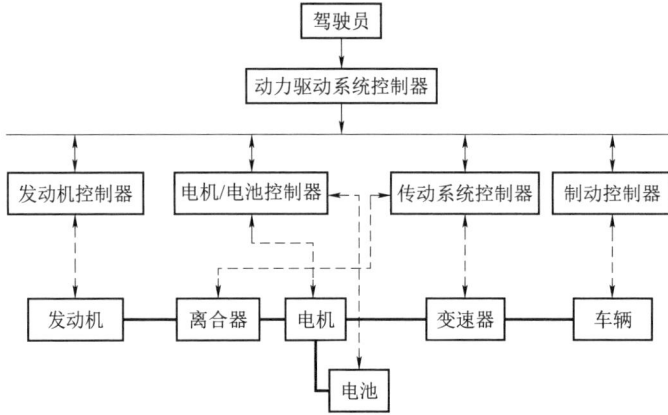

图1-4　混合动力车辆的控制系统结构

表1-2　混合动力车辆的控制问题

目标	整车控制（高层级）	子系统控制（低层级）
车辆性能目标	燃油经济性、排放性、操纵性	瞬态响应、操纵性、NVH（噪声、振动和声音粗糙度）、燃油经济性、排放性
控制信号	功率、转矩、转速、挡位	燃油喷射、电流、电压、空气流量、压力
算法	最优的	鲁棒性、自适应
范围、动态特性	长、慢（简单）	短、快（详细）
测试情景	循环工况	测试矩阵

采用图1-4所示的两级控制结构，作为一级控制的整车控制器只需通过高层级的控制变量（如功率、转矩、转速和挡位等）便可以控制混合动力汽车的运行，而将低层级的控制变量（如燃油喷射、电流、电压等）保留在作为二级控制的各子系统控制器中。这种控制结构形式有利于简化和加快控制策略的设计。由于传统车辆技术的存在和电动车辆技术的不断改进，加上研究人员对各子系统的控制研究已经投入了足够多的精力，相关的子系统控制技术也已经相当成熟。然而，对于混合动力汽车的整车控制系统，一个系统级的基于最优理论的设计方法有待进一步研究。

地面车辆混合驱动系统的显著技术特征是驱动系统构型、配置与系统控制的高度耦合和极度依赖。驱动系统构型和参数配置的选择确定了驱动系统潜在的工作能力和方式，然而其正常工作必须依赖控制系统实时调节以确保工作性能、工作边界和较高的系统效率。不同的构型和参数配置必然要求不同的系统控制与之配合以实现全局的最优化工作。系统控制已经成为多动力源车辆驱动系统设计不可或缺的关键环节，也是当前多动力源车辆驱动系统设计中具备高附加值的关键技术之一。

由于地面车辆混合动力驱动系统构型、配置与控制间复杂的相互作用，必须采用基于模型的系统设计思路，兼顾构型与配置引发的驱动系统动态特性变化，通过面向控制的系统仿真技术来实现系统设计，以获得优选的整体设计方案，降低物理样机和试验成本，缩短研制周期。开发支持车辆混合驱动系统的研发平台及其关键技术就显得尤为重要。从地面车辆驱动系统发展而言，混合动力驱动系统构型与控制日趋复杂，研发平台在一定程度上决定了研发能力和系统设计水平，特别是处于系统层面的、车辆混合驱动系统仿真关键技术及其研发平台更是首当其冲。长期以来，我国地面车辆混合驱动系统的投入多集中在整车集成和关键零部件技术攻关上，而对研发用工具和系统平台重视不足，众多研发项目中多采用国外的研发软硬件系统或平台环境，如 dSPACE（德国）、ETAS（美国）和 RT-LAB（加拿大）等。这些仿真系统提供了从系统建模、控制设计、快速评价以及后续调试及标定的整个开发流程。我国尚不具备具有替代功能的仿真系统。从国家战略安全层面讲，地面车辆混合驱动系统及其控制仿真研发平台已经成为遏制研发能力的重要智力资源。一旦研发平台或研发平台开发能力丧失，就意味着研发环节和水平必然受制于人。因此，必须及早部署突破地面车辆混合驱动系统及其控制仿真技术，形成具有自主知识产权的软硬件仿真系统，进一步满足我国地面车辆装备研制的需求，确保我国地面车辆混合驱动系统设计竞争力。

1.3　基于模型的系统优化与最优控制

1.3.1　基于模型的控制

基于模型的控制（MBC，Model-based Control）源于基于模型的设计（MBD，Model-based Design）理念及其系统方法和开发流程。基于模型的设计主要面向控制设计而言。早在 20 世纪初期，基于控制理论和控制系统的大量工业生产和机电综合装备研制极大地提高了生产效率并降低了人们的劳动负担，在汽车工业和航空航天工业方面尤为突出。20 世纪五六十年代，航空航天技术的发展使控制系统广泛、深入地嵌入到机械和动力装备中，如航空用发动机、宇宙飞船和液力液压等机电液综合装备与系统，同时计算机软硬件技术的发展使得高性能运算成为可能，系统控制的运算能力大幅增强，控制系统具备复杂动态过程调控能力。

基于模型的控制理念来自大量工业生产中的控制实践与凝练。在早期控制系统的概念设计阶段，被控对象的动态特性一直受到关注，而其模型的表达经常是基于连续公式的数学表征，其求解过程繁杂各异且对控制设计者的数学能力要求较高，常常使模型的作用在系统开发过程中难以充分发挥。在早期控制系统设计中，即使没有明确的数学表征的模型，在控制设计者的概念中至少还是有模型存在的，这类"模型"往往依赖于设计者的工程经验或主观的假设与判断。模型重要性的日益凸显一方面源于系统设计与开发的高成本，这些高成本同时表现在原型样机和试验过程中。如 20 世纪五六十年代航空航天系统工程，一方面原型样机造价高，且生产周期长，不容许有任何集成与控制的失误；另一方面也不允许多次重复试验。模型重要性日益凸显的另一方面源于当前机械系统的复杂性，没有模型会导致控制设计与控制系统开发异常困难与缓慢，试凑过程太长，如地面车辆复杂混合驱动系统的控制系统的开发。随着动态系统建模与控制技术的发展，特别是支持高性能离散数值计算的数字计算机以及嵌入式系统的长足发展，使得基于模型的控制发展思路和技术途径逐渐成熟，并发展成为一类非常成功的、面向控制的系统方法和控制开发集成环境。

在基于模型的控制中，被控对象或过程的动态特性以及环境充分依赖模型表达并完全达到离散化数值仿真的目的，这样就提供了数字化的被控对象和过程。在控制设计的初始阶段，控制工程师专注于控制的设计，控制设计是一个从无到有的过程，独立于软硬件及其实现方式。在基于模型的控制中，被控对象与控制的设计主要依赖图形化高效建模环境和工具来实现。此外，控制设计在不同的开发阶段始终得益于被控对象或过程开展综合集成、测试与验证，形成了基于模型的控制系统快速开发方法，其主要代表为快速控制原型（Rapid Control Prototyping，RCP）和硬件在环技术（Hardware-In-Loop，HIL）[19,20]。快速控制原型技术（RCP）基于通用的软硬件系统进行高效快速的控制方案建模，并且能够把控制方案快速转化为实时控制代码，针对真实的被控对象，可以反复进行离线或在线的控制仿真测试，目的是快速比较并评价多种控制方案，得到较好的控制算法原型。硬件在环技术（HIL）则把真实的控制输入设备、控制器与虚拟的被控对象连接，以观测被控对象在不同控制输入下的响应，目的是进一步检查并优化控制算法代码。这两种技术的综合应用加快了控制工程的开发，一方面，研究人员集中精力于控制问题而不必太多考虑代码及硬件的实现，能快速方便地对被控对象实现多种控制方案的试验；另一方面，在被控对象样机缺乏的情况下，可以对控制器算法代码进行测试及优化。

地面车辆混合动力系统多用于采用两种及两种以上动力源作为动力装置的车辆中，兼具传统内燃机汽车与电动汽车的特点。多个动力源增加了系统协同工作的模式和空间，使混合动力汽车有望进一步提高燃油经济性并改善排放性能，实现动力性能、燃油经济性和排放性等综合性能进一步优化。对地面车辆混合驱动系统而言，存在以下系统层面的关键科学问题：第一，由于混合驱动系统协同工作模式不唯一，任何时候都必须由控制系统响应操作员输入来确定各部件工作点，驱动系统必须和控制系统综合才能实现动力生成和功率传递功能，如何获得匹配和优化的驱动系统配置和控制器？该问题一般称为系统匹配或系统优化问题；第二，控制系统必须能够通过多个动力源或功率传递环节进行调节以适应车辆的功率要求，同时要确保各部件工作在许可范围，这是其基本功能和容许约束条件，其更高的技术要求表现为控制系统要具备获得最优的综合性能指标及一定的自适应能力，一般称此为最优控制问题。

1.3.2 地面车辆混合驱动系统优化设计

地面车辆混合驱动系统匹配主要解决驱动构型和驱动系统关键参数设计问题，其中既包括驱动结构和关键部件参数选型设计，也包括考虑可控条件下主要参数间的动态作用过程。截至目前，常用的技术主要包括参数优化和同时考虑参数和控制过程的耦合优化。

在参数优化中，优化变量通常为表征部件能力的主要参数，如电动机最大转矩、最高转速以及变速器传动比等；优化目标函数通常是车辆的性能参数，如最高车速和最大爬坡度等。部分参数优化也考虑动力驱动系统的控制过程，控制器算法的逻辑结构是固定的，部分控制逻辑的门限和阈值也可以囊括在优化参数中，其优化目标可以是加速性能、最高车速以及特定循环工况下的燃油消耗，通过依托高性能优化算法和软件来使此参数优化求解。典型的例子之一是在 ADVISOR 软件中采用基于实验设计（Design of Experiment）的方式，依托优化软件工具 MATLAB 和 iSIGHT 开展系统参数优化，其工作过程如图 1-5[21, 22]所示。

参数优化难以考虑控制算法变化带来的影响，即使囊括控制器部分控制参数，但由于控制器逻辑是固定的，因此无法同时考虑控制对象及其动态过程与控制器的耦合作用下的系统性能。同时考虑参数和控制过程的耦合优化把地面车辆混合驱动系统抽象为面向随机负载的"被控对象-控制器"动力学系统优化问题。混合驱动系统功率参数是其主要的性能表征，如发动机和电动机转速-转矩特性以及电池组电压-电流特性等。跟随路面循环工况的功率需求看作是混合动力系统的性能约束控制器需要响应来自路面的负载，并通过控制各个部件的能量输出来克服负载。控制的优劣，首先看驾驶性能，在

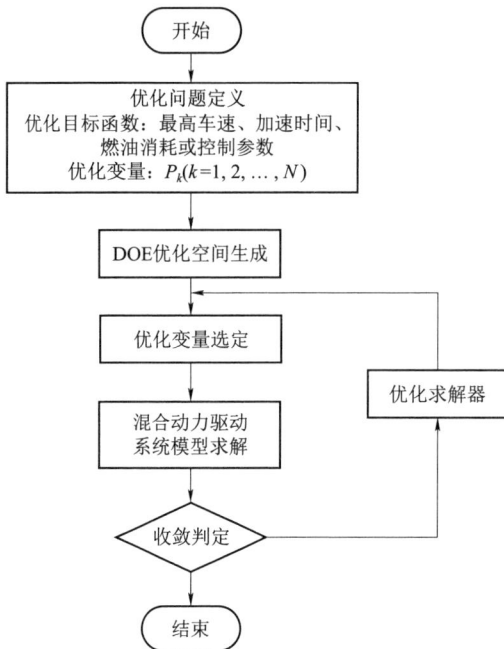

图1-5　基于试验设计的参数优化方法

满足驾驶性能的前提下，还要看成本，这样就形成了在性能约束下，来寻求成本最低的方案，即燃油经济性、电池组寿命等。有时，还会兼顾技术的可行性与用户的感受性。除目标性能外，无论是工程上或理论上，混合驱动系统控制都面临多种约束。一是部件的功率能力，如发动机、电动机及电池的功率输出及各种物理量有限；二是部件的控制能力，如 AMT 换挡时间与范围，发动机、电动机对控制指令的（如功率增加）的响应；三是为保证各种部件有效工作的约束，如电池组充放电电流、电动机转速等。同时考虑参数和控制过程的耦合优化能全面评估系统参数特性与控制器的匹配及集成问题，在初始参数设计中为各类参数都配置最好的控制系统以确保整体设计性能的提升[23, 24]。

1.3.3　混合驱动系统最优控制

最优控制主要是在确保车辆需求功率的前提下，实现综合性能的平衡和最优，如最低的燃油消耗和污染排放，或实现最长的电池寿命以降低使用成本等。从数学上看，混合动力驱动系统能量最优管理问题就是利用一系列离散控制使一定时间范围内车辆行驶的性能指标达到最优，故可将能量管理问题抽象为最优控制问题，其核心任务就是获得最优的控制律，通常称为控制策略。

早期控制策略的设计和合成多依赖工程经验的"试凑法"（Heuristic Methods），如基于规则的控制策略[25,26]。这些策略具有鲁棒性强、计算简单的优点，然而由于它们缺乏优化控制理论的指导，因此无法保证获得最优的性能指标或节能潜力。

在工况预知的条件下，数值优化方法或解析优化方法可用来进行获取全局优化控制解，例如动态规划（DP，Dynamic Programming）[27]、数值搜索方法[28]及线性规划算法[29]。由于实际工况的随机性，这些方法更多地用于控制策略评价和优化，而难以用于实时控制。为了弥补该不足，模型预测控制（MPC，Model Predictive Control）[30]和随机动态规划（SDP，Stochastic Dynamic Programming）[31]等策略被用来预测将来行驶工况的概率分布，从而求得针对功率负载随机分布的能量管理问题的最优解。解析优化方法可以获得最优控制的解析解，更易于直接表达为控制规则和逻辑，且解析优化方法的计算量要小于上述纯数值优化方法，例如庞特里亚金极小值原理（PMP，Pontryagin's Minimum Priciple）[32,33]和汉密尔顿-雅可比-贝尔曼方法（Hamilton-Jacobi-Bellmann Equation）。

在瞬时性能函数定义合理的前提下，瞬时优化方法求得的解与全局最优解非常接近，常用的瞬时优化方法是等效燃油消耗最小策略（ECMS，Equivalent Consumption Minimum Strategy）[34,35]。此外，许多智能优化控制方法也用于混合动力汽车能量策略开发，如遗传算法、神经网络和模糊控制等，这些内容不作为本书重点。

混合驱动系统最优控制方法主要指混合驱动系统能量最优问题的求解及其控制的设计方法。近 15 年来，学术界和工业界在最优控制理论的指导下对混合驱动系统最优控制问题开展了深入的理论和实践研究，主要包括：

（1）基于贝尔曼最优性原理的动态规划；

（2）庞特里亚金极值原理 PMP；

（3）非线性规划，主要包括伪谱法和凸优化法。

动态规划方法在 20 世纪 90 年代初期便应用在地面车辆混合驱动系统的控制设计中[36]。在行驶工况预知的情况下，动态规划方法能够获得使性能指标最优的控制序列。该求解方法的依据是贝尔曼最优性原理，其把系统表达为离散动态方程，通过对控制量和状态量离散，向后追溯所有控制可能情况下的累积成本，然后获得初始系统状态的最优控制解。虽然所得最优解无法实时应用，但可以作为系统设计的重要参考，也可以与现有控制系统进行比对。由于行驶工况预知，该动态规划也称为确定性动态规划方法（Deterministic Dynamic Programming）[37]。确定性动态规划理论通常只能对某个确定工况来优化并提取控制策略，该策略在其他工况下未必最优。为克服上述不足，随机动态规划被应用在混合动力系统优化中，该方法将驾驶员的功率需求建成一个具有马尔科夫性质的随机过程，应用马尔科夫最优决策原理（通常为策略迭代）来求解最优控制问题。一种随机动态规划通过统计获得需求功率不同车速下功率转移的概率，通过值迭代或策略迭代求得使性能指标期望最优的控制规律。该控制规律多为控制 MAP 表格，能够嵌入控制器实时应用，然而也需要足够多的行驶样本来支持功率转移概率矩阵的生成[38]。作为随机动态规划方法的变种,最短路径随机动态规划方法(SP-SDP,Shortest Path Stochastic Dynamic Programming)由于无须处理未来成本折扣且取消了对电池组终端SOC的约束而获得应用[39]。

庞特里亚金极小值原理则通过最优解存在的必要条件来获得满足最优控制的解析表达式,以获取最优控制规律。通常认为与动力电池相关的协态变量为常数,以此来简化计算。庞特里亚金极值原理通过计算并比较任意时刻所有汉密尔顿函数值以得到相应的最优控制量,具体为在选定协态变量初值的基础上,采用循环迭代的方法来获得全局最优控制解。一旦求得协态变量值,庞特里亚金极值原理可应用在实时控制中,一般称之为等效油耗最小策略。等效油耗最小策略的基本思想认为,对电量维持型混合动力汽车而言,电池只是作为能量缓冲装置,车辆行驶所需的能量最终都来源于燃油消耗,可以将电动机消耗的能量等效成发动机油耗,并与发动机的实际油耗相加,在任意时刻使瞬时总油耗最小。等效油耗最小策略的关键就是寻找等效因子值使瞬时总油耗最小,同时保证动力电池荷电状态前后的值基本一致[40]。等效因子当工况预知时可以计算,也可以采用自适应方法来实时估算,称为自适应等效油耗最小策略(A-ECMS)。其核心算法是根据当前的车速以及全球定位系统提供的未来短时间内的车速预测来不断地更新等效因子的值,从而实现总燃油消耗最小及电池荷电状态前后的值基本保持一致的目标[41, 42]。

非线性规划方法也在地面车辆混合驱动系统最优控制中获得应用,其本质上是把时域内最优控制问题转化为非线性规划中的参数优化问题,通过引入时间离散网格,将控制变量和/或状态变量离散,并将动态方程约束条件转化为代数约束条件,最终使原来的动态优化问题转化为一个离散参数优化问题,即非线性规划问题,依赖非线性规划的理论和计算工具求得最优解,主要包括伪谱法和凸优化方法。伪谱法将未知的状态变量和控制变量在一系列特征点,如Legendre-Gauss-Radau(LGR)点上离散化,然后采用拉格朗日插值多项式逼近真实状态变量与控制变量,再通过对被近似的状态变量表达式求导代替状态微分方程,把微分方程动态约束转化为代数约束,从而形成非线性规划问题来求解[43]。凸优化法(Convex Optimization)对最优控制问题采用等时间段离散方法,并且把控制优化函数最终表示为凸问题,可以看成是非线性规划问题的特例。凸优化方法的理论特征使得其在混合动力驱动系统能量管理的应用中具有高计算效率特点,但在模型松弛凸化过程中需要做出假设和近似[44~46]。

上述控制策略的理论依据、计算复杂度、结果最优性以及能否实时控制等特点总结如表1-3所示。庞特里亚金极值原理(PMP)和确定性动态规划在已知工况的前提下所得控制策略是最优的,当然PMP通过常数近似获得协

态变量是接近于最优的次优；随机动态规划和等效油耗最小策略得到的控制
量与状态量是一一对应的，可用于混合驱动系统实时能量管理，但二者在寻
优过程中计算负担仍然较大，通常需要简化处理。伪谱法和凸优化法可以获
得最优或次优的解，其实质上转化为非线性规划问题，无法实时应用。

表1-3 各种控制策略特点对比分析

理论依据	控制方法	计算复杂度	最优性	实时性
动态规划	确定性动态规划（DDP）	★★★★★	全局最优	无法实时
	随机动态规划（SDP）	★★★★★	全局最优	实时
庞特里亚金极值原理	庞特里亚金极值原理（PMP）	★★	最优或次优，取决于假设	无法实时
	等效燃油最小策略（ECMS）	★★	次优	实时
非线性规划方法	伪谱法	★★★	全局最优	无法实时
	凸优化法	★★★	最优/次优，取决于模型凸化过程	无法实时

参考文献

[1] 姜冬青. 火车百年史——蒸汽机车 [J]. 铁道知识，2014（3）：42-50.

[2] 张箭. 论蒸汽机在工业革命中的地位 [J]. 上海交通大学学报，2008（16）：61-63.

[3] Wikipedia. Hybrid electric vehicles in the United States. Annual hybrid electric vehicle sales in the United States by model between 1999 and 2014 [R], 2014.

[4] 罗艳托，汤湘华. 国内外电动汽车发展现状、趋势及其对车用燃料的影响 [J]. 国际石油经济，2014（22）：64-70.

[5] Wikipedia. Hybrid electric vehicle. Hybrid vehicle drivetrain [R], 2014.

[6] 史力晨，王良曦. 履带车辆转向动力学仿真 [J]. 兵工学报，2003（24）：289-293.

[7] Barbagli R O, Castelli G D. Tracked vehicle with an epicyclic steering differential, US5004060 A [P], 1991.

[8] Srivastava T P, Piper V L, Arias J M. Future combat systems case study for analysis of system of systems approach [J]. INCOSE International Symposium, 2014（22）：1947-1966.

[9] Yi J, Chen S S, You D Z. Dynamic model of automatic transmission system of tracked vehicle [J]. Applied Mechanics and Materials, 2013（397）：369-373.

［10］Zhu F T, Chen L, Yin C L. Dynamic modelling and systematic control during the mode transition for a multi-mode hybrid electric vehicle ［J］. Transportation Science & Technology, 2012（227）: 1007−1023.

［11］邹渊, 孙逢春, 张承宁. 电传动履带车辆双侧驱动转速调节控制策略 ［J］. 北京理工大学学报, 2007, 27（4）: 303−307.

［12］Zou Y, Sun F C, Hu X S. Combined optimal sizing and control for a hybrid tracked vehicle ［J］. Energies, 2012, 5（11）: 4697−4710.

［13］邹渊, 陈锐, 侯世杰. 基于随机动态规划的混合动力履带车辆能量管理策略 ［J］. 机械工程学报, 2012, 48（14）: 91−96.

［14］邹渊, 高玮. 混合动力履带车辆全系统建模与实时仿真 ［J］. 北京理工大学学报, 2013, 33（1）: 31−36.

［15］楼狄明, 曹卢. 串联式混合动力推土机控制策略的优化 ［J］. 中国工程机械学报, 2013, 11（2）: 134−151.

［16］翟丽, 孙逢春, 谷中丽. 电子差速履带车辆转向转矩神经网络 PID 控制 ［J］. 农业机械学报, 2009, 40（2）: 1−10.

［17］鲁连军, 孙逢春, 谷中丽. 电传动履带车辆转向行驶性能仿真分析 ［J］. Computer simulation, 2004, 21（11）: 211−214.

［18］王磊, 张勇. 基于模糊自适应滑模方法的混联式混合动力客车模式切换协调控制 ［J］. 机械工程学报, 2012, 48（14）: 119−126.

［19］邹渊, 孙逢春, 张承宁. 电传动履带车辆双侧驱动快速控制原型开发 ［J］. 北京理工大学学报, 2007, 27（1）: 29−34.

［20］冀杰. 基于自动驾驶系统的车辆纵横向运动综合控制研究 ［D］. 重庆: 重庆大学, 2010.

［21］Wipke K, Markel T, Nelson D. Optimizing energy management strategy and degree of hybridization for a hydrogen fuel cell SUV ［C］. EVS 18 Berlin, 2001.

［22］Huang X Z, Chen L Y. Optimal design of ring-stiffened cylindrical shell based on ISIGHT ［J］. Ship & Ocean Engineering, 2009.

［23］David G Hull. Conversion of optimal control problems into parameter optimization problems. Journal of Guidance ［J］. Control, and Dynamics, 1997, 20（1）: 57−60.

［24］Liu Z P. Optimal planning of electric-vehicle charging stations in distribution systems ［J］. IEEE transactions on power Delivery, 2012, 28: 102−110.

［25］陈家智. 混合动力汽车控制策略研究现状及其发展趋势 ［J］. 汽车工程师, 2009（10）: 18−20.

［26］杜玖玉. 基于规则的混联式混合动力系统控制策略 ［J］. 农业工程学报, 2012（28）: 152−156.

［27］Lin C C, Peng H, Grizzle J W, Kang J M. Power management strategy for a parallel hybrid electric truck ［J］. IEEE Trans Control System Technol, 2003（11）: 839−849.

［28］Piccolo A, Ippolito L, Galdi V, et al. Optimisation of energy flow management in hybrid electric vehicles via genetic algorithms ［C］. In: Proceedings of the 2001 IEEE/ASME

International Conference on Advanced Intelligent Mechatronics, Salerno University, Italy, 2001: 434-439.

[29] Koot M. Energy management for automotive power net [C]. In: Proceedings of Department of Electrical Engineering, Technology University Eindhoven, the Netherlands, 2007.

[30] West M, Bingham C, Schofield N. Predictive control for energy management in all/more electric vehicles With multiple energy storage units [C]. In: Proceedings of the IEEE International Electric Machines and Drives Conference, 2003.

[31] Tate E, Grizzle J, Peng H. Shortest path stochastic control for hybrid electric vehicles [C]. Robust Nonlinear Control, 2008 (18): 1409-1429.

[32] Serrao L, Rizzoni G. Optimal control of power split for a hybrid electric refuse vehicle [C]. In: Proceedings of the 2008 American Control Conference, 2008.

[33] Cipollone R, Sciarretta A. Analysis of the potential performance of a combined hybrid vehicle with optimal supervisory control [C]. In: Proceedings of the 2006 IEEE International Conference on Control Applications, 2006: 2802-2807.

[34] Gu B, Rizzoni G. An adaptive algorithm for hybrid electric vehicle energy management based on driving pattern recognition [C]. In: Proceedings of the 2006 ASME International Mechanical Engineering Congress and Exposition. Boston, USA, 2006.

[35] Sciarretta A, Back M, Guzzella L. Optimal control of parallel hybrid electric vehicles [J]. IEEE Trans. Control Syst. Technol. , 2004 (12): 352-363.

[36] Psaraftis H N. A dynamic programming solution to the single vehicle many-to-many immediate request dial-a-ride problem [J]. Transportation science, 1980, 4: 130-154.

[37] Perez L V, Bossio G R, Moitre D. Optimization of power management in an hybrid electric vehicle using dynamic programming [J] Mathematics and Computers in simulation, 2006: 73: 244-254.

[38] Johannesson L. Assessing the potential of predictive control for hybrid vehicle powertrains using stochastic dynamic programming [J]. IEEE transaction on Intelligent transportation systems, 2007, 8: 71-83.

[39] Tate Ed, Grizzle JW, Peng Huei. Shortest path stochastic control for hybrid electric vehicles [J]. Int. Journal on Robust and Nonlinear Control, 2008: 1409-1429.

[40] Hou C, Ouyang M G, Xu L F. Approximate Pontryagin's minimum principle applied to the energy management of plug-in hybrid electric vehicles [J]. Applied Energy, 2014, 155: 174-189.

[41] Musardo C, Rizzoni G, Guezennec Y. A-ECMS: An adaptive algorithm for hybrid electric vehicle energy management [J]. European Journal of Control, 2005, 11: 509-524.

[42] Onori S, Serrao L, Rizzoni G. Adaptive equivalent consumption minimization strategy for hybrid electric vehicles [J]. ASME Proceeding on control of electric vehicles, 2010, 1: 499-505.

[43] 李东阁, 邹渊. 混合驱动系能量管理控制优化研究 [D]. 北京: 北京理工大学, 2014.

［44］ Murgovski N, Johannesson L M, Sjoberg J. Engine on/off control for dimensioning hybrid electric powertrains via convex optimization ［J］. IEEE transaction on Vehicular Technology, 2013, 62: 2949-2962.

［45］ Murgovski N, Johannesson L M, Sjoberg J. Component sizing of a plug-in hybrid electric powertrain via convex optimization ［J］. Mechatronics, 2012, 22: 106-120.

［46］ Murgovski N, Johannesson L M, Sjoberg J. Convex optimization of charging infrastructure design and component sizing of a plug-in series HEV powertrain ［C］. 18th IFAC World Congress, 2011, 18: 13052-13057.

2

地面车辆混合驱动系统构型

机动性能永远是地面车辆优先确保的核心功能目标。地面车辆混合驱动系统构型对车辆机动性能具有极其重要的影响。一方面，混合驱动系统的构型决定了驱动系统最根本的结构和技术特点，形成了驱动系统最高层级的约束，后续的系统设计和性能调控必须在该约束框架下开展；另一方面，混合驱动系统构型与后续动力驱动系统部件和参数选型密切相关。对于机动性能要求相同的车辆，不同的动力驱动系统构型，需要有不同的动力驱动系统部件以及系统控制与之匹配。本章从混合驱动系统基本构成和分类入手，主要分析轮式地面车辆和履带式地面车辆混合驱动系统的构型特征。

2.1　混合驱动系统基本构成和分类

2.1.1　混合驱动系统基本构成

混合驱动系统的最大特征在于多个功率的复合，其驱动系统构型的复杂性源于功率的复合，理论上可以发生在动力产生与传递的多个环节，包括能量源、能量转化装置以及动力传递等部分。由于地面车辆最终依靠车轮或履带与地面的反作用力来实现推进，因此所有的功率至少必须在车轮或履带上转化为机械驱动功率。理论上来说，在此以前实现各种过程的功率转换和复合都具备可能性。

常见的采用混合驱动系统的车辆的分类标准多依据动力源的种类，如混合动力车辆可以包括油-电混合、燃料电池-锂电池混合、液压动力混合以及多重燃料混合动力驱动系统。而当前混合动力电动车辆（HEV，Hybrid Electric Vehicle）是在传统的发动机汽车上增加动力电池组作为电能存储装置，通过电动机/发电机将电能转化为机械能，并与发动机协同一道来驱动车辆行驶。

截至目前，混合驱动系统的定义日渐统一。一般认为，采用两个或两个以上功率源来驱动车辆行驶的车辆称为混合动力车辆，其动力驱动系统则为混合驱动系统。国际电子技术委员会曾试图定义混合动力车辆为："在特定的工作条件下，可以从两种或两种以上的能量存储器、能量源或能量转化器中获取驱动能量的车辆，其中至少要有一种存储器或转化器安装在车辆上。混合动力电动车辆至少有一种能量存储器、能量源或能量转化器可以传递电能。"该定义使得混合动力车辆范围有所扩展，即具备两种以上能量存储装置或能量转化装置的车辆为混合动力车辆，该车辆即采用了混合驱动系统。

在混合驱动系统构型中，存在着各种储能器、能量源、能量转化装置和传递装置、能量复合装置，应该给予明确的定义，以把握和理清不同类型的驱动构型的本质特征。不妨定义如下：

（1）储能器：在混合动力驱动系统中具备能量存储功能的装置，如载有石化燃料的燃油箱，高压储液和储气装置，动力电池组、飞轮储能器以及超级电容等。从动力驱动系统的功能角度看，储能器的功率密度和能量密度是其重要指标。其他指标还包括能量流动的灵活性，如载有石化燃料的燃油箱，其只能通过对外输出燃油来提供能量，而部分电储能装置则具备能量回馈的特征。

（2）能量转化器：在混合驱动系统中实现不同能量间相互转化的装置，包括热力学发动机、电动机和液压泵/马达等。热力学发动机可以实现把燃料化学能单向转化为机械能，电动机可以实现电能和机械能的相互转化，液压泵/马达可以实现液压能和机械能之间的相互转化。

（3）能量传递器：在混合驱动系统中实现同种能量传递的装置，包括电缆线、机械传动系统以及液压回路等。电缆线可以实现电能的传递，而机械传动系统可以实现机械能的传递，液压回路可以实现液压能的传递。能量的传递伴随着能量的损失。此外部分能量传递器具备对能量流属性的调节作用，如机械变速箱可以对转速/转矩特性进行调节，而部分电力变换装置，如 DC-DC 变换器可以对电压和电流特性进行调节。

（4）能量复合器：在混合驱动系统中实现能量复合的装置。该类装置是混合驱动系统的核心部件，使得驱动系统中的能量流具备了叠加或分解的功能。相比常规的内燃机为单一动力源的驱动系统，混合驱动系统的优势之一在于其能量流动的灵活性，该特性是混合驱动系统的本质特性，增加了系统效率和性能提升的空间。

　　以上四类装置承担着地面车辆混合驱动系统中能量的存储、转化、传递和复合的基本功能，构成了实现地面车辆驱动系统功能的基本单元。大部分装置具备对能量的调控功能，该功能使得提高系统能量效率成为可能。地面车辆混合驱动系统则可以从广义上视为一种可控的，具备能量存储、转化和传递的集成装置。

　　图 2-1 为典型的一类地面车辆混合驱动系统。该系统中有两种不同类型的储能器，储能器 1 仅具备向外输出能量的功能，储能器 2 具备输出和回收能量的功能。能量转化装置 1 和能量转化装置 2 分别把储能器 1 和储能器 2 的能量转化为机械能，能量复合装置实现功率的复合后，依托能量传递装置 3 把机械能传递到驱动轮或履带上。能量流的每个环节或装置都具备潜在的能量调控能力，如储能器可以控制能量的输出速率或开关状态，而能量转换装置可以控制能量转化的工作点和功率，能量传递装置可以调节能量传递的工作点，能量复合装置可以实现能量的叠加与分解。能量调控的目的包括功能/性能以及系统能量效率调控。功能/性能的调控主要是确保地面车辆实现其应用要求，如具备一定的最高速度和加速能力、能越过特定的坡道，这是地面车辆得以存在的根本原因。而系统能量效率的调控则追求在实现功能和性能的同时，实现最低的能量消耗，以降低能量补给的要求，进一步提高易用性。

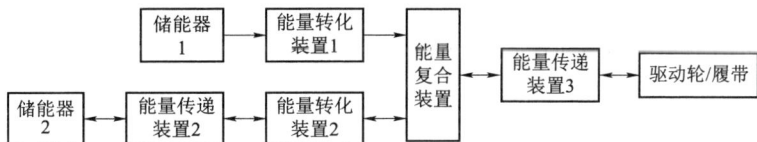

图 2-1　典型的地面车辆混合驱动系统

2.1.2　混合驱动系统的分类

　　混合驱动系统依据不同的标准有不同的分类方法。最常见的分类是针对混合电动车辆，依据发动机机械功率是否直接用于驱动车辆行驶，分为串联式、并联式和混联式。也有依据电功率和混合驱动系统总功率的比值来分类的，该比值通常称为混合度（DOH, Degree of Hybridization），把混合动力电动汽车分为轻度混合、中度混合、重度混合及插电式混合四类。

　　地面车辆混合驱动系统的本质是驱动能量的复合，能量复合的前提是必须变换为相同形式的能量，只有相同形式的能量才可实现叠加或分解，能量的复合一般发生在物理特性相同的场域中。如果以这一观点来看待地面车辆混合驱动系统，同时兼顾车辆应用的功率密度和能量密度的需求，能量复合有机械能、电能、液压能和气压能等几种形式。本节先依据能量复合的形式对地面车辆混合驱动系统进行分类，为全面起见，之后会简要介绍依据车辆驱动结构和混合度分类的常见概念。

2.1.2.1 依据能量复合形式分类

1）机械能复合

机械能复合是地面车辆最常见而又亘古不变的形式之一。典型的代表是定轴轮系和行星轮系机械变速系统。定轴轮系可以实现多路机械能叠加或把一路机械能分解为多个机械能的输出。定轴轮系间转速存在固定的比例关系，该轮系能实现力矩的叠加或分解。典型的应用有多轴并联式混合电动汽车和工程机械中常用的取力机构（PTO）。图2-2为双轴并联式定轴轮系机械功率复合图。行星轮系能够更灵活地对机械能进行复合或分解。与定轴轮系相比，行星轮系中转矩关系存在固定的比例，轮系的转速取决于各自相连系统的动态变化过程。典型的应用为丰田普锐斯混合驱动系统和通用汽车双模混合动力驱动系统，行星轮系机械功率复合例子如图2-3所示。

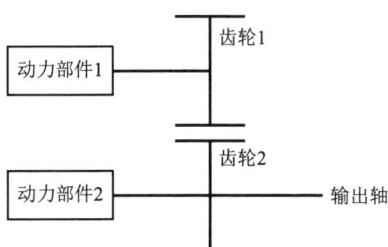

图2-2 双轴并联式定轴轮系
机械功率复合结构简图

另一种值得关注的机械能的复合方式是利用电磁场效应，该方式采用单个或多绕组通过对磁场和电流的控制把电磁转矩叠加在同一个转子上。典型的应用单轴并联式混合动力驱动系统实现机械功率复合的例子如图2-4所示。

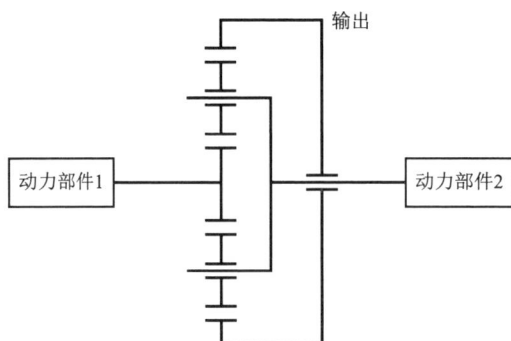

图2-3 行星轮系机械功率复合结构简图

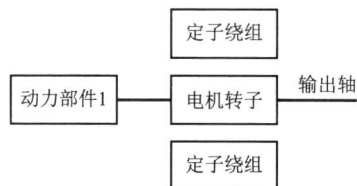

图2-4 单轴并联式混合驱动系统
机械功率复合结构简图

2）电能复合

电能的复合也是地面车辆上常用的形式之一，其特色在于利用线缆传递能量，由此带来车辆动力驱动系统结构布局的灵活性。电能的复合一般通过电缆直接相连来实现，其典型应用为常见的串联式混合驱动系统，发电机电能输出端和电池组输出端直接相连而成为直流电能总线，负责能量输出和吸收，如图2-5所示。

由于地面车辆驱动必须最终依赖机械能，在电能复合之后必然需要把电能转化为机械能的动力转化装置，典型例子为电驱动系统。此外，由于电储能装置一般只能输出或回收直流电流，如动力电池和超级电容等，而电力驱动系统往往采用三相交流电来实现磁场调控，因此在电能复合的混合驱动系统中也存在直流和交流的相互变换。

图2-5　发动机-发电机组和动力电池串联的电能混合系统简图

3）液压能和气压能复合

液压能也是地面车辆常用的驱动能源形式之一，特别是在工程机械车辆和重型履带车辆动力驱动系统中。其特色在于利用液压回路管路传递能量，与电能复合类似，由此也带来动力驱动系统结构布局的灵活性。液压能的复合方式一般通过液压回路直接相连即可。为了调控液压能的传递，液压回路中一般存在不同类型的阀体。对地面车辆而言，必须存在液压能和机械能相互转换的动力装置，一般为液压泵和液压马达系统，液压泵实现机械能到液压能的转化，液压马达实现液压能到机械能的转化。其典型应用为工程机械车辆，发动机带动液压泵产生液压能，形成高压液压网络，通过一个或多个液压马达实现动力输出。

理论上来说，气压能也可以通过高压储气罐存储，通过气动马达实现驱动。当前，在地面车辆驱动系统中倚重气压能来驱动的并不多见，但是，通过改造发动机进排气或涡轮增压系统来提高性能已经在欧洲获得重要进展[1]。

2.1.2.2　依据驱动系统结构分类

串联式、并联式和混联式的提法最早见于油-电混合电动汽车领域，该分类方式也可以扩展到以不同形式能量混合的地面车辆混合驱动系统中。值得注意的是，由于各类动力源功率密度或能量密度的限制，一般而言，内燃机兼具功率密度和能量密度的综合优势，因此各类混合驱动系统几乎都离不开内燃机作为动力源，其他各类形式的动力源与内燃机协同工作以提升混合驱动系统的综合性能。此外，在混合驱动系统构型中，本章重点突出能量混合的本质，故在以下构型示意图中暂忽略能量传递器。

1）串联式混合驱动系统

串联式混合驱动系统的能量复合通常以电能或液压能形式存在，发动机主要用来把机械能转化为电能或液压能，与电/液压储能器实现能量复合。串联式混合驱动系统采用电动机/液压马达把电能或液压能转化为机械能，驱动车辆行驶，其结构如图 2-6 所示。

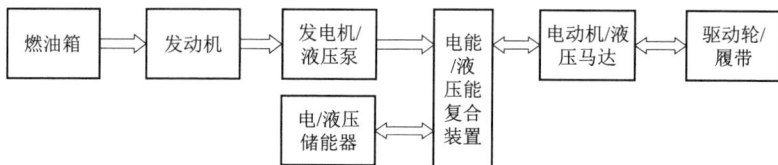

图 2-6　串联式混合驱动系统结构

在该系统中，发动机的功能仅用于能量生成，该曲轴输出与车轮不存在机械连接，因此其转速具备自由度，可以工作在特定的高效率区域。当发动机发出的功率大于车辆驱动功率需求时，多余的能量可以存储在电储能器或液压储能器中。

在串联式混合驱动系统中，可将发动机和发电机/液压泵视为一个子系统，称为辅助动力单元，其作用就是发电或生成液压能。根据所采用的控制策略，辅助动力单元发出的能量既可以充入电/液压储能器，也可以直接驱动电动机/液压马达转动。电/液压储能器在该驱动结构配置中起到了平衡电动机/液压马达的输入功率和发电机/液压泵的输出功率的作用。因为要使发动机尽可能地运行在最经济和排放性好的工况，所以辅助动力单元的输出功率不可能总是与随路况变化的电动机/液压马达的输入功率相平衡，而电/液压储能器的特性正好可以起到平衡的作用。这种混合驱动系统的优点是发动机与车轮没有机械连接，整车布局有较大的自由度，控制系统也相对简单，发动机一直工作在经济高效的工况内，提高了燃油经济性和排放性。然而，为了应对车辆性能的综合需求，通常需要选用尺寸和功率相对较大的部件，能量需要进行多次转换，能量传递效率受到影响。

串联式混合驱动系统多用在城市客车中，布置相对容易，控制较简单，运行工况和功率需求较好把握。在起步和低速行驶时，可以关闭发动机，实现零排放。

2）并联式混合驱动系统

并联式混合驱动系统的能量复合通常以机械能形式完成。发动机输出功率通过机械能复合装置可以直接参与车辆驱动，电动机或液压马达也可以参与车辆驱动，两者可以共同输出力矩以完成对车辆的驱动。并联式混合驱动系统结构如图 2-7 所示。

　　该混合动力方式下可以采用较小功率尺寸的发动机与电动机/液压马达,使得整个动力系统的装配尺寸、重量和成本都降低,但结构和布置相对复杂。机械能复合常见形式为转矩复合和转速复合。转矩复合

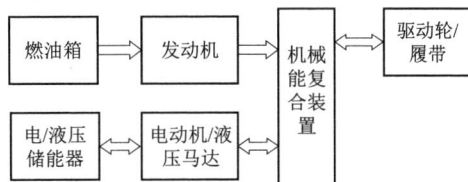

图 2-7　并联式混合驱动系统结构

的并联式混合驱动系统一般通过定轴轮系或单轴并联的方式实现转矩的叠加。发动机通过传动系统直接驱动车辆,也可以直接或间接驱动电动机/液压马达向电/液压储能器储能。电/液压储能器也可以通过电动机/液压马达提供机械能以起动发动机或驱动汽车。转速复合并联式混合动力驱动系统一般采用行星轮系。行星轮系的特征使得发动机或电动机之间的转速可以灵活地分配,通过调节发动机节气门的开度来与电动机的转速相互配合,以获得最佳的动力性、燃油经济性和排放性。

　　另一种常视为并联式混合驱动系统的特殊类型是路面动力耦合系统,常见于轮式混合驱动系统车辆中,即发动机和电动机/液压泵分别驱动不同的驱动轴或驱动轮,驱动力通过车轮与地面的反作用实现叠加和耦合,具备多轴驱动或多轮驱动车辆的动力学特性。

　　并联式混合驱动系统发动机和电动机/发电机的功率尺寸可以适当减小。当电/液压储能器可以依赖发动机补充能量时,可适当减小电/液压储能器的能量尺寸。并联式混合驱动系统中发动机的运行工况要受汽车行驶工况的影响,发动机和其他驱动系统的机械连接较为复杂,适合在城市间道路和高速公路上行驶,价格也容易被广大消费者接受。

　　3)混联式混合驱动系统

　　混联式混合驱动系统是串联与并联的综合,兼具二者的技术特征,其结构形式和控制方式有利于充分发挥两种驱动形式各自的优点,结构如图 2-8 所示。发动机的能量部分用来直接驱动车辆,部分用来转化为电能或液压能,通过电动机/液压马达来驱动车辆。必要时,发动机能量既可以全部用来驱动车辆,也可以全部转化为电能或液压能。电动机和液压马达也可以单独或与发动机一同来驱动车辆。与串联式或并联式混合驱动系统相比,混联式系统的工作模式更加灵活多样,为充分利用不同部件的有利驱动特性提供了条件。在混联式混合驱动系统中,至少存在三次能量的复合或分解,这一过程使得混联式驱动系统在结构与控制上极具挑战性,已发展成为一种高综合性的复杂机电/液装备系统,增加了系统集成难度与制造成本,一定程度上代表着工业的发展水平。

29

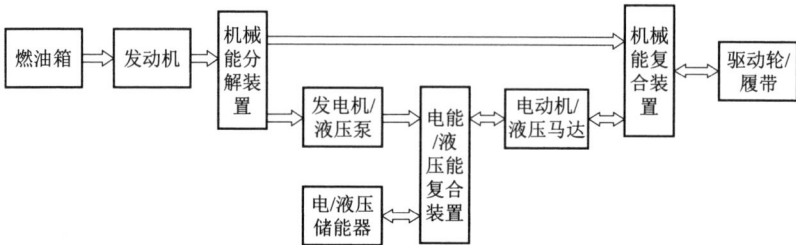

图 2-8　混联式混合驱动系统结构

　　混联式驱动系统的结构形式和控制方式充分发挥了串联式和并联式的优点，能够使发动机、发电机/液压泵、电动机/液压马达等部件充分进行优化匹配工作，在结构上保证了复杂的工况下系统工作在最优点的可行性，更容易实现低排放和低油耗的控制目标。与串联式相比，对蓄电池依赖较少；与并联式相比，发动机的运行工况受行驶工况的影响较小。一般以行星齿轮机构作为动力复合装置的基本构架。

2.1.2.3　依据混合度分类

　　依据混合度分类多用于混合动力电动汽车中。由于发动机依然作为当前车辆上的主要动力源，因此按混合驱动系统中另一类动力源功率占总功率的比值，常归类为轻度、中度、重度、插电式混合驱动系统。该分类方法亦可以扩展到其他非电动力源和内燃机的混合驱动方式中。下文叙述中仍以混合动力电动汽车为例。

　　1）轻度混合动力电动汽车

　　轻度混合动力（Micro Hybrid）即通常所说的集成式起动机/发电机（ISG, Integrated Starter Generator）混合驱动系统，且集成式起动机/发电机功率较小，仅能支持发动机快速起动功能。该车辆主要以内燃机为动力驱动车辆行走，电动机用作内燃机启动电机，并且在内燃机运行时发电供应车内用电，其一般集成内燃机启停系统（Start-stop System）。车辆在减速、刹车时自动关闭内燃机，减少内燃机空转时间以进一步节油。怠速熄火系统的优点是开发成本低，不足是节能效果有限。

　　2）中度混合动力电动汽车

　　中度混合动力（Mild Hybrid）不但同时拥有两个以上动力来源，而且多个动力源可以同时驱动车轮。其中发动机作为主动力来源，可独立驱动，其他则是辅助动力源，用来补充动力或减轻主动力源负担。中度混合动力有两种动力输出设计，一种是实用型，以低功率输出的主动力源配上辅助动力源后变为标准输出；另一种则是性能型，以标准功率输出的主动力源配上辅助动力源后加大了输出功率。中度混合动力已经算是真正的混合动力系统。

30

3）重度混合动力电动汽车

重度混合动力（Full Hybrid）又称作强混系统，可完全依靠任意单个动力源为主动力，也可两者协同驱动产生更大的动力。这类系统的控制单元必须有效地运用各个动力源，以实现适当的动力并节省燃料。

4）插电式混合动力电动汽车

插电式混合动力（Plug-in Hybrid）系统即具备充电功能的混合动力系统，代表着车辆具备电能和燃油两种能量补给方式。因为属于混合动力系统，所以相比于纯电动汽车，不一定非需要充电站才可补充能源，续航能力和实用性也比纯电动汽车高。

2.2 轮式车辆混合驱动系统

2.2.1 串联式混合驱动系统

串联式混合驱动系统的特征在于能量复合多发生在电能或液压能环节，其后采用能量转化装置实现机械能转化。电能和液压能能量传递所依赖的场介质具备柔性特征，使得串联式混合驱动系统布置具备灵活性，尤其适合分布式混合驱动构型。

Oshkosh 多轮驱动战术车辆如图 2-9 所示，其采用典型的分布式 8×8 驱动构型[2]，如图 2-10 所示。采用发动机-交流发电机组和超级电容组共同

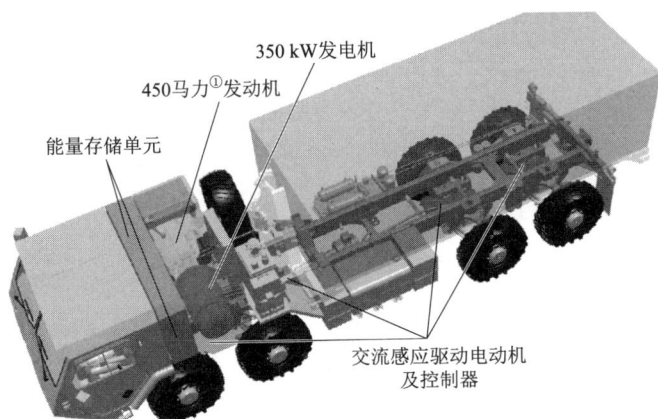

图 2-9 Oshkosh 多轮驱动战术车辆

---

① 1 马力 = 0.735 kW。

向电能母线供电，四个交流感应驱动电动机分置在四个驱动桥中，实现单独或共同驱动，每个驱动桥具备两个挡位以应对大阻力需求。与常用的交流-直流-交流（AC-DC-AC）用电制式不同，该车辆直接采用交流电制式实现能量传输，四个驱动电动机依赖交流/交流逆变器实现电能和机械能相互转换。在交流电压母线和超级电容器之间采用 AC/DC 变换器。正是由于串联式布置的灵活性，使得实现 8×8 驱动传动结构不至于过分复杂，取消液力变矩器、变速箱和分动箱等大多数旋转部件，可靠性和可维修性有所增加。对采用分布式驱动的串联式混合驱动系统而言，其系统控制的挑战在于如何避免多个驱动装置之间的功率循环以实现高效驱动。能量管理多从"功率平衡"的角度同步调节发动机和驱动电动机的功率输出来实现。

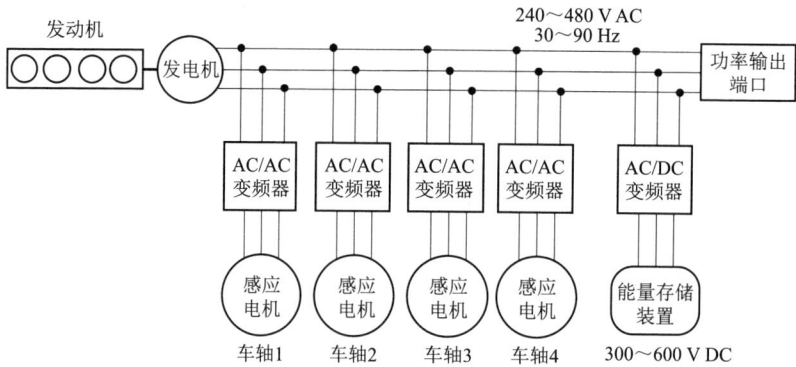

图 2-10 Oshkosh 分布式 8×8 驱动构型

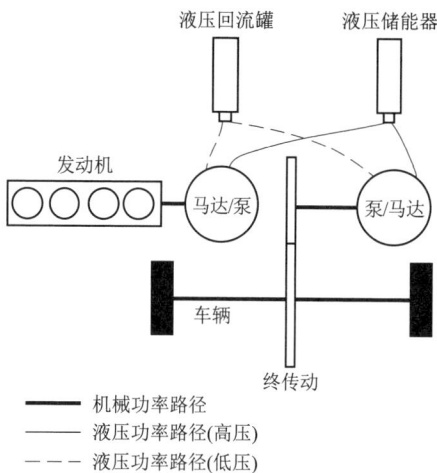

图 2-11 液压串联式混合驱动系统结构示意图

液压串联式混合驱动系统结构如图 2-11 所示，包括发动机、马达/泵装置、液压储能器、泵/马达装置。发动机输出直接与马达/泵装置连接实现机械能到液压能的转化，液压储能器负责液压能的存储，泵/马达装置负责把液压能转化为机械能驱动车辆，也负责再生制动时把车辆动能回收为液压能。相比于发电机，马达/泵装置具有更优的功率密度，且液压储能器的高效能量转化范围比动力电池宽，可靠性和成本更高。当然，液压储能器的高压带来的噪声、振动以及密封值需要进一步解决。图 2-12 为一种液压串联式混合驱动系统的布置结构。该布置采用发动机前置、液压马达后置驱动的形式，液压储能器和液压回流罐布置在车身两侧。采用两个液压马达对称布置共同构成液压驱动单元，通过主减速器实现驱动。

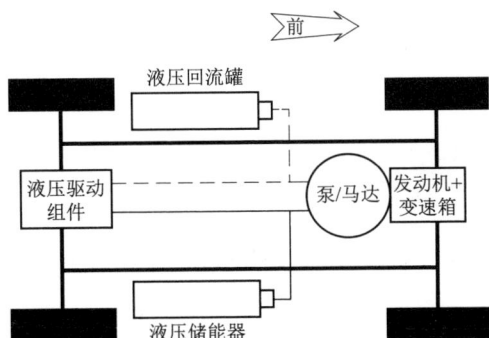

图 2-12　液压串联式混合驱动系统的布置结构

2.2.2　并联式混合驱动系统

并联式混合驱动系统的特征在于能量耦合以机械能形式存在，意味着仍保留发动机直接参与地面车辆驱动的方式，其他动力装置以一定比例参与驱动。由于传统以发动机为唯一动力源的车辆驱动系统中常依赖离合器和变速器等实现功率变换，机械能耦合可能发生在发动机能量传递的任何环节，通常依据能量耦合位置或电动机/发电机位置与变速器相对位置定义为前变速器并联式（Pre-transmission）和后变速器并联式（Post-transmission）。

图 2-13 所示为美国伊顿公司开发的单轴并联式商用车混合动力驱动系统，该系统中动力混合发生在变速箱之前，由于电动机转子通过单向离合器与内燃机动力输出连接，也称为单轴并联式混合驱动系统。发动机依靠单向离合器实现动力切换，电动机既可以在加速时通过力矩叠加助力，也可以通过再生制动实现制动能量回收。该系统存在纯电动驱动、发动机单独驱动、混合驱动、再生制动以及发动机发电等多种工作模式。值得关注的是，该系统采用机械自动变速器（AMT，Automated Manual Transmission），通过控制确保发动机、电动机和机械自动变速器密切配合来保证系统性能和能量传递效率，是其核心技术之一。

图 2-14 为 Enova 公司开发的后变速器并联式混合驱动系统。该动力耦合发生在变速器之后。与前变速器并联混合动力驱动系统相比，其电动机功率直接传递到主减速器，再生制动时也不经过变速器。其工作模式仍然包括纯

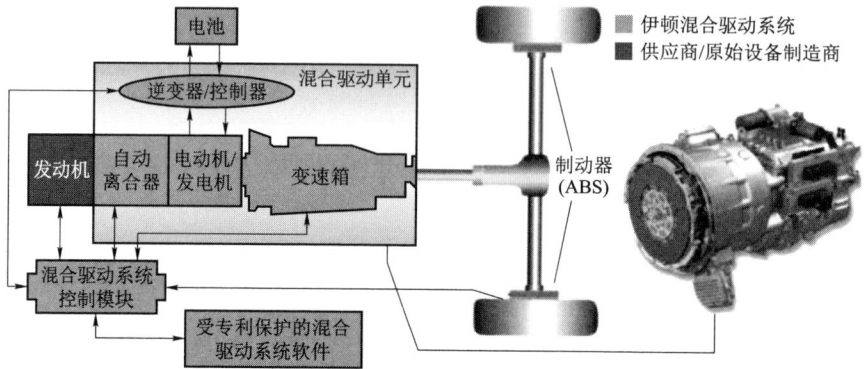

图 2-13　伊顿公司单轴并联式商用车混合驱动系统

电动驱动、发动机单独驱动、混合驱动、发动机发电以及再生制动等。由于驱动构型的变化，导致发动机、电动机和变速器之间参数和控制匹配与伊顿系统有所不同。

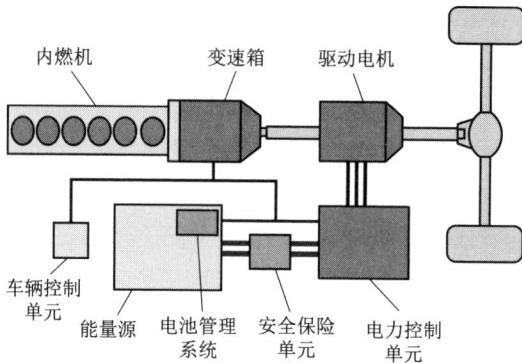

图 2-14　Enova 后变速器并联式混合驱动系统

图 2-15 为德国 Bosch 公司开发的并联式液压混合驱动系统[3]，该系统中变量泵-马达和发动机动力在变速器前实现复合。该系统定义为静液再生制动系统（HRB，Hydrostatic Regenerative Braking），主要用于起停频繁的重型车辆。制动时，泵-马达系统回收动能并把其转化为液压能储存在高压液压罐内，该能量在加速时可用于车辆驱动。相比于动力电池系统，液压系统寿命长、可靠性高，降低了制动器的磨损。

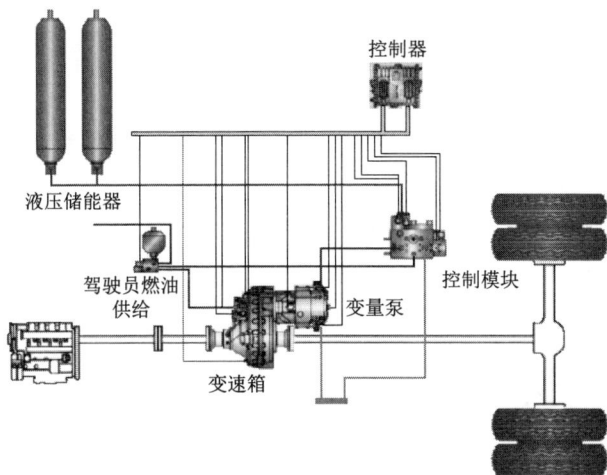

图 2-15　Bosch 公司并联式液压混合驱动系统

2.2.3　混联式混合驱动系统

混联式混合驱动系统兼具串联和并联特征，其能量复合以两种以上的方式存在，由于发动机要直接参与车辆驱动，因此机械能是其常见的复合方式，另外一种能量复合方式为电能或液压能。

丰田公司普锐斯轿车以及通用汽车沃蓝达轿车采用的混联式混合驱动系统具有一定的代表性。丰田普锐斯混联式混合驱动系统结构如图 2-16[4] 所示，该系统采用一个行星轮系把发动机、发电机和电动机功率耦合起来，发动机和行星架相连，发电机和太阳轮相连，电动机和齿圈相连，动力由齿圈输出到驱动轮。由于行星轮系的力学特性，任意时候发动机转矩既可以施加于齿圈，与驱动电动机实现并联式混合，也可以施加于太阳轮，拖动发电机发电后转化为电能，与电池组一起向驱动电动机实现串联式混合供电。这种灵活的工作方式使混合驱动系统整体优化的可能性大幅增加，可更好地满足地面车辆驱动的功率需求。与普锐斯系统相比，通用沃蓝达系统刚好反其道

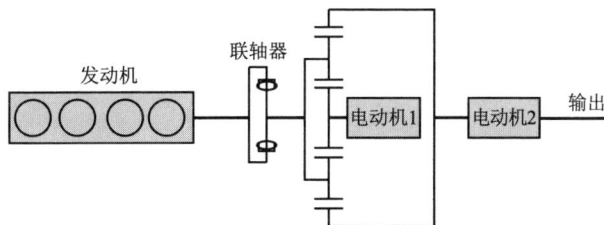

图 2-16　丰田普锐斯混联式混合驱动系统结构

而行之[4]，其行星轮系采用行星架将动力输出到车轮，齿圈通过可控的离合器与来自发动机和电动机的功率相连。与普锐斯系统显著不同的是，通用沃蓝达系统的发动机可以通过离合器断开，其工作模式也具备纯电、串联以及并联多种模式。通用沃蓝达混联式混合驱动系统结构如图 2-17 所示。

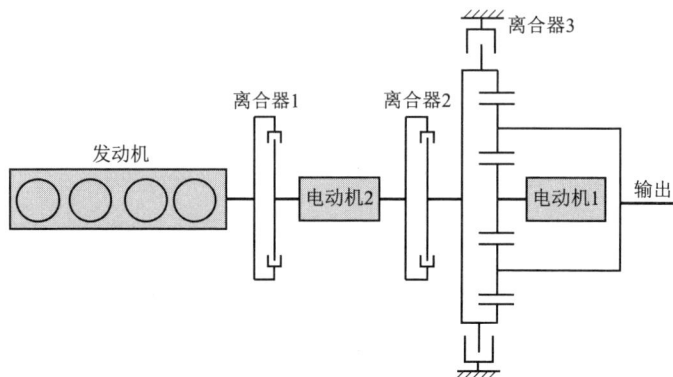

图 2-17 通用沃蓝达混联式混合驱动系统结构

与普锐斯和沃蓝达混联式混合驱动系统构型类似，图 2-18 代表着另外一种典型的多模驱动系统的趋势。该系统利用三个行星轮系把发动机、电动机 A 和电动机 B 的动力实现耦合，依靠四个离合器接合或分离实现不同的工作模式，以充分发挥发动机和电动机的驱动功率特性。该驱动系统能够实现纯电驱动、发动机和若干电动机混合驱动以及发动机单独驱动。值得注意的是，在多个工作模式下，该系统可以实现发动机到车轮间不同的传动比，以适应不同的车速条件和阻力需求。这种结构工作模式灵活、多变，但是系统集成与控制复杂度更高。

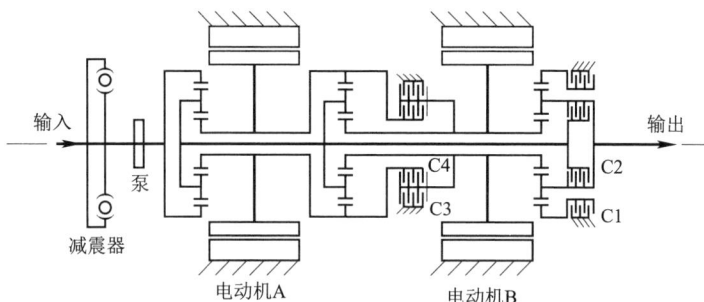

图 2-18 通用多模混联式驱动结构

混联式驱动系统的另一发展趋势为采用多轴或多轮的动力分布方式实现功率的耦合。图 2-19 是采用双轴驱动的一种构型。该构型中发动机既可以驱动电动机 1 发电，也可以通过离合器接合实现前轮驱动。同时，利用电动机 2

实现后轮驱动。依托离合器以及系统控制，该驱动系统能够实现低速电驱动、串联式驱动、并联式驱动、功率分配驱动模式以及发动机单独驱动模式。与采用行星轮系相比，该动力可以在前后轴之间灵活分布，更能充分发挥地面附着驱动力，其技术挑战在于能量管理与车辆动力学控制的耦合。

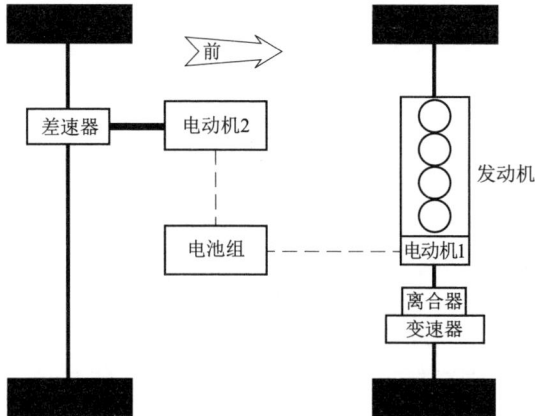

图 2-19　双轴混联式驱动构型

液压式混联式驱动系统市场上并不多见，但也有方案提出。图 2-20 为与

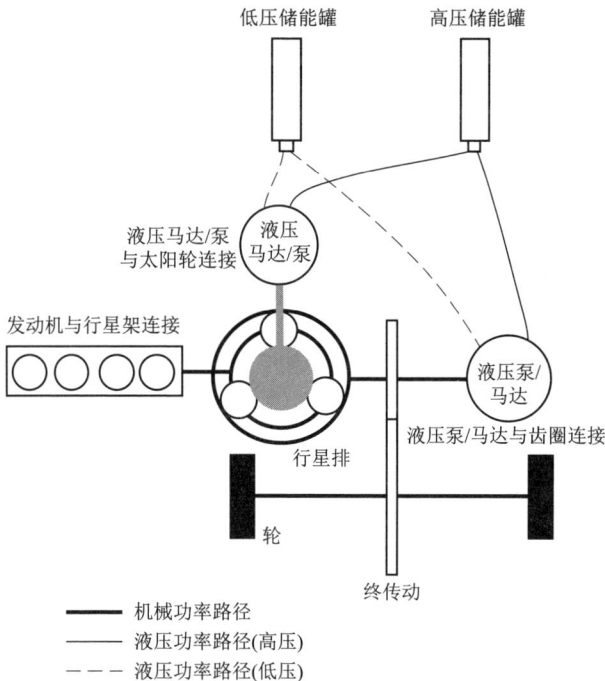

图 2-20　液压混联式驱动系统简图

丰田普锐斯系统相似的系统，采用一个行星轮系把发动机、两个液压泵/马达相连，其中动力输出位于齿圈液压马达输出端。储能系统由高压储能罐和低压储能罐构成。图 2-21 为三行星排液压混联式驱动系统，该系统通过 PG1 的齿圈和 PG3 的行星架把功率叠加到输出轴。由于 PG3 存在两种工作模式，即当离合器 1 接合工作在降速增矩模式，当离合器 2 接合工作在闭锁模式，因此相比于图 2-20 工作模式和灵活性增大。

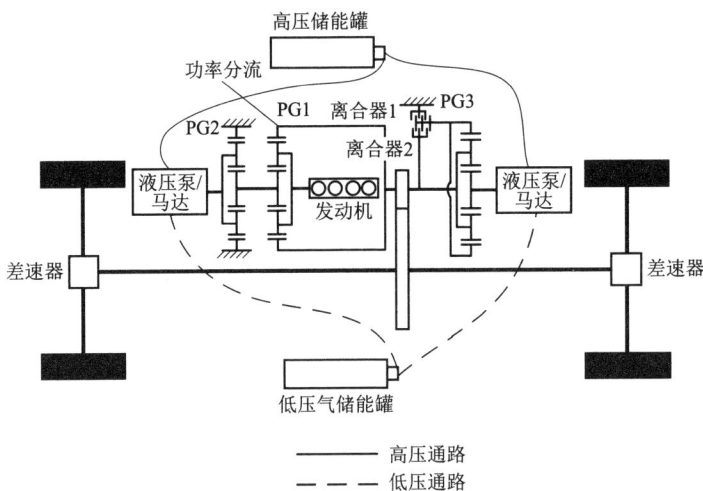

图 2-21　三行星排液压混联式驱动系统

2.3　履带车辆混合驱动系统

履带车辆是地面非路面车辆的一个重要亚种，多用在高速、高机动性作战车辆和低速、工程机械车辆上。随着节能减排与驱动系统的技术革新，混合驱动系统也逐渐应用在履带车辆上。与地面轮式车辆显著不同，现代履带车辆上一般不专门设置转向系统，而是通过双侧履带形成转速差实现转向，一般称之为 Skid-steering 转向。履带车辆混合驱动系统也必须一并解决这个问题。

回顾履带车辆的驱动系统方案，可以分为单功率流驱动系统和双功率流驱动系统。单功率流驱动系统用一套传动系统实现一路功率流传送，并实现转向和直驶功能，转向和直驶功率耦合在一套传动系统中，包括威尔逊二、三级行星转向机系统，菲亚特双侧变速系统以及苏联 T-72 和 T-80 双侧变速系统；一些低速履带工程车辆常采用双侧独立驱动的方案，如约翰迪尔小功率推土机系统等。而双功率流驱动系统则存在明确的直驶和转向功率流分路，在转向时转向功率分路负责实现两侧履带功率，从而形成速度差，当前先进的高速履带车辆多采用双流驱动系统。混合驱动系统的引入使履带车辆驱动系统焕发出新的生机，而其 Skid-steering 转向方式更增加了履带车辆混合驱动系统的多样性和复杂性。

2.3.1 串联式混合驱动系统

美国 M113 系列履带车辆采用最典型的串联式混合驱动系统，该车辆采用发动机-发电机组和动力蓄电池组混合供电，采用两个电动机分别驱动两侧主动轮。我国装甲兵工程学院、北京理工大学也研制了类似的履带车辆混合驱动系统。串联式混合驱动系统结构如图 2-22[5] 所示。该混合驱动系统一方面需要通过对双侧驱动电动机的控制实现整车动力学行驶，另外也需要通过发电控制发动机和动力电池组实现能量的高效使用。值得注意的是，其电力电子中心已经发展成为高集成度的电力电子变换中心，负责电能和机械能之间的相互转化与控制。该同步发电机也可以工作在电动状态，用于起动发动机或短时加速以存储多余的再生制动功率。双侧履带行驶动力学控制和能量管理是串联式混合动力驱动系统亟待解决的问题。

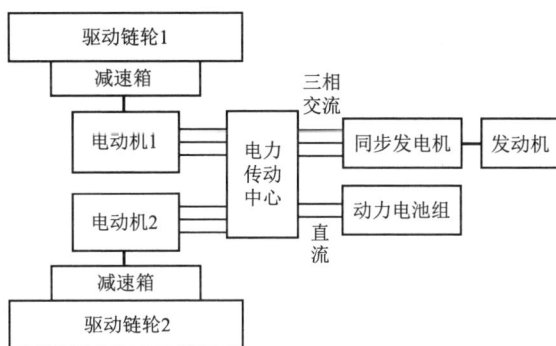

图 2-22 串联式混合驱动系统结构

德国伦克公司很早就提出电力机械综合传动方案，其驱动构型如图 2-23[6] 所示。该方案延续履带车辆双流传动的典型思路，分别采用直驶电动机和转向电动机实现原来直驶分路和转向分路的功能，采用发动机-发电机来产生电能。虽然其专利方案中未提及电储能系统，然而该方案可以很容易发展成为串联式混合供电的方案。

英国昆腾（Qinetiq）公司推出了 E-X-Drive 混合驱动系统，该系统结构如图 2-24[7] 所示，该革新的突出表现在于通过一个差速机构使两侧驱动电动机相连接，使之在直驶时刚性耦合，而转向时又可形成速度差。其串联式混合驱动系统表现在可以实现多个能量源混合供电。国内也提出过类似的驱动方案[8]。

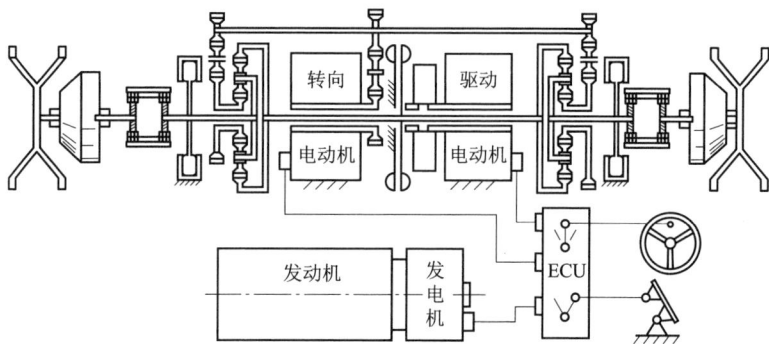

图 2-23　德国伦克公司电力机械综合传动方案

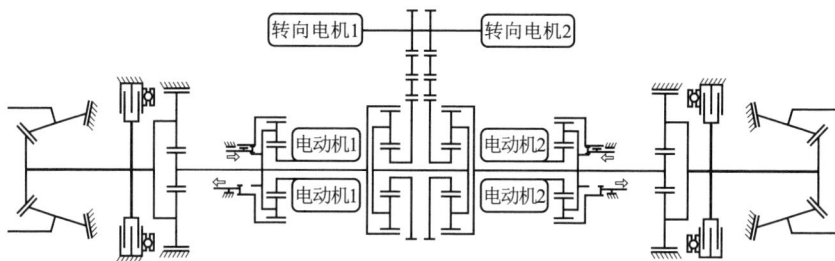

图 2-24　英国昆腾公司电传动方案

如果从履带车辆单功率流或双功率流驱动系统角度来说，M113 串联式方案隶属履带车辆单功率流传动系统，而上述伦克公司和昆腾公司的方案隶属于履带车辆双功率流传动系统。

2.3.2　并联、混联式混合驱动系统

履带车辆并联式混合驱动系统并不多见，原因在于其与轮式车辆混合驱动系统显著不同，轮式车辆混合驱动系统一般配置转向系统专门负责转向，而履带车辆上存在的直驶和转向需求必须完全依赖驱动系统实现。并联式混合驱动系统要求发动机和电动机通过机械或液压实现能量耦合共同或单独驱动直驶或转向，导致系统机构过于复杂。反而不如混联式混合驱动系统，发动机既参与转向功率驱动，同时也驱动发电机组发电来对直驶分路电动机供电，是典型的混联式混合驱动系统。图 2-25 为一种含有三个

电动机/发电机的无横轴的并联式混合驱动系统的方案[9]，可以实现以下几种驱动模式。

（1）低速时可以利用左侧和右侧电动机进行驱动，高速时再由驱动电动机驱动，这样在电机选型时左、右侧电动机可选工作区在低速大转矩区的电机，而电动机/发电机可选高速电机，这样就降低了对电机性能的要求；

（2）高速时由内燃机直接驱动，并且驱动发电机/电动机为电池充电，这样可以使内燃机工作在其高效区，提高了燃油经济性；

（3）当在高速大转矩工况下行驶时，可以利用电动机和内燃机共同驱动，此时电池为电动机供电。

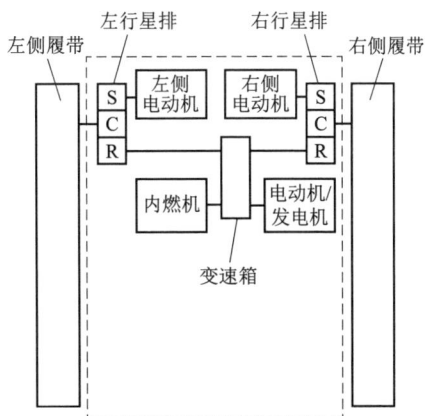

图 2-25　履带车辆并联式混合驱动系统结构

美国卡特皮勒公司自 2000 年以来对混合动力推土机的动力驱动系统开展了长期的研究，提出了一系列动力驱动系统构型和方案，申报了大量专利，集中在电传动系统结构及集成、电动机驱动控制、系统冷却、差动转向系统、系统总体设计与控制等，图 2-26～图 2-31 为卡特皮勒的代表性方案[10~16]。

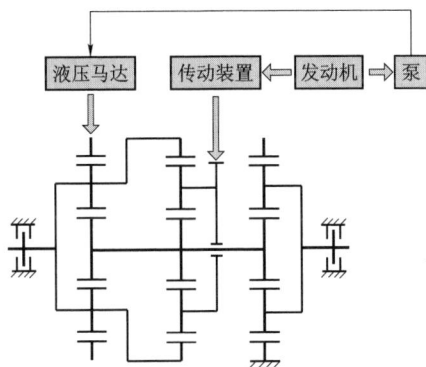

图 2-26　差动转向方案（1984 年）

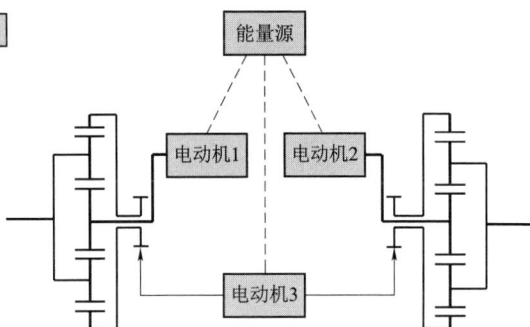

图 2-27　变速差动电驱动系统（2003 年）

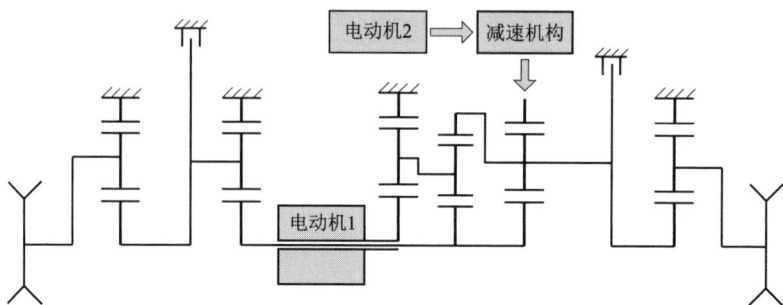

图 2-28　含差动转向的电传动系统（2005 年）

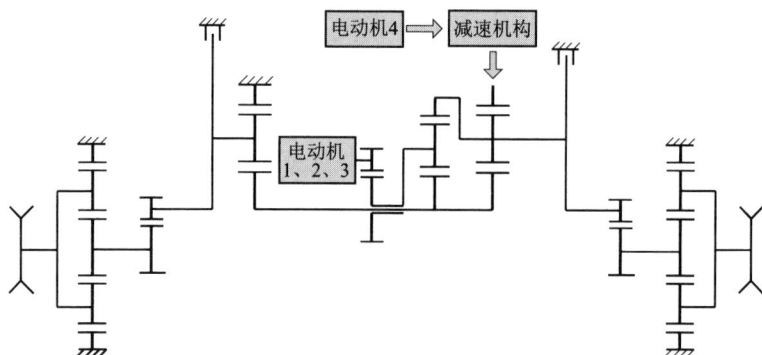

图 2-29　含差动转向电传动系统（2007 年）

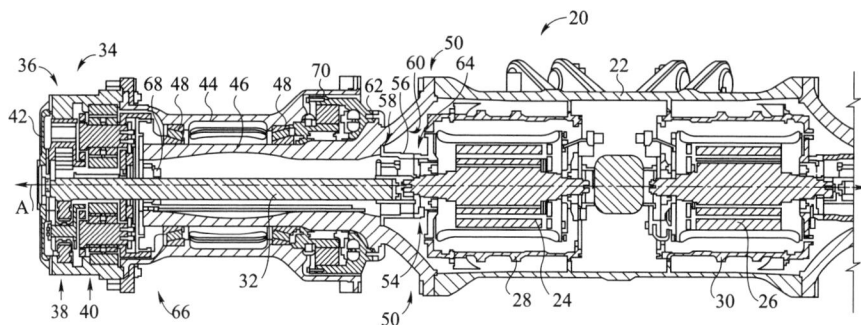

图 2-30　双电机驱动电传动装置（2009 年）

20—电传动装置；22—中心轴套；24，26—驱动电动；28，30—电机外壳；32—驱动轴；
34—终传动组件；36—双行星排齿轮组；38—行星排 1；40—行星排 2；42—端盖；
44—机轮组件；46—主动组件；48—圆锥滚子轴承；50—主轴组件右端；54—内部
密封接触；56—中间壳体；58—与内表面相接触的中间壳体左端；60—内表面；
62—主轴；64—中间壳体右端；66—主轴组件右端；68—支承壳体；70—制动组

　　图 2-26 为卡特皮勒传统差动转向方案，只要把 Transmission 动力替换为
电动机，则可以作为电传动方案。图 2-27 采用三个电动机实现电传动方案，

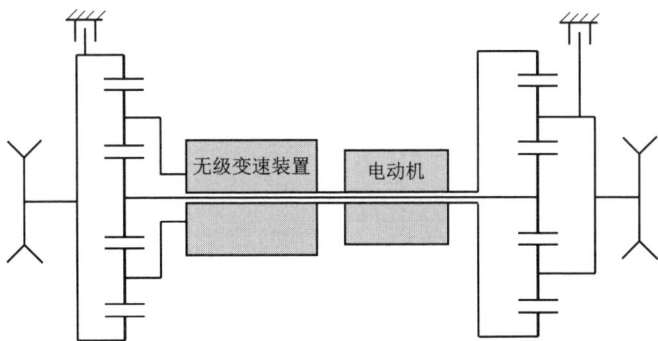

图 2-31　电传动方案与装置（2010 年）

依赖控制来实现直行或转向。图 2-28 和图 2-29 非常相似，主要区别在于用一个电动机还是三个电动机来承担直行功率。图 2-30 直接采用两个电动机分别驱动两侧链轮，通过控制实现直行或转向。图 2-31 最为先进，用一个电动机实现无级调速，但是短期内无法获得具有无级变速性能的无级变速装置机构。2009 年，卡特皮勒推出了履带式混合动力 D7E 推土机动力驱动系统，该推土机动力驱动系统采用电力驱动和液压泵/马达通过机械传动综合的方式，用发动机-发电机组发电，直驱电动机负责驱动直驱分路，转向分路依托液压泵/马达来传递功率，通过电液综合差速转向实现功率复合。

卡特皮勒提出了"电传动+差速转向"的典型方案，如图 2-32[17] 所示。该方案中发动机既可以拖动发电机发电，也可以建立液压能，直驱依靠驱动电动机，转向可以依靠电动机或液压泵/马达完成，通过汇流机构实现功率复合。采用发动机/发电机组发电，直驱电动机负责驱动直驱分路，转向分路依托液压泵/马达来传递功率，通过电液综合差速转向实现功率复合。其混合动力体现在发动机-发电机组和电储能器混合供电方式上，属典型的串联式混合驱动方式；另一方面在于其发动机功率通过液压系统直接参与转向功率的驱动，并通过转向系统实现功率的复合，是典型的并联式混合驱动方式。

美国通用汽车公司提出的"多模混联式混合驱动方案"代表着履带车辆混合驱动系统的新进展和较高水平[18]，该系统方案构型如图 2-33 所示。该方案既可以由发动机动力输出直接参与两侧链轮的驱动，同时，发动机也可以驱动发电机发电供直驱电动机和转向电动机使用，依靠多个离合器结合或分离来实现多模式驱动是其突出技术特征。为了提高系统效率和功率平衡，该方案引入了电储能装置，用于吸收多余或再生功率，或者补充电功率。多个离合器系统以及储能装置的引入使系统工作的灵活性和控制的自由度加大，系统设计和控制具有挑战性。

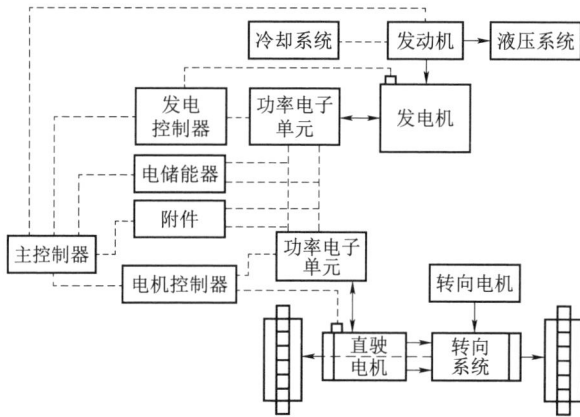

图 2-32 卡特皮勒"电传动+差速转向"方案

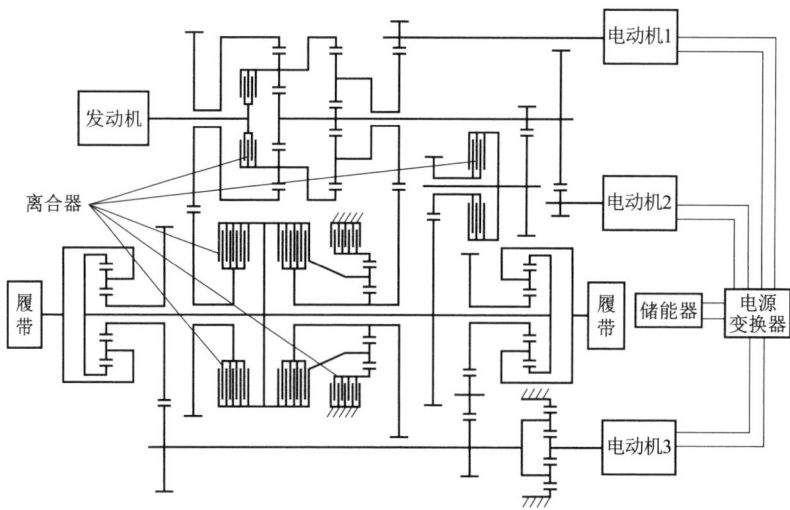

图 2-33 多模混联式混合驱动方案构型

参考文献

［1］ Guzzella L, Onder C, Dönitz D I C, et al. The pneumatic hybridization concept for downsizing and supercharging gasoline engines ［J］. MTZ worldwide, 2010, 71 (1)：38-44.

［2］ Jon J Morrow, Christopher K Yakes. A/C bus assembly for electronic traction vehicle：EP, 20020001052 ［P］. 2002-8-7.

［3］ Baseley S, Ehret C, Greif E, et al. Hydraulic hybrid systems for commercial vehicles ［R］. SAE Technical Paper, 2007.

［4］ Zhang Xiaowu, et al. Prius+ and Volt-：Configuration analysis of power-split hybrid vehicles with a single planetary gear ［J］. Vehicular Technology, IEEE Transactions on, 2012, 61

（8）：3544-3552.

［5］邹渊．电传动履带车辆双侧驱动控制策略研究［D］．北京：北京理工大学，2005.

［6］Zaunberger Franz-Xaver. Electro-mechanical drive system for a full-track vehicle：USA，4998591［P］. 1991-03-12.

［7］Arthur P Lyons. Compact fault tolerant variable cross-drive electromechanical transmission：USA，7326141B2［P］. 2008-02-5.

［8］盖江涛，李慎龙，等．一种履带车辆机电复合传动装置：中国，102229319［P］. 2011-11-2.

［9］Arkadiusz Mezyk, Tomasz Czapla, Wojciech Klein. Hybrid drive application for high-speed tracked vehicle［J］. Journal of KONES Powertrain and Transport, 2009, 16：341-349.

［10］Riediger C W, Winzeler J E. Planetary steering differential：U. S., 4434680［P］. 1984-3-6.

［11］Zwilling E, Vanderham M, Schuster S. Variable and differential output drive system：U. S., 10/024313［P］. 2001-12-21.

［12］Simmons G P, Vanderham M E. Electric drive system with differential steering：U. S., 6892837［P］. 2005-5-17.

［13］Garnett S C, Cronin M G, Iund T N, et al. Electric drive system with plural motors：U. S., 7309300［P］. 2007-12-18.

［14］Mariutti H. Caterpillar D7E-Der erste dieselelektrisch angetriebene Kettendozer. Conference Agricultural Engineering for Professionals 2010, Marktoberdorf, Germany［R］. VDI report.

［15］Betz M D, Casey K A, Garnett S C, et al. Electric powertrain for work machine：U. S., Application 13/091472［P］. 2011-4-21.

［16］El-Refaie A M. Motors/generators for traction/propulsion applications：a review［J］. Vehicular Technology Magazine, IEEE, 2013, 8（1）：90-99.

［17］Michael D Betz. Electric power for work machine：USA，7950481［P］. 2005-09-29.

［18］Michael R Schmidt. Four-mode, input-split, parallel hybrid transmission：USA，5571058［P］. 1990-11-5.

3

地面车辆混合驱动系统建模与仿真技术

　　地面车辆混合驱动系统构型与控制日渐复杂与综合化，其复杂性既表现在灵活、多变的驱动结构、工作模式和工作空间上，也表现在多学科、多物理过程的耦合，同时更表现在对控制的严重依赖，已经发展成为一种典型的机电综合系统和装备，必须发展与之相适应的建模与仿真技术，从数学上掌握其集成演化规律，以提高系统设计水平，缩短开发周期与成本。建模与仿真既是一种通用技术，也涉及建模与仿真专业化软件工具，对混合驱动系统设计开发意义重大。本书把建模与仿真技术单列为一章，建模仿真技术与专业化软件工具并重。

3.1　混合驱动系统建模与仿真的作用及挑战

　　系统仿真是继理论分析和实验验证后系统设计的又一强大手段，其特点在于采用虚拟数字样机以加速系统研发速度，降低研发成本。随着近年来建模理论和计算技术的长足发展，各国对系统仿真愈发重视，建模与仿真技术在国民经济和国防建设中的重要作用日益凸显。在地面车辆混合驱动系统领域，涌现出大量的系统建模与仿真的科学研究以及工程技术实践，促进了地面车辆混合驱动系统科学和技术的进步。

　　系统建模与仿真对混合驱动系统设计具有重要作用，主要归纳为以下几方面。

　　(1) 以数学模型及其求解的方式获得混合驱动系统的动态特征。

　　一般而言，混合驱动系统比以内燃机为唯一原动机的地面车辆驱动系统复杂，包含多个动力源并涉及多种能量转化和利用方式，因此其动态特征表现为多学科/多物理过程、多设计变量和约束条件以及不同时频动力学行为强耦合特征，一般为时变、非线性、随机动态系统。通过数学建模和求解可以揭示不同负载以及不同初始条件下系统的动力学变化特征，尤其把握复杂混合驱动系统的动力学特征，是开展混合驱动系统成功设计的前提和基础。

（2）形成数字样机支持系统层面半物理或虚拟机电集成。

经过封装的数学模型形成了囊括多物理动态耦合特征的数字样机，该数字样机可方便用来实现半物理或虚拟机电系统集成。在虚拟机电系统集成中，地面车辆混合驱动系统模型通过约束和边界条件界面与其他系统相互作用，便于发现复杂的机电子系统间相互集成的演化规则，便于开展系统变型和优化设计。在半物理机电系统集成中，常用真实的物理装置取代数学模型，以评估验证混合驱动系统的设计思路。上述特征在涉及系统控制时尤为明显，以数字样机来提高混合驱动系统与控制的集成优化设计已经发展成为关键的基础理论和工业技术。

（3）形成通用型数学建模与科学计算平台，并融入全生命周期设计与数据集成。

当系统建模/求解以及模型的累积达到一定数量时，可以在软件和计算技术基础上发展成为通用型数学建模与科学计算平台，支持混合驱动系统的设计与性能评估，而且成为混合驱动系统全生命周期设计与数据集成平台，与混合驱动系统业务设计全面集成，提高混合驱动系统设计能力和工业技术水平，进一步降低开发成本，强化数据积累，缩短开发周期。已经出现不少能支持混合驱动系统建模与仿真设计的商业化系统，如 ADVISOR、CRUISE和 AUTONOMIE 软件等。

虽然地面车辆混合驱动系统建模与仿真技术获得长足进步，在混合驱动系统设计中发挥着日益重要的作用，然而，混合驱动系统建模与仿真技术仍存在以下挑战。

（1）缺乏支持多学科和多物理过程的、时频多尺度的复杂动力学行为统一化建模理论和计算框架。混合驱动系统中存在多学科、多物理过程的相互作用，在不同的时间频率上存在耦合，如何在系统层面实现建模与计算是当前面临的重要挑战。当前的仿真软件针对单个学科或物理过程中的系统设计处理得较好，而无法囊括多物理过程的耦合模拟计算，难点一方面在于多学科、多物理过程的数学表征，特别是相互耦合变量的数学表征；另一方面在于针对时频多尺度动力学过程，在确保模型计算精度的前提下，实现多步长混合高效率解算。

（2）有待形成能有效指导混合驱动系统集成优化的理论和技术。混合驱动系统建模与仿真的原动力在于揭示系统匹配优化的规律与动态演化过程。由于混合驱动系统在驱动系统构型、参数配置与控制的相互耦合的复杂性，使得系统动态优化较为复杂，而大规模展开原型试验又导致开发成本和周期大幅增加，因此依赖建模与仿真解决系统集成优化问题成为必然的途径。混合驱动系统集成优化中存在"系统—分系统—子系统"多层次耦合优化问题，也存在动态过程泛函和其他性能参数与边界条件混合优化问题，二者在一定程度上又相互影响和耦合，优化求解难度大，亟需从理论和技术层面开展研究。

（3）有待形成能够全面指导控制算法设计的基础理论和技术。地面车辆混合驱动系统对控制依赖较大，复杂的驱动系统必须与控制器相配合才能确保功能与性能的优化工作，控制器软件设计凸显为关键技术。虽然当前已形成先进的开发流程和工具，但多偏重于已有代码的测试与分析的便捷化，其主流技术仍然是"以工程师经验为主的逻辑设计"和"高度自动化的代码测试与分析"的迭代反复循环设计。虽然动态规划和庞特里亚金极值原理能够产生最优的控制序列或控制逻辑，然而如何考虑和处理实际对象或过程的随机性、鲁棒性的问题并未解决，同时驱动系统与控制算法的优化集成也是目前面临的技术挑战之一。

本节提出了混合驱动系统建模与仿真的科学和技术挑战，然而本章甚至本书都难以完全解决该技术挑战。本章聚焦在驱动系统部件建模以及系统仿真通用技术层面，其中涉及系统匹配与优化集成理论将在后续章节讲解。必须指出的是，即便同是驱动系统部件的模型，也常常由于计算目的不同而存在不同的类型以及复杂程度。本章多数模型主要服务于地面车辆混合驱动系统的集成与控制优化，一般为具有输入-输出因果关系性能的模型。本章也注重混合驱动系统仿真通用技术的描述。

3.2　地面车辆及混合驱动系统部件模型

3.2.1　车辆动力学模型

3.2.1.1　轮式车辆动力学模型

针对驱动功率与能量的计算，轮式车辆一般采用单质点模型，即把车辆视为集中质量的质点，只考虑纵向动力学。单质点模型中，其驱动力和阻力共同决定加速度：

$$F - F_R = \delta m \frac{dv}{dt} \tag{3-1}$$

式中，F 为轮胎产生的驱动力，N，来自轮胎与地面相互作用的反力；F_R 为总阻力，包括滚动阻力、坡度阻力和空气阻力，N；δ 为等效质量系数，即把所有车辆驱动系统中转动惯量等效换算为直线移动惯量，kg·m²；v 为车辆行驶速度，m/s。

驱动力来自由驱动系统传递至车轮的转矩，表达为

$$F = \frac{T}{r} \tag{3-2}$$

式中，T 为传递至车轮的转矩，N·m；r 为轮胎半径，m。

$$F_R = fmg\cos\alpha + mg\sin\alpha + CAv^2 \tag{3-3}$$

式中，f 为滚动阻力系数；α 为坡度角；C 为空气密度常数；A 为迎风面积。

3.2.1.2 履带车辆动力学模型

履带车辆与地面相互作用的复杂性使得建立完全精确的数学模型较为困难[1,2]，常结合工程实际的需求在建模中进行适当简化与假设：

（1）履带车辆行驶在水平路面；

（2）忽略空气阻力；

（3）地面变形阻力系数仅由地面决定，转向阻力系数仅由地面和转向半径决定；

（4）重心与车辆几何中心重合；

（5）忽略履带车辆垂直运动和俯仰运动。

1）履带车辆的受力分析

履带车辆在不同的行驶状态下受到不同的力的作用，在建立面向控制的履带车辆模型时需全面考虑所有力的作用以及行驶状态与力的关系。

（1）直驶状态下受力。

履带车辆在直线行驶中受到来自地面的驱动力和阻力。驱动力来自履带剪切地面引起地面变形的反作用力，该力在一定范围内与由主动轮输出力矩等效计算出的驱动力相等。直线行驶的阻力主要指地面变形阻力，该力由履带对接地段地面变形而产生，作用方向与履带车辆行驶方向相反。一般假设地面变形阻力与地面法向负荷成正比，比例系数称为地面变形阻力系数。

（2）转向状态下受力。

履带车辆在转向运动中同样受到来自地面的驱动力与阻力，驱动力仍然作用在纵向，与直驶的情况相同，而阻力则与直线行驶时区别很大。在转向运动中，履带接地段每一瞬间都要绕瞬时转向中心做平移运动和转向运动。由于平移运动引起的地面变形阻力仍然存在，并且一般要比直线行驶产生的阻力要大一些。此外，在转向运动中履带接地段相对于地面做横向运动，地面产生阻止履带横向运动的反作用力，称为转向阻力。一般认为转向阻力由滑动摩擦阻力、刮土阻力和剪切阻力三部分组成，并且与地面性质、法向负荷分布和转向半径

相关，在工程中通常用转向阻力系数 μ 来表达。工程实践上发现转向阻力系数和路面类型以及相对转向半径有关，一般根据尼基金的经验公式[3]

$$\mu = \frac{\mu_{\max}}{0.925 + 0.15\rho} \quad (\rho \geqslant 1/2) \tag{3-4}$$

或霍克（HOCK）推荐公式

$$\mu = \frac{\mu_{\max}}{(1+\rho)^n}\left(1 - \frac{\rho}{\rho_k}\right) \quad (\rho \geqslant 0) \tag{3-5}$$

进行估算。

式（3-4）中，$\mu_{\max}$ 为 $\rho = 0.5$ 时的 μ 值。式（3-5）中，$\mu_{\max}$ 为 $\rho = 0$ 时的 μ 值；n 是履带张力指数，在经验值 $0.2 \sim 0.5$ 内选取；ρ_k 是履带自有相对转向半径，它与履带形式、履带状态的间隙和弹性有关，也取决于履带预张紧力和磨损情况。尼基金的经验公式与霍克推荐公式相比，具有参数少、计算简单的特点，$\mu_{\max}$ 可通过试验获得。文中主要采用式（3-4）进行转向阻力计算，并且认为该公式在 $\rho \geqslant 0$ 时成立。

根据转向阻力系数和履带接地段法向负荷分布可以求得转向阻力沿接地段的分布，通过积分就可以求出地面对履带的转向阻力矩。当履带在水平面内以较低速度进行匀速转向时，则有

$$M_{\mu} = \frac{1}{4}\mu Gl \tag{3-6}$$

式中，M_{μ} 为地面对履带的转向阻力矩，N·m，方向与整车横摆角速度相反；G 为整车重力，N；l 为履带接地长度，m。

履带车辆在高速转向中，惯性离心力的作用不能忽略。该力引起两侧履带法向负荷的变化，还会引起两侧履带接地段瞬时转向中心向前进方向偏移，下文将对此进一步叙述。

（3）履带车辆受力状态的统一描述。

不同的行驶状态中，履带车辆的受力并不一致，需要从更广泛的意义上统一描述履带车辆的受力状态。由前文分析可知，履带车辆在转向过程中受力状态远远比直驶复杂，作用力的个数多，并且量值也存在一定变化。因此可以把直线行驶看作转向行驶的特例，受力状态不同的仅仅是转向行驶时存在横向阻力和离心力，而在直驶时横向阻力和离心力为零；转向行驶时存在整车旋转角速度，而在直线行驶时整车角速度为零。

图 3-1 显示了履带车辆再生转向中的受力情况。设任意时刻履带车辆的瞬时转向中心为 O；离心力引起两侧履带接地段瞬心 O_1、O_2 沿纵向向前移动距离为 λ；整车角速度为 ω；履带车辆质心线速度为 v，分别沿纵向和横向分解为 v_x、v_y；α 为履带车辆侧偏角；转向瞬心到车辆纵向对称中心线距离为

R，到车辆质心处距离为 R'；F_{r1}、F_{r2} 为履带车辆受到的滚动阻力；F_1、F_2 为由主动轮发出的牵引力；F_c 为离心力；F_{h1}、F_{h2} 分别为两侧履带受到的横向阻力。图 3-1 也囊括了直驶时履带车辆的受力，只要令 F_c、F_{h1} 和 F_{h2} 取零即可，此时 λ、α、ω 和 v_y 均为零。

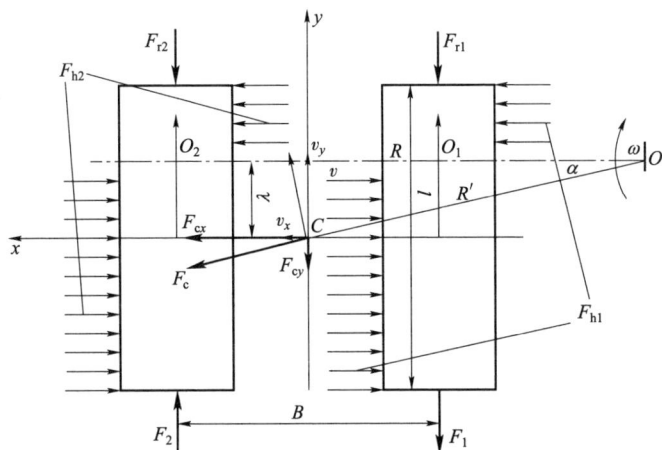

图 3-1　履带车辆再生转向中的受力情况

先考虑由于重力、离心力和惯性力引起的两侧履带接地段载荷分布的变化，分别取每侧履带几何中心为原点，履带前进方向为正方向建立直线坐标系，ζ 为履带纵向上任意点坐标，则 $\zeta \in [-l/2, l/2]$。由重力作用引起的两侧履带接地段的法向负荷为

$$q_{2G}(\zeta) = q_{1G}(\zeta) = \frac{G}{2l} \tag{3-7}$$

由离心力横向分力 F_{cx} 和惯性力横向分力 F_{mx} 引起两侧履带接地段的法向负荷为

$$q_{2y}(\zeta) = -q_{1y}(\zeta) = \frac{(F_{cx} + F_{mx})H}{Bl} \tag{3-8}$$

式中，H 为车辆重心高度。由离心力纵向分力 F_{cy} 和惯性力纵向分力 F_{my} 引起两侧履带接地段的法向负荷一般为

$$q_{2x}(\zeta) = q_{1x}(\zeta) = -\frac{6(F_{my} - F_{cy})H\zeta}{l^3} \tag{3-9}$$

因此，外侧和内侧履带接地段法向负荷分布沿履带纵向分布表示为

$$q_2(\zeta) = q_{2G}(\zeta) + q_{2y}(\zeta) + q_{2x}(\zeta)$$
$$q_1(\zeta) = q_{1G}(\zeta) + q_{1y}(\zeta) + q_{1x}(\zeta) \tag{3-10}$$

F_{h1}、F_{h2} 对履带车辆形成的横向力为

$$F_h = \int_\rho^{l/2} \mu(q_1(\zeta) + q_2(\zeta))\,\mathrm{d}\zeta - \int_{-l/2}^\rho \mu(q_1(\zeta) + q_2(\zeta))\,\mathrm{d}\zeta$$

$$= \frac{2\mu G\lambda}{l} + \frac{3\mu(F_{my} - F_{cy})H}{l} - \frac{12\mu(F_{my} - F_{cy})\lambda^2}{l^3} \tag{3-11}$$

F_{h1}、F_{h2} 对履带车辆的质心处形成的横向力矩为

$$M_h = \int_{-l/2}^{l/2} \mu(q_1(\zeta) + q_2(\zeta))\zeta\,\mathrm{d}\zeta$$

$$= \mu\left[\frac{G(l^2 - 4\lambda^2)}{4l} + \frac{8H(F_{my} - F_{cy})\lambda^3}{l^3}\right]$$

$$\approx \frac{\mu l G}{4}\left[1 - \left(\frac{2\lambda}{l}\right)^2\right] \tag{3-12}$$

式（3-11）和式（3-12）说明在整个转向过程中，横向力不仅受地面的影响，也受到横向惯性力的影响。在转向运动中，通常情况下离心力横向分力 F_{cx} 远远大于惯性力横向分力 F_{mx}，因此忽略 F_{my} 并且认为离心力横向分力 F_{cy} 与地面对车辆的横向合力 F_h 相等，可以推出：

$$\lambda = \frac{F_{cy}(l - 3\mu H)}{2\mu G} \tag{3-13}$$

据圆周运动的有关结论，有

$$F_{cy} = mv_y\omega \tag{3-14}$$

可得偏移量

$$\lambda = \frac{v_y\omega(l - 3\mu H)}{2\mu g} \tag{3-15}$$

式（3-15）表明，转向过程中 λ 和多个变量相关。

车辆受到的滚动阻力表示为

$$F_{r1} = F_{r2} = \frac{1}{2}fG \tag{3-16}$$

式中，f 为履带车辆地面变形阻力系数。

2）履带车辆动力学建模

忽略履带车辆的侧倾运动和俯仰运动，则履带车辆的运动可看作在具有集中质量的刚体平面上运动，如图3-2所示。以车辆几何中心 C 为原点，分别以车辆纵向和横向对称中心线为横坐标和纵坐标，建立固结于车辆几何中心的随动坐标系 xoy，同时以地面坐标系 XOY 为绝对参考系，并且

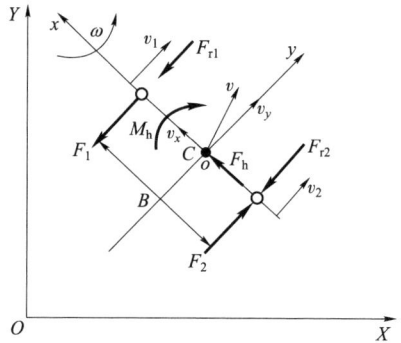

图3-2 履带车辆的平面运动坐标图

设在初始时刻两坐标系重合。图 3-2 中符号表示的意义与图 3-1 基本相同，其中 M_h 表示地面对履带车辆的转向阻力矩，F_h 为地面对履带车辆的横向作用力。

根据刚体动力学定律，任意时刻 t，在坐标系 XOY 中有

$$\begin{cases} -F_1+F_2-F_{r1}-F_{r2}=ma_y \\ F_h=ma_x \\ -F_1\dfrac{B}{2}+F_2\dfrac{B}{2}+F_{r1}\dfrac{B}{2}-F_{r2}\dfrac{B}{2}-M_h=I_z\dot{\omega} \end{cases} \tag{3-17}$$

式中，a_x 和 a_y 分别为履带车辆质心 C 的纵向和横向的绝对加速度分量。任意时刻 t，有

$$a_x=\dot{v}_x-v_y\times\omega \tag{3-18}$$

$$a_y=\dot{v}_y-v_x\times\omega \tag{3-19}$$

$$v_{2,1}=\dot{v}_y\pm\omega B/2 \tag{3-20}$$

着重考虑履带纵向运动，忽略履带横向运动，认为 $v_y=0$，则可以得出式 (3-21) 的微分方程组。该方程组中，F_1、F_2 为由于主动轮对地作用而引起的地面对车辆的反作用力，即主动轮发出的牵引力，是动力学控制的被控已知量。该方程组包含 v_y、ω、M_h、λ、μ 和 R 共 6 个未知变量，方程组包含 6 个方程（不包括初始条件），因此该微分方程组可以通过数值计算方法求解。

$$\begin{cases} m\dot{v}_y=F_1+F_2-F_{r1}-F_{r2} \\ I_z\dot{\omega}=-F_1\dfrac{B}{2}+F_2\dfrac{B}{2}+F_{r1}\dfrac{B}{2}-F_{r2}\dfrac{B}{2}-M_h \\ M_h=\begin{cases} 0 & (\omega=0) \\ \dfrac{\mu lG}{4}\left[1-\left(\dfrac{2\lambda}{l}\right)^2\right] & (\omega\neq0) \end{cases} \\ \lambda=\dfrac{v_y\omega(l-3\mu H)}{2\mu g} \\ \mu=\dfrac{\mu_{\max}}{0.925+0.15R/B} \\ R=\dfrac{v_y}{\omega} \\ v_y(0)=v_0 \\ \omega(0)=\omega_0 \end{cases} \tag{3-21}$$

在混合驱动车辆中，牵引力 F_1、F_2 最终由驱动系统传递到两侧主动轮并通过履带与地面作用发出，其最大牵引力受到地面附着力的约束。

$$F_{1,2} \leqslant 0.5\varphi G \qquad (3-22)$$

式中，φ 为附着系数。

进一步考虑履带的滑转和滑移，设两侧履带的滑转率分别为 s_1 和 s_2，两侧履带的理论速度和两侧主动轮角速度关系为

$$v_{11} = \frac{v_1 i_0}{1-s_1} \qquad (3-23)$$

$$v_{12} = \frac{v_2 i_0}{1-s_2} \qquad (3-24)$$

$$\omega_1 = \frac{v_{11}}{r} \qquad (3-25)$$

$$\omega_2 = \frac{v_{12}}{r} \qquad (3-26)$$

式（3-23）~式（3-26）中，v_{11} 和 v_{12} 为两侧履带的理论速度，i_0 为电动机输出轴到履带的传动比，ω_1 和 ω_2 分别为两侧主动轮的角速度。

两侧履带滑转率的计算较为复杂，一般认为与驱动力以及土壤属性有关，作近似计算如下[4]：

$$s_1 = \frac{K/l}{\ln\left[2F_1/(Ac+G\tan\theta)\right]} \qquad (3-27)$$

$$s_2 = \frac{K/l}{\ln\left[2F_2/(Ac+G\tan\theta)\right]} \qquad (3-28)$$

式中，K 为水平剪切变形模数，A 为履带接地段面积，C 为土壤的内聚力，θ 为土壤内抗剪切强度角。式（3-21）~式（3-28）构成了面向控制的电传动履带车辆动力学模型，该模型的输入为由驱动系统传递至履带而发出的牵引力 F_1 和 F_2，输出为电传动履带车辆的各项运动学参数（车辆质心线速度 v_y，车辆角速度 ω，两侧主动轮角速度 ω_1、ω_2 和履带滑转率 s_1、s_2 等）。值得注意的是，履带的滑转率为近似估计，由于进行了简化以及实际中两侧履带接地段法向负荷并不一致，该估计存在一定误差。当忽略两侧履带的滑移和滑转时，两侧主动轮的角速度可以由以下公式计算：

$$\omega_1 = \frac{v_1 i_0}{r} \qquad (3-29)$$

$$\omega_2 = \frac{v_2 i_0}{r} \qquad (3-30)$$

式（3-21）、式（3-22）、式（3-29）及式（3-30）构成了面向控制的、忽略履带滑移和滑转的动力学模型。该模型能有效计算直驶和转向过程中的机动性与功率需求。

3.2.2　发动机模型

发动机是地面车辆驱动系统的一类主动力源，其主要特性是由燃烧过程决定的，另外还受进排气以及传质、传热的影响。传统的发动机建模集中在燃烧模型的研究上，燃烧过程涉及燃烧化学过程、工程热力学以及复杂的机械动力学，具有显著的非线性特征，很难用精确的数学公式表达[5]。发动机建模必须依据仿真目的和要求，通常希望在满足精度的前提下，发动机模型有较少参数和较低阶次。

发动机建模方法包括理论建模和实验建模两类。理论建模基于理论分析，所建模型主要是发动机动态模型，利用系统动力学知识对功率生成与传递过程进行模拟，用微分方程和代数方程来精确描述发动机各参数间的关系，模型较复杂、计算时间长，主要用于研究发动机结构、工作机理及各参数对性能的影响。同时，发动机很多特征参数值往往根据经验估计，难以保证模型精度。实验建模主要通过实测，建立起输入-输出模型，利用查表或数据拟合求取发动机转矩、燃油消耗率以及排放，模拟发动机的工作特性[6]。实验数据建模通用性较强，重在反映输入量和输出量的对应关系，可引入环境变量修正使模型精度提高，以精确表示发动机稳态特性。实验数据建模的缺点是不反映发动机瞬态响应。发动机台架实验严格来说是一种准静态测试，与动态工作差异较大，需要进行修正。

对地面车辆混合驱动系统建模与控制而言，常常忽略发动机瞬态特性而将其视作动力输出的执行部件，多采用基于实验数据的建模方法，当然也可以在该方法中加入某些动态环节以反映发动机动态特性，如转矩、油耗和排放性能。本书只讨论转矩和油耗特性。发动机的外特性曲线或部分负荷特性曲线一般表征为节气门开度 α 和转速 n_e 的函数：

$$T_e = f(\alpha, n_e) \tag{3-31}$$

图 3-3 为稳态工况下发动机输出转矩随节气门开度和发动机转速的变化关系。在车辆实际行驶中，负载并不稳定，发动机转速、节气门开度以及其他系统参数均发生变化，使发动机处于非稳态工况，与稳态工况下特性有一定的差别。试验表明：发动机加速时，混合气浓度逐渐变稀，致使发动机转矩比稳态工况时低，转矩下降且与发动机曲轴角加速度呈线性关系。由于控制系统的作用，下降量一般不超过最大扭矩的4%。发动机减速时，混合气浓度逐渐变浓，使发动机转矩比稳态工况时高，转矩上升量与曲轴角减速度近似成正比。发动机动态输出转矩可以表达为：

$$T_{e1} = T_e\left(1 - \lambda \frac{\mathrm{d}\omega_e}{\mathrm{d}t}\right) = T_e(1 - \lambda \dot{\omega}_e) \tag{3-32}$$

式中，T_e 为发动机稳态工况下的外特性转矩；$\dot{\omega}_e$ 为发动机曲轴角加速度（s^{-2}）；λ 为转矩下降系数，一般取 $0.07 \sim 0.09$[7]。

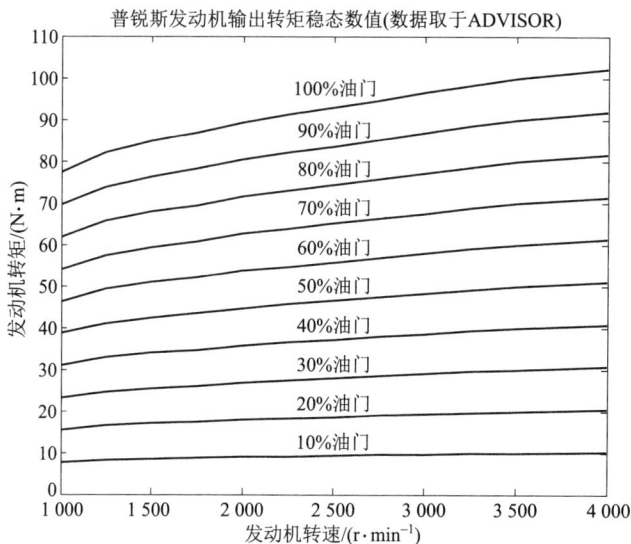

图 3-3　发动机输出转矩稳态数值模型

发动机燃油消耗通过发动机油耗率对时间积分来获得。与转矩输出类似，发动机油耗率一般可表达为转速和转矩输出的函数：

$$g_e = g_e(n_e, T_e) \tag{3-33}$$

图 3-4 为发动机有效燃油消耗率与发动机转速和转矩的关系，虽然非稳态工况发动机油耗率与稳态时存在不同，但在地面车辆混合驱动系统模型中，一般由式（3-33）稳态油耗模型近似计算动态油耗。

发动机油耗率函数可以由发动机万有特性油耗曲线获得[8]。发动机万有特性油耗把发动机单位功率和单位时间内耗油量表达为发动机转速和输出转矩的等高曲线簇，如图 3-5 所示。发动机万有特性一般通过台架实验测得，表达为

$$g_{e2} = g_{e2}(n_e, T_e) \tag{3-34}$$

发动机油耗率与万有特性关系为

$$g_e = \frac{g_{e2} \cdot T_e \cdot n_e}{3\ 600 \times 9\ 549} \tag{3-35}$$

式中，g_e 单位为 g/s，g_{e2} 单位为 g/（kW·h），T_e 单位为 N·m，n_e 单位为 r/min。

在地面车辆混合驱动系统建模中，发动机节气门常被看作是控制输入，而其转矩则为控制输出，转速有时作为系统状态量。

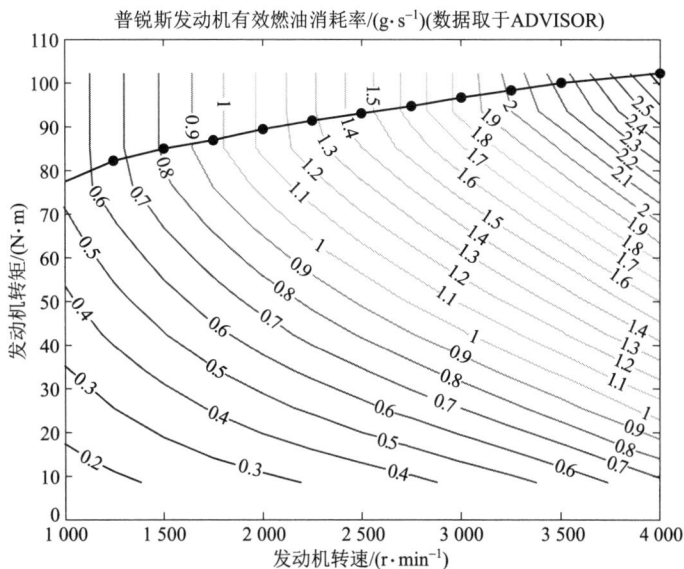

图 3-4　油耗数值模型

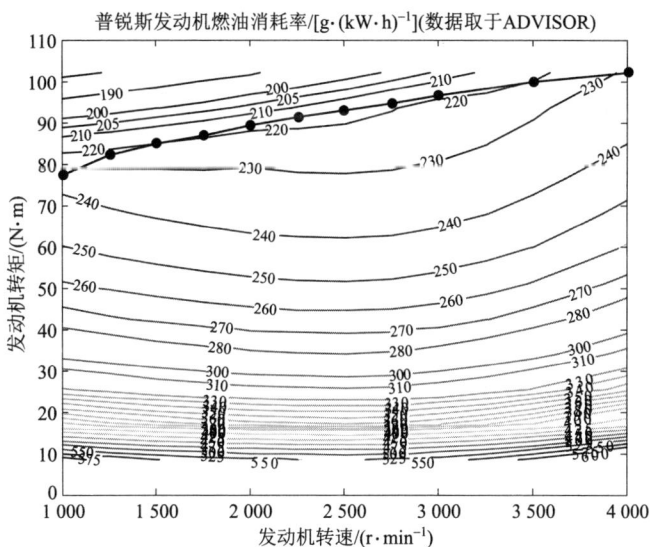

图 3-5　发动机万有特性图

3.2.3　传动系统模型

传动系统主要包括变速箱、行星轮系以及液力变矩器。变速箱一般为静态模型，设传动比为 i，忽略功率损耗，则输入转速 ω_1 和转矩 T_1 与输出转速 ω_2 和转矩 T_2 的关系为

$$\omega_1 = i\omega_2 \tag{3-36}$$

$$T_1 = \frac{1}{i}T_2 \tag{3-37}$$

行星轮系在地面车辆混合驱动系统中的作用日益显著。行星轮系有一个或多个行星轮绕着太阳轮或者轮系中心轴旋转，一般连接动力轴包括太阳轮轴、行星架轴和齿圈轴。行星轮转速关系为

$$\frac{N_r}{N_s + N_r}\omega_r + \frac{N_s}{N_s + N_r}\omega_s = \omega_c \tag{3-38}$$

式中，N_r 为齿圈齿数，N_s 为太阳轮齿数，ω_r 为齿圈转速，ω_s 为太阳轮转速，ω_c 为行星架转速。行星轮系的变速比表示为

$$k = \frac{N_r}{N_s} \tag{3-39}$$

行星轮系三根轴上转矩关系为

$$T_r : T_s : T_c = k : 1 : \left[-(k+1) \right] \tag{3-40}$$

式中，T_r 为齿圈转矩，T_s 为太阳轮转矩，T_c 为行星架转矩。

在地面车辆混合驱动系统中，行星轮系常用于实现功率汇合或分解。当忽略其转动惯量时，行星轮系完全可以看成转矩变换器，各轴转速在满足式 (3-38) 的前提下具备调节自由度[9]。

液力变矩器在车辆传动中应用广泛，包括带有叶片的泵轮、涡轮和导轮组，三者形成了封闭的液力循环系统。输入转矩驱动泵轮旋转，泵轮将机械能转换为工作液体的动能，工作液体冲击涡轮叶片推动涡轮旋转。导轮转速起到改变液流方向和增矩的作用。若变矩器导轮始终不动，则称为简单变矩器；若当泵轮转速达到一定程度时导轮开始旋转，则称为综合式液力变矩器，导轮通过单向离合器固定。目前，车辆传动多使用多位综合式液力变矩器。液力变矩器转矩关系为

$$\sum T_i = T_B + T_T + T_D = 0 \tag{3-41}$$

式中，T_B 为泵轮转矩，T_T 为涡轮转矩，T_D 为导轮转矩。因为 $T_D > 0$，所以 $-T_T > T_B$，因此其具有变矩作用。涡轮转矩可以增加到泵轮转矩的 $2 \sim 3$ 倍。当导轮随着泵轮一起旋转时，$T_D = 0$，即综合式液力变矩器的耦合器工况。液力变矩器的重要特性为泵轮转矩系数、效率和变矩系数随着传动比的变化曲线，称之为液力变矩器的原始特性，如图 3-6 所示[9]。一般通过实验得到，主要参数包括：

（1）传动比：涡轮转速与泵轮转速之比，即 $i = \dfrac{n_T}{n_B}$。

（2）转矩系数：$T_B = \lambda_B \rho g n_B^2 D^5$，$T_T = -\lambda_T \rho g n_B^2 D^5$。其中 λ_B、λ_T 称为泵轮、涡轮转矩系数，n_B 为泵轮转速，n_T 为涡轮转速，ρ 为工作油密度，D 为变矩器有效直径。

（3）变矩比：$K = -\dfrac{T_T}{T_B} = \dfrac{\lambda_T}{\lambda_B}$。

（4）传动效率：$\eta = -\dfrac{P_T}{P_B} = -\dfrac{n_T T_T}{n_B T_B} = Ki$。

3.2.4　储能系统模型

地面车辆混合驱动系统常用储能系统包括锂电池、燃料电池、超级电容器、飞轮以及液压蓄能器等。储能器模型应能反映储能装置的能量状态以及可用功率，尤其是能量耗散与存储的动态过程。

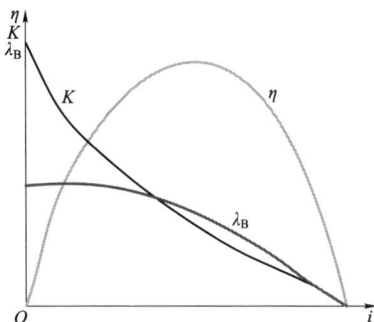

图 3-6　液力变矩器原始特性曲线

3.2.4.1　锂电池模型[10]

锂电池建模常采用等效电路模型或电化学模型。等效电路模型一般把电化学电池的特性等效表达为具有集中参数的电子元件的电路，各个电子元件赋予与电化学电池匹配的动力学行为特性参数，以此来模拟电池在充放电过程中的特性，是一种基于宏观抽象的建模方式，多需要开展基于实验数据的模型和参数辨识，其数学工具是时变、非线性微分方程。电化学模型则是从微观材料特性出发，考虑电极材料与电解液化学反应以及材料在电极间的迁移过程，多依托时变、非线性偏微分方程，求解难度和计算负荷较大。锂电池中的重要测量参数为荷电状态 SOC（State of Charge）和健康状态 SOH（State of Health），前者表达了电池的储能状态，与电池能量及功率特性密切相关；后者表达了电池的容量。两者都是电池建模与辨识中的重要参数，对在混合驱动系统中锂电池安全、高效利用具有重要意义。本书主要讨论等效电路模型。

已经提出不同类型的锂电池等效电路模型，包括 Thevenin 和 PNGV 模型等，究其本质是有限个串联的 RC（电阻-电容）网络，如图 3-7 所示。RC 串联环数越多，所构建的模型就越能精确地模拟电池内部的动态过程，但是较高的电池模型阶数会大大增加计算量。为了节省计算时间，并使系统能够实时计算，一般会限制模型的阶数。锂电池的等效电路模型可表达为图 3-8，是多个 RC 网络和电压源的组合，电压源的电压由容量和 SOC 共同决定。一般把锂电池等效为一阶 RC 网络与欧姆内阻串联的形式，如图 3-9 所示。

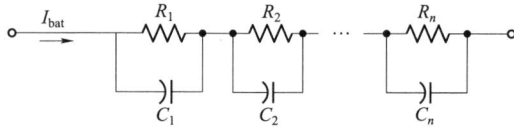

图 3-7 扩散现象等效成的串联 RC 网络

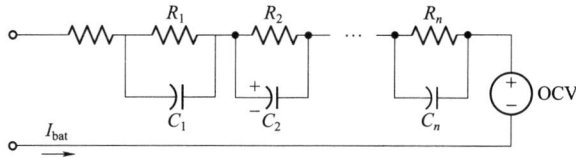

图 3-8 等效电路模型

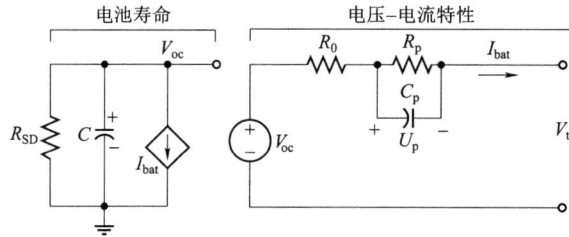

图 3-9 改进的等效电路模型

在图 3-9 中，各参数的含义如下：

（1）容量 C：在电池进行充放电时，用来存储和释放电能。容量标定测试采用恒流恒压模式；

（2）受控电流源 I_{bat}：作为模型的输入量，表示流过电池单体的电流；

（3）受控电压源 V_{oc}：指电池的开路电压，受到电池电量 SOC 的控制；

（4）端电压 V_t：指电池的负载电压，作为输出量；

（5）欧姆内阻 R_0：代表锂离子电池的直流欧姆内阻；

（6）极化内阻和容量（R_p，C_p）：电池瞬时变化引起的电化学极化和浓差极化产生的内阻和电容。

（7）自放电电阻 R_{SD}：指电池在没有负载的情况下，由化学反应引起的电池功率降低的现象。实际上，它可以简化为一个大电阻或者忽略不计。

通过等效电路各元素间的关系，可以得到如下数学表达式：

$$\begin{cases} \dot{U}_p = -\dfrac{U_p}{C_p R_p} + \dfrac{I_{bat}}{C_p} \\ V_t = V_{oc} - U_p - I_{bat} R_0 \end{cases} \quad (3-42)$$

式中，一般认为 V_{oc} 由 SOC 和电池容量确定，多表达为 SOC 和容量的非线性函数关系，并且需要通过系统辨识确认。

SOC 一般用安时积分法确定：

$$\frac{\mathrm{dSOC}}{\mathrm{d}t} = -\eta \cdot I_{bat} \tag{3-43}$$

式中，η 为不同充放电情况下对 SOC 影响的折算系数，一般认为与 I_{bat} 相关。对锂电池而言，可观测量只有端电压和电流，而由于采用安时积分法需要初始准确的 SOC 且完全可追溯的充放电历史曲线，实际上无法获得和保存这些数据，是不可行的，因此准确估计 SOC 和容量成为锂电池的技术挑战之一，详见第 4 章。

3.2.4.2 燃料电池模型

燃料电池（Fuel Cell）是将反应物（如氢气）的化学能直接转化为电能的电化学装置，其最基本的结构由电解质以及连接到电解质两侧的多孔渗水阴极与阳极组成。图 3-10 所示为燃料电池的工作原理以及反应物流向[11]。燃料连续不断地流向阳极室（负电极），而氧气则连续不断地流向阴极室（正电极），在电极表面催化物的作用下发生电化学反应。带电的离子通过电解质从一个电极转移到另一极，电子通过外电路实现转移，形成电流。

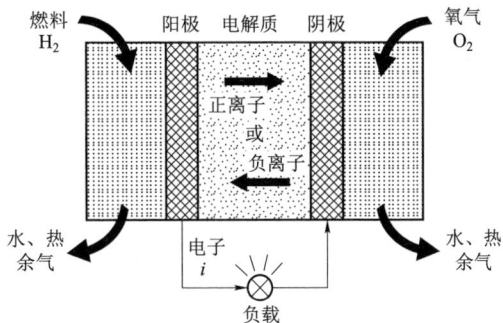

图 3-10　燃料电池工作原理示意图

燃料电池种类较多，其中质子交换膜型燃料电池（PEMFC）发展较快，在地面车辆上应用较多。PEMFC 中进行的反应本质上是水电解的"逆"反应，即氢气（H_2）与氧气（O_2）发生氧化还原反应生成水（H_2O），同时将反应放出的化学能转化成电能与热能。两极反应由质子交换膜隔开，而质子交换膜是一种具有选择透过性的阳离子交换膜，只允许质子（H^+）通过。因此，阳极生成的质子透过质子交换膜迁移到阴极，而电子则受扩散至阴极的质子吸引经由外电路到达阴极，形成电流。PEMFC 工作原理如图 3-11 所示。

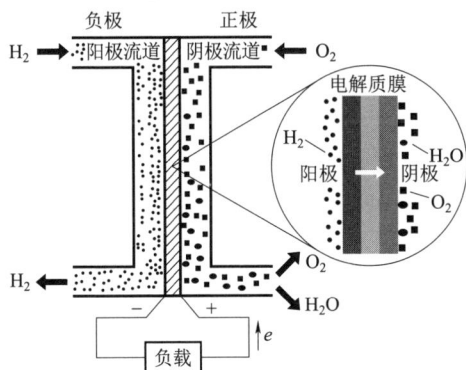

图 3-11　PEMFC 工作原理示意图

PEMFC 模型包括机理模型和实验模型。机理模型要考虑电化学反应过程，较复杂，不利于研究控制策略与系统集成。一般采用实验模型，认为输出电压由电化学电动势和极化过电压决定。极化过电压由活化极化、欧姆极化和浓差极化引起。燃料电池运行过程中，电池内部发生了电化学反应，根据氢氧燃料电池的 Nernst 方程，其电化学电动势 E 计算为：

$$E = 1.229 - 0.85 \times 10^{-3}(T - 298.15) + 4.308\,5 \times 10^{-5} \times T[\ln(p(H_2)) + 0.5\ln(p(O_2))]$$

$$(3-44)$$

式中，T 为工作环境温度，$p(H_2)$ 为氢气的有效分压，$p(O_2)$ 为氧气的有效分压[12]。

1）活化极化

活化极化是由发生在电极表面、反应缓慢的动力学作用引起的。该电压损失的作用是在化学反应中驱使电子到达或者离开电极。阴极的活化极化过电压为

$$V_c = \frac{RT}{\alpha_c Fn}\left\{\ln\left[nFK_c^0 \exp\left(-\frac{\Delta G}{RT}\right) \times (c(O_2))^{1-\alpha_c}(c(H_2))^{1-\alpha_c}(c(H_2O))^{\alpha_c}\right] - \ln I\right\}$$

$$(3-45)$$

式中，R 为气体常数，α_c 为阴极化学活度，F 为法拉第常数，n 为参与反应的电子数，K_c^0 为阴极反应速度内在常数（cm/s），ΔG 为标准态自由能，$c(H_2O)$ 为阴极膜与反应气体界面的水浓度（mol/cm³），$c(O_2)$ 与 $c(H_2)$ 分别为阴极膜与反应气体界面的氧气浓度和氢气浓度（mol/cm³），I 为阴极电流。

由 Henry 定律可得

$$c(O_2) = p(O_2)/[5.08 \times 10^6 \exp(-498/T)] \tag{3-46}$$

同理可得

$$c(H_2) = p(H_2)/[5.08 \times 10^6 \exp(-498/T)] \tag{3-47}$$

阳极活化过电压可表示为

$$V_a = -\frac{\Delta G}{2F} + \frac{RT}{2F}\ln[4FAK_a^0 c(H_2)] - \frac{RT}{2F}\ln I \tag{3-48}$$

式中，A 为活化区域面积，K_a^0 为阳极反应速度内在常数（cm/s）。

总的活化极化过电压是阳极活化过电压与阴极活化过电压之和：

$$V_{act} = V_c + V_a = \zeta_1 + \zeta_2 T + \zeta_3 \ln(c(O_2)) + \zeta_4 T\ln(c(H_2)) + \zeta_5 T\ln I \tag{3-49}$$

其中，系数 ζ_1，ζ_2，ζ_3，ζ_4，ζ_5 通过实验数据和参数优化方法得到。

2）欧姆极化

欧姆极化是由电解质中的离子或电极中的电阻引起的，符合欧姆定律。欧姆极化过电压为

$$V_{ohm} = I(R_M + R_C) \tag{3-50}$$

式中，R_M 为固体聚合物薄膜上的质子转移内阻，R_C 为石墨收集板和石墨电极上的电子转移内阻。

根据电阻率定理，等效膜阻抗 R_M 可由式（3-51）得出：

$$R_M = \frac{\rho_M B}{A} \tag{3-51}$$

式中，ρ_M 为质子膜对电子流的电阻率（$\Omega \cdot m$），B 为质子交换膜厚度。根据文献 [13]，ρ_M 可由式（3-52）得出：

$$\rho_M = \frac{181.6\left[1+0.03\left(\dfrac{I}{A}\right)+0.062\left(\dfrac{T}{303}\right)\left(\dfrac{I}{A}\right)^{2.5}\right]}{\left[\lambda-0.634-3\left(\dfrac{I}{A}\right)\right]\exp\left[4.18\left(\dfrac{T-303}{T}\right)\right]} \tag{3-52}$$

式中，λ 为质子交换膜的含水量。

在电极附近可获得的反应气体由于传输限制而产生变化。为维持电流，电极反应要求恒定的反应气体的供应，但扩散限制降低了反应气体的可获得率，一部分反应所取得的能量将用于推动气体流动，使输出电压产生损失，这部分电压损失称为浓差过电位。浓度极化过电压 V_{conc} 为[14]

$$V_{conc} = -\frac{RT}{nF}\ln\left(1-\frac{I}{I_{lim}}\right) \tag{3-53}$$

式中，I_{lim} 为极限电流。燃料电池的输出电压可表示为[15]

$$V_{out} = E - V_{act} - V_{ohm} - V_{conc} \tag{3-54}$$

$$V_c = V_{act} + V_{conc} - \left(1-C\frac{dV_c}{dt}\right)(R_{act}+R_{conc}) \tag{3-55}$$

式中，C 为双层电荷层等效电容，V_c 为等效电容的端电压，R_{act} 为与 V_{act} 对应的等效电阻，R_{conc} 为与 V_{conc} 对应的等效电阻。由式（3-54）和式（3-55）可得出电池的等效电路图，如图 3-12 所示。

3.2.4.3 超级电容器

超级电容器是一种新型储能装置。超级电容器具有效率高、工作温度区域宽、充放电次数多、循环使用寿命长等优点，适合运用在频繁加速和减速的城市交通能量回收系统中[16]。

超级电容常抽象为等效电路模型，该类模型结构简单直观，参数易于辨识。图 3-13[17] 为超级电容的等效电路图，图中 i_{UC}，U_{LUC} 和 U_C 分别表示负载电流、负载电压和电容器电压，R_p 为自放电内阻。其中等效内阻 ESR、自放电内阻 R_p、

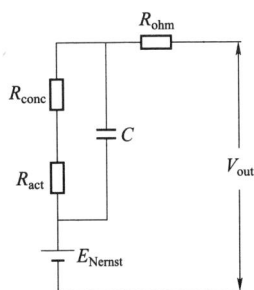

图 3-12　PEMFC 燃料电池等效电路图

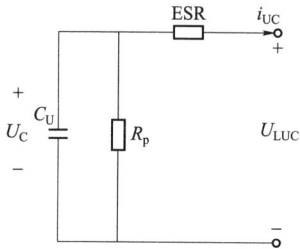

图 3-13 超级电容的等效电路图

容量 C_U 是通过恒电流充放电试验和脉冲充放电试验辨识得到的，它们都可以看成是温度和母线电流 i_{UC} 的函数。

超级电容状态方程式为[18]

$$\begin{cases} \dot{U}_C = \dfrac{-U_C}{C_U \times R_p} + \dfrac{i_{UC}}{C_U} \\[2mm] U_{LUC} = U_C - ESR \times i_{UC} \end{cases} \quad (3-56)$$

输出能量 E_C 与输出可用功率 P_{out} 计算如下：

$$E_C = \frac{1}{2} C_U \times (U_{Cmax}^2 - U_C^2) \quad (3-57)$$

式中，U_{Cmax} 为电容器起始电压。

$$P_{out} = U_C \times i_{UC} - i_{UC}^2 \times ESR \quad (3-58)$$

当输入为需求功率 P_{req} 时，则超级电容的需求母线电流 i_{out} 计算如下[19]：

$$i_{out} = \frac{U_C - \sqrt{U_C^2 - 4P_{req} \times ESR}}{2 \times ESR} \quad (3-59)$$

3.2.4.4 飞轮蓄能器

飞轮通过高速旋转的轮状转子或圆盘来存储动能。为了达到足够的比能量，现代飞轮转子必须采用高强度材料构造[20]。飞轮存储能量表达为[21]

$$E = J\omega_f^2/2 \quad (3-60)$$

式中，J 为飞轮绕旋转轴的转动惯量，ω_f 为飞轮转速。

飞轮储能器动态模型为[22]

$$\theta_f \cdot \omega_f(t) \cdot \frac{d}{dt}\omega_f(t) = -P_f(t) - P_1(t) \quad (3-61)$$

式中，θ_f 为转子的转动惯量，P_f 为飞轮功率输出，P_1 为飞轮功率损失。对于飞轮储能器来说，通常需要考虑两种主要损耗，分别为空气阻力损耗 $P_{1,a}(t)$ 和轴承损耗 $P_{1,b}(t)$，两者都是飞轮转速 $\omega_f(t)$ 的函数。空气阻力损耗表示为

$$P_{1,a}(t) = 0.04 \cdot \rho_a^{0.8} \cdot \eta_a^{0.2} \cdot u^{2.8}(t) \cdot d^{1.8} \cdot (\beta + 0.33) \quad (3-62)$$

$$u(t) = \omega_f(t) \cdot d/2$$

式中，ρ_a 为空气密度，η_a 为空气运动黏度，$u(t)$ 为飞轮圆周速度，d 为飞轮直径，β 为飞轮轴向宽度与直径的比值。

对于轴承损耗，一般表达式为

$$P_{1,b}(t) = \mu \cdot k \cdot \frac{d_\omega}{d} \cdot m_f \cdot g \cdot u(t) \quad (3-63)$$

式中，μ 为物理量摩擦系数；k 为矫正力系数，表征不平衡力和回转力，等等；d_ω 为轴径比；m_f 为转子质量。

影响飞轮设计的最重要因素是飞轮边缘的材料，飞轮边缘需要高强度材

料使动能存储最大化（得益于大的旋转速度），这样能够降低飞轮失效的概率。飞轮作为一个负荷调平式装置应用于混合动力汽车，在地面车辆混合驱动系统中多用作短时能量吞吐装置。

3.2.4.5 液压蓄能器

液压蓄能以液压能的方式储存能量，系统由泵/马达实现液压能与机械能相互转化。液压蓄能器按隔离方式分为活塞式和皮囊式两种，都利用密封气体可压缩性的原理制成，"充油—保压—放油—回复"是其典型的工作过程。最好的蓄能器是在一定尺寸下能供应最大的液体流量，皮囊式液压蓄能器较为符合这一要求，其特点是气体和油液由皮囊隔开，惯性小，反应灵敏，重量轻，充气方便，但容量受限。

方程（3-64）描述了皮囊式液压蓄能器的气体绝对压力关系（BWR）：

$$p_g = \frac{RT}{V} + \frac{B_0RT - A_0 - \dfrac{C_0}{T^2}}{V^2} + \frac{bRT - a}{V^3} + \frac{a\alpha}{V^6} + \frac{c\left(1 + \dfrac{\gamma}{V^2}\right)e^{-\frac{\gamma}{V^2}}}{V^3T^2} \tag{3-64}$$

考虑热量损失的温度动力学由方程（3-65）描述：

$$\left(\tau + \frac{m_f c_f}{hA_w}\right)\frac{dT}{dt} + T = T_w - \frac{T\tau}{c_V}\left(\frac{\partial p_g}{\partial T}\right)\frac{dV}{dt} \tag{3-65}$$

压力从 0 到 1 标准化，液压充电状态 SOC_h 由方程（3-66）来描述：

$$SOC_h = \frac{p_g - p_{min}}{p_{max} - p_{min}} \tag{3-66}$$

式（3-64）~式（3-66）中，A_0，B_0，C_0，a，b，c，α，γ 为气体绝对压力关系常数；R 为氮气常数；m_f 为泡沫质量；c_f 为比热容；A_w 为储能器有效面积；T_w 为温度；h 为传热系数；τ 为热时间常数；c_V 为气体的质量定容热容；储能器的 SOC_h 压力极限为 p_{max} 和 p_{min}；V 为蓄能器气体体积[23]。

3.2.5 电机驱动系统模型

电机驱动系统是电能和机械能之间的动力转化装置，能量转化通过磁场作为媒介实现。为了功率调控，一般采用电力变换装置通过对电流的控制来调控磁场，电机驱动多需要牵引控制器。本书中电机驱动系统包括电机本体及其牵引控制单元，重点介绍机电转化静态模型、直流电机模型以及交流电机模型。

3.2.5.1 机电转化静态模型

电机驱动系统最直接的建模方式为采用功率守恒准则，即电动状态下，输入牵引控制单元的电功率等于电机转子机械功率输出与系统损耗功率之和；发电机状态下，发电端输入的机械功率等于发电功率与系统损耗功率之和。

引入电机驱动系统效率 η，该值一般可以通过实验测定，是电机转速和转

矩的函数，则电机驱动系统模型在电动状态表达为

$$U \cdot I \cdot \eta(T, \omega) = T \cdot \omega \qquad (3\text{-}67)$$

式中，U 为电机控制器输入直流电压，I 为电机控制器输入电流，T 为转子输出转矩，ω 为电机转子转速。$\eta(T, \omega)$ 为系统效率，由电机工作点决定。

电机也可以工作在发电状态，此时机械能转化为电能输出：

$$T \cdot \omega \cdot \eta(T, \omega) = U \cdot I \qquad (3\text{-}68)$$

采用效率 η 描述电机驱动系统输入-输出关系的应用十分广泛，一般依靠台架测试并通过数据拟合确定，然而该方法较难反映小功率工作区的效率，一般采用威兰斯法表达：

$$T \cdot \omega = e \cdot U \cdot I - P_0 \ (\text{电动模式}) \qquad (3\text{-}69)$$

$$T \cdot \omega = \frac{U \cdot I}{e} - P_0 \ (\text{发电模式}) \qquad (3\text{-}70)$$

式中，P_0 为能量转换之后的能量损失（摩擦、热损失等）；e 是"指示"效率，即 P_0 为 0 时的最大效率。e 只代表能量转换过程的效率（电能转换成机械能，反之亦然），而效率 η 计入由摩擦引发的"怠速"损失 P_0，通过系统测试数据容易求得 e 和 P_0 随转速和转矩的变化关系。

3.2.5.2 直流电机驱动系统模型

直流电机根据定子励磁方式分为永磁直流电机和他励直流电机。永磁直流电机的磁场由永磁体产生，他励直流电机的磁场通过励磁绕组励磁。他励直流电机建模主要考虑电枢绕组、励磁绕组以及转子动力学过程，选取电枢电流 I_a、励磁绕组电流 I_f 以及转子转速 ω 为系统状态量，则系统动态方程为

$$\mathrm{d}\begin{pmatrix} I_a \\ I_f \\ \omega \end{pmatrix} \Big/ \mathrm{d}t = \begin{pmatrix} -R_a/L_a & 0 & K_i/L_a \\ 0 & R_f/L_f & 0 \\ K_a/J_m & 0 & 0 \end{pmatrix}\begin{pmatrix} I_a \\ I_f \\ \omega \end{pmatrix} + \begin{pmatrix} 0 & 0 & 1/L_a \\ 0 & 1/L_f & 0 \\ 0 & 0 & -1 \end{pmatrix}\begin{pmatrix} U_a \\ U_f \\ T_m \end{pmatrix}$$

$$(3\text{-}71)$$

式中，I_a 为电枢电流；I_f 为励磁绕组电流；ω 为电机转子转速；R_a 为电枢电阻；L_a 为电枢电感；K_i 为电压常数；R_f 为励磁回路电阻；L_f 为励磁回路电感；K_a 为转矩常数；J_m 为等效到转子的转动惯量；T_m 为电机阻力矩；U_a 为电枢电压；U_f 为励磁回路电压，可以通过控制器调节。

直流电机常使用直流斩波器来调节 U_a 和 U_f。直流斩波器一般由高频率电子开关器件触发。设 α_m 为斩波器的占空比，对于单象限或降压斩波器，电枢电压等效为

$$U_a = \alpha_m U_b \qquad (3\text{-}72)$$

式中，U_b 为牵引控制器输入电压。采用半桥斩波方式控制器的发电模式下，平均电枢电压为

$$U_a = (1-\alpha_m) \cdot U_b \tag{3-73}$$

直流电机模型中占空比 α_m 由控制策略决定，控制策略根据直流电压 U_b 和电机目标转矩决定占空比。直流电机稳态下，输出转矩和速度的线性关系为

$$T_m = \frac{K_a \cdot U_a}{R_a} - \frac{K_a \cdot K_i}{R_a}\omega \tag{3-74}$$

他励直流电机的高速运行可通过改变磁场电流来实现，即直接调节 K_i 和 K_a 且不超出电流和电压范围以获得期望转矩，该模式即弱磁控制，弱磁功率一般受最大电流值和最大电压值的限制。

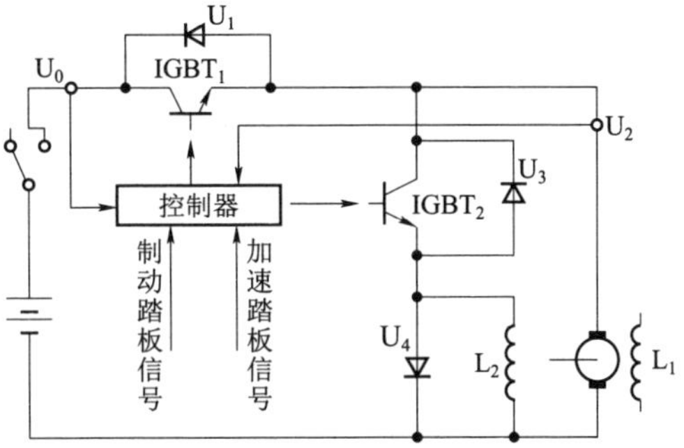

永磁直流电机因其磁场固定，故只可调节电枢绕组回路的电压。实际工程应用中，常通过加入增磁绕组以提升车用驱动系统的性能。忽略保护电路和辅助电路，一种永磁加增磁电机及控制器结构如图 3-14[24] 所示。永磁加增磁电机包括电枢绕组、永磁部分 L_1 和增磁励磁绕组

图 3-14 电机驱动系统电路

L_2。U_0 和 U_2 是电流传感器，检测各支路电流大小和方向。U_1、U_3 和 U_4 是功率二极管。控制器接收驾驶员命令，并根据各支路电流反馈值控制 IGBT$_1$ 和 IGBT$_2$ 导通或截止。驱动时，ICBT$_2$ 截止，ICBT$_1$ 接收控制器信号导通，处于高频 PWM 开关状态，占空比根据加速踏板信号和 U_2 反馈电流值调节，控制电机输出转矩。IGBT$_1$ 导通时，驱动电流从电池正极流出，依次经过 IGBT$_1$ 和电枢，回到电池组负极。IGBT$_1$ 截止时，驱动电流从电枢负极流出后，经过增磁绕组 L_2 和功率二极管 U_3，构成续流回路，产生的磁场方向和永磁场一致，使磁场得到增强。当车速低时，电枢反电动势小，此时 IGBT$_1$ 占空比很小，截止时间长，增加了增磁持续时间，产生足够的转矩输出。随着车速增加，电枢反电动势大，令 IGBT$_1$ 占空比增大，因此导通时间长，增磁持续时间变短，磁场变弱，满足车辆弱磁提速要求。当车速较高时，IGBT$_1$ 占空比接近于 1，L_2 中续流电流几乎为 0，励磁主要由永磁部分 L_1 提供，相当于永磁直流电机，具有软机械特性，满足高速行驶要求。可见，在驱动过程中，通过接入增磁绕组 L_1 和控制 IGBT$_1$ 占空比，实现了励磁自动调节，满足了车辆行驶动力特性要求。再生制动时，IGBT$_1$ 截止，IGBT$_2$ 接收控制器信号导通，处于高频 PWM 开关状态，占空比根据制动踏板信号和 U_2 反馈电流值调节，控制电机制动转矩。IGBT$_2$ 导通时，电流从电枢正极流出，经过 IGBT$_2$、

67

功率二极管 U_4 回到电枢负极。$IGBT_2$ 截止时，电流从电枢正极流出后，经过功率二极管 U_1 对电池组充电。

主要考虑加速起动工况。$IGBT_1$ 接收的 PWM 脉冲频率为 15.6 kHz，周期 $T = 6.1 \times 10^{-5}$ s。设占空比为 s，考虑一个脉冲周期 T，$IGBT_1$ 导通时电机工作在电动状态，方程为

$$\begin{cases} u = e + i_a \cdot R + L_1 \cdot \dfrac{\mathrm{d}i_a}{\mathrm{d}t} & t \in (0, sT] \\ i_f = 0 \end{cases} \tag{3-75}$$

$IGBT_1$ 截止时，电机工作在发电状态，方程为

$$\begin{cases} e = i_a \cdot R - L_1 \cdot \dfrac{\mathrm{d}i_a}{\mathrm{d}t} - L_2 \cdot \dfrac{\mathrm{d}i_f}{\mathrm{d}t} & t \in (sT, T] \\ i_a = i_f \end{cases} \tag{3-76}$$

在导通或截止时，都满足如下方程：

$$\begin{cases} u = 384 - i_a \cdot r \\ e = c_{ez}(i_f) \cdot n + c_{ey} \cdot n \\ T = c_{mz}(i_f) \cdot i_f + c_{my} \cdot i_a \\ F - \left(fG + \dfrac{C_D A v^2}{21.15} \right) = M \dfrac{\mathrm{d}v}{\mathrm{d}t} \\ F = T \cdot i_0 \cdot i_g \cdot \eta / r_w \\ n = \dfrac{30 \cdot i_0 \cdot i_g \cdot v}{\pi \cdot r_w} \end{cases} \tag{3-77}$$

方程（3-75）~方程（3-77）中，u 为 U_0 处电压，e 为电枢反电动势；i_a 为电枢电流；i_f 为增磁绕组电流；L_1 为永磁绕组电感系数；L_2 为增磁绕组电感系数；R 为电枢电阻；r 为电池组内阻；n 为电机转子转速；v 为车速；F 为牵引力；T 为电机转子输出转矩；r_w 为车轮半径；$c_{ez}(i_f) = c_e \cdot \phi_z(i_f)$，$c_{mz}(i_f) = c_m \cdot \phi_z(i_f)$，其中 $\phi_z(i_f)$ 是增磁绕组产生的磁通，表示为 i_f 的函数；$c_{ey} = c_e \cdot \phi_y$，$c_{mz} = c_m \cdot \phi_y$，其中 ϕ_y 表示永磁部分产生的磁通，c_e，c_m 分别为电动势常数和转矩常数；f 为滚动阻力系数；C_D 为空气阻力系数；A 为迎风面积；M 为整车等效质量；G 为整车重量，i_0 为主减速器传动比，i_g 为变速器传动比。$c_{ez}(i_f)$ 和 $c_{mz}(i_f)$ 随 i_f 的变化特性以及 c_{ey} 和 c_{ez} 都通过实验测得。通过对占空比 s 的调控，即可实现对电机输出转矩的控制。

为简化计算，进行如下假设：

① 增磁绕组自感电压忽略；

② $i_f = (1 - s) \cdot i_a$；

③ PWM 输出电压取平均值，则电路方程为

$$\begin{cases} u = e + i_a \cdot R + L_1 \cdot \dfrac{di_a}{dt} \\ i_f = (1-s) \cdot i_a \end{cases} \tag{3-78}$$

考虑控制器环节：控制器接收电枢电流反馈和驾驶员命令，调节占空比 s 满足行车要求。调节原则是任意时刻电枢电流与驾驶员加速踏板位置相对应。应用 MATLAB/Stateflow 进行控制器建模，控制主要逻辑如下：

（1）占空比离散为 255 份，根据加速踏板位置逐渐调节；

（2）如果实际电枢电流大于加速踏板定义的电流值，占空比 s 减少 1/255；

（3）如果实际电枢电流小于加速踏板定义的电流值，占空比 s 增加 1/255；

（4）当电流在 1 s 内增加量大于 200 A 时，占空比 s 保持不变。

根据以上控制逻辑，在 MATLAB/Stateflow 建立模型如图 3-15 所示。

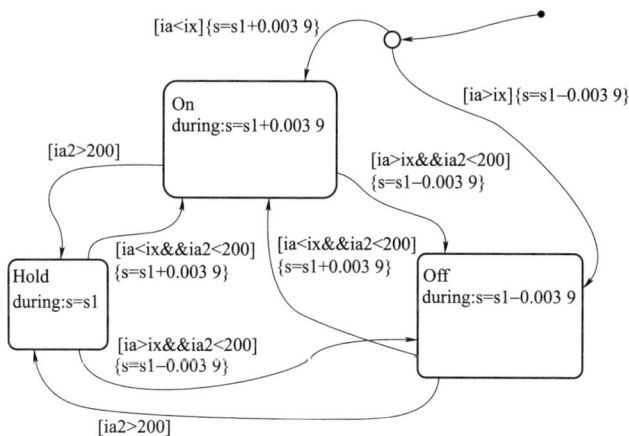

图 3-15　控制器有限状态机模型

3.2.5.3　交流驱动系统模型[22,25]

交流驱动系统也是电机驱动系统的重要类型，与直流电机驱动系统相比，其本质区别在于定子绕组一般输入三相交流电压。交流驱动系统主要包括交流感应电机和永磁同步电机两种。交流感应电机定子含有 p 对三相绕组，该绕组由外部交流电压供电，该交流电压通常由直流电源通过 DC/AC 电源变换器转化而来。转子有三相短路鼠笼绕组，不与外部有任何连接。其建模一般基于直流分量（d）和正交分量（q）描述，最方便的参考系是同步参考系，它与定子磁场同频率转动。定子 d-q 轴电压方程为：

$$U_q = \sigma \cdot L_s \cdot \dot{I}_q + \left(R_s + \frac{L_m^2 \cdot R_r}{L_r^2} \right) \cdot I_q + \omega \cdot \sigma \cdot L_s \cdot I_d - \frac{L_m \cdot R_r}{L_r^2} \cdot \phi_q + \frac{L_m}{L_r} \cdot p \cdot \omega_m \cdot \phi_d$$

$$\tag{3-79}$$

$$U_d = \sigma \cdot L_s \cdot \dot{I}_d + \left(R_s + \frac{L_m^2 \cdot R_r}{L_r^2}\right) \cdot I_d + \omega \cdot \sigma \cdot L_s \cdot I_q - \frac{L_m \cdot R_r}{L_r^2} \cdot \phi_d + \frac{L_m}{L_r} \cdot p \cdot \omega_m \cdot \phi_q$$

$$(3-80)$$

转子 d-q 轴电压方程为

$$0 = \dot{\phi}_q - \frac{L_m \cdot R_r}{L_r} \cdot I_q + \frac{R_r}{L_r} \cdot \phi_q + (\omega - p \cdot \omega_m) \cdot \phi_d \qquad (3-81)$$

$$0 = \dot{\phi}_d - \frac{L_m \cdot R_r}{L_r} \cdot I_d + \frac{R_r}{L_r} \cdot \phi_d - (\omega - p \cdot \omega_m) \cdot \phi_q \qquad (3-82)$$

式中，I_d，I_q 为 d-q 轴定子电流；U_d，U_q 为 d-q 轴定子电压；ϕ_d，ϕ_q 为 d-q 轴定子分解转子磁通；L_r，L_s 为 d-q 轴定子转子电感和定子电感；R_r，R_s 为 d-q 轴定子转子电阻和定子电阻；L_m 为互感，$\sigma = 1 - L_m^2/(L_s \cdot L_r)$；$p$ 为磁极对数；ω 为定子电压频率（即 d-p 轴系的旋转速度）；$p \cdot \omega_m$ 为转子中感应磁场的频率。

转子输出转矩为

$$T_r = \frac{3}{2} \cdot p \cdot \frac{L_m}{L_r}(\phi_d \cdot I_q - \phi_q \cdot I_d) \qquad (3-83)$$

转矩控制通过牵引逆变器中的高频率开关器件实现，该控制实现 d-q 轴上定子和转子电压的调节，常见为正弦脉宽调制（SPWM）以及空间矢量调制（SVM），以影响 d-q 轴电流变化来实现转矩调节。牵引变频器还必须决定定子电压和定子频率以实现目标转矩的输出。常用的方法有变压/变频（VVVF）以及磁场定向控制（FOC）。

永磁同步电机由永磁体转子励磁，与交流感应电机一样，外部三相交流电压加于定子电枢绕组上。当定子电流调制采用矩形波时，也称为无刷直流电机（BLDC）。

"无刷直流"反映了该电机通过功率电子器件控制实现无刷直流电机的"电刷"功能。两类电机仍然采用转子 d-q 参照系，当反电动势为正弦波时，定子中电压平衡方程为

$$U_q = R_s \cdot I_q + L_s \cdot \dot{I}_q + p \cdot \omega_m \cdot \phi_m + L_s \cdot p \cdot \omega_m \cdot I_d \qquad (3-84)$$

$$U_d = R_s \cdot I_d + L_s \cdot \dot{I}_d - L_s \cdot p \cdot \omega_m \cdot I_q \qquad (3-85)$$

式中，ϕ_m 为互磁通链。转子轴输出转矩为

$$T_r = \frac{3}{2} \cdot p \cdot \phi_m \cdot I_q \qquad (3-86)$$

牵引逆变器通过调制定子 d-q 轴电压实现对 d-q 轴电流的控制，从而调节转矩，d-q 轴电压与 d-q 轴电流的关系由逆变器控制策略决定，同时该策

略一般要考虑直流端输入电压与电流。

3.2.6 电功率母线以及电源变换器模型

地面车辆混合驱动系统中电能的直接耦合多采用电功率母线的方式，也即把储能装置和用电装置直接连接在电功率母线上，多采用直流母线的方式。需要不同的电能形式相互转换，如在交流电机驱动系统中，常常把直流电压变换为三相交流电压，称之为逆变；有时也把三相交流电压转化为直流电压，称之为整流；也存在直流电压不同等级的变换，称之为 DC-DC 变换；当然也存在交流到交流的变换，称之为 AC-AC 变换。电能变换多依赖高频率开关电子器件，这种高频率电子开关控制相比于机械系统而言具备强瞬态性。在驱动系统集成与控制方面，有时需要低频的功率与能量动态模型，只能依据具体情况来确定。本节主要包括电功率母线模型和 DC-DC 变换器模型。

3.2.6.1 电功率母线模型

电功率母线上一般会接入供能方和耗能方。供能方多抽象为电压源，其功率输出具有被动属性，其功率特性为当输出电流增加时电压一般下降。耗能方多抽象为电流源，其功率输出受控于驱动系统的工作目的和过程。一般在电功率母线的建模中常采用容性网络模型，即把功率器件中的多个电容等效为电功率母线正负极之间的一个主电容，如图 3-16 所示。该图中 U_1 为供能方，抽象为电压源；I_2 和 I_3 为用电方，抽象为电流源。

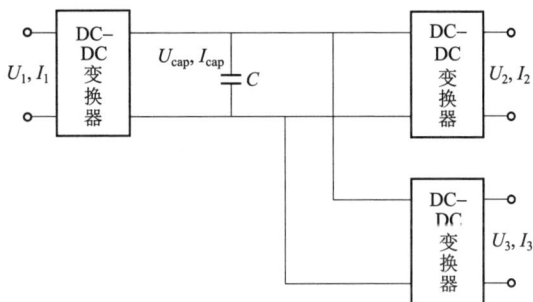

图 3-16　容性电功率母线结构

忽略各 DC-DC 变换器的功率损失，由功率平衡可得

$$U_1 I_1 = U_2 I_2 + U_3 I_3 \tag{3-87}$$

直流母线电压由主电容确定，该电容电流为

$$I_{CAP} = \alpha_2 I_2 + \alpha_3 I_3 - \alpha_1 I_1 \tag{3-88}$$

其中，α_i（$i=1$, 2, 3）由各 DC-DC 变换器工作状态确定，与高频率开关器件控制有关。母线电压最终由主电容的电压确定：

$$\dot{U}_{CAP} = \frac{I_{CAP}}{C} \tag{3-89}$$

以上公式能够有效反映直流母线电压的动态变化，在实际问题中，必须区分电压源与电流源，也可以把电源变换器的效率看作工作点的函数并通过实验测定以提高仿真精度。

3.2.6.2 DC-DC 变换器模型[26,27]

DC-DC 变换器主要对直流电压和电流进行缩放变换，依据是否对电压进行升降，可分为 Buck、Boost、Buck-Boost 类型。Buck DC-DC 变换器将输入直流高电压降低到额定电压值输出给负载。Boost DC-DC 变换器把输入直流低电压提升为高电压。Buck-Boost DC-DC 变换器则兼具降压和升压的功能。图 3-17 为 Buck 电路的拓扑结构，包含部分元件的寄生参数，

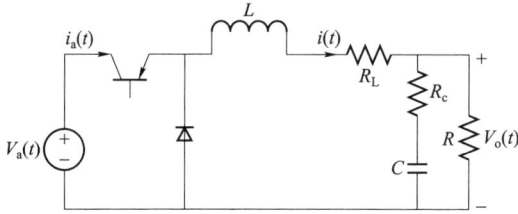

图 3-17 Buck 电路的拓扑结构

如电感等效电阻、电容等效电阻、二极管导通压降及开关管导通电阻等。

Buck 变换器在一个周期 T_s 内有开关管导通和截止两种状态。其具体工作过程为：在开关管 T 导通阶段（$0 \rightarrow T_D$），二极管因承受反压而截止，输入电流 $i_L(t)$ 经开关管流入电感及负载，电感开始储能，电感电流 $i_L(t)$ 线性上升；在开关管 T 截止阶段（$T_D \rightarrow D$），此时负载与电源脱离，由于电感电流 $i_L(t)$ 不能立即变为 0，因此电感释放能量，电感电流 $i_L(t)$ 经二极管续流，在整个续流阶段，二极管始终导电，电感电流始终大于 0，直到下一个周期开关管再次导通。开关管导通时间 T_D 与开关周期 T_s 之比 s 即占空比。选取状态变量 $x(t) = [i(t), v_0(t)]^T$，输入变量 $u(t) = [v_g(t), V_D]^T$，输出变量 $y(t) = [i_g(t)]$。当开关管导通时，电路动态方程为

$$
\begin{cases}
\dfrac{\mathrm{d}}{\mathrm{d}t}\begin{bmatrix} i(t) \\ V_0(t) \end{bmatrix} = \begin{bmatrix} \dfrac{R_{on}+R_L}{L} & -\dfrac{1}{L} \\ \dfrac{R}{C[R+R_c]}\left[1-\dfrac{CR_0(R_{on}+R_L)}{L}\right] & -\dfrac{CRR_0+L}{CL(R+R_c)} \end{bmatrix} \times \begin{bmatrix} i(t) \\ V_0(t) \end{bmatrix} + \\
\qquad\qquad \begin{bmatrix} \dfrac{1}{L} & 0 \\ \dfrac{RR_c}{L(R+R_c)} & 0 \end{bmatrix}\begin{bmatrix} V_g(t) \\ V_D \end{bmatrix} \\
[i_g(t)] = [1 \quad 0]\begin{bmatrix} i(t) \\ V_0(t) \end{bmatrix} + [0 \quad 0]\begin{bmatrix} V_g(t) \\ V_D \end{bmatrix}
\end{cases}
$$

(3-90)

式中，R_{on} 为开关导通时的开关管电阻，$V_g(t)$ 为开关管导通时开关管两端的电

压，V_D 为开关管关闭时二极管两端的电压。

当开关管截止时，电路状态方程为

$$\begin{cases} \dfrac{\mathrm{d}}{\mathrm{d}t}\begin{bmatrix} i(t) \\ V_0(t) \end{bmatrix} = \begin{bmatrix} -\dfrac{R_L}{L} & -\dfrac{1}{L} \\[2mm] \dfrac{R}{C[R+R_c]}\left[1-\dfrac{CR_cR_L}{L}\right] & -\dfrac{CRR_0+L}{CL(R+R_c)} \end{bmatrix} \times \\[10mm] \begin{bmatrix} i(t) \\ V_0(t) \end{bmatrix} + \begin{bmatrix} 0 & -\dfrac{1}{L} \\[2mm] 0 & -\dfrac{RR_c}{L(R+R_c)} \end{bmatrix}\begin{bmatrix} V_g(t) \\ V_D \end{bmatrix} \\[10mm] [i_g(t)] = [0 \quad 0]\begin{bmatrix} i(t) \\ V_0(t) \end{bmatrix} + [0 \quad 0]\begin{bmatrix} V_g(t) \\ V_D \end{bmatrix} \end{cases} \tag{3-91}$$

根据开关周期平均算子的定义：

$$\langle x(t) \rangle_{T_s} = \frac{1}{T}\int_t^{T_s+t} x(\tau)\,\mathrm{d}\tau \tag{3-92}$$

依据开关周期平均的定义，可以把式（3-90）和式（3-91）组合，即一个周期内 Buck 变换器的状态空间平均模型，其形式如下：

$$\begin{cases} \dfrac{\mathrm{d}}{\mathrm{d}t}\langle x(t)\rangle_{T_s} = \begin{bmatrix} -\dfrac{R_L+sR_{on}}{L} & -\dfrac{1}{L} \\[2mm] \dfrac{R}{R+R_c}\left[\dfrac{1}{C}-\dfrac{R_cR_L}{L}-\dfrac{sR_{on}R_c}{L}\right] & -\dfrac{CRR_0+L}{CL(R+R_c)} \end{bmatrix} \times \langle x(t)\rangle_{T_s} + \\[10mm] \begin{bmatrix} \dfrac{s}{L} & -\dfrac{1-s}{L} \\[2mm] \dfrac{sRR_c}{L(R+R_c)} & -\dfrac{(1-s)RR_c}{L(R+R_c)} \end{bmatrix}\langle u(t)\rangle_{T_s} \\[10mm] \langle y(t)\rangle_{T_s} = [s \quad 0]\langle x(t)\rangle_{T_s} + [0 \quad 0]\langle u(t)\rangle_{T_s} \end{cases}$$

$$\tag{3-93}$$

3.3　地面车辆混合驱动系统仿真技术

地面车辆混合驱动系统仿真能够有效揭示驱动系统的动态特点，有助于开展系统动态匹配及控制优化集成的研究，已经成为地面车辆混合驱动系统的关键技术之一。其难点一方面在于模型的抽象与简化，即需要精度和可计算性均衡的模型；另一方面在于模型的集成与解算，特别是当涉及不同时间常数模型集成时，计算精度和效率尤为重要。本节重点从仿真技术层面进行讨论。

3.3.1 面向控制的系统仿真技术

面向控制的系统仿真技术指该类仿真主要为解决控制设计而开展，确保所设计的控制策略或算法能够使被控对象在特定环境下正常工作。由于混合动力驱动系统一般存在多个动力源，通常需要控制系统介入，把驾驶员行驶意图转化为对动力源输出功率的控制，以满足驾驶员行驶要求。与一般的性能仿真不同，面向控制的仿真要求被控对象的模型能够对不同的控制输入做出反应，能够模拟控制对驱动系统动力学过程的影响，以达到评价控制设计的目的。

3.3.1.1 前向仿真与后向仿真

对地面车辆混合驱动系统而言，控制器与被控对象耦合密切，控制软件设计是系统设计中密不可分的环节，对系统性能极其重要。然而，在系统设计的不同阶段，往往需要忽略或着重考虑某些部件或子系统的动态过程，由此产生了"前向仿真"（Forward Simulation）与"后向仿真"（Backward Simulation）的基本概念。

在前向仿真中，一般采用更接近物理实际的驱动系统因果动态过程，如车轮可发出的驱动力最终来自车载动力源，而车载动力源发出的功率又受控于驾驶意图，驾驶意图多来自对行驶循环工况的跟踪要求。在前向仿真中，最显著的特点为存在"驾驶员"模型，该模型负责模拟产生驾驶员对车辆或驱动系统的输入，如加速踏板、制动踏板以及转向装置信号。该信号可以视为驾驶员的行驶意图，而控制器负责对其进行响应，并发送控制指令到各个动力部件，以调控驱动功率的生成与传递。

图 3-18 所示为前向仿真模型结构与信息流向，虚线框内为混合驱动系统，包括动力驱动系统及其控制系统。一般而言，驱动系统经过功率生成与传递会通过车辆或履带生成推进力，该推进力会克服来自环境的阻力实现车辆行驶，其速度量最终会形成反馈来进一步确定驱动系统的工作状态。

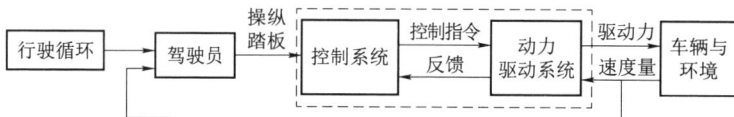

图 3-18 前向仿真模型结构与信息流向

而后向仿真通常忽略驱动系统因果动态过程，仅依赖功率平衡的观点，如车轮或履带的驱动功率完全由行驶循环的速度和加速度来计算，而动力驱动系统则提供相同的功率以驱动车辆。其重要特征为忽略系统的因果动态过程，不需要驾驶员模型，假定只要系统不超过功率能力即能全部达到速度要求。后向仿真多用于性能与初始控制策略的评估，不能深入支持控制算法的开发。

图 3-19 所示为后向仿真模型结构与信息流向。后向仿真的主要目的在于系统初始设计阶段性能参数的初步匹配，最终要通过控制系统或逻辑把功率分配至相关部件，以便于对部件进行参数选择。由于其缺乏动态过程，后向仿真无法支持控制算法的开发与测试，也不考虑各部件的动态特性。

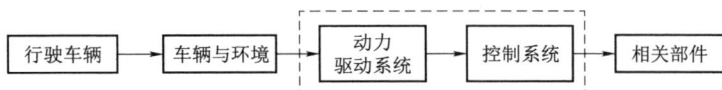

图 3-19　后向仿真模型结构与信息流向

3.3.1.2　软件在环（SIL，Software-in-Loop）仿真、硬件在环（HIL，Hardware-in-Loop）仿真和部件在环（CIL，Component-in-Loop）仿真

地面车辆混合驱动系统总是依赖控制器来实现工作，其控制器虽然是动力系统的一个部件，但由于混合驱动系统功率源与动力传递较为复杂，必须依赖控制实时调节实现功能与性能。控制器一般由硬件和软件组成。硬件作为算法与信号收发的载体，由于日益通用，重在提高计算性能和可靠性。软件在控制器中起核心作用，逐渐成为具有高附加值与技术含量的部分。

软件在环（SIL，Software-in-Loop）仿真（图 3-20）与硬件在坏（HIL，Hardware-in-Loop）仿真（图 3-21）都属于基于模型开发工程（Model-based Engineer-ing）范畴。传统的控制器开发一般会存在硬件和软件两部分，首先是硬件研制，其次是代码编写，然后为系统

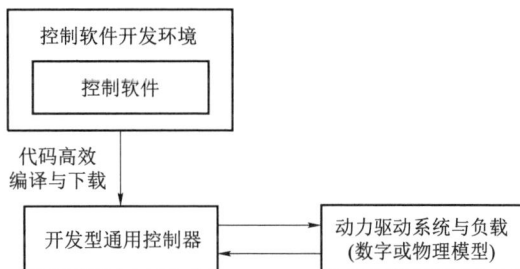

图 3-20　软件在环仿真

测试及集成。基于模型开发的工程中，硬件和软件开发相互独立，特别是软件不再依赖硬件研制，一般采用基于模型的方法来设计。软件在环一般采用接口丰富的硬件，其重点在于软件原型的开发与测试，此时被控对象通常为实验台架或数字模型。SIL 中主要解决控制问题，因此其控制逻辑多采用图形化表达方式，以提高开发效率。为加速由控制软件到控制代码的实现，多采用代码快速生成与编译下载技术。该方法的本质是尽早关注控制软件与被控对象的相互关系，以降低后续测试与系统调试时间，提高成功率。

最终的产品型控制器必然是成本低廉的硬件与控制代码的结合，此时硬

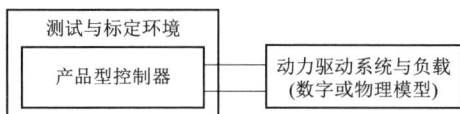

图 3-21 硬件在环仿真

件在环的方法被大量应用。硬件在环是指把产品型控制器纳入仿真回路，重在完成控制器硬件和软件集成后的系统测试与验证，被控对象既可以是虚拟模型，也可以是实验台架。硬件在环仿真重在实现完备的场景和系统测试，常采用自动化测试流程完成。

在控制器功能与性能测试与验证中，有时会把部分被控真实物理对象接入测试环境或台架，如发动机系统，这就是部件在环仿真。该方法多用于动态过程复杂的被控对象，该对象较难用数学模型描述，且其本身存在电控单元，控制下的动态特性较为复杂。部件在环仿真的重点在于验证控制器与被控部件的相互作用，其余部分通常用数学模型来代替。用于真实部件接入的测试环境，必然要求加载在该真实物理部件的负载实时化，多依赖高动态测功系统。图 3-22 为发动机在环混合驱动系统实时仿真系统的结构简图[28]。发动机及其控制系统实物接入仿真闭环，任何时候测功机系统依据模型计算负载转矩并施加到发动机输出轴，同时发动机控制单元接收来自模型的控制指令并输出主动转矩，发动机转速作为系统状态反馈给模型。发动机实物接入仿真闭环能更好地测试控制算法对发动机动态特性的适应性，可以获得更详细的发动机动态特性。

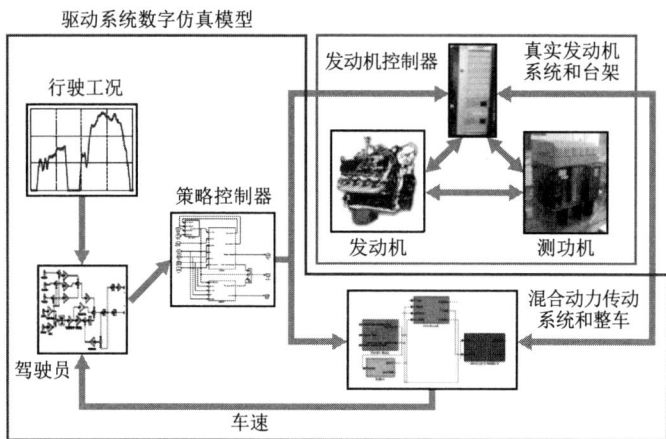

图 3-22 发动机在环混合驱动系统实时仿真系统结构简图

3.3.2 仿真软件及环境

伴随着地面车辆混合驱动系统技术的发展，涌现出了数量可观的软硬件及其开发环境。一类重在解决模型及离线仿真问题，主要为各类软件，多依据基于模型的设计（MBD，Model Based Design）思路，包括 ADVISOR、AUTONOMIE、CRUISE 和 AMESim 软件等。另一类为实时仿真系统，主要解决模型实时化运行和系统控制问题，包括 dSPACE 和 RT-LAB 系统等。实时仿真在"前向仿真"中已经述及，本节主要讲述仿真软件。

3.3.2.1　ADVISOR 软件[29]

ADVISOR 软件是最早的电动汽车建模与仿真软件，由美国可再生能源实验室开发，其最近的更新时间为 2002 年。ADVISOR 的实质是在 MATLAB/Simulink 环境下开发的电动汽车模型库和参数库，此外该软件还包括部分动力电池、内燃机建模以及系统优化的功能。

作为代码完全开放的软件平台，ADVISOR 在电动汽车领域被广泛应用，在促进电动车辆建模与仿真技术中起到了重要作用。ADVISOR 在文档中强调其采用前向和后向混合的仿真方法，但其中没有驾驶员模型，控制器模型也没有与被控对象分割清楚，究其实质仍然是后向仿真的方法。

ADVISOR 使用流程较为简单，包括车辆结构与部件参数输入、模型计算以及系统输出，计算功能包括加速性能、最大爬坡度和最高车速测试，以及用户指定的循环工况计算。

图 3-23 为 ADVISOR 中车辆参数输入界面，在该界面中用户可以定义车辆与驱动系统参数，其驱动系统部件参数多采用基于试验的数据表格插值方法。

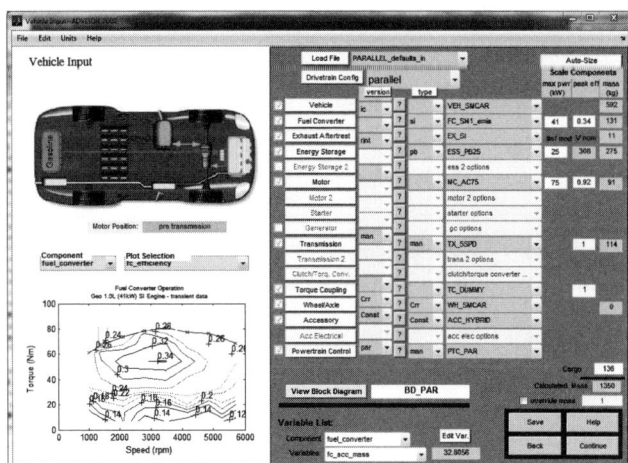

图 3-23　ADVISOR 中车辆参数输入界面

图 3-24 所示为 ADVISOR 中车辆模型结构，其模型逻辑为：每一个部件在其功率范围内对前一个部件功率需求负责，其混合驱动系统能量管理模型一般依据功率平衡来分配。值得关注的是，ADVISOR 软件也提供针对内燃机

和动力电池的、基于实验数据的建模工具以及系统优化的程序代码。

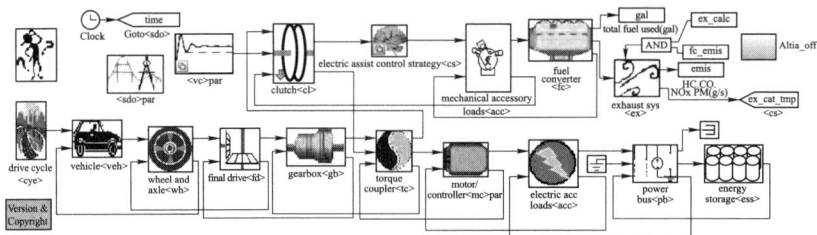

图 3-24　ADVISOR 中车辆模型结构

3. 3. 2. 2　AUTONOMIE 软件[30]

AUTONOMIE 软件是美国阿岗国家实验室开发的新能源车辆系统仿真软件，前身为驱动系统分析软件包 PSAT（Powertrain System Analysis Toolkit）。与 ADVISOR 软件类似，它也是 MATLAB/Simulink 环境下开发的各种电动车辆模型库和参数库。其主要特点是所有模型全部采用前向仿真的方法，在每个部件中都默认含有控制接口、控制器及其被控对象部件本体模型，适合控制算法的研发。

AUTONOMIE 软件支持模型结构的修改以及参数的定义，并能完成不同循环工况的测试，自动化地输出测试结果的数据报告。该软件包含了大量的驱动系统构型和参数。图 3-25 为 AUTONOMIE 中所建立的普锐斯混合动力驱动系统的模型。

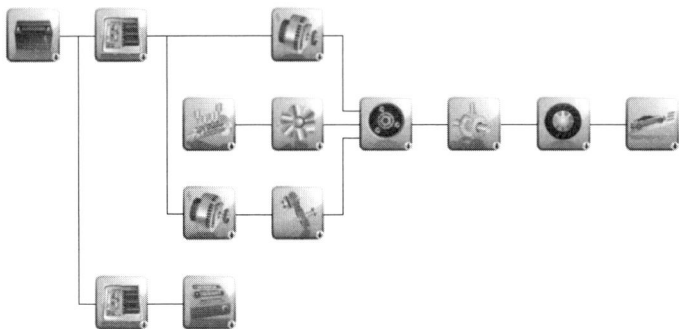

图 3-25　AUTONOMIE 中所建立的普锐斯混合动力驱动系统的模型

值得注意的是，该软件同时提供扩展接口功能以支持硬件在环和部件在环仿真，可以采用真实物理部件或控制器替代部分部件或控制器模型开展系统测试与分析。

3. 3. 2. 3　CRUISE 软件[31]

CRUISE 软件是一次开发的，用于计算车辆动力性、经济性、制动与排放性的专业仿真软件。该软件采用可视的模块化建模，可以仿真内燃机、纯电动和混合动力汽车。CRUISE 可以计算不同行驶工况下的动力性、经济性与排放性能，对发动机、变速器和燃油经济性与排放性、加速特性、传动系统速比、整车制动性能进行计算，还可用于集中载荷计算和传动系统扭转振动计算。

CRUISE 技术特征为：

（1）采用拖放式、模块化建模，提供发动机、变速箱、离合器、电池、控制部件、电器元件、驾驶员模型、环境模型和黑盒子模型等，方便建立汽车模型。

（2）可以进行运动学和动力学计算。

（3）集成了数据管理系统存储大量数据。

（4）为硬件在环仿真设备提供了接口界面。

3.3.2.4　适用于地面车辆混合驱动系统仿真的其他机电系统软件

上述 ADVISOR 和 AUTONOMIE 软件都是在 MATLAB/Simulink 软件平台下开发的。如果把地面车辆混合驱动系统看作机电系统中的一类子问题，则许多机电系统大型分析软件都可以应用在地面车辆混合驱动系统的仿真中。应用比较广泛的是 AMESim 软件，该软件并非专门为汽车领域开发，但是提供了非常丰富的汽车驱动系统模型库，并提供了图形化建模环境，支持地面车辆混合驱动系统的系统级仿真，包括元件设计、分析、控制到系统优化的全过程。该软件提供接口使其能够与 MATLAB/Simulink 协同仿真并提供硬件在环（HIL）仿真扩展功能，增强了控制设计能力。

参考文献

[1] Wong J Y. A general theory for skid steering of tracked vehicles on firm ground［J］. Proceedings of mechanical engineering，2001，215：D.

[2] Bekker M G. Theory of Land locomotion［M］. Michigan：University of Michigan Press，1956.

[3] 汪明德，赵毓芹，祝嘉光. 坦克行驶原理［M］. 北京：国防工业出版社，1983.

[4] ［德］W. MERHOF. 履带行驶力学（中译本）［M］. 北京：国防工业出版社，1989.

[5] Szumanowski A. 混合电动车辆基础［M］. 陈清泉，孙逢春，译. 北京：北京理工大学出版社，2001.

[6] 李卫民. 混合动力汽车控制系统与能量管理策略研究［D］. 上海：上海交通大学，2008.

[7] Miller J M. Propulsion Systems for Hybrid Vehicles［M］. The Institution of Engineering and Technology，2004.

[8] Lin C C, Peng H, Grizzle J W, et al. Power management strategy for a parallel hybrid electric truck [J]. IEEE Trans. Contol Syst. Technol. , 2003, 11 (6)：839-849.

[9] 余志生. 汽车理论 [M]. 北京：机械工业出版社, 2005.

[10] 马红敏. 电动车辆锂离子电池模型辨识与状态估计 [D]. 北京：北京理工大学, 2014.

[11] 衣宝廉. 燃料电池的原理、技术状态与展望 [J]. 电池工业, 2003, 8 (1)：16-22.

[12] 刘鹤, 白焰, 刘旭. 质子交换膜燃料电池模型的比较分析与仿真 [J]. 电源技术, 2011, 35 (12)：1605-1608.

[13] 刘鹤. 质子交换膜燃料电池的建模与仿真 [D]. 保定：华北电力大学, 2012.

[14] Lazarou S, Pyrgioti E, Alexandridis A T. A simple electric model for proton exchange membrane fuel cells [J]. Journal of Power Sources, 2009, 190：380-386.

[15] Cao H, Deng Z, Li X, et al. Dynamic modeling of electrical characteristics of solid oxide fuel cells using fractional derivatives [J]. International Journal of Hydrogen Energy, 2010, 35 (4)：1749-1758.

[16] 朱磊, 吴伯荣, 陈晖, 等. 超级电容器研究及其应用 [J]. 稀有金属, 2003, 27 (3)：385-390.

[17] 张步涵, 王云玲, 曾杰. 超级电容器储能技术及其应用 [J]. 水电能源科学, 2006, 24 (5)：50-52.

[18] Khaligh A, Li Z. Battery, ultracapacitor, fuel cell, and hybrid energy storage systems for electric, hybrid electric, fuel cell, and plug-in hybrid electric vehicles：State of the art [J]. Vehicular Technology, IEEE Transactions on, 2010, 59 (6)：2806-2814.

[19] Miller J M, Nebrigic D, Everett M. Ultracapacitor distributed model equivalent circuit for power electronic circuit simulation [J]. Maxwell Technologies Inc, 2006.

[20] Bolund B, Bernhoff H, Leijon M. Flywheel energy and power storage systems [J]. Renewable and Sustainable Energy Revi ews, 2007, 11 (2)：235-258.

[21] Joeri Van Mierlo, Peter Van den Bossche, Gaston Maggetto. Models of energy sources for EV and HEV：fuel cells, batteries, ultracapacitors, flywheels and engine-generators [J]. Journal of Power Sources, 2003, 128：76-89.

[22] Lino Guzzella, Antonio Sciarretta. Vehicle propulsion systems (3rd version) [M]. Springer-verlag Berlin Heidelberg, 2013.

[23] Woon Michael, Lin Xianke, Ivanco Andrej. Energy management options for an electric vehicle with hydraulic regeneration system [C]. SAE Congress proceeding, 2011. USA：Detroit.

[24] 邹渊, 孙逢春, 张承宁. 纯电动旅游客车驱动系统加速过程动态仿真 [J]. 北京理工大学学报, 2004, 24 (7)：575-578.

[25] 高景德, 王祥珩, 李发海. 交流电机及其系统的分析 [M]. 北京：清华大学出版社, 2005.

[26] Forsyth A J, Mollov S V. Modelling and control of DC－DC converters [J]. Power engineering journal, 1998, 12 (5)：229-236.

［27］Pop O, Lungu S. Modelling of DC-DC converters ［J］. Matlab-Modelling, Programming and Simulations, 2010: 125-150.

［28］Zoran Filipi, Hosam Fathy, Jonathan Hagena, et al. Engine-in-the-loop testing for evaluating hybrid propulsion concepts and transient emissions-HMMWV case study ［C］. SAE Congress and Exposition, SAE#2006-01-0443, 2006, Michigan.

［29］ADVISOR User Document. National Renewable Energy Laboratory, 2002.

［30］Autonomie User Document. National Argonne Laborotary, 2011.

［31］邹渊, 孙逢春, 王军, 等. 电动汽车用仿真软件技术发展研究 ［J］. 机械科学与技术, 2004, 23 (7): 761-764.

4

锂离子动力电池建模与系统辨识

    动力电池常作为电气化车辆的能量储存单元，其性能直接影响车辆的燃油经济性和动力性。电池单体通常由正负电极、电解液和隔板（绝缘多孔材料）组成。电极材料的选择决定电池的类型和基本性能；电解液用于实现离子传导；隔板用于隔离正负电极，以防止短路。电池在开路状态时，电子无法移动，能量存储在正负电极上形成标准电动势；电池在导通状态时，电子的移动有助于两电极上的氧化还原反应的进行，从而实现化学能和电能之间的转换。车用动力电池最为重要的性能包括寿命、比功率（功率密度）、比能量（能量密度）、成本和安全性等[1]。为了更好地分析动力电池的物理化学特性、改进动力电池的设计与生产、优化整车能量管理策略以及更好地管理车用动力电池，建立有效的电池模型十分重要。

4.1　车用动力电池种类与比较

    目前常用于电气化车辆的三种动力电池的性能比较结果如表 4-1[2] 所示。虽然铅酸电池价格低廉，资源较为丰富，但是比能量和比功率太低。相比于铅酸电池，镍氢电池的性能有所提高，但是其充放电效率和比能量仍然不够理想。锂离子电池具有较佳的综合性能，其相对优越的比能量有助于增加车辆在纯电动模式下的行驶里程。目前，锂离子电池在重度油电混合动力车辆、插电式油电混合动力车辆和纯电动车辆上得到较多应用，并被认为是最具前景的一类动力电池[3]。尼桑公司的 Leaf 纯电动轿车[4]、通用汽车公司的沃蓝达插电式油电混合动力汽车[5]以及北京奥运会纯电动大客车等都使用锂离子电池作为能量储存单元。

表 4-1　电气化车辆常用动力电池的性能比较

类型	循环寿命	效率/%	比功率/($W \cdot kg^{-1}$)	比能量/($W \cdot h \cdot kg^{-1}$)
铅酸电池	500~800	50~92	150~400	30~40
锂离子电池	400~1 200	80~90	300~1 500	150~250
镍氢电池	500~1 000	66	250~1 000	30~80
USABC 长期目标	1 000	80	400	200

4.2　车用锂离子电池种类与比较

自 1991 年日本索尼公司推出商用 $LiCoO_2$ 电池以来[6,7]，锂离子电池技术得到长足的发展。多家研究机构和企业参与了锂离子电池的设计与生产，例如美国麻省理工大学[8]、得克萨斯大学奥斯汀分校[9]、美国 A123 公司[10]、LGchem Power[11]、日本三洋（Sanyo）[12]、中信国安盟固利公司[13]和深圳比亚迪[14]等。多种正极新型材料被发现或合成，例如尖晶石锰酸锂（$LiMn_2O_4$）[15]、三元的镍钴锰酸锂（LiNMC）[16]和磷酸铁锂（$LiFePO_4$）[17]等；除碳基材料外，一些非碳基材料，如钛酸锂也被用作负极材料[18]。表 4-2[19]比较了几种锂离子电池正极材料的性能。$LiCoO_2$ 电池在移动电子设备中应用广泛，但是出于安全性考虑，基本不在电动车辆中使用。其他三种正极材料各有优缺点，都能应用于电动车辆中[20]。一些新型的基于锂元素的电池也正在被研发，如锂空气和锂有机物电池等[21,22]。虽然这些新型电池在某些关键性能上改进很大，但是在 2020 年之前都很难在车辆上得到应用[20]。譬如美国麻省理工大学 Yang Shao-Horn 教授领导的团队发明了新式碳纤维锂空气电池，其能量密度是传统锂离子电池的四倍，但是充放电效率和循环寿命性能很差以致目前还无法在实际车辆上使用[23]。不同性能之间的矛盾是阻碍锂离子电池发展的主要障碍。通常提高了能量密度，其寿命和安全性就会降低。未来十年内很难出现一种能够打破平衡的新型锂离子电池[20]。

表 4-2　锂离子电池正极材料的性能比较

性能	$LiCoO_2$	$LiMn_2O_4$	LiNMC	$LiFePO_4$
能量	高	低	高	高
功率	一般	高	一般	低

性能	LiCoO$_2$	LiMn$_2$O$_4$	LiNMC	LiFePO$_4$
安全性	差	好	差	非常好
成本	高	低	高	高
低温性能	一般	好	一般	差
寿命	长	短	长	长

目前适用于电气化车辆的五种锂离子电池的性能比较如图4-1所示[20]，从图中可以看到，没有一种锂离子电池能够在所有六个方面都具有最好的性能。五种电池都有各自的优缺点，在未来十年内很难打破这种平衡状态。在选取锂离子电池种类时，通常需要综合考虑这六个方面的性能，选取绿色区域面积较大的锂离子电池。

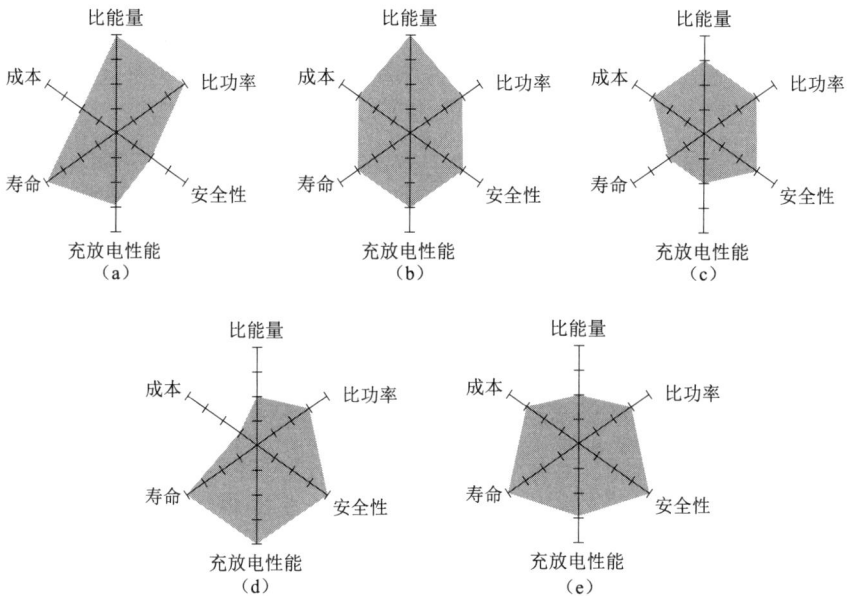

图4-1 五种电气化车辆锂离子电池的性能比较

（a）镍钴铝锂离子电池；（b）镍锰钴锂离子电池；（c）锰酸锂离子电池；
（d）钛酸锂离子电池；（e）磷酸铁锂离子电池

4.3 锂离子电池模型类型

由于动力电池及其管理系统是电气化车辆的重要组成部分，因此各大汽车公司都投入巨大的人力物力对其进行研究。此外，一些著名的电气公司也陆续开展了这方面的研发工作。例如，Bosch 公司北美部[24]正在研发多种锂离子电池管理算法等。为了更好地了解锂离子电池的动态特性、设计有效的状态估计算法以及开发最优的整车能量管理策略，基于锂离子电池模型的管理和控制研究得到国际学术界和工程界的广泛关注。目前，欧美发达国家的多个国家实验室及高校在从事锂离子电池建模工作，如美国阿岗国家实验室、Idaho 国家实验室、密歇根大学安娜堡分校、俄亥俄州立大学、科罗拉多大学、英国牛津大学和谢菲尔德大学、德国亚琛工业大学，等等。同时，我国对锂离子电池模型建立与分析也十分重视，北京理工大学、北京交通大学、清华大学、同济大学、西安交通大学等陆续开展了相关研究工作。锂离子电池模型大致可以分为电化学模型、黑箱模型和等效电路模型三大类。

4.3.1 电化学模型

电化学模型旨在描述电池内部的机理表现，其不但能够预测电池电压，还可以反映电池内部的电解液浓度、电动势、电流等的分布情况。因此，这类模型通常可以为电池的优化设计提供参考。

Doyle M 等人[25]提出的锂离子电池恒电流放电的一维恒温电化学模型适用于多种锂离子电池[26~30]，其利用多孔渗水电极理论和 Newman J S[31]提出的宏观均匀方法描述固相和液相下电动势的变化，液相和固相下的物料平衡则分别通过浓缩溶液理论和球坐标下的 Fickian 扩散方程描述。在恒温条件下，该模型的精度得到了有效验证[32]。

Smith K A 等人[33]通过一维的电化学方程建立了一个 6 A·h 混合动力汽车用锂离子电池的频域阻抗模型，并利用模型降阶技术得到了一个 12 阶单输入多输出状态变量模型。在 50C 倍率下的脉冲和恒定电流测试下，该模型在 0~10 Hz 带宽下的预测电压误差在 1% 以内。

Wang C Y 等人[34]提出了一种基于计算电池动力学（CBD）的第一性原理建模框架，并在三种不同尺度下建立了热和电化学表现相互耦合的模型，用于预测纯电动车辆和混合动力车辆的电池表现。Rahn C D 和 Wang C Y[35]的专著从系统工程角度对此类模型的建立、简化和参数物理解释等进行了详细讨论。

Schmidt A P 等人[36]基于经典单粒子方法建立了一个集中参数的简化电化学模型。结合 Fisher 信息矩阵和敏感度分析，估计了模型参数的可辨识性，从而实现了电池测试实验的最优设计。

虽然电化学模型能够很好地描述电池的物理、化学特性，但是由多个耦合的偏微分方程造成的复杂度使其很难直接在整车控制策略仿真和实时电池管理上得到应用。因此，一些数学离散逼近方法通常用于简化电化学模型的复杂度[35]。文献［37］和［24］分别讨论了这类简化的电化学模型在混合动力车辆能量管理和锂离子电池管理上的应用。

4.3.2　黑箱电池模型

对系统内部机理不关心或者不太了解时，通常可以利用黑箱模型去描述系统的外部特性。黑箱建模方法往往在模型结构确定和参数化上具有较好的灵活性，在电池系统的建模中也经常使用这类方法。黑箱电池模型本质上是一种描述电池外特性（通常为电压响应特性）的线性或非线性的映射函数。

电气化车辆商用仿真软件 ADVISOR[38]中开发了一个基于神经网络的电池模型。该模型是一个两层神经网络，输入为电池负载功率和荷电状态 SOC，输出为电流和电压。

Wang J P 等人[39]利用支持向量回归算法建立了一个非线性黑箱电池模型，其验证结果显示该模型在美国联邦城市行驶工况 FUDS 测试数据上的最大相对电压误差为 3.61%。

Wang J P 等人[40]建立了一个随机模糊神经网络电池模型，用于描述电池的电压响应，其结果显示该模型在 FUDS 测试数据上的误差比传统后向传播神经网络模型小。

4.3.3　等效电路模型

等效电路模型使用电阻、电容、恒压源等电路元件组成电路网络以模拟电池的动态特性[38]。这类模型是集中参数模型，通常含有相对较少的参数，并且容易推导出状态空间方程，因此被广泛地用于系统层面的仿真分析和实时控制。

电气化车辆商用仿真软件 ADVISOR[38]中使用了多种等效电路模型用于整车系统仿真，如内阻模型、RC 模型和 PNGV 模型等。

Plett G L[41]提出了简单模型、组合模型、零状态滞后模型、一状态滞后模型和增强自修正模型。从概念上来讲，这些模型都属于等效电路模型。一混合动力汽车用锂聚合物电池的测试数据用于比较这几种模型，其结果显示最为复杂的增强自修正模型在训练数据集上具有最高的精度。

基于并行电阻电容 RC 网络的等效电路模型也被广泛地研究，例如，一阶 RC 模型[42~44]、二阶 RC 模型[45~47]和三阶 RC 模型[48]。有时也把专用于描述电池滞后效应的结构加入到这些 RC 模型中，如具有滞后环节的一阶 RC 模型[49~51]和三阶 RC 模型[52]。

4.4 锂离子电池模型在整车仿真和电池管理中的应用

4.4.1 锂离子电池模型在整车能量管理策略仿真中的应用

以串联式混合动力驱动系统（图4-2）为例，为了对整个系统进行仿真和设计最优能量管理策略，需要对各个部件进行建模，其中电池模型是重要的组成部分。在整车仿真中，锂离子电池模型用于提供电池输出功率与电池电流和SOC之间的相互关系。结合电池的相关使用约束，模型所描述的输出功率函数是实现功率辅助单元APU（P_a）与锂离子电池（P_b）之间的最优功率分配的前提条件。以内阻模型（图4-3）为例，式（4-1）描述了整车系统仿真中需要的电池单体输出功率函数以及相应的约束方程。

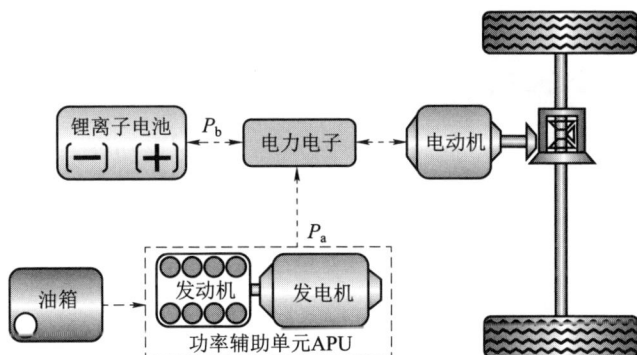

图4-2 串联混合动力驱动系统

$$\begin{cases} \dfrac{dSOC}{dt} = -\dfrac{1}{Q_b} I_b \\[2mm] I_b = \dfrac{1}{2R_0}\left(V_{oc} - \sqrt{V_{oc}^2 - 4R_0 P_b}\right) \\[2mm] SOC_{min} \leqslant SOC \leqslant SOC_{max} \\[2mm] I_{b,min} \leqslant I_b \leqslant I_{b,max} \end{cases}$$

(4-1)

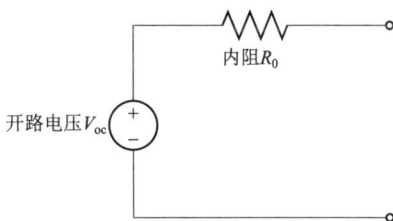

图4-3 内阻模型

式中，Q_b 为电池的额定容量；I_b 为电池的电流。电池的荷电状态SOC和电流 I_b 需要满足设定的约束条件。明显可以看到，在整车仿真中使用式（4-1）的前提是该电池模型参数（开路电压 V_{oc} 和内阻 R_0）已知。因此，电池模型参数辨识是整车系统仿真和能量管理策略优化过程中必不可少的环节。

4.4.2　锂离子电池模型在电池管理中的应用

因为电动车辆的实际运行环境是非常复杂和变化多端的，所以为了确保动力电池组能够高效、可靠且安全地工作，一个有效的电池管理系统是必需的。简单地说，电池管理的目的就是控制动力电池使其能够安全地发挥最佳性能并具有较长的寿命[53~55]。特别是对于活性很强（安全性较差）的锂离子电池，电池管理系统的意义和必要性则更加突出。图 4-4[56] 展示了锂离子电池管理系统的主要功能。

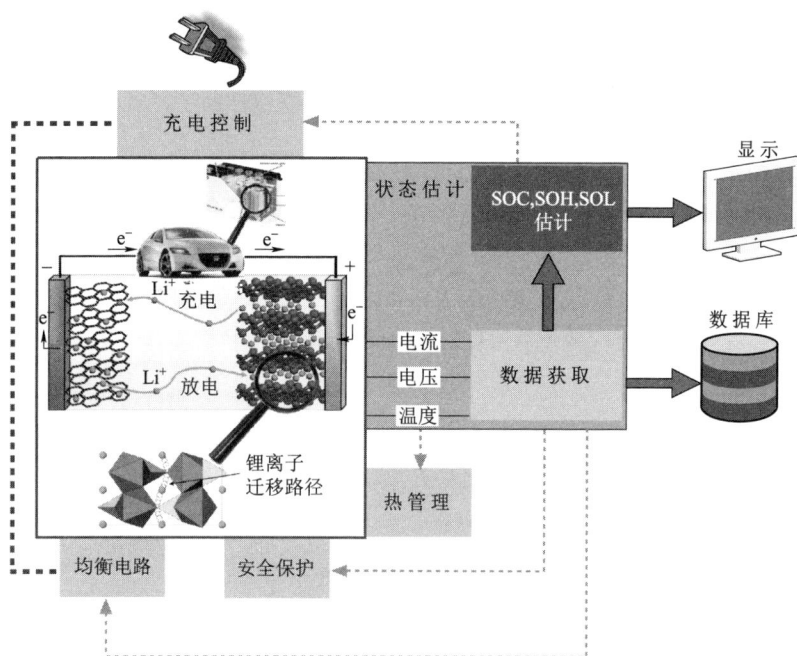

图 4-4　锂离子电池管理系统的主要功能

（1）电压监测：实现过电压和欠电压安全保护[1]。

（2）电流监测：限制最大电流，实现短路安全保护[1]。

（3）温度监测：实现有效的热管理，防止电池过热和过大的温度梯度。

（4）状态估计：结合监测的电压、电流、温度，对电池荷电状态 SOC、健康状态 SOH 和寿命状态 SOL（State of Life）进行估计，并反馈给整车控制单元和驾驶员。

（5）充电控制：根据电压、电流、SOC 和 SOH 估计值，对动力电池进行充电控制。

（6）均衡不一致性：根据电流和 SOC 估计值，结合充电控制，通过均衡电路减小电池的不一致性。

（7）数据存储：存储电池数据，用于后续的分析和标定。

从图 4-4 中可以看到，锂离子电池管理系统的核心任务是对锂离子电池内部状态进行估计。因为电池的内部状态不能直接测量，所以状态估计是电池管理与控制中的难点。实际中，不准确的 SOC 估计值往往会导致比预期（整车控制单元中设置的）更大的 SOC 波动，从而减少电池的循环寿命，降低车辆的能量利用效率，并且对充电和均衡控制产生较大的负面影响。不准确的 SOH 和 SOL 估计值则会导致驾驶员对车辆的加速能力或者续驶里程进行误判，从而影响车辆的正常运行。SOH 和 SOL 的不准确还会影响 SOC 的估计精度，并给电池的故障诊断、预测与维护带来很大麻烦。为了较好地估计电池的内部状态，基于电池模型的电池管理技术最近得到学术界和工业界的重视。通过建立准确的数学模型来模拟实际电池的动态特性，然后利用现代控制理论中的状态估计方法对电池内部状态进行预测，从而可以有效地克服传统启发式方法的不足。当然，基于模型的电池管理技术的关键仍然在于电池模型参数的有效辨识，如何根据可测的电池电流、电压和温度有效地辨识或者更新电池模型参数对电池管理系统的性能而言意义重大。

4.5　锂离子电池模型的辨识方法

电池模型的参数辨识方法和电池模型结构特征密切相关。对于参数线性模型，基于预测误差（Prediction-Error）的最小二乘辨识方法经常被用于获取模型参数。该方法简单、快速而且十分有效。子空间（Subspace）方法也经常用于辨识线性电池模型参数。对于非线性电池模型，传统最小二乘辨识方法不再适用，而数值优化的方法通常用于辨识该类模型的参数。首先建立以模型输出电压误差的统计量（如均方和）为目标函数的优化问题，然后利用不同的搜索算法寻找最优的模型参数。因为非线性电池模型通常十分复杂，所以参数优化过程中存在很多局部最小值，为了防止优化过早收敛，一些全局搜索算法，例如遗传算法[57,58]和粒子群算法[59,60]等经常被采用。当然，数值优化方法同样适用于线性电池模型的参数辨识。表 4-3 对一些常用的电池模型辨识方法进行了总结和分类。

表 4-3　电池模型辨识方法

模型类别	模型示例	辨识方法	优点	缺点
参数线性模型（可线性化模型）	内阻模型、线性化的一阶 *RC* 模型等	最小二乘算法或子空间算法	简单快速	普适性不强，对模型结构特征敏感
参数非线性模型	电化学模型、高阶 *RC* 模型和带滞后环节的模型等	数值优化算法（遗传算法或粒子群算法）	普适性强，适用于任何电池模型	求解速度慢，对优化算法调节参数比较敏感

除辨识算法外，另外一个在电池模型辨识中必须重视的是辨识输入的设计，即训练数据的获取。训练数据的多少和质量直接影响所辨识出的模型模拟电池动态响应的能力。通常，训练数据需要尽可能地反映电池的动态响应特性，相应的电池测试需要考虑到电池可能的应用背景和环境，并且尽可能满足持续激励（Persistent Excitation）的条件[61]。实际中，不同长度的充放电复合脉冲或者基于行驶工况的负载经常用于车用动力电池模型辨识的训练数据，例如 HPPC（Hybrid Pulse Power Characterization）脉冲[62]。如果建立与温度相关的电池模型，则不同温度下的训练数据需要用于参数辨识中。对实际锂离子电池测试实验设计感兴趣的读者，请具体参考文献 [59]。

4.6　锂离子电池状态卡尔曼滤波最优估计方法

电池管理系统的一个重要功能是提供准确的电池 SOC 和容量值。SOC 和容量的估计精度对动力电池在使用中的循环寿命和整车的能量利用效率有很大影响。一般引入 SOH 来描述容量的变化，其为当前容量和标称容量的比值。电池 SOC 和 SOH 不可直接测得，传统安时积分法无法准确估计 SOC，电池容量在使用中也会衰退，所以基于模型的 SOC 和 SOH 估计方法已经成为当前学术界研究的热点。基于各种电池数据[25]，考虑不同温度、电池老化或者高度瞬态的加载状况影响下的 SOC 和 SOH 估计已经成为研究的重点，此外就是 SOC 和 SOH 估计算法的鲁棒性也需要进行充分评估。当前主要采用基于卡尔曼滤波的估计方法。

卡尔曼滤波算法是研究动力电池 SOC 和 SOH 的重要手段，经过多年的发展已经应用到许多领域，如卫星导航、目标跟踪和动力电池荷电状态估计等。针对动力电池的非线性系统，需要应用扩展卡尔曼滤波器对其进行状态估计。卡尔曼滤波器由一系列递归数学公式描述，它们提供了一种高效可靠的方法来估计过程的状态，并使估计均方差最小[63~65]。

卡尔曼滤波器用反馈控制的方法估计过程的状态：滤波器估计某一时刻的状态，然后以测量变量（含噪声的）的方式获得反馈。卡尔曼滤波器可分为两个部分：时间更新方程和测量更新方程。时间更新方程负责及时向前推算当前状态量和误差协方差估计值，以便为下一个时间状态构造先验估计。测量更新方程负责反馈，也就是说，它将先验估计和新的测量变量结合以构造改进的后验估计。时间更新方程可视为预估方程，测量更新方程可视为校正方程。最后的估计算法成为一种具有数值解的预估——校正算法[66]。

4.6.1   滤波器系数及调整

测量噪声协方差 R 一般通过测量得到，是滤波器的已知条件。因为观测整个系统过程，观测测量噪声协方差 R 一般是可实现的。

因为无法直接观测到过程信号 x_k，所以过程噪声协方差 Q 值更难确定。有时通过 Q 的选择给过程信号"注入"足够的不确定性来建立简单的过程激励模型而产生可以接受的结果。在这种情况下，要求信号观测值是可信的。

在上述情况下，不管是否有合理的标准来选择参数，通常可以通过调整滤波器系数来获得较好的性能。调整通常离线进行，并经常与另一个在线高性能滤波器进行对比。

在 Q 和 R 都是常数的条件下，过程估计误差协方差 R 和卡尔曼增益 K_k 都会快速收敛并保持为常量。若实际情况也如此，那么滤波器参数便可以通过预先离线进行计算。

实际应用中，测量噪声协方差 R 不易保持恒定，不仅如此，有时过程噪声协方差 Q 也会随着滤波器运行而动态变化，这样 Q 就变成了 Q_k，对应不同的动态状态。在这类情况下，Q_k 的幅度需要根据模型的动态情况以及相关不确定性来选择。

4.6.2   扩展卡尔曼滤波器

卡尔曼滤波器能够估计一个用线性随机差分方程描述的离散时间过程的状态变量 $x \in R^n$，但如果被估计的过程是非线性的，则通常把期望和方差线性化，然后使用卡尔曼滤波器。此类滤波方法称作扩展卡尔曼滤波器（Extended Kalman Filter），简称 EKF。

同泰勒级数类似，面对非线性关系时，可以通过求过程和量测方程的偏导来线性化并计算当前估计。假设过程仍具有状态向量 $x \in R^n$，但其状态方程已变为非线性随机差分方程的形式。

$$x_k = f(x_{k-1}, u_{k-1}, \omega_{k-1}) \tag{4-2}$$

观测变量 $z \in R^m$ 为

$$z_k = h(x_k, v_k) \tag{4-3}$$

随机变量 ω_k 和 v_k 仍代表过程激励噪声和观测噪声。差分方程（4-2）中的非线性函数 f 将上一时刻 $k-1$ 的状态映射到当前时刻 k 的状态，驱动函数 u_k 和零均值过程噪声 ω_k 是它的参数。非线性函数 h 反映了状态变量 x_k 和观测变量 z_k 的关系。实际中显然不知道每一时刻噪声 ω_k 和 v_k 各自的值，但是可以将它们假设为零，从而估计状态向量和观测向量分别为

$$\hat{x}_k = f(\hat{x}_{k-1}, u_{k-1}, 0) \tag{4-4}$$

和

$$\hat{z} = h(\hat{x}_k, 0) \tag{4-5}$$

式中，$\hat{x}_k$ 是 k 时刻状态变量的后验估计。

将式（4-4）和式（4-5）线性化，可以得到：

$$x_k \approx \hat{x}_k + A(x_{k-1} - \hat{x}_{k-1}) + W\omega_{k-1} \tag{4-6}$$

$$z_k \approx \hat{z}_k + H(x_k - \hat{x}_k) + Vv_k \tag{4-7}$$

式中，x_k 和 z_k 是状态变量和观测变量的真值；

$\hat{x}_k$ 和 $\hat{z}_k$ 是状态变量和观测变量的观测值；

ω_k 和 v_k 表示过程激励噪声和观测噪声；

A 是 f 对 x 的偏导的雅可比矩阵：

$$A_{[i,j]} = \frac{\partial f_{[i]}}{\partial x_{[j]}}(\hat{x}_{k-1}, u_{k-1}, 0)$$

W 是 f 对 ω 的偏导的雅可比矩阵：

$$W_{[i,j]} = \frac{\partial f_{[i]}}{\partial \omega_{[j]}}(\hat{x}_{k-1}, u_{k-1}, 0)$$

H 是 h 对 x 的偏导的雅可比矩阵：

$$H_{[i,j]} = \frac{\partial h_{[i]}}{\partial x_{[j]}}(\hat{x}_k, 0)$$

V 是 h 对 v 的偏导的雅可比矩阵：

$$V_{[i,j]} = \frac{\partial h_{[i]}}{\partial v_{[j]}}(\hat{x}_k, 0)$$

简单起见，没有在 A、W、H、V 中加入脚标 k，但实际上是时变量。

定义预测误差表达式为

$$\tilde{e}_{x_k} \equiv x_k - \hat{x}_k \tag{4-8}$$

观测变量的残余为

$$\tilde{e}_{z_k} \equiv z_k - \tilde{z}_k \tag{4-9}$$

式中，x_k 是状态变量的真值，即要估计的对象，是无法获得的；z_k 是用来估计 x_k 的观测变量的真值，也无法获得。

由式（4-8）和式（4-9）可以写出过程误差的表达式：

$$\tilde{e}_{x_k} \approx A(x_{k-1} - \hat{x}_{k-1}) + \varepsilon_k \tag{4-10}$$

$$\tilde{e}_{z_k} \approx H\tilde{e}_{x_k} + \eta_k \tag{4-11}$$

式中，ε_k 和 η_k 代表具有零均值和协方差矩阵 WQW^T 和 VRV^T 的独立随机变量，Q 和 R 分别代表过程激励噪声协方差矩阵和测量噪声协方差矩阵。

用观测残余真值 $\tilde{e}_{x_k}$ 和另外一个卡尔曼滤波器去估计式（4-10）中的预测误差 $\tilde{e}_{x_k}$，结果记为 $\hat{e}_k$，结合式（4-8）可以获得初始非线性过程的后验状态估计：

$$\hat{x}_k = \hat{x}_k + \hat{e}_k \tag{4-12}$$

式（4-9）和式（4-10）中的随机变量具有以下概率分布：

$$P(\tilde{e}_{x_k}) \in N(0, E[\tilde{e}_{x_k} \tilde{e}_{x_k}^T])$$

$$P(\varepsilon_k) \in N(0, WQ_k W^T)$$

$$P(\eta_k) \in N(0, VR_k V^T)$$

令 $\hat{e}_k$ 的估计值为零，由以上近似可以写出估计 $\hat{e}_k$ 的卡尔曼滤波器表达式：

$$\hat{e}_k = K_k \tilde{e}_{z_k} \tag{4-13}$$

将式（4-9）、式（4-13）代入式（4-12）中，得

$$\hat{x}_k = \hat{x}_k + K_k \tilde{e}_{z_k}$$

$$= \hat{x}_k + K_k(z_k - \tilde{z}_k) \tag{4-14}$$

上式可以看作是扩展卡尔曼滤波器的观测变量的更新。

扩展卡尔曼滤波器的一个重要特性是卡尔曼增益 K_k 的表达式中的雅可比矩阵 H_k 能够正确地传递或"加权"观测信息中的有用部分。例如，如果通过 h 观测变量 z_k 和状态变量没有一一对应的关系，雅可比矩阵 H_k 便通过改变卡尔曼增益，从而使得残余 $[\hat{z}_k - h(\hat{x}_k, 0)]$ 中真正作用于状态变量的部分被加权。当然，如果整个观测中观测变量 z_k 和状态变量通过 h 都没有一个一一对应的关系，那么滤波器很快就会发散。这种情况说明过程不可观测。

4.7 实　例

4.7.1 基于最小二乘算法的线性电池模型辨识 [67, 68]

一阶 RC 电路模型如图 4-5 所示，其中 V_{oc} 代表开路电压，该开路电压与荷电状态 SOC 的关系由 Nernst 方程描述。方程中的 K_0 和 K_1 是两个需要辨识的参数[65]。电阻电容网络（R_1，C_1）用于描述电池的时间常数特性。R_2 表示内部欧姆电阻，V 表示电池模型的输出电压，I 表示电流。为了能使用线性最小二乘算法辨识模型的参数，首先需要推导出该模型的线性可辨识形式。

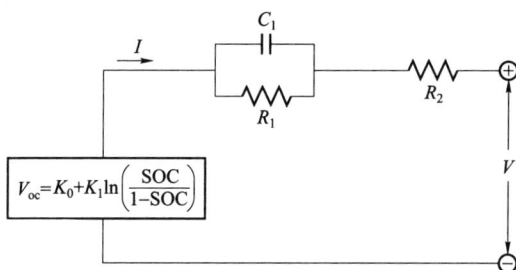

$$V_{oc}=K_0+K_1\ln\left(\frac{SOC}{1-SOC}\right)$$

图 4-5　一阶 RC 等效电路模型

根据基本电气原理，该模型的连续时间频域描述如下所示：

$$V(s) = V_{oc}(s) - \left(\frac{R_1}{R_1 C_1 s+1}+R_2\right)I(s) \tag{4-15}$$

通过利用一阶后向差分和用 $K_0+K_1\ln\left(\dfrac{SOC}{1-SOC}\right)$ 代替 V_{oc}，得到方程（4-15）的离散形式：

$$V(k) = (1-a_1)K_0+K_1\left[\ln\left(\frac{SOC(k)}{1-SOC(k)}\right)-a_1\ln\left(\frac{SOC(k-1)}{1-SOC(k-1)}\right)\right]+$$
$$a_1 V(k-1) +a_2 I(k) +a_3 I(k-1) \tag{4-16}$$

式中

$$a_1 = \frac{R_1 C_1}{R_1 C_1 +T} \tag{4-17}$$

$$a_2 = \frac{-R_1 C_1 R_2-(R_1+R_2)T}{R_1 C_1 +T} \tag{4-18}$$

$$a_3 = \frac{R_1 C_1 R_2}{R_1 C_1 +T} \tag{4-19}$$

且 k 是时间索引，T 是采样时间。因为通常 T 很小，$SOC(k)$ 近似等于 $SOC(k-1)$，所以，方程（4-16）转换成一个可辨识的线性形式：

$$V(k) = c_1 + c_2 \ln\left(\frac{SOC(k)}{1-SOC(k)}\right) + c_3 V(k-1) + c_4 I(k) + c_5 I(k-1) \quad (4-20)$$

式中

$$c_1 = (1-a_1) K_0 \quad (4-21)$$

$$c_2 = (1-a_1) K_1 \quad (4-22)$$

$$c_3 = a_1 \quad (4-23)$$

$$c_4 = a_2 \quad (4-24)$$

$$c_5 = a_3 \quad (4-25)$$

辨识得到 c_1，c_2，c_3，c_4 和 c_5 之后，模型参数通过以下方程得到：

$$K_0 = \frac{c_1}{1-c_3} \quad (4-26)$$

$$K_1 = \frac{c_2}{1-c_3} \quad (4-27)$$

$$R_2 = \frac{c_5}{c_3} \quad (4-28)$$

$$R_1 = \frac{-c_3 c_4 - c_5}{(1-c_3) c_3} \quad (4-29)$$

$$C_1 = \frac{c_3 T}{(1-c_3) R_1} \quad (4-30)$$

根据测试实验中采样的电池电流、电压以及 SOC，模型参数向量 c 可以通过以下最小二乘算法得到：

$$c = [c_1, c_2, c_3, c_4, c_5]^T = (M^T M)^{-1} M^T V_o \quad (4-31)$$

式中，$V_o = [V_o(1)，V_o(2)，\cdots，V_o(N)]^T$ 是采样的电池电压序列，$M = [M_1，M_2，\cdots，M_N]^T$，$M_k = \left[1，\ln\left(\frac{SOC(k)}{1-SOC(k)}\right)，V_o(k-1)，I(k)，I(k-1)\right]^T$，下标 N 表示最后一次采样。

例如，一锂离子电池模块在辨识实验中采样的电压和电流如图 4-6 所示；良好的实验状况下，安时计数法标定的 SOC 如图 4-7 所示。然后，根据方程（4-31）可以快速有效地辨识出模型的参数（表 4-4）。模型输出电压和实际电池电压的比较结果如图 4-8 所示，相应的误差如图 4-9 所示。可以明显看到，该锂离子电池模块模型误差很小，证实了最小二乘参数辨识方法的有效性。

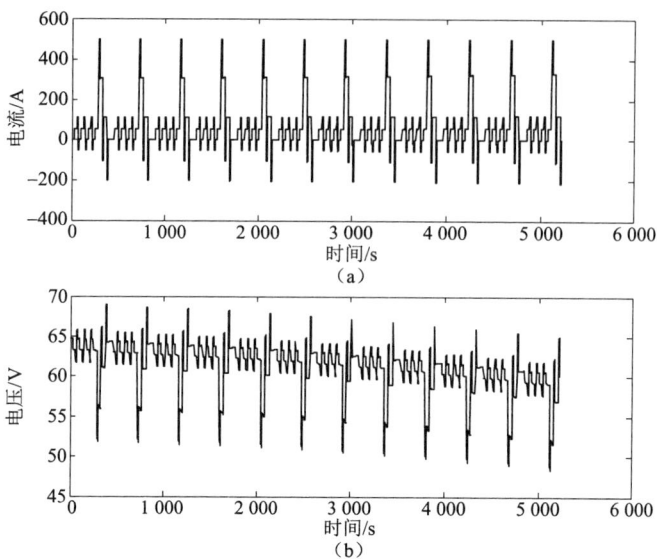

图 4-6　锂离子电池模块辨识实验中采集的电流和电压
（a）电流；（b）电压

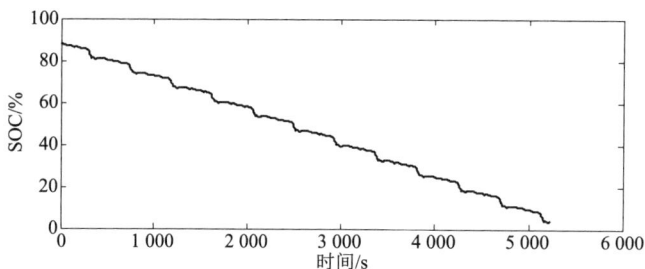

图 4-7　锂离子电池模块辨识实验中标定的 SOC

表 4-4　锂离子电池模块模型参数辨识结果

K_0/V	K_1/V	R_1/Ω	C_1/F	R_2/Ω
62. 938 6	1. 036 6	0. 004 5	1 571. 6	0. 021 5

4.7.2　基于数值优化的非线性电池模型辨识[59]

具有一状态滞后的一阶 RC 电路模型如图 4-10 所示。与一阶 RC 模型相比，该模型增加了一状态滞后环节，用于描述电池充放电的电压滞后表现。镍氢电池和磷酸铁锂离子电池的电压滞后通常较为明显。该模型的离散形式

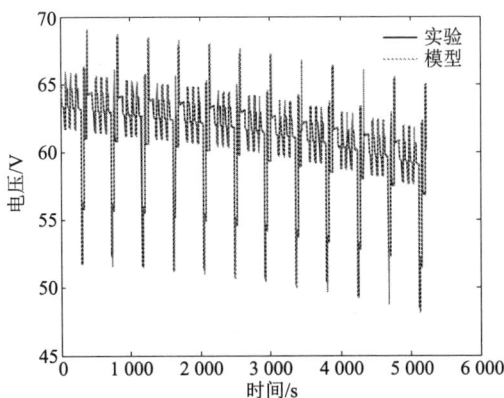

图 4-8 锂离子电池模块实测电压与模型电压比较

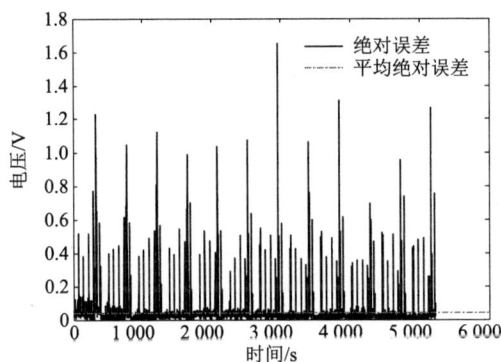

图 4-9 锂离子电池模块模型电压误差

的数学描述如式（4-32）所示。

$$\begin{cases} U_{1,k+1}=\exp(-\Delta t/\tau_1)\,U_{1,k}+R_1[\,1-\exp(-\Delta t/\tau_1)\,]\,I_k \\ h_{k+1}=\exp(-|\kappa I_k\Delta t|)\,h_k+[\,1-\exp(-|\kappa I_k\Delta t|)\,]\,H \end{cases} \tag{4-32}$$

$$V_k=V_{oc}(z_k)-R_0I_k-U_{1,k}+h_k$$

式中，V_k、z_k 和 I_k 分别为电池终端电压、SOC 和电流；$V_{oc}(z_k)$ 为以表格的形式描述开路电压和 SOC 的关系；U_1 和 $\tau_1=R_1C_1$ 分别为 RC 网络的电压和时间常数；h_k 为滞后电压；κ 为衰减因子；Δt 为采样时间；H 为滞后电压的最大值（充电为正，放电为负）；R_0 为与电流方向有关的内部欧姆电阻。可以明显看到，滞后环节是参数 κ 和 H 的动态非线性函数，所以经典的线性最小二乘算法不再适用，需要采用数值优化方法辨识模型未知参数。

这里，$V_{oc,j}$，$j=1,2,\cdots,12$，用于表征第 j 个描述开路电压的优化变

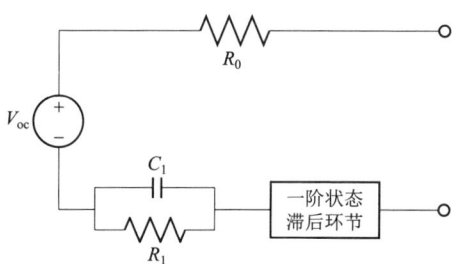

图 4-10　具有一状态滞后的一阶 *RC* 模型

量。仿真电池模型时，开路电压值通过查表获得。R_0^+ 和 R_0^- 分别表示放电和充电内阻；H^+ 和 H^- 分别表示放电和充电过程中的最大滞后电压。最后，该模型需要辨识的参数向量为 $\boldsymbol{\theta} = [\,V_{oc,1}\,, \cdots,\, V_{oc,12}\,,\ R_0^+\,,\ R_0^-\,,\ \kappa\,,\ H^+\,,\ H^-\,,\ R_1\,,\ \tau_1\,]$。根据对电池的先验认识，通常可以设置优化变量向量的上下边界 θ_L 和 θ_U。为了降低陷入局部最小值的可能性，采用基于粒子群优化的全局优化方法来辨识模型参数。与用于电池建模的遗传算法相比[57,58]，粒子群优化具有更少的调节参数、更有效的存储利用率和搜索多样性[69]。为了进一步改进标准粒子群优化算法的全局搜索能力，一种适用于约束优化问题的混合多群粒子群算法被提了出来[67]。在这个新的算法中，基于差分进化的杂交和分群概念被融合到标准的粒子群优化算法中。考虑到对于大规模的电池建模问题，基于差分进化的杂交过于耗时，故只使用多群粒子群算法进行模型辨识而不融合差分进化。在多群粒子群算法的每一代上，粒子群被分为几个子群，然后每个子群按照 Krohling R A 和 Coelho L S[71] 提出的搜索方程独立地完成进化。这种分群进化的模式往往可以确保更为有效的粒子群多样性。用于该电池模型参数化的多群粒子群优化算法的基本原理如表 4-5 所示。请参阅文献［70］以了解该算法的更多细节。

表 4-5　用于模型参数化的多群粒子群优化算法的基本原理

步骤 1：设置参数向量的上下边界为 θ_L 和 θ_U，设定进化代数索引 *gen* 为 0。

步骤 2：在搜索空间内随机地产生含有 N 个粒子的初始粒子群 $\boldsymbol{P}_0$ $(x_1^0, \cdots, x_N^0)$，每个粒子代表一个可能的模型参数向量 $\boldsymbol{\theta}$。

步骤 3：计算 $F(\boldsymbol{P}_0)$ 并记录个体最佳粒子 $(\boldsymbol{pbest}_1^0, \cdots, \boldsymbol{pbest}_N^0)$，其中 $F(\cdot)$ 是优化的目标函数，即训练数据上模型电压误差的平方和的一半。

步骤 4：如果 *gen* 小于最大代数 *Mgen*，执行步骤 1~3。

（1）分离粒子群。首先根据目标函数值决定粒子的优越程度并按照降序排列；然后，选择第一个粒子作为第一个子群的局部最佳值。与该局部最佳值有最大欧几里得距离的 N_s-1 个粒子作为第一个子群的其他成员。重复这个选择分组程序，直到最后剩余粒子数小于 N_s 以建立所有子群。

（2）利用 Krohling 和 Coelho 提出的粒子群优化算法中的速度和位置更新方程进化每个子群里的每个粒子。值得注意的是，为了增强全局搜索能力，每个子群里的局部最佳值以 85% 的概率进行更新。更新后的粒子如果违反边界约束，需要进行调整以满足边界约束。

（3）令 $gen = gen+1$。计算更新后整个粒子群的 $F(\cdot)$，并根据优越性记录个体最优粒子（$\boldsymbol{pbest}_1^{gen}$，$\cdots$，$\boldsymbol{pbest}_N^{gen}$）。

步骤 5：如果 gen 等于 $Mgen$，结束粒子群进化算法。记录最后粒子群中的最佳粒子和对应的目标函数，所得到的最佳粒子就是优化的模型参数向量。

一磷酸铁锂离子电池单体在辨识实验中采集的电流、电压和 SOC 如图 4-11 所示，在该训练数据集中，多群粒子群算法的三个调节参数如表 4-6 所示，这些参数被证实能够产生较好的模型优化结果。在辨识模型时，采用一个较大的最大代数参数 $Mgen$ 以确保较好的收敛性。优化的开路电压结果如表 4-7 所示，其他参数如表 4-8 所示。模型在不同加载情况下的电压响应如图 4-12 所示。可以明显看到，利用多群粒子群算法辨识得到的模型能够很好地模拟该磷酸铁锂离子电池的动态响应。

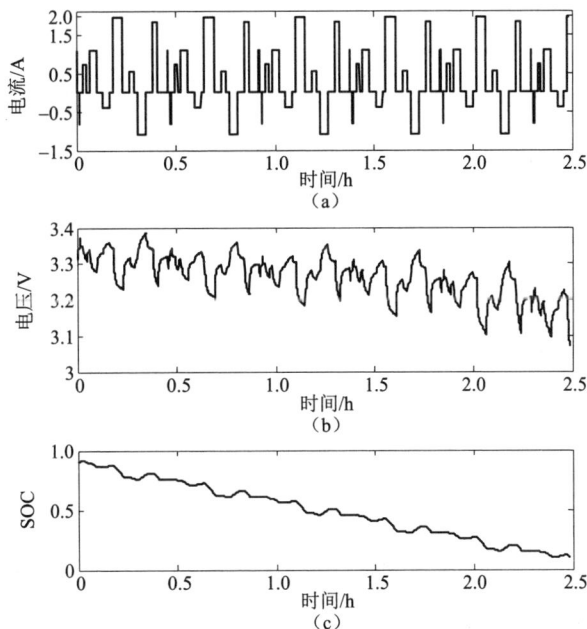

图 4-11　磷酸铁锂离子电池在辨识实验中采集的电流、电压和 SOC

表 4-6　多群粒子群优化算法的三个调节参数

参数	$Mgen$	N	N_s
值	10 000	60	8

表 4-7　开路电压优化结果

SOC/%	10	15	20	25	30	40	50	60	70	80	85	90
V_{oc}/V	3.169	3.196	3.228	3.234	3.251	3.273	3.286	3.294	3.305	3.322	3.328	3.342

表 4-8　模型 RC 和滞后环节参数优化结果

R_1/Ω	τ_1/s	R_0^+/Ω	R_0^-/Ω	κ	H^+/V	H^-/V
0.0266	27.6878	0.0233	0.0190	0.0100	−0.0002	0.0243

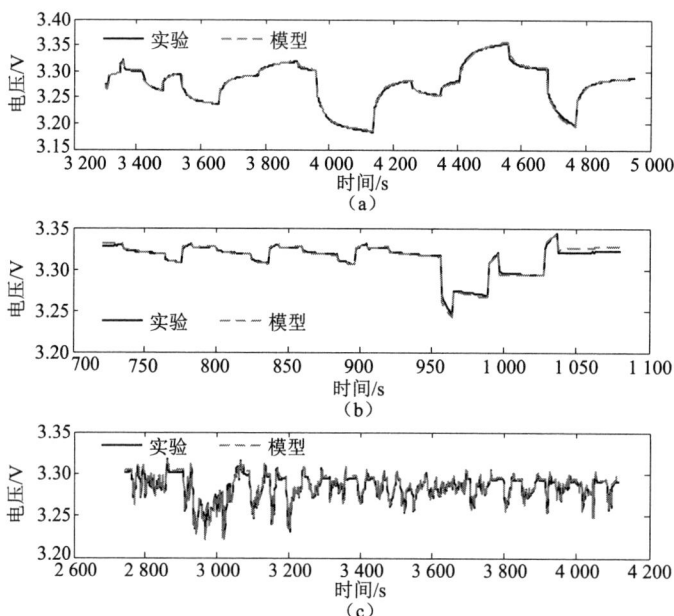

图 4-12　磷酸铁锂离子电池模型在不同加载状况下的电压响应

(a) 一个 HPPC 循环；(b) 一个 DST 循环；(c) 一个 FUDS 循环

4.7.3　锂离子电池 SOC 和 SOH 卡尔曼滤波最优估计

4.7.3.1　锂离子电池 SOC 最优估计

本实例主要针对 LiNMC 电池，基于一阶 RC 模型[59]实现 SOC 的最优估计，并在不同老化程度、工况和温度下进行了验证，所提出的算法具有较好的鲁棒性。

1）锂离子电池 SOC 估计器设计

（1）非线性电池模型。

$$\begin{cases} \boldsymbol{x}_{k+1} = \boldsymbol{A}(z_k)\boldsymbol{x}_k + \boldsymbol{B}(z_k)\boldsymbol{I}_k + \boldsymbol{\omega}_k \\ \boldsymbol{y}_k = g(\boldsymbol{x}_k, \boldsymbol{I}_k) + v_k \end{cases} \tag{4-33}$$

式中

$$\boldsymbol{x}_k = \begin{bmatrix} z_k \\ u_{\mathrm{p},k} \end{bmatrix}, \quad \boldsymbol{A}(z_k) = \begin{bmatrix} 1 & 0 \\ 0 & \mathrm{e}^{-T/\tau} \end{bmatrix}, \quad \boldsymbol{B}(z_k) = \begin{bmatrix} \dfrac{-\eta T}{3\ 600 C_n} \\ R_{\mathrm{p}} - R_{\mathrm{p}} \exp(-T/\tau) \end{bmatrix}, \quad \tau = R_{\mathrm{p}} C_{\mathrm{p}}$$

$$g(\boldsymbol{x}_k, \boldsymbol{I}_k) = V_{\mathrm{oc}}(k) - u_{\mathrm{p}}(k) - I(k) R_0$$

其中，z_k 为 $\mathrm{SOC}(k)$，u_{p} 为 RC 网络两端电压，T 为采样时间，η 为库伦效率，C_n 为电池的标称容量。ω_k 和 v_k 假设为独立的零均值高斯噪声，其协方差矩阵分别为 $\boldsymbol{Q}$ 和 $\boldsymbol{V}$。

（2）初始化。

设置初始状态估计值 $\hat{\boldsymbol{x}}_0 = \begin{bmatrix} 0.918\ 4 \\ 0 \end{bmatrix}$；

状态估计误差协方差：

$$\boldsymbol{P}_0 = \begin{pmatrix} 100 & 0 \\ 0 & 0.1 \end{pmatrix}$$

$$\boldsymbol{Q}(0) = \begin{pmatrix} T & R_{\mathrm{p}} C_{\mathrm{p}} \{ 1 - \exp[-T/(R_{\mathrm{p}} C_{\mathrm{p}})] \} \\ R_{\mathrm{p}} C_{\mathrm{p}} \{ 1 - \exp[-T/(R_{\mathrm{p}} C_{\mathrm{p}})] \} & \dfrac{R_{\mathrm{p}} C_{\mathrm{p}}}{2} \{ 1 - \exp[-2T/(R_{\mathrm{p}} C_{\mathrm{p}})] \} \end{pmatrix}$$

$$R = 1 \times 10^2;$$

对于 $k = 1, 2, \cdots$，完成下面的预测和估计过程。

（3）时间更新。

$$\begin{cases} \hat{\boldsymbol{x}}_{k|k-1} = \boldsymbol{A}(\hat{z}_{k-1}) \hat{\boldsymbol{x}}_{k-1} + \boldsymbol{B} u_{k-1} \\ \boldsymbol{P}_{k|k-1} = \boldsymbol{A}(\hat{z}_{k-1}) \boldsymbol{P}_{k-1} \boldsymbol{A}(\hat{z}_{k-1})^{\mathrm{T}} + \boldsymbol{Q} \end{cases} \tag{4-34}$$

其中，$\hat{\boldsymbol{x}}_{k|k-1}$ 为 $k-1$ 时刻的先验估计；$\hat{\boldsymbol{x}}_{k-1}$ 为 $k-1$ 时刻的后验估计，也就是最优估计值。

（4）测量更新。

$$\begin{cases} \boldsymbol{G}_k = \boldsymbol{P}_{k|k-1} \boldsymbol{C}(\hat{z}_{k|k-1})^{\mathrm{T}} [\boldsymbol{C}(\hat{z}_{k|k-1}) \boldsymbol{P}_{k|k-1} \boldsymbol{C}(\hat{z}_{k|k-1})^{\mathrm{T}} + \boldsymbol{R}] - 1 \\ \hat{\boldsymbol{x}}_k = \hat{\boldsymbol{x}}_{k|k-1} + \boldsymbol{G}_k [\boldsymbol{y}_k - g(\hat{\boldsymbol{x}}_{k|k-1}, \boldsymbol{I}_k)] \\ \boldsymbol{P}_k = [\boldsymbol{E} - \boldsymbol{G}_k \boldsymbol{C}(\hat{z}_k)] \boldsymbol{P}_{k|k-1} \end{cases} \tag{4-35}$$

式中

$$\boldsymbol{C}(\hat{z}_{k|k-1}) = \left. \frac{\partial g(\boldsymbol{x}_k, \boldsymbol{I}_k)}{\partial \boldsymbol{x}_k} \right|_{\boldsymbol{x}_k = \hat{\boldsymbol{x}}_{k|k-1}} = \begin{bmatrix} \dfrac{\mathrm{d} V_{\mathrm{oc}}}{\mathrm{d} z} & -1 \end{bmatrix}_{\boldsymbol{x}_k = \hat{\boldsymbol{x}}_{k|k-1}}$$

$\boldsymbol{G}_k$ 为卡尔曼增益矩阵，$\boldsymbol{P}_{k|k-1}$ 为 $k-1$ 时刻的系统误差协方差的先验估计。以上算法在 MATLAB 环境中编程实现。

2）SOC 估计结果及分析

（1）不同老化程度下 SOC 的估计结果。

101

电池在实际使用的过程中不可避免地随着时间的推移而衰退，这种衰退可以用容量或者功率损失来衡量。容量的衰退主要由化学反应过程中活性离子丢失引起，而功率的损失主要由阻抗的增大造成。SOC 估计算法在不同老化程度下的性能对实际电动车辆的电池管理系统有着重要影响，所以对基于等效电路模型的 SOC 估计器在不同老化程度下分析及改进具有重要意义。

采用上节提到的 EKF 进行 SOC 估计，在电池使用初期，复合脉冲测试作为训练数据进行 SOC 估计，所得结果如图 4-13 所示。从图中可以看出，SOC 的最大误差在 5% 以内，将所得估计参数输入电池的验证模型中，所得输出电压的相对误差最大值在 1.5% 以内，符合电池管理系统要求。

以不同循环数下复合脉冲测试为验证数据集，对比图 4-13、图 4-14 和图 4-15 可以发现，随着电池的老化，相对误差越来越大，电池输出电压误差也逐渐增大。主要是由于采用 EKF 估计状态量时，模型参数采用的初始辨识结果并不是当前健康状态下的参数值，因此需要对模型参数值进行在线更新，以提供高 SOC 估计的精度和鲁棒性。

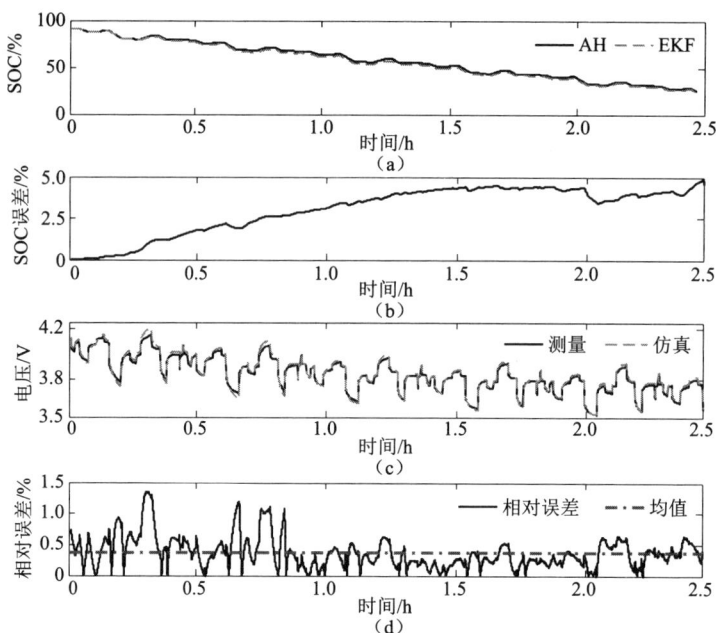

图 4-13 14 循环后，LiNMC 电池在复合脉冲测试中的 SOC 估计及验证结果（22 ℃）
（a）SOC 估计值；（b）SOC 估计误差；（c）测量和模型电压；（d）电压相对误差

（2）不同工况下的 SOC 估计结果。

由于车辆经常行驶在复杂多变的环境下，在电池管理系统中状态估计器的设计也需要适应不同的车载环境。与实验室内的常规恒流放电不同，电池

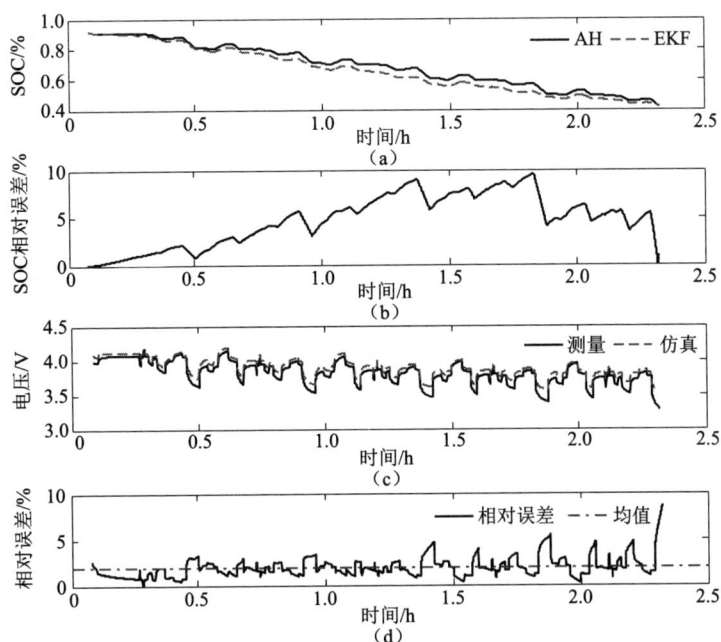

图4-14 614循环后,LiNMC电池在复合脉冲测试中的SOC估计及验证结果(22 ℃)

(a) SOC估计值;(b) SOC估计误差;(c) 测量和模型电压;(d) 电压相对误差

103

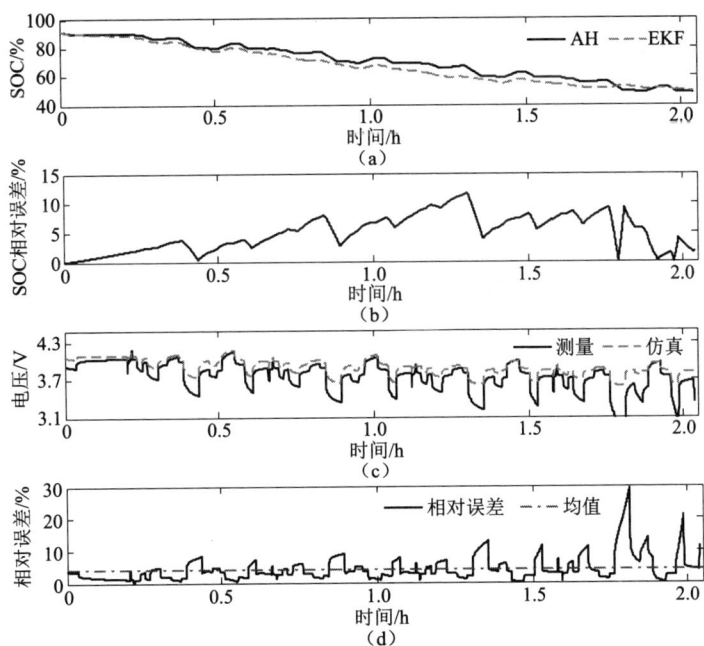

图4-15 1268循环后,LiNMC电池在复合脉冲测试中的SOC估计及验证结果(22 ℃)

(a) SOC估计值;(b) SOC估计误差;(c) 测量和模型电压;(d) 电压相对误差

在动态工况下工作时，瞬间的大电流冲击以及充电电流和放电电流之间的瞬间切换，对动力电池动态特性提出了更高的要求，因而有必要验证电池在动态测试工况下的性能及在对应工况下的适用性。

图4-13、图4-16和图4-17以不同的行驶工况条件激励电池，得出电池使用初期的SOC估计结果，从中可以看出，SOC估计误差在5%以内，而在DST和FUDS工况下所得误差相比复合脉冲测试误差更小，说明电池在动态工况下的SOC结果更接近安时积分法所得结果。此SOC估计器在不同的工况下具有较好的鲁棒性。

对比输出电压误差，最大误差均在1%之内，综合说明在电池使用初期，在不同的电流激励条件下，辨识模型参数和SOC估计结果具有较好的可靠性，能够满足车辆的行驶需求。

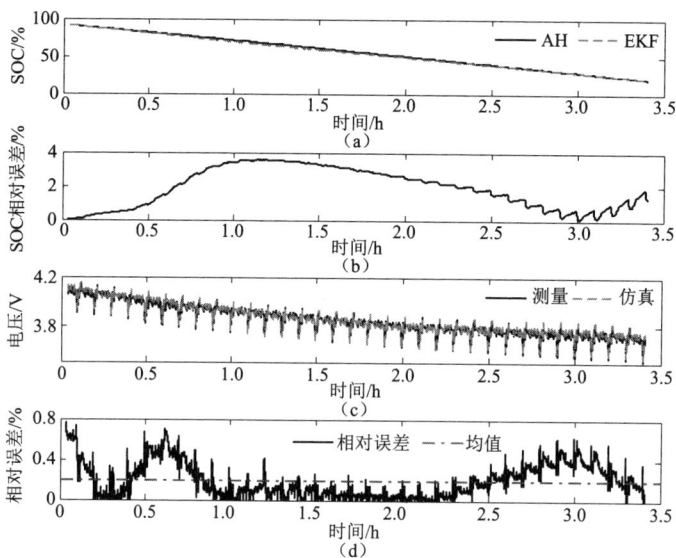

图4-16　16循环后，LiNMC电池在DST工况中的SOC估计及验证结果（22 ℃）
（a）SOC估计值；（b）SOC估计误差；（c）测量和模型电压；（d）电压相对误差

（3）不同温度下的SOC估计结果。

在车辆行驶中，动力电池通常工作在不同的温度下，所以SOC估计器在不同温度下的性能值得深入探讨。测试数据库分别在三个不同温度下完成，在不同温度下验证了SOC估计器的鲁棒性，所得结果如表4-9所示，从中可以看出SOC估计和输出电压V_t误差均值满足电池管理系统要求。但是，从图4-13、图4-18和图4-19的对比中发现，在10 ℃和35 ℃下的最大误差值超过5%，结果不能满足要求。再比较所得输出电压V_t误差，可以发现均在3%之内，满足车辆行驶要求。这就说明温度对SOC估计结果有很大影响。在电池管理系统中，实时采集温度信号并更新相关估计器，对提高电池的估计精度有着重要影响。

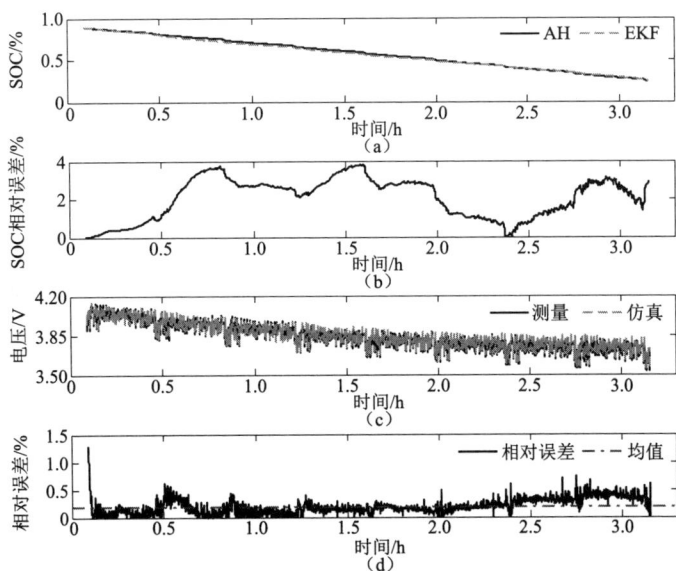

图 4-17　17 循环后，LiNMC 电池在 FUDS 工况中的 SOC 估计及验证结果（22 ℃）

（a）SOC 估计值；（b）SOC 估计误差；（c）测量和模型电压；（d）电压相对误差

表 4-9　不同温度下复合脉冲测试 SOC 及 V_t 估计误差结果

温度/℃	10	22	35
SOC 估计误差均值/%	2.575	3.055	4.315
输出电压误差均值/%	0.892 4	0.369 1	0.526 2

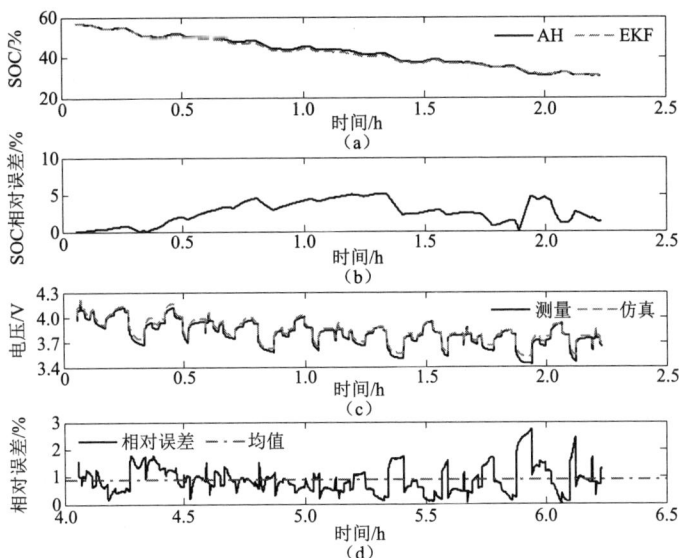

图 4-18　10 ℃时，LiNMC 电池在 FUDS 工况中的 SOC 估计及验证结果（3 循环）

（a）SOC 估计值；（b）SOC 估计误差；（c）测量和模型电压；（d）电压相对误差

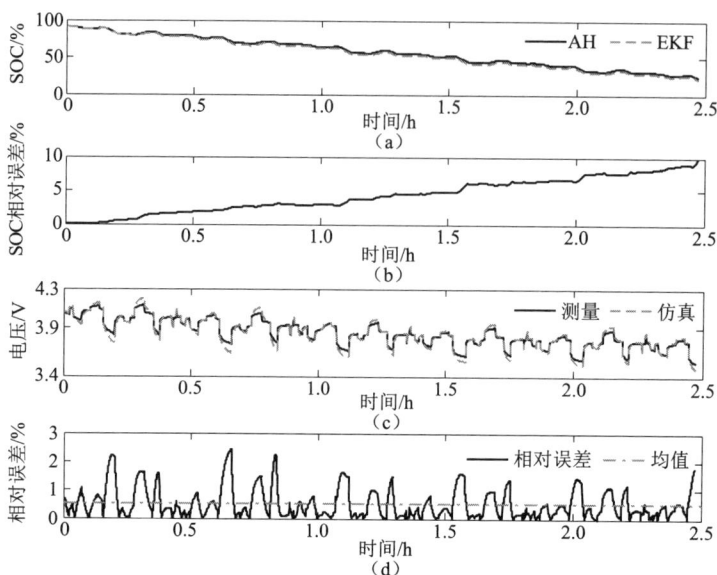

图 4-19 35 ℃时，LiNMC 电池在 FUDS 工况中的 SOC 估计及验证结果（6 循环）

（a）SOC 估计值；（b）SOC 估计误差；（c）测量和模型电压；（d）电压相对误差

4.7.3.2 SOC 和 SOH 协同估计

电池的衰退特性表现在整个生命周期内，为了更准确地估计电池的状态，对模型参数的更新必不可少。本实例提出一种简便准确的模型状态估计方法，在单次充放电的时间尺度上，进行动态 SOC 的估计，同时也对衰退量欧姆内阻和电池容量进行估计。为了验证该联合状态估计器的准确性，结合大量实验数据，从温度、加载方式、老化程度三个方面分析了电池的 SOC、SOH 估计误差以及输出电压 V_t 的相对误差值。

1）锂电池的状态空间表达式

非线性电池模型的状态空间离散化后的表达式如下：

$$\begin{aligned} \boldsymbol{x}(k+1) &= \boldsymbol{A}(k)\boldsymbol{x}(k) + \boldsymbol{B}(k)\boldsymbol{u}(k) \\ \boldsymbol{y}(k+1) &= \boldsymbol{C}(k)\boldsymbol{x}(k) \end{aligned} \tag{4-36}$$

式中

$\boldsymbol{x}(k) = [z(k) \quad U(k) \quad R(k) \quad 1/C(k)]^{\mathrm{T}}$;

$$\boldsymbol{A}(k) = \begin{pmatrix} 1 & 0 & 0 & -\dfrac{\eta \cdot \Delta t \cdot u(k)}{3\,600} \\ 0 & \exp\left(\dfrac{\Delta t}{R_\mathrm{p} \cdot C_\mathrm{p}}\right) & 0 & 0 \\ 0 & 0 & 1 & 0 \\ 0 & 0 & 0 & 1 \end{pmatrix}, \eta = \begin{cases} 0.98 & I_k < 0 \\ 1.00 & I_k \geqslant 0 \end{cases}, \Delta t = 0.1\,\mathrm{s};$$

$$\boldsymbol{B}(k) = \begin{pmatrix} 0 \\ R_1 \cdot \left[1 - \exp\left(-\dfrac{\Delta t}{R_p \cdot C_p} \right) \right] \\ 0 \\ 0 \end{pmatrix}$$

$$\boldsymbol{C}(k) = \begin{pmatrix} \dfrac{\mathrm{d}g}{\mathrm{d}x_1} & -1 & -u(k) & 0 \end{pmatrix};$$

$$g(x_1) = a_1 \cdot x_1^6 + a_2 \cdot x_1^5 + \cdots + a_6 \cdot x_1 + a_7$$

其中，$z(k)$ 为 k 时刻的电池荷电状态值 SOC，$U(k)$ 为 k 时刻 RC 网络两端的电压值，τ 为 RC 网络时间常数 R_pC_p，$R(k)$ 为 k 时刻欧姆内阻，η 为电池的效率，Δt 为采样时间，模型的输入量 $u(k)$ 为 k 时刻的电流值 $I(k)$，$g(x_1)$ 为开路电压 OCV 对 SOC 的函数表达式。

2）SOC 和 SOH 协同估计原理

（1）状态估计器操作流程。

图 4-20 是 SOC 和 SOH 协同状态估计器的操作流程图。以车辆对电流的需求作为输入，根据电压的实测值和电池模型，得到电压的差值和电压的相对误差值 e，然后比较该误差与界定值的大小，若超过界定值，就需要对模型衰退量进行更新了，这里的衰退量主要包括欧姆内阻和当前电池容量值。采用四阶扩展卡尔曼滤波的方法进行更新，衰退量的初始值采用上次估计得到的最终结果，从而得到更新的参数值，并代入电池的等效电路模型中，进行下一轮的比较；若在界定值的范围内，则直接采用二阶的扩展卡尔曼滤波器进行 SOC 估计。该方法主要针对模型状态和参数联合估计，包括 SOC、容量和欧姆内阻，从两个时间尺度上实现，以更好地提高电池的使用效率。

（2）界定值 r 的确定。

该方法涉及一个重要的调节量，那就是相对误差的临界值 r。依据电池开路电压相对于 SOC 的曲线可以发现，镍锰钴电池测量电压每毫伏下 SOC 的变化低于 0.15%，也就是说电压每改变 10 mV，SOC 变化率为 1.5%。本课题采用 Arbin BT2000，每个通道上的最大加载电压为 10 V，精度为 0.1%[72]。现有文献显示 SOC 估计在 EKF 中的误差在 4% 以内[73]，按照上述对应关系，可以确定电压的变化量为 26.7 mV，通过查表可以得到相对应的输出电压的相对误差为 0.7%。确定的界定值 r 如表 4-10 所示。

表 4-10　输出电压的差值与相对误差界定值

输出电压的差值/mV	相对误差值/%
26.7	0.7

（3）初始值设定。

采用 EKF 算法时，初始值的设定也是非常关键的一步。系统、测量和误差的白噪声协方差值 P，Q，R 的调节遵循卡尔曼增益的变化趋势，如式（4-37）所示。

$$K_k = \frac{P_k^- H^{\mathrm{T}}}{HP_k^- H^{\mathrm{T}} + R} \qquad (4-37)$$

从式（4-37）明显可以看到，R 越小，则 K_k 越大。

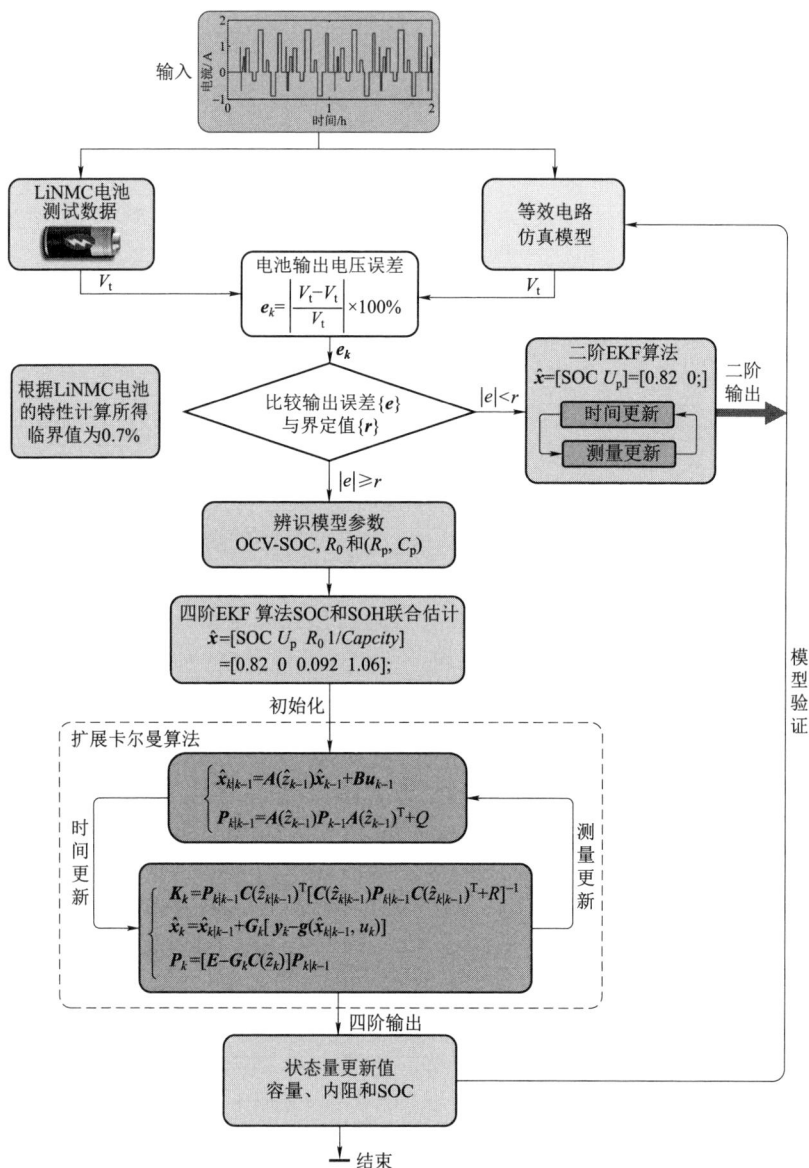

图 4-20　SOC 和 SOH 协同状态估计器的操作流程图

当 $R \to 0$ 时，$\lim\limits_{R \to 0} K_k = H^{-1}$；当 $P_k^- \to 0$ 时，$\lim\limits_{P_k^- \to 0} K_k = 0$。可以理解为，随着观测噪声协方差 R 趋向于 0，测量变量 Z_k 的权重越来越大，而 Z_k 的预测 $H\hat{x}_k^-$ 的权重越来越小；另一方面，随着先验估计协方差 P_k^- 趋向于 0，测量误差 Z_k 的权重越来越小，而 Z_k 的预测 $H\hat{x}_k^-$ 的权重越来越大。在本文中的 R 值采用相同的量，即 0.01。系统误差白噪声协方差 P 值调整曲线的收敛速度通过图 4-22 可以看出，后文详述。而系统白噪声误差值 Q 在调整过程中的影响并不是很大。

3）状态估计结果

图 4-21 详细地展示了四阶 EKF 估计的结果。

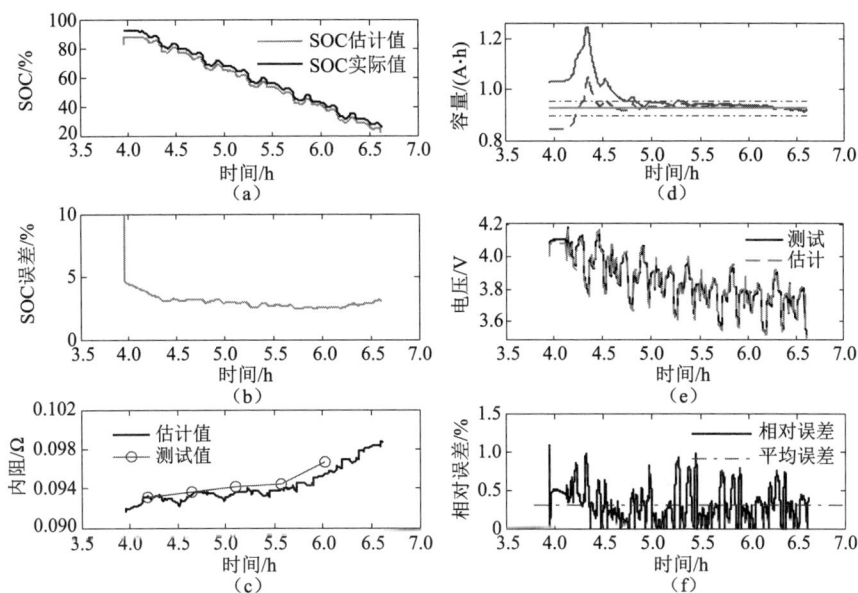

图 4-21 LiNMC 在 22 ℃下，状态估计器结果图（见彩插）

（a）四阶 EKF SOC 估计值与测量值；（b）SOC 估计值的误差；（c）欧姆内阻在四阶 EKF 中
所得值与实验测量值；（d）在 3% 边界下所得四阶 EKF 容量估计值与标定值；
（e）截止电压在四阶 EKF 中所得值与实验测试值；（f）截止电压的相对误差

（1）SOC 估计结果。

图 4-21（a）中两条曲线分别代表实验测试曲线（蓝色）和 EKF 算法估计曲线（粉色），EKF 的初始误差设定在 10%，在预测和修正中的调节参数对所有数据集保持不变，用以模拟实际车辆应用中的情况。通过选择较小的测量噪声协方差，使滤波中的修正过程具有较大的权重，从而可以确保良好的 SOC 估计精度。从图 4-21（b）中可以得到 SOC 的误差，从开始的 10%，迅速缩减到 4% 以内，保持了较好的误差范围，从而满足车辆使用需求。

（2）欧姆内阻估计结果。

图 4-21（c）是欧姆内阻 R_0 的测量值与估计值，测量值采用 HPPC 的测量数据得到。从图中可以看出，R_0 随着 SOC 的下降呈现出略微上升的趋势，而在单次循环中，可以视为不变。该参量在测量过程中并不呈现出规律性的变化，而且影响其稳定性的因素较多，尤其是温度。因此，单独作为 SOH 的参量时误差较大。

（3）容量估计结果。

图 4-21（d）为容量估计的曲线图，其中有四条曲线，红色的点画线是容量的边界线，设定为 ±3%，粉色的虚线为实验标定结果，而蓝色的实线就是 EKF 估计的结果，初始误差设定为 2%，可以看出容量估计值是收敛的。图 4-22 说明了在不同的误差协方差参数 P 的调整下的结果，P 值很好地控制了 EKF 的收敛时间，本文最终选定 0.1 作为参量初始值。

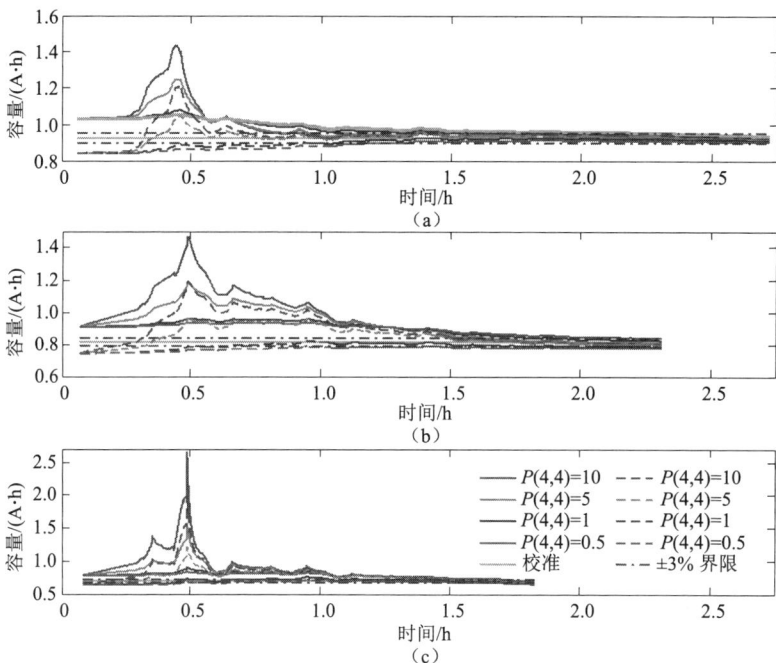

图 4-22　LiNMC 在不同的 EKF 初始参数 P_0（4，4）下所得容量估计图（见彩插）

（a）容量估计结果（N=22）；（b）容量估计结果（N=604）；（c）容量估计结果（N=1 273）

（4）输出电压及其相对误差。

图 4-21（f）是输出误差的结果，平均相对误差为 0.307 8%，说明在设定的不需要更新参数的范围内，这正好与所采用的新电池数据相符合。该结果是通过等效电路模型在 Simulink 中仿真得到的，仿真步长与采样时间一致。

4）状态估计器鲁棒性分析

通过以上结果分析确定本文提出的状态估计方法可以得到较好的结果，

但是随着时间的推移，电池的衰退量呈现出一定的变化，因此，本节在整个生命周期的时间尺度上来说明电池衰退情况，其中选择了三个电池老化程度的典型情况作为说明。

5）不同老化程度下容量估计结果

图4-23为电池在几种典型的老化程度下的容量估计曲线，从中可以看出，随着电池的老化，电池的单次放电时间缩短，最大可用容量值也不断缩小。一般情况下，当最大可用容量衰退到80%时，可作为电池寿命截止的指标[74]。直到 $N=1\,273$ 时，估计得到的容量平均值为 $0.712\,6\ \mathrm{A \cdot h}$，即75.81%，此时的电池即可视为到了寿命的截止时间。不同老化程度下，电池的SOH评价见表4-11。

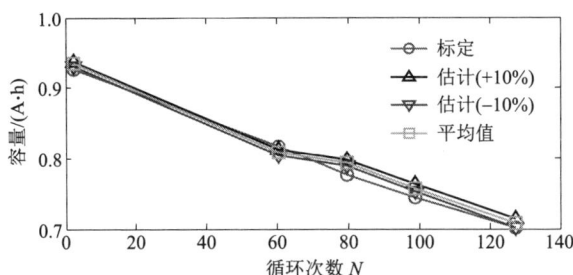

图4-23 在不同老化程度下电池容量估计曲线

表4-11 不同老化程度下电池的SOH评价

循环次数 N	容量均值 / (A·h)	内阻均值 /Ω	SOH（容量）/%	SOH（R_0）/%	SOH /%
22	0.942 3	0.094 26	100.24	99.72	99.98
604	0.839 9	0.109 4	89.35	85.92	87.635
1 273	0.712 6	0.13	75.81	72.31	74.06

6）不同老化程度下欧姆内阻估计结果

图4-24显示了不同老化程度下欧姆内阻的变化情况。随着电池的老化，欧姆内阻呈现增长的趋势，图4-24（a）、（b）、（c）分别为在三个典型的时期的状态值，可以看出内阻在单次循环下没有明显的衰退现象，可视为常量。

表4-11中的SOH（R_0）为电池SOH值采用欧姆内阻计算的结果，与SOH（容量）还是有些差别的，综合考虑两个因素，可以得到最终的SOH值，即表4-11中的最后一列数值。

7）模型结果验证分析

图4-25为等效电路模型的输出电压在参数更新前后的对比情况。从柱状图中可以看出，第一组参数对应新的电池，更新参数对输出电压没有影响；第二、

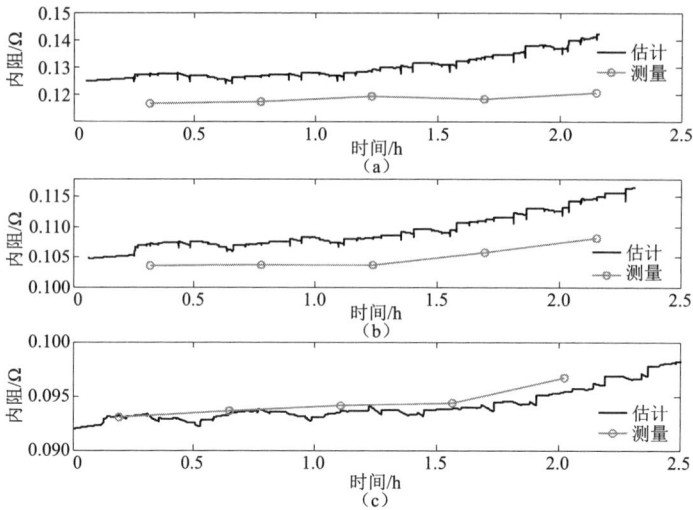

图 4-24　不同老化程度下所得欧姆内阻结果

(a) $N=990$ 时，欧姆内阻估计结果；(b) $N=604$ 时，欧姆内阻估计结果；

(c) $N=22$ 时，欧姆内阻估计结果

112

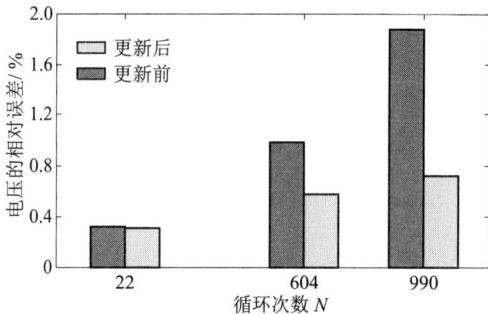

图 4-25　等效电路模型输出电压的相对误差

三组的结果分别提高了 0.23% 和 0.53%，使得最终的结果在正常工作范围内，满足使用要求。

通过三种典型老化程度下输出电压的对比可知，该算法对于老化下的参数更新有一定的提高，由于车载环境的复杂多变、电压采集精度的限制，以及模型参数辨识的局部性等因素，该误差并没有减小到最小值（对应新电池）。

8）容量更新对 SOC 估计的影响

该方法提出的主要目的是为了更好地估计 SOC，在采用二阶 EKF 的过程中，会遇到衰退量不能及时得到更新的情况，而采用四阶的 EKF 后，电池的变化趋势会怎样呢？图 4-26～图 4-28 从三个老化程度、两个精确度的层面介绍了 SOC 估计结果的准确性。每个图的图（a）为 SOC 曲线，蓝色是安时法得到的测量曲线，粉色的实线是四阶 EKF 得到的曲线，而绿色的点画线是采用二阶的 EKF 得到的结果；图（b）是误差曲线图，粉色为四阶 EKF 与安时法的误差，绿色虚线为二阶 EKF 与安时法的误差，EKF 中都设定相同的初始误差（10%）；图（c）为四阶 EKF 与二阶 EKF 的误差曲线。

图 4-26 是新电池状态的估计结果，可以看出两种方法的误差都非常相

近，在 2% 以内，两种方法所得 SOC 的差值也在 0.5% 以内。从图 4-27（b）可以看出，两种方法得到的 SOC 误差在 4% 以内，两种方法所得的差值在 0.1% 以内。图 4-28 中两种方法的估计误差在 10% 以内，明显高于以上两种，而且两种方法的差值也相应提高了，在 4% 以内，即图 4-28（c）充分说明了电池 SOC 估计的改善空间。老化状态下的 SOC 估计结果如果不进行参数更新，相同的条件下得到的误差比新电池的状态下精确度低了许多，因此，该方法在提供电池 SOC 估计的精确度上得到了较好的应用。同时，可以看出容量更新对电池 SOC 估计的影响较大。

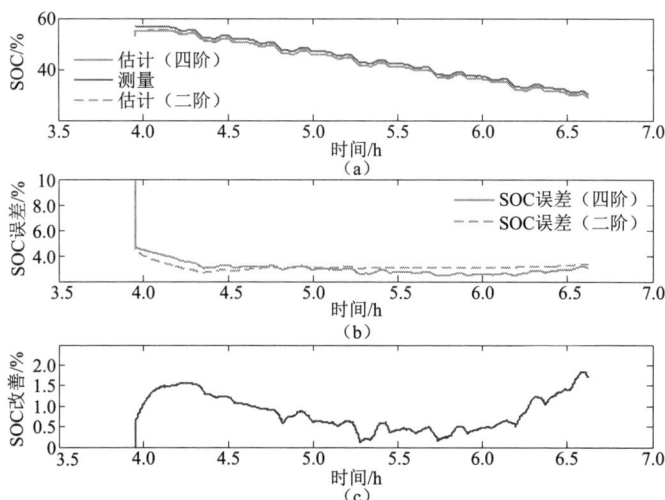

图 4-26 新电池，$N=22$ 时 SOC 的变化情况（见彩插）

（a）SOC 估计结果；（b）SOC 误差曲线；（c）四阶 EKF 所得 SOC 改善情况

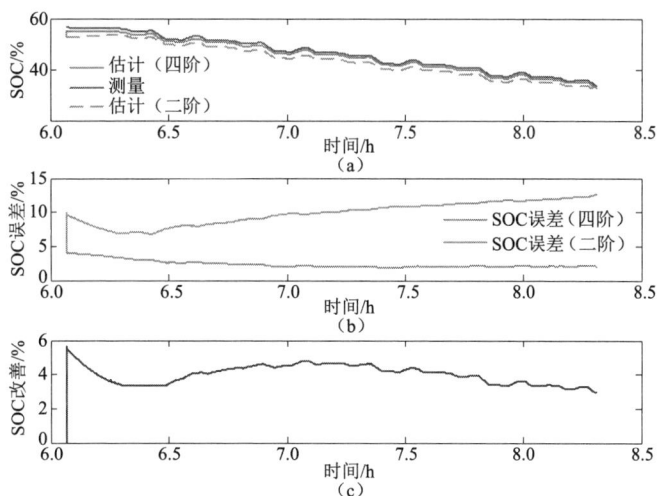

图 4-27 $N=604$ 时，SOC 的变化情况（见彩插）

（a）SOC 估计结果；（b）SOC 误差曲线；（c）四阶 EKF 所得 SOC 改善情况

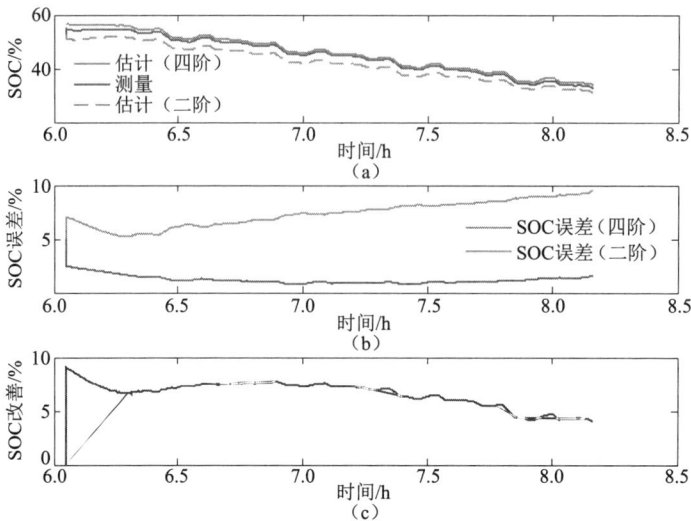

图 4-28 *N* = 990 时，SOC 的变化情况（见彩插）

（a）SOC 估计结果；（b）SOC 误差曲线；（c）四阶 EKF 所得 SOC 改善情况

参考文献

[1] Lukic S M, Cao J, Bansal R C, Rodriguez F, Emadi A. Energy storage systems for automotive applications [J]. IEEE Trans. Ind. Electron. , 2008, 55：2258-2267.

[2] Mi C, Masrur M A, Gao D W. Hybrid electric vehicles-principles and applications with practical perspectives [M]. West Sussex：John Wiley & Sons, 2011.

[3] Etacheri V, Marom R, Elazari R, Salitra G, Aurbach D. Challenges in the development of advanced Li-ion batteries：a review [J]. Enery Environ. Sci. , 2011, 4：3243-3262.

[4] [Accessed by 2012-02-02] http：//www. nissanusa. com/leaf-electric-car/index.

[5] [Accessed by 2012-02-22] http：//gm-volt. com.

[6] T. Nagaura, K. Tozawa. Lithium ion rechargeable battery [J]. Prog. Batteries Solar Cells, 1990, 9：209.

[7] Tarascon J M, Armand M. Issues and challenges facing rechargeable lithium batteries [J]. Nature, 2001, 414：359-367.

[8] [Accessed by 2011-08-08] http：//dmse. mit. edu/faculty/profile/chiang.

[9] [Accessed by 2011-08-09] http：//www. me. utexas. edu/directory/faculty/goodenough/ john.

[10] [Accessed by 2011-06-11] http：//www. a123systems. com.

[11] [Accessed by 2011-06-11] http：//www. lgcpi. com.

[12] [Accessed by 2011-03-12] http：//us. sanyo. com/Industrial-Batteries.

[13] [2012-03-03] http：//www. mgl. com. cn/newEbiz1/EbizPortalFG/portal/html/index. html.

［14］［Accessed by 2012-03-03］http：//bydit. com/doce/products/Li-EnergyProducts.

［15］［Accessed by 2012-03-05］http：//www. limn2o4. com.

［16］［Accessed by 2012-01-08］http：//en. wikipedia. org/wiki/Lithium-ion_battery.

［17］H. B. Gu, D. K. Jun, G. C. Park, B. Jin, E. M. Jin. Nanosized LiFePO$_4$ cathode materials for lithium ion batteries［J］. Journal of Nanoscience and Nanotechnology, 2007, 7：3980-3984.

［18］［2012-02-09］http：//en. wikipedia. org/wiki/Lithium-titanate_battery.

［19］M. Alamgir, A. M. Sastry. Efficient batteries for transportation applications［C］. SAE paper 08CNVG-0036, 2008.

［20］The Boston Consulting Group. Batteries for electric cars-challenges, opportunities, and the outlook to 2020［R］. 2010.

［21］Armand M, Tarascon J M. Building better batteries［J］. Nature, 2008, 451：652-657.

［22］Tarascon J M. Key challenges in future Li-battery research［J］. Phil. Trans. R. Soc. A, 2010, 368：3227-3241.

［23］［Accessed by2012-01-17］http：//web. mit. edu/eel.

［24］Chaturvedi N, Klein R, Christensen J, Ahmed J, Kojic A. Algorithms for advanced battery-management systesms［J］. IEEE Control Syst. Mag. , 2010, 30：49-68.

［25］Doyle M, Fuller T, Newman J. Modeling of galvanostatic charge and discharge of thelithium/polymer/insertion cell［J］. J. Electrochem. Soc. , 1993, 140：1526-1533.

［26］Fuller T, Doyle M, Newman J. Simulation and optimization of the dual lithium ion insertion cell［J］. J. Electrochem. Soc. , 1994, 141：1-10.

［27］Doyle M, Fuentes Y. Computer simulations of a lithium-ion polymer battery and implications for higher capacity next-generation battery designs［J］. J. Electrochem. Soc. , 2003, 150：A706-A713.

［28］Doyle M, Fuller T, Newman J. Importance of the lithium ion transference number in lithium/polymer cells［J］. Electrochemica. Acta, 1994, 39：2073-2081.

［29］Fuller T, Doyle M, Newman J. Relaxation phenomena in lithium-ion-insertion cells［J］. J. Electrochem. Soc. , 1994, 141：982-990.

［30］Gu W B, Wang C Y. Thermal-electrochemical coupled modeling of a lithium ion cell［J］. ECS Proceedings, 2000, 99-25：748-762.

［31］Newman J S. Electrochemical Systems (second edition) . Englewood Cliffs：Prentice-Hall, 1991.

［32］Doyle M, Newman J, Gozdz A S, Schmutz C N, Tarascon J M. Comparison of modeling predictions with experimental data from plastic lithium ion cells［J］. J. Electrochem. Soc. , 1996, 143：1890-1903.

［33］Smith K A, Rahn C D, Wang C Y. Control Oriented 1D electrochemical model of lithium ion battery［J］. Energy Convers. Manage. , 2007, 48：2565-2578.

［34］Wang C Y, Srinivasan V. Computational battery dynamics (CBD) -electrochemical/thermal coupled modeling and multi-scale modeling［J］. J. Power Sources, 2002, 110：364-376.

115

［35］ Rahn C D, Wang C Y. Battery Systems Engineering ［M］. West Sussex: John Wiley & Sons, 2013.

［36］ Schmidt A P, Bitzer M, Imre A W, Guzzella L. Experiment-driven electrochemical modeling and systematic parameterization for a lithium-ion battery cell ［J］. J. Power Sources, 2010, 195: 5071-5080.

［37］ Moura S, Stein J L, Fathy H K. Battery-health conscious power management in plug-in hybrid electric vehicles via electrochemical modeling and stochastic control ［J］. IEEE Trans. Control Syst. Technol. , 2013, 21: 679-694.

［38］ Johnson V H. Battery performance models in ADBISOR ［J］. J. Power Sources, 2002, 110: 321-329.

［39］ Wang J P, Chen Q S, Cao B G. Support vector machine based battery model for electric vehicles ［J］. Energy Convers. Manage. , 2006, 47: 858-864.

［40］ Wang J P, Xu L, Guo J G, Ding L. Modelling of a battery pack for electric vehicles using a stochastic fuzzy neural network ［J］. Proc. Inst. Mech. Eng. , Part D, J. Automot. Eng. , 2009, 223: 27-35.

［41］ Plett G L. Extended Kalman filtering for battery management systems of LiPB-based HEV battery packs, Part 2. Modeling and identification ［J］. J. Power Sources, 2004, 134: 262-276.

［42］ Liaw B Y, Nagasubramanian G, Jungst R G, Doughty D H. Modeling of lithium ion cells-A simple equivalent-circuit model approach ［J］. SolidState Ionics, 2004, 175: 835-839.

［43］ Dubarry M, Vuillaume N, Liaw B Y. From single cell model to battery pack simulation for Li-ion batteries ［J］. J. Power Sources, 2009, 186: 500-507.

［44］ Chiang Y H, Sean W Y, Ke J C. Online estimation of internal resistance and open-circuit voltage of lithium-ion batteries in electric vehicles ［J］. J. Power Sources, 2011, 196: 3921-3932.

［45］ Dubarry M, Liaw B Y. Development of a universal modeling tool for rechargeable lithium batteries ［J］. J. Power Sources, 2007, 174: 856-860.

［46］ Hu Y, Yurkovich S, Guezennec Y, Yurkovich B J. A technique for dynamic battery model identification in automotive applications using linear parameter varying structures ［J］. Control Eng. Pract. , 2009, 17: 1190-1201.

［47］ Hu Y, Yurkovich S. Linear parameter varying battery model identification using subspace methods ［J］. J. Power Sources, 2011, 196: 2913-2923.

［48］ Andre D, Meiler M, Steiner K, Walz H, Soczka-Guth T, Sauer D U. Characterization of high-power lithium-ion batteries by electrochemical impedance spectroscopy. II: Modelling ［J］. J. Power Sources, 2011, 196: 5349-5356.

［49］ Verbrugge M, Tate E. Adaptive state of charge algorithm for nickel metal hydride batteries including hysteresis phenomena ［J］. J. Power Sources, 2004, 126: 236-249.

［50］ Verbrugge M, Koch B. Generalized recursive algorithm for adaptive multiparameter regression: Application to lead acid, nickel metal hydride, lithium-Ion batteries ［J］.

J. Electrochem. Soc. , 2006, 153: A187-A201.

[51] Verbrugge M. Adaptive multi-parameter battery state estimator with optimized time-weighting factors [J]. J. Appl. Electrochem. , 2007, 37: 605-616.

[52] Hu Y, Yurkovich S, Guezennec Y, Yurkovich B J. Electro-thermal battery model identification for automotive applications [J]. J. Power Sources, 2011, 196: 449-457.

[53] Affanni A, Bellini A, Franceschini G, Guglielmi P, Tassoni C. Battery choice and management for new-generation electric vehicles [J]. IEEE Trans. Ind. Electron. , 2005, 52: 1343-1349.

[54] Kutluay K, Cadirci Y, Ozkazanc Y S, Cadirci I. A new online state-of-charge estimation and monitoring system for sealed leas-acid batteries in telecommunication power supplies [J]. IEEE Trans. Ind. Electron. , 2005, 52: 1315-1327.

[55] Chatzakis J, Kalaitzakis K, Voulgaris N C, Manias S N. Designing a new generalized battery management system [J]. IEEE Trans. Ind. Electron. , 2003, 50: 990-999.

[56] Aleksandrova E. Lithium-ion batteries for electric cars: opportunities and challenges [R]. Presentation from Honda R&D Europe (Deutschland) GmbH, 2010.

[57] Hu Y, Yurkovich S, Guezennec Y, Yurkovich B J. A technique for dynamic battery model identification in automotive applications using linear parameter varying structures [J]. Control Eng. Pract. , 2009, 17: 1190-1201.

[58] Hu Y, Yurkovich S, Guezennec Y, Yurkovich B J. Electro-thermal battery model identification for automotive applications [J]. J. Power Sources, 2011, 196: 449-457.

[59] Hu X, Li S, Peng H. A comparative study of equivalent circuit models for Li-ion batteries [J]. J. Power Sources, 2012, 198: 359-367.

[60] Hu X, Li S, Peng H, Sun F. Robustness analysis of SOC estimation methods for two types of Li-ion batteries [J]. J. Power Sources, 2012, 217: 209-219.

[61] Ljung L. System Identification [M]. West Sussex: John Wiley & Sons, 1999.

[62] Manual, PNGV Battery Test. "Revision 3. " U. S. DOE/ID, 1993.

[63] Plett G L. Extended Kalman filtering for battery management systems of LiPB-based HEV battery packs, Part 2. Modeling and identification [J]. J. Power Sources, 2004, 134: 262-276.

[64] Plett G L. Extended Kalman filtering for battery management systems of LiPB-based HEV batterypacks, Part 3. State and parameter estimation [J]. J. Power Sources, 2004, 134: 277-292.

[65] 潘立登, 潘仰东. 系统辨识与建模 [M]. 北京: 化学工业出版社, 2003.

[66] Mohinder S. Grewal, Angus P. Andrews. Kalman Filtering Theory and Practice Using MATLAB [M]. A JOHN WILEY & SONS, INC. USA, 2008.

[67] Hu X, Sun F, Zou Y. Online model identification of lithium-ion battery for electric vehicles [J]. J. Central South University of Technology, 2011, 18: 1525-1531.

[68] Hu X, Sun F, Zou Y. Comparison between two model-based algorithms for Li-ion battery SOC estimation in electric vehicles [J]. Simulation Modelling Practice and Theory, 2013,

117

34：1-11.

[69] Valle Y D, Venayagamoorthy G K, Mohagheghi S, Hernandez J C, Harley R G. Particle swarm optimization：basic concepts, variants and applications in power systems [J]. IEEE Trans. Evol. Comput. , 2008, 12：171-195.

[70] Wang Y, Cai Z X. A hybrid multi-swarm particle swarm optimization to solve constrained optimization problems [J]. Front. Comput. Sci. China, 2009, 3：38-52.

[71] Krohling R A, Coelho L S. Coevolutionary particle swarm optimization using Gaussian distribution for solving constrained optimization problems [J]. IEEE Trans. Syst. Man Cybern. B, Cybern. , 2006, 36：1407-1416.

[72] 胡晓松. 电动车辆锂离子电池模型辨识、优化与状态估计 [D]. 北京：北京理工大学, 2012.

[73] Languang Lu, Xuebing Han, Jianqiu Li, et al. A review on the key issues for lithium-ion battery management in electric vehicles [J]. Journal of Power Sources, 2013, 226：272-288.

[74] 孟祥峰. 电动汽车动力电池组寿命模型与性能评价研究 [D]. 北京：北京理工大学, 2009.

5

地面车辆混合驱动系统
最优控制及系统优化

　　系统匹配与优化控制是地面车辆混合动力驱动系统设计的两个关键问题，两者关系密切，相互依存。系统匹配重点确定系统构型以及主要部件特性的问题，其难点在于获得匹配和优化的驱动系统配置和控制器，而这是系统控制的基础和前提条件；优化控制主要解决多动力源或在功率传递环节进行功率适应性调节以满足车辆行驶要求，同时要确保其工作在许可范围内，具备最优的综合性能指标和自适应能力。本章以基于混合动力驱动系统最优控制设计及实现为主线，同时结合其在系统匹配中的地位和作用展开讨论。

　　混合动力系统优化控制可以抽象为面向随机负载的 Plant/controller 动力学系统优化问题。Plant 指被控对象，功率参数是其主要的表征，如发动机、电动机、电池组参数等跟随路面循环工况的功率需求看作混合动力系统的负载。Controller 就是 HCU，需要响应来自路面的负载，并控制各个部件的能量输出来克服负载。控制的优劣，首先看驾驶性能，在满足驾驶性能的前提下，还要看成本，这样就形成了在性能约束下来寻求成本最低的方案，也即燃油经济性、电池组寿命等。有时，还会兼顾技术的可行性与用户的感受性。

　　除目标性能外，无论是工程上或理论上，混合动力系统控制都面临多种约束。一是部件的功率能力，发动机、电动机及电池的功率输出及各种物理量有限；二是部件的控制能力，如 AMT 换挡时间与范围，发动机、电动机对控制指令的（如功率增加）的响应；三是为保证各种部件有效工作的约束，如电池组充放电电流、电动机转速等。

　　若要确保设计的最优，必须基于严密的优化理论开展优化设计。本章即从最优控制理论入手，探讨应用动态规划以及庞特里亚金极值原理进行混合驱动系统控制优化设计的方法。

5.1 地面车辆混合驱动系统优化控制的数学基础

地面车辆混合驱动系统可视为典型的动态系统，该系统依赖控制器响应驾驶员操作意图并对被控对象给出工作指令，其构成如图 5-1 所示。最优控制主要解决控制器设计问题，以获得最优的控制策略和代码为目的。地面车辆混合驱动系统的输入来自控制器，路面负载可以视作来自驾驶环境的干扰，具有随机性，系统状态变量和系统输出一般选择用户关心的或与系统设计密切相关的物理量。

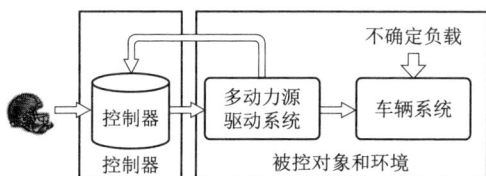

图 5-1　地面车辆混合驱动系统的典型构成

地面车辆混合驱动系统动态过程一般可表达为常见的离散动态方程：

$$x_{k+1} = f_k(x_k, u_k, w_k), k = 0, 1, \cdots, N-1 \tag{5-1}$$

式中，k 为离散的计算步数；x_k 为系统状态变量当前值；x_{k+1} 为系统状态变量下一时刻的取值；u_k 为在 k 时刻的控制量；w_k 为系统干扰当前值；N 为计算总步数。

在地面车辆混合驱动系统动态过程中，囿于部件的物理属性和功率能力，部件的转矩、转速以及电压和电流的能力是受限的，该类限制一般表达为系统状态的约束条件：

$$\{x_0, x_1, \cdots, x_N\} \in X \tag{5-2}$$

式中，X 为系统状态容许集，是所有系统状态历史过程允许值的集合。

地面车辆混合动力系统中，系统控制输入量也受限于相似的约束条件：

$$\{u_0, u_1, \cdots, u_{N-1}\} \subset U \tag{5-3}$$

式中，U 为系统控制容许集，是所有控制输入量历史过程允许值的集合。

最优控制的主要任务就是寻求最优控制序列 $\pi = \{u_1^*, u_2^*, \cdots, u_{N-1}^*\}$，在实现系统动态变化的同时，满足系统状态和控制输入约束，且获得最优的性能指标的期望值，通常为最小值。该期望值源于行驶环境和工况引发的 w_k 的随机性。该性能指标也称为成本函数，一般包括变化过程中某些量的叠加以及系统终值引发的成本，表达为：

$$J = E\left(g_N(x_N) + \sum_{k=0}^{N-1} g_k(x_k, u_k, w_k)\right) \tag{5-4}$$

式中，J 为成本函数的期望；g 为性能指标的计算函数。

当 w_k 为确定性变量时，则最优控制的性能指标表达为：

$$J = g_N(x_N) + \sum_{k=0}^{N-1} g_k(x_k, u_k, w_k) \qquad (5-5)$$

应用最优控制的终极目标是完成控制律设计。控制律主要负责实现由驾驶员意图以及系统状态反馈到控制输入的映射或计算，同时获得最优的性能指标。其前提是求得最优控制的解，其次分析最优控制解与驾驶员意图和状态反馈的相互关系，指导控制律的设计。最优控制的常用理论一般包括动态规划理论和庞特里亚金极值原理，其中动态规划可以针对 w_k 为随机变量的情况。

5.1.1 确定性动态规划理论及算法基础

动态规划是 20 世纪 50 年代由美国学者贝尔曼提出的，其核心是贝尔曼最优性原理。最优性原理的具体内容是：对一个最优策略而言，不论初始状态和初始决策如何，相对于前一个决策所形成的状态来说，余下的策略必定构成一个最优策略。动态规划能将一个多步最优控制问题转化为一系列单步最优控制问题，依赖高性能计算求解。美国密歇根大学最早应用动态规划方法来进行混合动力车辆最优控制设计，取得了较好的成果[1~4]。瑞士联邦理工大学、清华大学、上海交通大学等国内外高校均开展了动态规划在车辆优化控制领域的研究[5~9]。当 w_k 是确定性变量时，其引发的下一时刻状态的不确定性消失，一般称为确定性动态规划。

5.1.1.1 最优性原理

贝尔曼最优性原理指出，在多步离散控制过程中，最优控制具有以下性质：不论初始状态和初始控制如何，当把其中的任何一个状态再作为初始状态时，后续的控制序列对后续状态也构成最优控制[10]。

假设 $u^* = \{u^*(0), u^*(1), \cdots, u^*(N-1)\}$ 是某个动态系统的最优控制，在第 i 步的状态记为 $x(i)$，最优控制子序列 $\{u^*(i), u^*(i+1), \cdots, u^*(N-1)\}$ 仍然会获得最优的性能指标，也即使式（5-6）取最小值。

$$g_N(x_N) + \sum_{k=i}^{N-1} g_k(x(k), u(k), k) \qquad (5-6)$$

依据最优性原理就可以把一个多步最优控制问题转化为离散状态方程下的循环迭代多个单步最优控制问题，这是动态规划算法的理论基础和根本思路。

5.1.1.2 动态规划递推方程

动态系统在控制过程中的性能指标或代价函数一般与系统初始状态和控

121

制量选择密切相关，表达为

$$J(x(0),u) = g_N(x(N)) + \sum_{k=0}^{N-1} g_k(x(k),u(k),k) \qquad (5-7)$$

始自任意状态 $x(k)$ 的性能指标记为 $J(x(k),u)$，其中 $u=\{u(k),u(k+1),\cdots,u(N-1)\}$。$J(x(k),u)$ 表示由任意状态 $x(k)$ 到过程终点为止，由任意策略 u 所导致的性能指标值，则始自 $x(k)$ 的最优性能指标值标记为

$$J^*(x(k)) = J(x(k),u^*) \qquad (5-8)$$

式中，u^* 表示最优控制。对于确定的问题，当 $x(k)$ 固定时，u^* 是确定的，因此最优代价函数 $J^*(x(k))$ 仅是初始状态 $x(k)$ 的函数。

最优控制的目标是求解最优控制使得 $J(x(0))$ 取最小值，动态规划的主要思路是把始自 $x(0)$ 的待求问题，递推到求 $J^*(x(k))$ 的问题。

始自第 k 步的最优代价函数为

$$J^*(x(k)) = \min_{\{u(k),u(k+1),\cdots,u(N-1)\}\in\Omega} \sum_{j=k}^{N-1} g_k(x(j),u(j),j)$$

$$= \min_{\{u(k),u(k+1),\cdots,u(N-1)\}\in\Omega} \left(g_k(x(k),u(k),k) + \sum_{j=k+1}^{N-1} g_j(x(j),u(j),j) \right)$$

$$(5-9)$$

可见第 k 步的最优代价函数是第 k 步的单步最优代价和第 $(k+1)\sim N$ 步代价之和。其可以理解为在剩余控制序列 $\{u(k+1),u(k+2),\cdots,u(N-1)\}$ 的性能函数最小的前提下，取当前控制 $u(k)$ 使总体最优代价函数最小，式（5-9）可以重新表达为

$$J^*(x(k)) = \min_{u(k)} \left(\min_{u(k+1),\cdots,u(N-1)} \left(g_k(x(k),u(k),k) + \sum_{j=k+1}^{N-1} g_j(x(j),u(j),j) \right) \right)$$

$$(5-10)$$

根据最优性原理，如下关系式成立：

$$J^*(x(k+1)) = \min_{u(k+1),\cdots,u(N-1)} \sum_{j=k+1}^{N-1} g_j(x(j),u(j),j) \qquad (5-11)$$

将式（5-11）代入式（5-10），就得到动态规划的基本递推方程：

$$J^*(x(k)) = \min_{u(k)} (g_k(x(k),u(k),k) + J^*(x(k+1))) \quad (k=0,1,\cdots,N-1)$$

$$(5-12)$$

式（5-12）即动态规划求解算法的数学表达。依据该公式，当系统状态量和控制量被离散为有限个值时，可以从第 N 步开始进行逆向解算，直至获得每一时刻、不同系统状态量取值下应该施加的最优控制量的数值，并把其保存下来，即最优控制的解。可见，动态规划理论获得的最优控制解实质是与系统状态量一一对应的控制量的数值解，当系统的初始状态一定时，根据该系

统状态量来确定最优控制值并施加控制引发系统的下一状态的变化，经过迭代获得最优的控制和系统状态的最优轨迹。

5.1.1.3 动态规划算法

动态规划的最终实质是一类数值最优化方法，虽然其研究兴起于20世纪五六十年代，然而迄今为止尚没有商业化的软件能完全支持动态规划算法。一方面，由于动态规划算法的实施与研究对象和动态系统模型密切相关，限制了通用算法的开发；另一方面，当系统状态量较大时，动态规划算法存在"维数灾难"，会引发计算量呈指数增加而使计算效率降低。

动态规划算法步骤主要包括[11]以下两步。

1）逆向求解过程

（1）系统状态离散化为 S 个状态、系统过程离散化为 N 步和系统控制离散化为 C 个控制量，初始化最优代价函数矩阵 $COST_{N \times S}$ 和最优控制解矩阵 $OPTU_{N \times C}$。

（2）令 $K=N$，计算终端代价 $g_N(x^{(l)}(N))$ 并存储在 $COST(N,S)$ 中，其中 $l=1,2,3,\cdots,S$；

（3）令 $K=K-1$，计算该时刻最优控制和代价函数，包括：

① 状态变量取 $x^{(i)}(K)$，其中 $i=1,2,3,\cdots,S$；

② 控制变量取 $u^{(j)}(K)$，其中 $j=1,2,3,\cdots,C$；

③ 依据系统离散动态方程计算系统下一时刻状态 $x^{(i,j)}(K+1)=f(x^{(i)}(K),u^{(j)}(K))$；

④ 计算由于该状态变迁引发的单步代价函数 $L(x^{(i,j)}(K+1))$，由于状态离散化，当 $x^{(i,j)}(K+1)$ 没有落在系统状态离散值点时，多采用数值插值方法；

⑤ 计算该时刻下总体代价函数值 $L(x^{(i)}(K),u^{(j)}(K))+COST(K,i)$，获取其最小值以及对应的最优控制，更新当前代价函数矩阵 $COST(K,S)$ 和最优控制矩阵 $OPTU(K,C)$。

（4）重复步骤（3），直至 $K=0$，获得最优代价函数矩阵 $COST_{N \times S}$ 和最优控制解矩阵 $OPTU_{N \times C}$。

2）正向求解过程

（1）系统给定状态初始值 $x(0)$。

（2）令 $K=0$，根据代价函数矩阵 $COST(K,S)$ 确定最优代价值，并通过最优控制解矩阵 $OPTU(K,C)$ 获得对应的控制量。当 $x(0)$ 没有确切落在系统状态离散值时，多采用数值插值方法来确定最优代价值和最优控制量；根据系统状态方程计算 $x(1)$；

（3）令 $K=K+1$，重复步骤（2），直至 $K=N-1$，获得每一时刻最优的控制解及其对应最优的代价函数。

瑞士联邦苏黎世理工大学动态系统与控制研究所开发了 DPM 的程序包[12]，该程序包基于 MATLAB 软件 m 脚本语言编写。该程序包实现了模型与算法的分离，用户只需要按软件语法要求编写动态模型，而不用花大量时间处理动态规划数值求解问题。该程序充分利用 MATLAB 的优势，在代价函数以及最优控制计算中大量采用矩阵运算，提高了计算效率。

5.1.2　随机动态规划理论及算法基础

当考虑系统干扰时，也即 w_k 为随机变量时，相对于确定性动态规划而言，系统具有以下特点：

（1）下一时刻系统状态 x_{k+1} 仍然由系统状态方程确定，然而一般情况该值依赖于 w_k，故 x_{k+1} 变为随机变量；

（2）代价函数由于引入随机变量 w_k 而多采用数学期望表示：

$$J(x(0)) = E\left(g_N(x_N) + \sum_{k=0}^{N-1} g_k(x_k, u_k, w_k)\right) \tag{5-13}$$

最优控制的任务是获得控制序列 $\pi^* = \{u^*(0), u^*(1), \cdots, u^*(N-1)\}$ 而使式（5-13）取最小值（最大值）。获得上述问题的最优控制解通常要求系统状态变化过程具备马尔科夫属性，也即 x_{k+1} 仅由 x_k 和 u_k 决定，而与之前的系统状态无关。该结论要求 w_k 具备马尔科夫属性，即其概率分布由当前状态决定而与其之前的历史无关。

最优性原理以及动态规划递推公式在随机动态规划中依然成立，其不同仅在于单步代价或最优代价由数学期望获得，因此必须预先获得 w_k 的概率分布特性。由于代价计算中必须考虑状态转移随机性所引发的代价函数的随机性，该算法复杂度相对于确定性动态规划有所增加。

随机动态规划的求解算法包括值迭代法和策略迭代法。值迭代法可以理解为性能代价函数收敛的方法，引入收敛判断条件：

$$\| J^{n+1} - J^n \| < \varepsilon \tag{5-14}$$

其中，n 为迭代步数，ε 为收敛阈值。当最优性能代价函数收敛时，则此时的控制为最优控制。

值迭代法算法步骤如下[13]：

（1）选择初始的性能代价函数，$J^0 \in J$ 且令 $n = 0$。

（2）对每个状态 x^i，计算其最优性能函数 $J^{n+1}(x^i)$，迭代公式如下：

$$J^{n+1}(x^i) = \max_{u \in C}\left(g(x^i, u) + \sum_{j \in S} \lambda p(j \mid x^i, c) \cdot J^n(j)\right) \tag{5-15}$$

（3）如果

$$\| J^{n+1} - J^n \| < \varepsilon \tag{5-16}$$

则到第（4）步；否则 $n = n+1$，再回到第（2）步。

（4）对于所有的系统状态 x，选择

$$d(x) \in \arg \min_{u \in C} \left[g(x,u) + \sum_{j \in S} \lambda p(j \mid x,u) J^{n+1}(j) \right] \tag{5-17}$$

策略迭代法可以看成最优控制策略的收敛方法。当第 n 步迭代的控制与第 $n+1$ 步迭代的控制一致时，则该控制是最优的控制。策略迭代法包括策略评估和策略改进。

策略迭代法的步骤如下[13]：

（1）设 n 为迭代次数，$n = 0$，任意假定一个初始的策略 π^0。

（2）策略评估。将 π^n 代入迭代方程：

$$J_{n+1} = g(x,u) + \gamma \cdot \sum_{j \in S} p(j \mid x,u) \cdot J_n \tag{5-18}$$

如果 $|J_{n+1} - J_n| \leq \varepsilon$，则停止，取最优值函数 $J_{\pi^n}^* = J_n$；否则 $J_n = J_{n+1}$，继续迭代直到 $|J_{n+1} - J_n| \leq \varepsilon$ 为止。

（3）策略改进。将第（2）步求得的最优值函数 J^* 代入方程：

$$J = g(x,u) + \gamma \cdot \sum_{j \in S} p(j \mid x,u) \cdot J_{\pi^n}^* \tag{5-19}$$

对所有可能的策略 π 计算 J，则有：

$$\pi^{n+1} = \arg \min_{u \in A} J = \arg \min_{a \in A} \left[g(x,u) + \gamma \cdot \sum_{j \in S} p(j \mid x,u) \cdot J_{\pi^n}^* \right] \tag{5-20}$$

如果 $\pi^{n+1} = \pi^n$，则停止，最优的策略 $\pi^* = \pi^n$；否则，$n = n+1$，重复步骤（2）和（3）。

5.1.3 庞特里亚金极小值原理基础[11]

极小值原理（PMP，Pontryagin Minimum Principle）是由庞特里亚金（Pontryagin）提出的，它是解决最优控制，特别是求解容许控制问题的得力工具。地面车辆混合驱动系统时域连续动态方程描述为：

$$\dot{x}(t) = f(x(t), u(t), t) \tag{5-21}$$

最优控制即在时间 $[t_a, t_b]$ 内确定控制 $u(t)$，使性能指标函数取最小值：

$$J(u) = \Phi(x(t_b), t_b) + \int_{t_a}^{t_b} L(x(t), u(t), t) \tag{5-22}$$

极小值原理指出：如果控制量 $u^*(t)$ 是最优控制问题的全局最优解，则具备以下必要条件：

（1）$u^*(t)$ 使得汉密尔顿函数（Hamiltonian）取最小值：

$$H(x(t), u(t), t, \lambda(t)) \geq H(x(t), u^*(t), t, \lambda(t)) \tag{5-23}$$

汉密尔顿函数表达为

$$H(x(t),u(t),t,\lambda(t))=\lambda^T(t)\cdot f(x(t),u(t))+L(x(t),u(t),t)$$

$$(5-24)$$

式中，$\lambda(t)$ 称为协态变量，其维数与状态变量 $x(t)$ 相同。

（2）协态变量满足下列动态方程：

$$\dot{\lambda}(t)=-\frac{\partial H(x(t),u(t),t,\lambda(t))}{\partial x} \qquad (5-25)$$

（3）初值和终值条件必须满足：

$$\begin{cases} x(t_a)=x_a \\ x(t_b)=x_b \end{cases} \qquad (5-26)$$

以上公式为寻求最优控制 $u^*(t)$ 提供了线索，一般而言，$u^*(t)$ 与 $\lambda(t)$ 的求解同步进行。仅依据上述条件，从数学上获得最优控制解还是比较困难的，地面车辆混合驱动系统最优控制实践中一般做一定的假设来简化最优控制的求解。常见的假设是认为动力电池组荷电状态（SOC，State of Charge）的微分不依赖于其自身当前值，且性能代价函数与系统状态值无关。这样的假设会直接导致 $\dot{\lambda}(t)=0$，使其在整个控制过程中取常值，从而简化求解的计算量。实际的应用中，PMP 是在式（5-21）的基础上，通过计算并比较任意时刻的所有汉密尔顿函数值得到对应的最优控制量，具体可以采用循环迭代选取初值 λ 的方法来获得全局最优控制策略，并结合迭代终止条件 $x(t_b)\in[x_b-\xi,x_b+\xi]$（$\xi$ 为收敛阈值）最终确定 λ 的值。

PMP 具体的计算步骤如下：

（1）任意假定一个初始的协态变量 λ_0；

（2）在每一时刻 $t\in[t_a,t_b]$ 内，确定当前时刻的控制量的取值范围：$u_{\min}\leqslant u\leqslant u_{\max}$；

（3）将控制变量 u 以 $\Delta u=(u_{\max}-u_{\min})/(N-2)$ 离散为 N 份，$u_i=[u_{\min}:\Delta u:u_{\max}]$，$i=1,2,\cdots,N$；

（4）由式（5-21）获得每一个候选控制变量 u_i 相应的 $H_i=H_i(u_i)$，并选择使得 H_i 最小的相应的控制变量 $u^*=\arg\min(H(u))$；

（5）应用上述获得的最佳控制变量 u^*，在系统状态约束的范围内采用式（5-21）系统动态方程和式（5-24）协态方程计算相应的数值；

（6）重复步骤（1）~（5）直至整个循环工况结束，计算 $x(t_b)$ 并与 x_b 比较。当 $|x(t_b)-x_b|\leqslant\delta$（$\delta$ 为收敛阈值）时，则计算结束；否则改变协态变量值直到 $x(t_b)\in(x_b\pm\delta)$。

PMP 针对地面车辆混合驱动系统的具体计算流程如图 5-2 所示。该图针对装有动力电池的混合驱动系统，一般把电池的 SOC 确定为状态变量之一，且在终端施加 SOC 约束。PMP 计算中较为耗时的是协态变量初值的筛选。若选取不当，会大幅增加计算时间并且不能获得收敛的最优解。

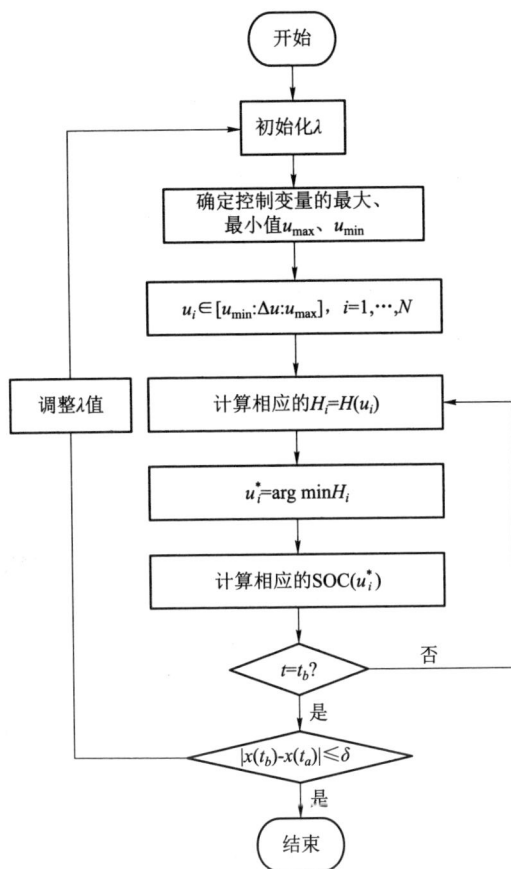

开始

初始化λ

确定控制变量的最大、最小值u_{max}、u_{min}

$u_i \in [u_{min}:\Delta u:u_{max}]$, $i=1,\cdots,N$

调整λ值

计算相应的$H_i=H(u_i)$

$u_i^*=\arg \min H_i$

计算相应的$SOC(u_i^*)$

$t=t_b$? 否

是

$|x(t_b)-x(t_a)| \leqslant \delta$

是

结束

图 5-2　地面车辆混合驱动系统 PMP 控制求解算法

5.2　基于确定性动态规划的并联式商用车优化控制[14,15]

本节应用确定性动态规划对并联式商用车开展优化设计。确定性动态规划要求功率需求时间历程预知，即确定型变量，采用该方法能获得最优的控制序列。该序列能指导控制策略的设计，更重要的是，可以客观评价并改进基于规则的控制策略。为体现其全局最优性，本节也比较了采用静态优化实现局部最优的方法。

5.2.1 车辆结构及其部件建模

5.2.1.1 车辆结构及其主要参数

该混合动力商用车的驱动结构形式为并联式，并且功率耦合在变速箱之前（Pre-transmission），发动机转矩通过自动离合器后直接与电动机转矩进行耦合，耦合后的复合转矩输入机械式自动变速器（AMT），经过变速器和主减速器减速增扭后传到驱动半轴，驱动车辆行驶。跟功率耦合在变速箱之后的结构形式相比，采用这种功率耦合在变速箱之前的结构形式的主要优点是：可以使用更小的电动机，更容易进行装配，减少能量的旋转损失。车辆动力系统结构如图 5-3 所示，发动机采用柴油机，变速器为 9 挡机械式自动变速器，主要参数见表 5-1。

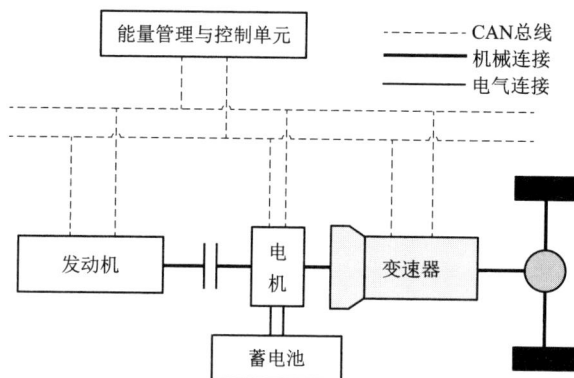

图 5-3 车辆动力系统结构

表 5-1 车辆主要部件参数

柴油发动机	排量：7.0 L
	最大功率：155 kW/（2 000 r·min^{-1}）
	最大转矩：900 N·m/（1 300~1 600 r·min^{-1}）
三相交流电动机	最大功率：90 kW
	最大转矩：600 N·m
	最高转速：2 400 r·min^{-1}
锂离子蓄电池	额定容量：60 A·h
	电池模块数量：25
	额定电压：12.5V/模块
AMT	9 挡，传动比为：12.11/8.08/5.93/4.42/3.36/2.41/1.76/1.32/1

主减速比	4.769
整车整备质量	16 000 kg

5.2.1.2 混合动力驱动系统建模

混合动力商用车模型忽略了系统各部件所受温度的影响，且忽略了变速箱的动态过程等。如果以能量管理为主要目的，混合动力车辆系统模型通常以准静态的方式建立，即各子系统的输入和输出以静态关系来描述。一些频率明显高于混合动力汽车能量流的动态响应将被忽略。

1）柴油发动机模型

基于准静态假设，发动机的动态响应过程，如燃油喷射等的动态响应过程将被忽略。并且假定发动机已完全预热，从而不用考虑发动机的温度效应。采用查表法建立发动机模型。查表法简单有效，模型需要的数据可以通过发动机性能试验得到，缺点是不能够反映发动机的瞬态响应特性。发动机的燃油消耗率假定为发动机转速和发动机转矩的静态函数，由柴油发动机台架实验获得，其万有特性如图5-4所示。

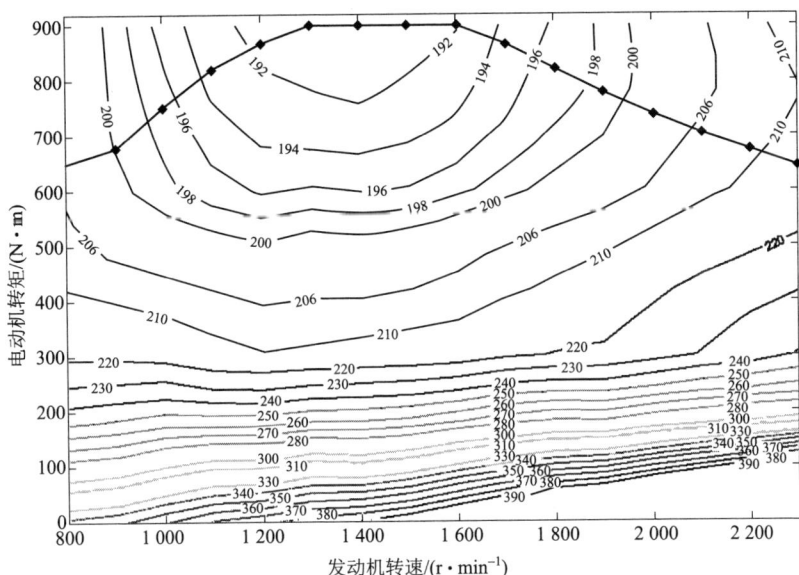

图5-4 柴油发动机万有特性图

发动机模型（图5-5）中还要包含燃油消耗计算模块，根据发动机万有特性效率图，由发动机的转速和转矩计算实际消耗的燃油量，用以下公式计算得到：

$$m_{\text{fuel}} = \int_0^t f_{\text{fuel}}(T_e, \omega_e) \, dt \qquad (5-27)$$

式中，m_{fuel}表示实际耗油量，$f_{\text{fuel}}(T_e, \omega_e)$是查表函数。根据发动机的转速和转矩确定当前时间步的燃油消耗量，则整个行驶工况的燃油消耗量即单步燃油消耗量的积分。

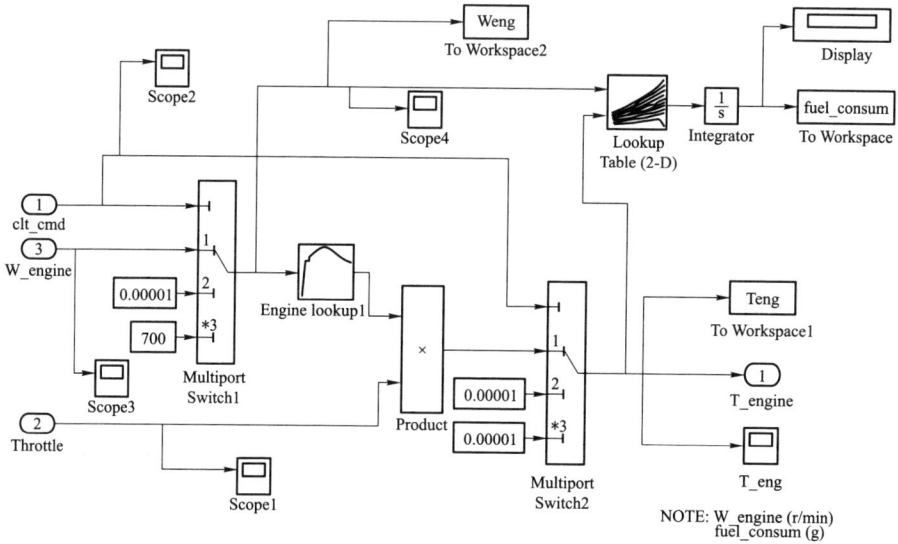

图 5-5　发动机模型框图

2）电动机模型

忽略电磁动态过程和电动机控制器模型。电动机模型主要将输入功率转化为输出转速和转矩，假定电动机控制器/逆变器总能按转矩需求控制电动机以实现指定的输入量和输出量间的关系。

由于电动机最大输出转矩的限制，电动机输出转矩的表达式为：

$$T_m = \begin{cases} \min(T_{m,\text{req}}, T_{m,\text{dis}}(\omega_m), T_{\text{bat,dis}}(\text{SOC}, \omega_m)), & T_{m,\text{req}} > 0 \\ \max(T_{m,\text{req}}, T_{m,\text{chg}}(\omega_m), T_{\text{bat,chg}}(\text{SOC}, \omega_m)), & T_{m,\text{req}} < 0 \end{cases} \qquad (5-28)$$

式中，$T_{m,\text{req}}$为需求的电动机转矩；$T_{m,\text{dis}}$和$T_{m,\text{chg}}$分别为电机驱动状态下的最大输出转矩和发电状态下的最大输入转矩；$T_{\text{bat,dis}}$和$T_{\text{bat,chg}}$分别是基于电池组充放电电流限制下的最大驱动转矩和最大充电转矩。

混合动力商用车电动机最大功率为 90 kW，最高转速为 2 400 r/min，最大转矩为 600 N·m。电动机效率是电动机转矩和转速的函数，即 $\eta_m = f(T_m, \omega_m)$。电动机效率通过电动机实验数据获得，相应的电动机效率和转矩-转速特性曲线如图 5-6 所示。电动机模型如图 5-7 所示。

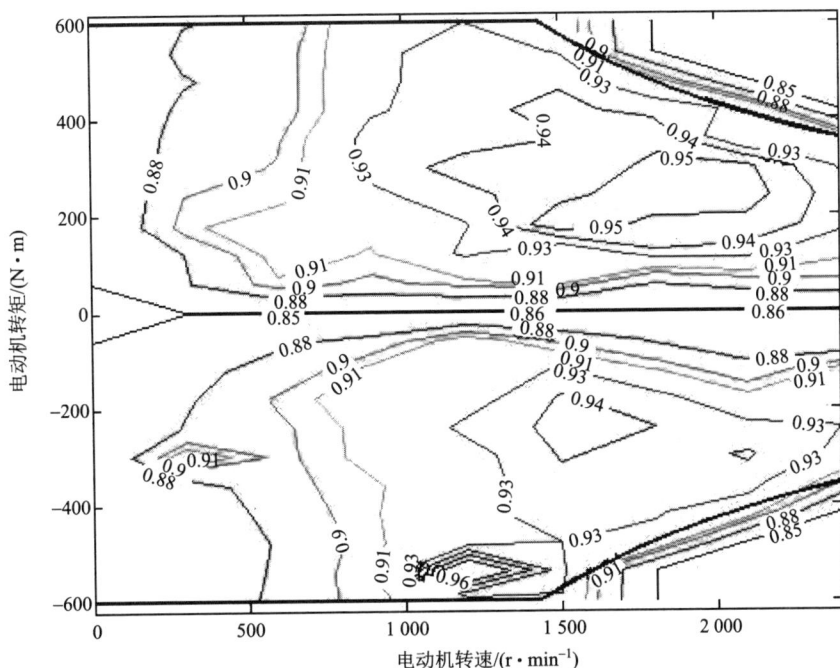

图 5-6 电动机效率和转矩-转速特性图

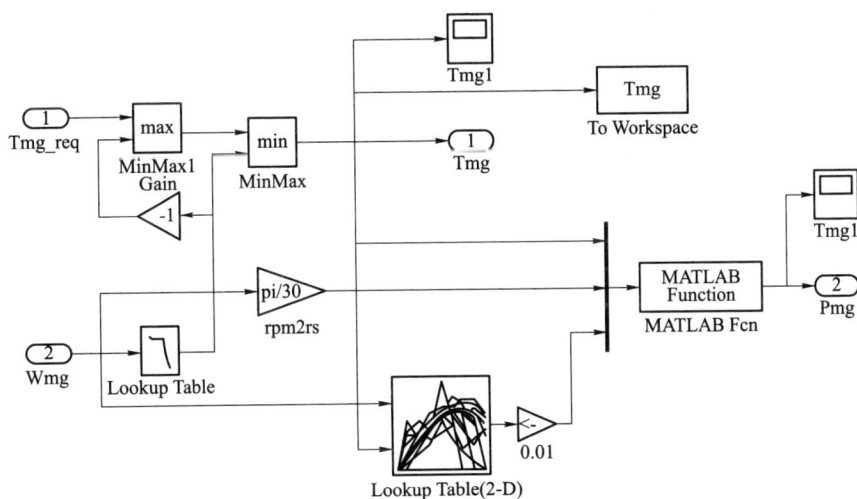

图 5-7 电动机模型框图

3）电池模型

电池组的充放电工作过程是一个复杂的电、热及化学耦合过程，电池模型主要描述与其工作特性相关的电压。采用内阻模型对电池进行建模，忽略温度对电池组的影响，电池组模型被简化为电压-内阻模型。电池模型等效电路如图 5-8 所示。电池模型框图如图 5-9 所示。荷电状态 SOC 是电池组的一个重要参数，SOC 定义为电池所剩电量与电池总容量之比：

$$SOC(k) = Q(k)/Q_{max} \tag{5-29}$$

式中，$Q(k)$ 为电池在 k 时刻的剩余容量，Q_{max} 为电池组的最大容量。

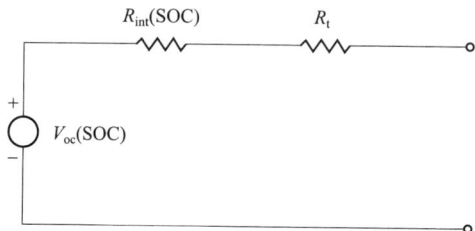

图 5-8　电池模型等效电路

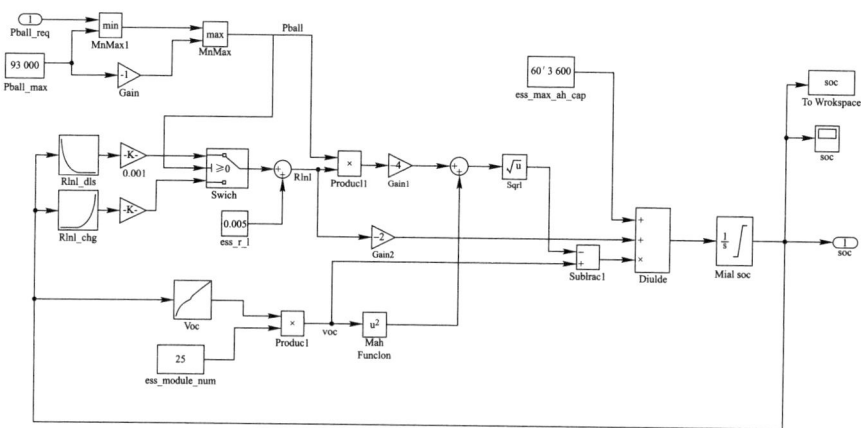

图 5-9　电池模型框图

电池组的许多参数，如开路电压 V_{oc} 和内阻 R_{int} 等是电池组荷电状态（SOC）的函数。电池 SOC 的变化遵循以下规律：

$$SOC(k+1) = SOC(k) - \frac{V_{oc} - \sqrt{V_{oc}^2 - 4(R_{int} + R_t) \cdot T_m \cdot \omega_m \cdot \eta_m^{-sgn(T_m)}}}{2(R_{int} + R_t) \cdot Q_{max}} \tag{5-30}$$

其中，R_{int} 是电池内阻，R_t 是终端电阻，η_m 是电池效率。

4）传动系统模型

车辆传动系统包括离合器、变速箱和驱动桥（主减速器、差速器、半轴和车轮）等。传动系统的动态响应频率要高于混合动力汽车能量流的频率，只考虑变速箱换挡的动态过程，把离合器和驱动桥建模简化为静态。

$$T_w = \eta_g \eta_{FD} \cdot i_g \cdot i_0 \cdot T_i \tag{5-31}$$

$$\omega_i = i_g \cdot i_0 \cdot \omega_w \tag{5-32}$$

式中，i_g 为变速箱传动比；i_0 为主减速器传动比；η_g 和 η_{FD} 分别为变速器传动效率和主减速器传动效率；T_i 为变速器输入轴转矩；ω_i 为变速箱输入轴角速度；ω_w 为车轮角速度。

变速箱的挡位迁移被建模为一个离散时间动态系统，每次迁移持续的时间为 1 s。

$$gear(k+1) = \begin{cases} 9, gear(k)+shift(k)>9 \\ 1, gear(k)+shift(k)<1 \\ gear(k)+shift(k), 其他 \end{cases} \tag{5-33}$$

式中，状态 $gear(k)$ 表示变速箱当前时刻所处的挡位；$gear(k+1)$ 表示下一时刻变速箱所处的挡位；$shift(k)$ 表示当前时刻采取的挡位迁移动作，变速箱可以采取的动作为向上迁移、保持不变和向下迁移，分别用 1，0 和−1 来表示。

5）车辆动力学模型

车辆动力学模型（图 5-10）只涉及纵向动力学模型，把汽车看作单质点，动力学方程为

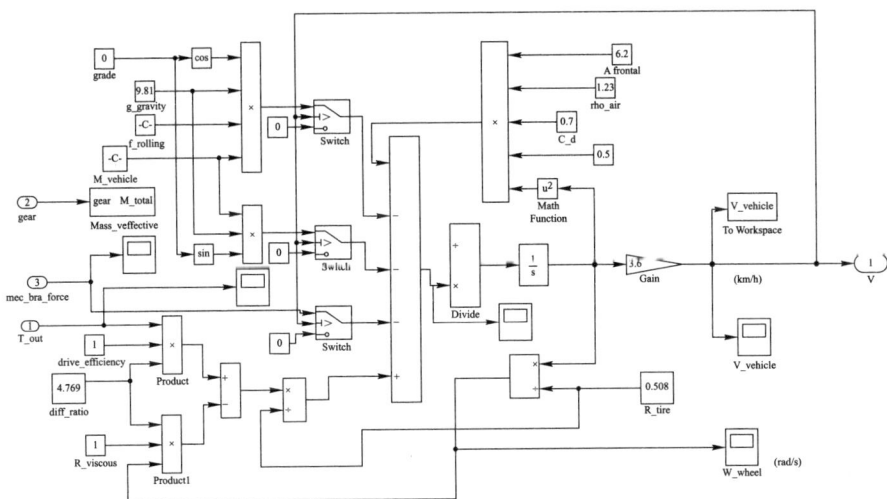

图 5-10 车辆动力学模型

$$\omega_w(k+1) = \omega_w(k) + \frac{T_w - T_b - r_w(F_r + F_a)}{M_r r_w^2} \tag{5-34}$$

$$F_r = M_v \cdot g \cdot f_r \tag{5-35}$$

$$F_a = \frac{1}{2} C_D \cdot A \cdot \rho \cdot \omega_w^2(k) \cdot r_w^2 \tag{5-36}$$

式中，$\omega_w(k)$ 为车轮角速度；T_b 为制动力矩；F_r 和 F_a 分别为车辆滚动阻力和

空气阻力；f_r 为滚动阻力系数；C_D 为空气阻力系数；A 为迎风面积；ρ 为空气密度；r_w 为车轮滚动半径，在这里假定 $r_w = 0.508$ m 不变；$M_r = M_v + J_r/r_w^2$ 为车辆有效质量，J_r 为车辆旋转部件的转动惯量。

6）驾驶员模型

前向仿真模型中，通过加入驾驶员模块，使模型遵照已有的循环工况进行仿真，以便能对动力性进行验证，并能对不同控制策略燃油经济性进行评估。模型中采用了 PID 控制器，将输入的期望车速 u_d 与实际车速 u_a 的差值 Δu 转变为加速踏板信号 φ_{acl} 和制动踏板信号 φ_{brk}。驾驶员模型框图如图 5-11 所示。

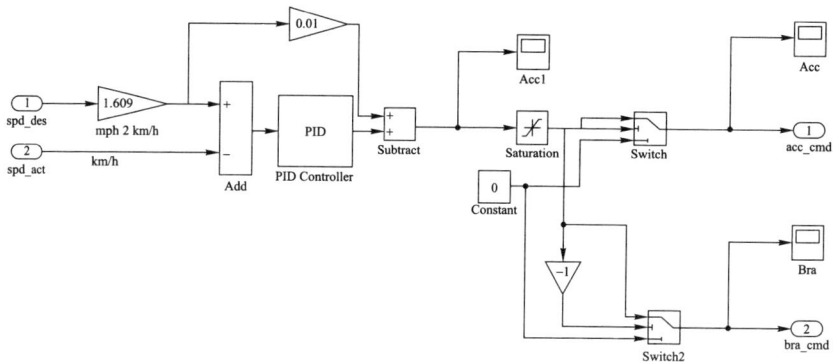

图 5-11 驾驶员模型框图

将上述混合动力汽车各子系统模型集成后得到整车的 Simulink 模型，如图 5-12 所示。对建立的车辆模型进行验证，首先进行 0~80 km/h 加速实验，主要用来验证模型的合理性以及所研究混合动力车辆的动力性能是否满足要求。如果将 0~80 km/h 加速实验用来对燃油经济性进行评估，则显得不够充分，因为该实验时间太短，并且不是具有代表性的真实行驶工况。因此，有必要基于重型商用车真实行驶工况 CYC_WEICHAI 来对模型进行仿真验证，并评估其燃油经济性。

5.2.2 基于静态优化的控制方法设计

初始的控制策略基于静态优化算法设计。该算法在每一时刻寻找当前状态下使等效燃油消耗量最小的控制量以实现对混合动力系统的控制。每一时刻的等效燃油消耗量包括发动机的燃油消耗和电池组的电量消耗，定义如下：

$$m_{f\_total} = m_{f\_eng} + m_{f\_elec} \tag{5-37}$$

式中，m_{f_eng} 为发动机的燃油消耗量；m_{f_elec} 代表电池组电量消耗等效成的燃油消耗量，可以由下式计算：

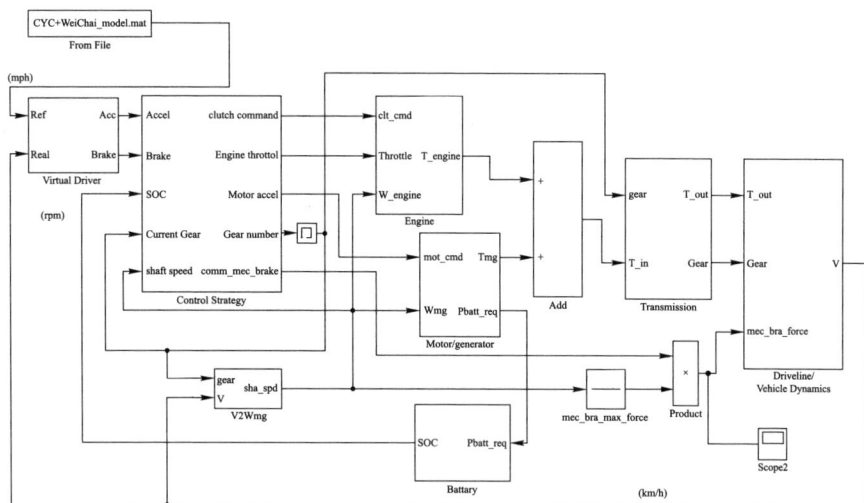

图 5-12 并联式混合动力汽车仿真模型（SIM_WC）

$$m_{f\_elec} = \lambda \cdot P_{elec} / \eta_{trans} \tag{5-38}$$

式中，P_{elec} 为车辆需求电功率；λ 为估算等效燃油消耗量的转换因子，针对商用车常用的柴油，其取值范围为 $2.48 \times 10^{-5} \sim 2.56 \times 10^{-5}$，文中取 2.5×10^{-5}。电池组、转换器和电动机/发电机的平均效率 $\eta_{trans} = \eta_{bat} \cdot \eta_i \cdot \eta_{MG}$，其中 η_{bat}、η_i 和 η_{MG} 分别为电池组、转换器和电动机/发电机的效率。任意时刻，最优的控制量 $u(k)$ 通过求解下式得到：

$$\min_{u(k)} (m_{f\_total}) \tag{5-39}$$

式中，$u(k)$ 包括发动机电子油门开度和变速器挡位指令。根据上述静态优化算法在 MATLAB 中编写 .m 文件，输入为需求功率和变速器输出转速，输出为发动机电子油门和变速器挡位指令。

静态优化控制算法步骤如下：

（1）节气门开度离散为有限个数值；

（2）当前变速器输出转速和功率需求值离散为有限对数值；

（3）在每对数值下搜寻符合该功率需求值的节气门开度和变速器挡位值；

（4）获得使当前等效燃油消耗最小的节气门开度和变速器挡位值；

（5）最终获得不同变速器输出转速和功率需求值下的节气门开度和变速器挡位。

静态优化忽略了前后时刻系统状态与控制量的相互影响，易于获得基于系统状态的控制算法。然而静态优化忽略系统的动态特性，瞬时最小值之和并不等于和的最小值，故静态优化不能保证产生全局最优的控制。

上述静态优化算法得到的控制策略在 Stateflow 模型中建模实现并嵌入整

135

车 Simulink 模型中，初始的整车控制策略模型如图 5-13 所示。采用重型车辆实际行驶工况对模型进行仿真，为了修正仿真前后 SOC 不完全相同而引起的整车燃油消耗量差异，采用"SOC 修正法"对燃油消耗量结果进行修正[16]。上述控制策略所述循环工况下燃油经济性为 34.7 L/100 km。

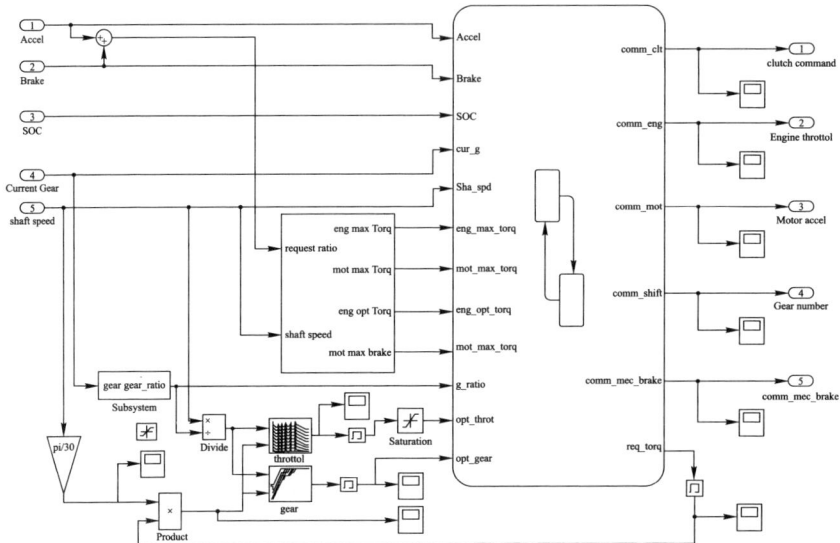

图 5-13　整车控制策略模型

5.2.3　混合动力汽车能量管理优化问题的建立

5.2.3.1　动态规划问题的建立及求解

动态规划问题实质是获得最优的控制量 $u(k)$，以使以下目标函数最小：

$$J = g_N(x(N)) + \sum_{k=0}^{N-1} g_k(x(k), u(k)) \tag{5-40}$$

并接受状态方程的约束：

$$x(k+1) = f(x(k), u(k)), k = 0, 1, \cdots, N-1 \tag{5-41}$$

式中，g_k 为单步状态转移代价；g_N 为终了状态代价函数；$x(k)$ 为 k 时刻的系统状态变量，包括变速器挡位 $gear(k)$ 和电池组荷电状态 SOC (k)；$u(k)$ 为系统控制变量，包括发动机节气门开度 $throt(k)$ 和变速器换挡指令 $shift(k)$；$f(\cdot)$ 为代表车辆系统的动态方程，主要包含式（5-26）～式（5-35）。

在循环工况已知的前提下，可以通过动态规划方法实现并联混合动力汽车驱动力分配的最优控制。设道路循环工况共有 N 个采样点。在一定约束条件下，动态规划算法首先从第 N 个采样点开始至第 1 个采样点结束，计算每个采样点的最优解；然后根据初始条件，从第 1 个采样点到第 N 个采样点，按照已经计算出的每个采样点的最优解搜寻出一条最优的控制轨迹，得到整个循环工况的最优控制。

在系统动态变化中，单步代价函数定义如下：

$$g(x(k),u(k))=g_{\text{fuel}}(k)+\alpha g_{\text{soc}}(k)+\beta g_{\text{gs}}(k) \tag{5-42}$$

电池组充放电平衡的约束也包含在单步代价函数中，以避免电池过充或过放。

$$g_{\text{soc}}=(\text{SOC}(k)-\text{SOC}_{\text{f}})^2 \tag{5-43}$$

式中，SOC_{f} 是在末端时刻期望的 SOC 值（仿真中一般取 $\text{SOC}_{\text{f}}=\text{SOC}_0$）；$\alpha$ 是个正的加权因子（Weighting Factor）。为了满足充放电平衡的约束，需要选择合适的 α 来保证 SOC 在一个允许的范围内变化。

挡位迁移策略对混合动力汽车燃油经济性至关重要。动态规划控制策略中的挡位迁移命令也是一个重要的控制变量。如果不对挡位迁移的频率加以限制，最优挡位轨迹就会导致频繁换挡，影响驾驶的舒适性和动力性。因此，需对换挡操作附加一个额外的代价函数来避免频繁换挡。这个附加代价函数用 βg_{gs} 来表示，β 为限制换挡次数的加权因子。

$$\beta g_{\text{gs}}=\beta|shift(k)| \tag{5-44}$$

得到优化的目标函数形式为

$$J_\pi(x_0)=\sum_0^{N-1}\left[g_{\text{fuel}}(k)+\alpha(\text{SOC}(k)-\text{SOC}_{\text{f}})^2+\beta|shift(k)|\right] \tag{5-45}$$

混合动力汽车能量管理的优化问题受以下系统约束：

$$\begin{cases}\omega_{\text{e\_min}}\leqslant\omega_{\text{e}}(k)\leqslant\omega_{\text{e\_max}}\\ \text{SOC}_{\text{min}}\leqslant\text{SOC}(k)\leqslant\text{SOC}_{\text{max}}\\ T_{\text{e\_min}}(\omega_{\text{e}}(k))\leqslant T_{\text{e}}(k)\leqslant T_{\text{e\_max}}(\omega_{\text{e}}(k))\\ T_{\text{m\_min}}(\omega_{\text{m}}(k),\text{SOC}(k))\leqslant T_{\text{m}}(k)\leqslant T_{\text{m\_max}}(\omega_{\text{m}}(k),\text{SOC}(k))\end{cases} \tag{5-46}$$

从以上论述可以看到，混合动力汽车能量管理问题可以被作为一个多步决策问题，每一步所采取的控制量都将对后续系统行为产生影响。因此，如果事先知道驾驶工况信息，就可以用动态规划的方法来解决能量管理控制问题。

5.2.3.2　基于动态规划的求解结果

上述动态规划优化问题将产生无非因果逻辑的最优控制策略，是针对所有可能的初始状态的一组最优控制路径。一旦初始的状态量确定，最优控制策略将寻找到一条使目标函数最小的路径，同时保证最终的 SOC 接近终端设定的 SOC 值。上述动态规划优化问题在 MATLAB 中编程实现并利用动态规划算法求解，优化所针对的工况为 CYC_WEICHAI，得到的优化结果如

图 5-14 所示。

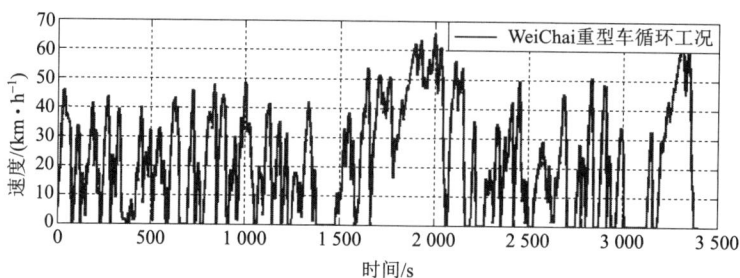

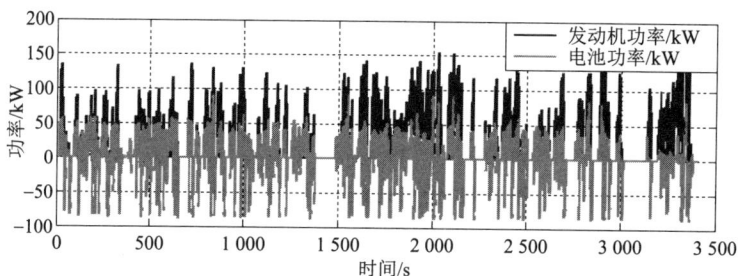

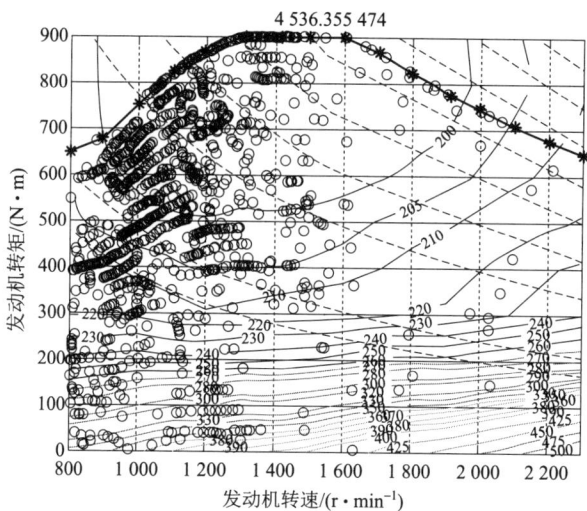

图 5-14 动态规划的部分优化结果

（a）CYC_WEICHAI 循环工况；（b）发动机和电池组功率；

（c）发动机工作点分布图

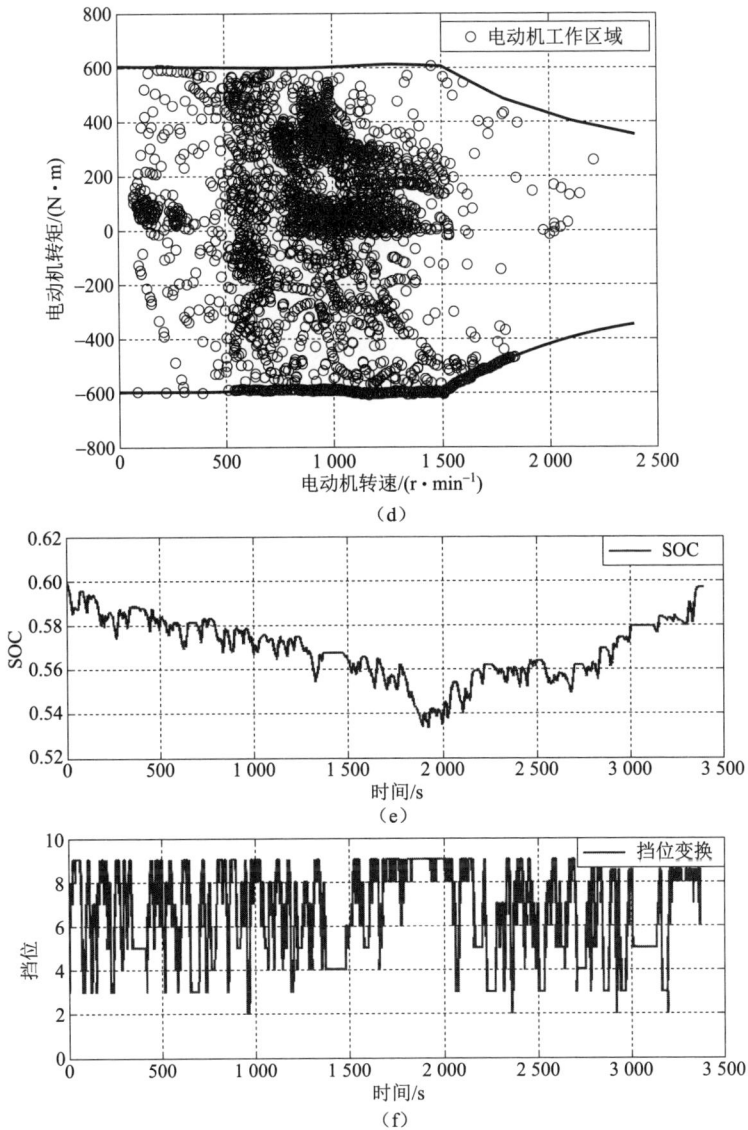

图 5-14　动态规划的部分优化结果（续）

（d）电动机工作点分布图；（e）电池 SOC 变化曲线；（f）AMT 挡位分布图

　　表 5-2 列出了动态规划求解的最优燃油数据，显示出动态规划得到的最优控制可降低燃油消耗。与基于静态优化控制策略相比，动态规划的燃油经济性提高了 16%，说明基于静态优化的控制策略还有较大的提升空间。

表 5-2　燃油经济性比较（工况 CYC_WEICHAI）

控制策略	燃油经济性（L/100 km）	提高百分比
HEV（基于静态优化控制策略）	34.7	—
HEV（动态规划求得的最优控制策略）	29.9	15.9%

上述优化结果仅针对工况 CYC_WEICHAI 是最优的，如果换成其他工况，可能未必最优。确定性动态规划在进行控制策略设计前，行驶工况所有信息必须完全得到，而这在实际中是不现实的。因此，针对工况 CYC_WEICHAI 的优化结果并不能直接应用到实车控制策略设计中，必须对优化结果进行分析处理，提取出能够应用于实车控制策略设计的控制规则。

5.2.3.3　控制规则提取及近优控制策略设计

通过动态规划获得最优控制行为对于改进现有控制策略有非常重要的参考作用。从动态规划优化结果中学习的控制规则包括：AMT 换挡控制策略和能量分配控制策略。混合动力汽车制动时的控制策略在这里做简化处理，包含电制动和机械制动。当车辆制动时，整车控制器首先利用电制动进行制动能量回收，电机作为发电机产生制动扭矩，将车辆动能转化为电能储存到电池组中。如果电制动产生的制动扭矩不足以满足驾驶员需求的制动扭矩，则机械制动器将发挥作用，和电制动一起对车辆实施制动。

1）AMT 换挡控制策略

变速箱的换挡控制策略对于混合动力系统的燃油经济性和可驾驶性影响显著[18]。在动态规划框架中，换挡指令是系统的控制变量之一，动态规划如何选择最优的挡位来提高整车燃油经济性成为问题的关键。在进行换挡控制策略规则提取时，首先发现最优的挡位轨迹而进行频繁地换挡，这不利于整车驾驶性能（Drivability）。因此，在动态规划的优化目标函数中加入了限制 AMT 变速箱换挡次数的一项，如式（5-41），其中 β 为一个正的加权因子。图 5-15 显示不同 β 值下得到的不同挡位最优轨迹。图 5-15 显示，β 值越大，AMT 换挡次数就越少，代价是燃油消耗量增加。换挡次数跟燃油消耗的关系如图 5-16 所示，最终选择 $\beta=0.01$ 的优化结果。

将最优的挡位工作点画在横坐标为车速、纵坐标为需求功率的坐标图上，如图 5-17 所示。该图显示，AMT 挡位工作点分成 8 个区域，每两个相邻区域的边界即代表最优换挡门限值，图中用实线表示。该图对 AMT 换挡规律有重要参考价值。需额外指出的是，所用 AMT 共有 9 挡，而图中只有 8 个区域，说明为了提高燃油经济性，动态规划不倾向于使用一挡。这也容易解释，因

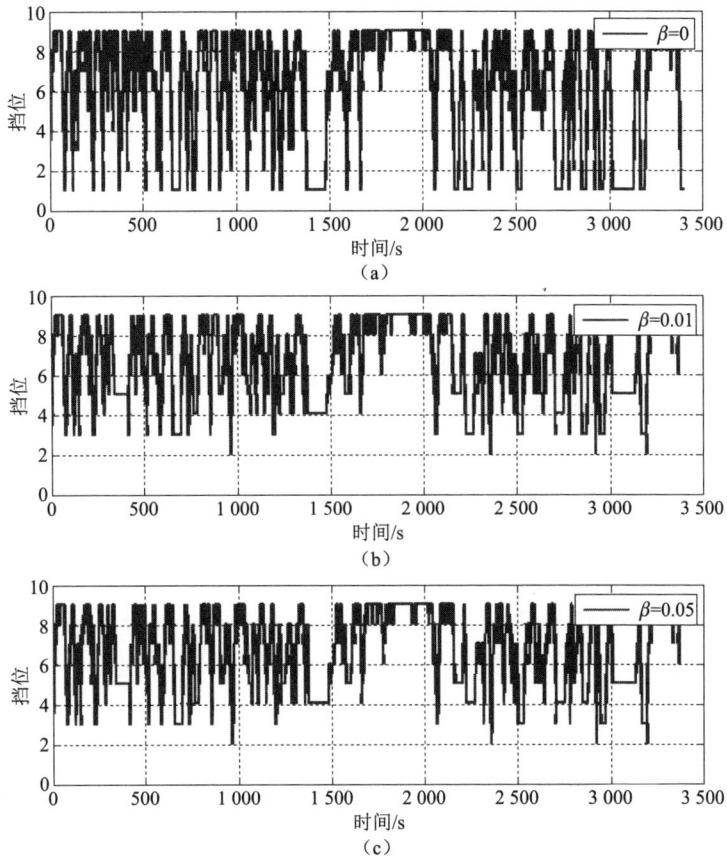

图 5-15 不同 β 值下的挡位最优轨迹

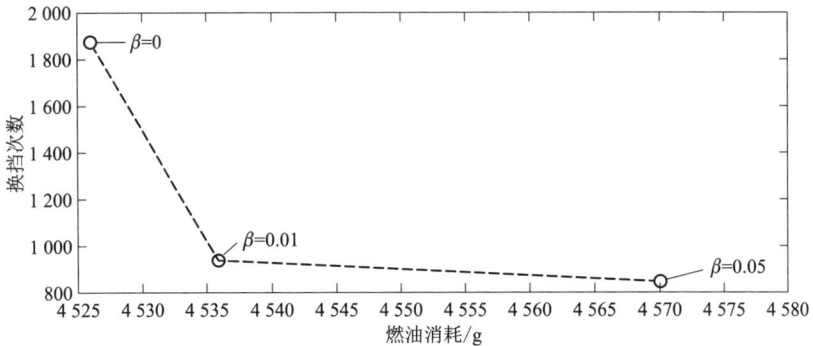

图 5-16 换挡次数与燃油消耗的关系

为重型商用车一般有比较多的挡位,低速挡大部分只是应用在爬坡、过障碍等大阻力工况。

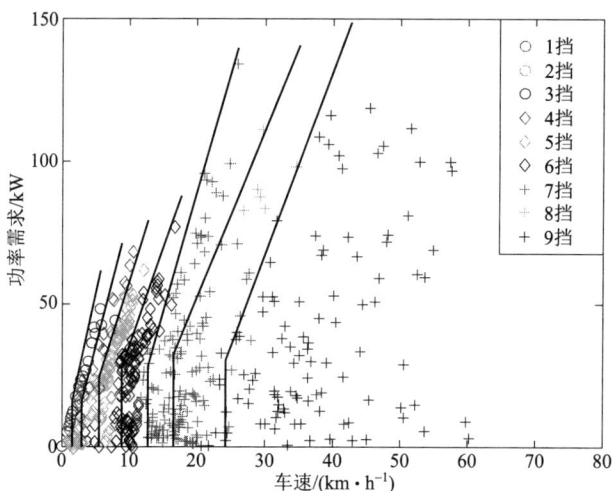

图 5-17　动态规划得到的最优挡位工作点分布图（见彩插）

2）能量分配控制策略

如何根据动态规划结果提取发动机和电动机功率分配规律是另一个任务。因为功率分配同时取决于转速和转矩，因此在优化过程中并不明显。这里采用功率分配比（PSR，Power Split Ratio）对驱动系统中的功率流进行量化[2]。功率分配比定义为发动机输出功率与驾驶员需求功率之比：

$$PSR = \frac{P_{eng}}{P_{req}} \tag{5-47}$$

式中，P_{eng} 为发动机输出功率，P_{req} 为驾驶员需求功率。功率分配比对应着混合驱动系统工作模式：

① PSR＝0：纯电动机驱动模式；

② PSR＝1：纯发动机驱动模式；

③ 0<PSR<1：发动机和电动机联合驱动模式；

④ PSR>1：充电模式。

在车辆起步并且驾驶员需求功率比较低时，动态规划获得的控制策略倾向于工作在纯电动机驱动模式下。当车轮转速高于 5 rad/s 时，将最优的功率分配比与变速箱转矩需求值一并绘制在图 5-18 中，可以获得较明显的控制规律。该图中纵坐标为功率分配比，横坐标为需求功率与变速箱输入轴转速的比值，也可以等效为变速箱输入轴端的需求转矩。

该图显示，在低转矩需求区域，最优控制策略倾向于使用充电工作模式，此时发动机除了要满足需求功率外，还要对电池组进行充电（PSR>1）；在中

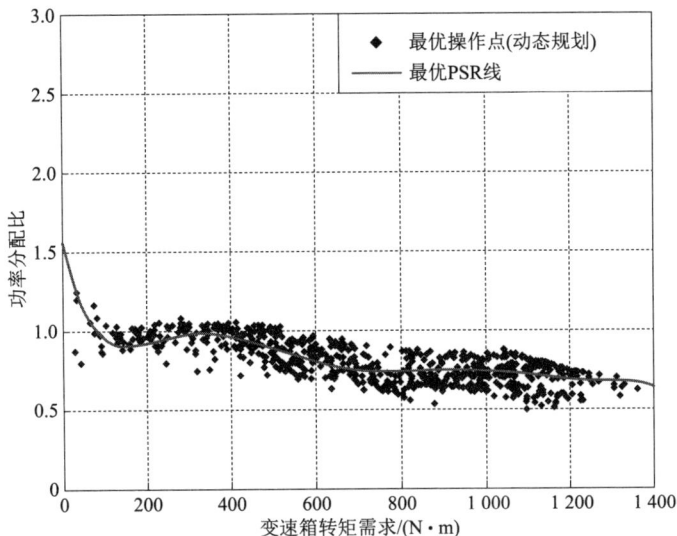

图 5-18　动态规划的功率分配比（CYC_WEICHAI cycle）

转矩需求区域，最优控制倾向于使用纯发动机驱动工作模式（PSR=1）；在高转矩需求区域，最优控制工作在发动机与电动机联合驱动模式（0<PSR<1），此时发动机和电动机同时提供驱动功率，推动车辆行驶。在大部分区域中，PSR 都大于 0.7，说明发动机在多数情况下提供了需求功率中的大部分。这些可与图 5-14 相互印证。图 5-14 显示发动机燃油消耗率较小的区域在高转矩区，所以尽可能保持发动机在高转矩区域工作，因此需求转矩低时给电池组充电，需求转矩高时尽可能多地输出转矩，由于最高输出转矩的限制，不足的转矩由电动机进行补充。采用最小二乘法拟合图 5-18 中 PSR 曲线，如曲线所示，拟合多项式为：

$$y=-2.885\ 8\times10^{-20}x^7+1.613\ 6\times10^{-16}x^6-3.637\times10^{-13}x^5+4.208\ 6\times10^{-10}x^4-$$
$$2.629\ 1\times10^{-7}x^3+8.509\ 2\times10^{-5}x^2-1.268\ 7\times10^{-2}x+1.584\ 6 \qquad (5-48)$$

根据提取的换挡控制和能量分配策略在 Simulink/Stateflow 中建立改进的控制逻辑。图 5-19 为基于动态规划的改进控制器模型。

5.2.3.4　动态规划改进的控制策略仿真验证

为了验证改进的控制策略的控制效果，利用循环工况 CYC_WEICHAI 来对模型 SIM_WC 进行仿真，结果如图 5-20~图 5-24 所示。

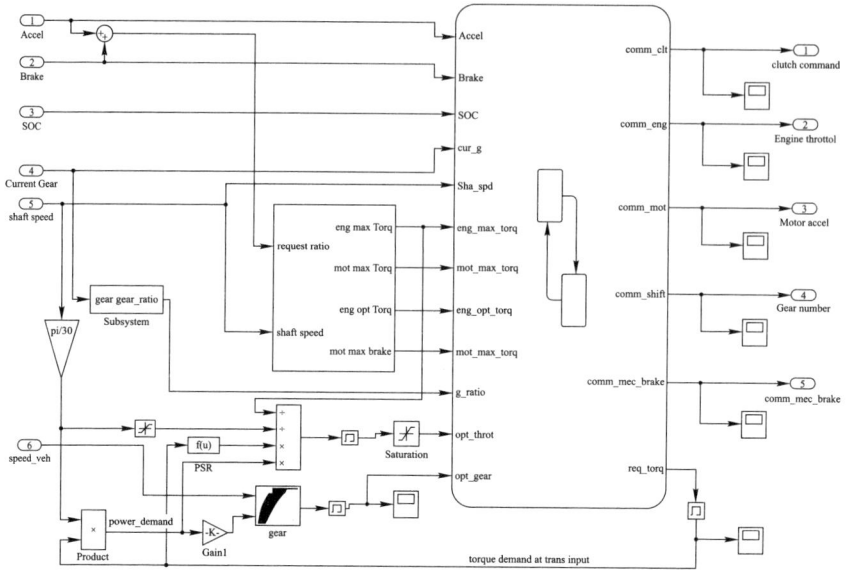

图 5-19 基于动态规划的改进控制器模型

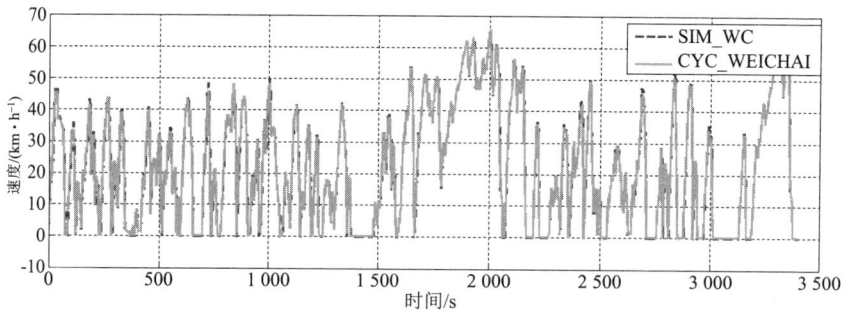

图 5-20 仿真工况跟随情况（见彩插）

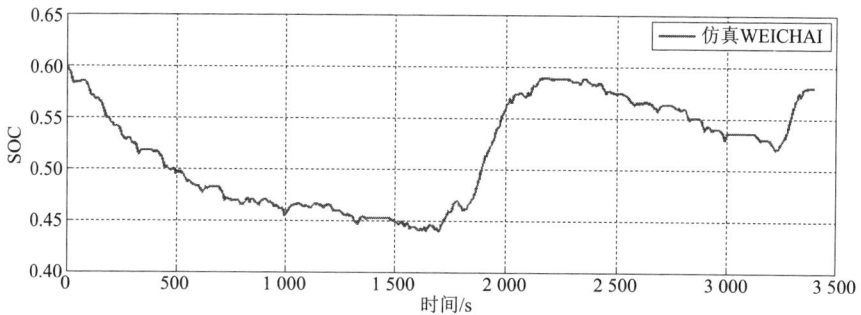

图 5-21 电池组 SOC 变化曲线

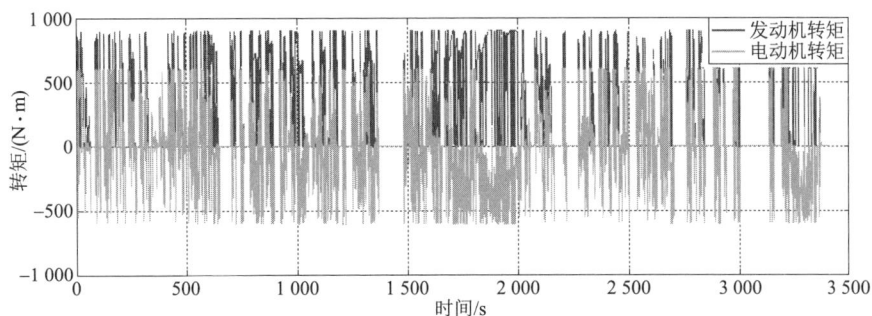

图 5-22　发动机和电动机输出转矩

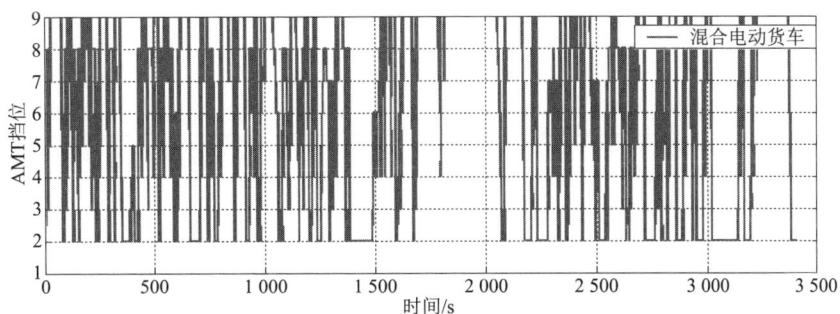

图 5-23　AMT 挡位变换图

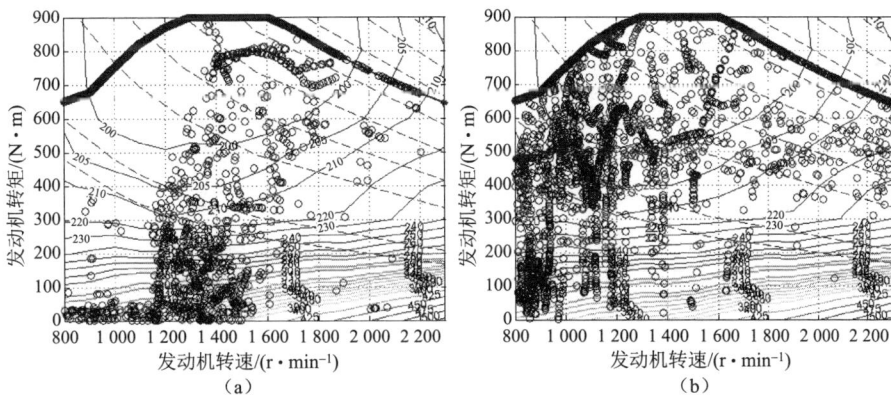

图 5-24　不同控制策略下发动机工作点分布图

（a）初始控制策略；（b）基于动态规划改进的控制策略

图 5-20 中红色线表示模型 SIM_WC 仿真得到的车速，蓝色线为工况 CYC_WEICHAI 的目标车速，两条曲线基本重合，故改进控制策略可以保证模型较好地跟随工况，满足车辆的行驶性能要求。图 5-21 中电池组的 SOC 变化曲线说明，工况始末电池组 SOC 基本处于平衡（大概相差 0.02），一直处于

0.4~0.6之间，说明控制策略能够保证运行中电池组的SOC均衡，避免过充与过放。

从图5-24明显看到，与静态优化控制策略相比，基于动态规划改进的控制策略将发动机的工作点移向了更高效的区域，整车的燃油经济性得到了较大提高。表5-3中列出了经过"SOC修正"的燃油经济性对比数据，可见基于动态规划改进的控制策略与初始的控制策略相比可以将燃油经济性提高9.2%，说明前面对动态规划最优控制规则的提取切实有效。

表5-3 燃油经济性比较（工况 CYC_WEICHAI）

控制策略	燃油经济性（L/100 km）	提高百分比
初始控制策略	34.7	——
基于动态规划改进的控制策略	31.5	9.2%
动态规划求得的最优控制策略	29.9	15.9%

5.2.4 相关结论

充分发挥地面车辆混合驱动系统潜在能力的优势势必依赖优化控制。初始的控制策略是基于静态优化设计的，而静态优化理论并不是全局最优的，因为根据最优化控制理论可知，瞬时最小值之和并不等于和的最小值。以并联式商用车混合驱动系统为对象，应用动态规划对混合动力汽车的能量管理控制策略设计问题进行了研究。整车能量管理控制策略包含能量分配子策略和最优换挡控制子策略。在给定行驶循环工况下，混合动力汽车的能量管理问题被建模为一个多步决策过程问题。利用动态规划算法对此问题进行求解可以得到全局最优的结果（油耗）及相应的控制轨迹。这些控制结果并不能直接应用到整车实时控制策略的设计中去，而必须进行控制规则的提取。利用提取出的控制规则，改进初始的控制策略，并进行仿真实验验证。仿真结果表明，基于动态规划设计的控制策略要明显优于基于静态优化设计的控制策略，利用动态规划进行整车能量管理控制策略设计的方法是切实有效的，对混合动力汽车能量管理控制问题的解决具有一定的指导意义。

5.3 基于庞特里亚金极值原理的并联式商用车优化控制[17]

5.3.1 能量优化控制策略问题描述

对于5.2节中并联式商用车混合动力驱动系统，其优化控制问题可以描述为根据驾驶员需求功率来确定各动力部件（如电池、发动机）的使用状态从而获得最佳燃油经济性，同时确保电池荷电状态在允许范围内的平衡。选取电池荷电状态 SOC 和每一时刻的挡位 *gear* 为系统状态变量，选取每一时刻节气门开度 *throttle* 和挡位变换 *shift* 为控制变量，在时长为 $[t_0, t_f]$ 的循环工况的性能目标函数表示为

$$J = \int_{t_0}^{t_f} (\dot{m}_f(t) + \beta \mid shift(t) \mid) \mathrm{d}t \tag{5-49}$$

式中，$\dot{m}_f$ 为发动机燃油消耗率。与 5.2 节不同的是，在优化目标函数中取消电池荷电状态累计项，只在约束条件中体现。

动态系统约束条件为

$$\begin{cases} P_{bat,min} \leqslant P_{bat}(t) \leqslant P_{bat,max} \\ \omega_{e,min} \leqslant \omega_e(t) \leqslant \omega_{e,max} \\ 0 \leqslant P_e(t) \leqslant P_{e,max} \\ SOC_{min} \leqslant SOC(t) \leqslant SOC_{max} \end{cases} \tag{5-50}$$

式中，$P_{bat,min}$ 和 $P_{bat,max}$ 分别为电池的最小和最大发动机输出功率；$\omega_{e,min}(t)$ 和 $\omega_{e,max}(t)$ 分别为发动机的最大和最小转速；$P_{e,max}$ 为发动机的最大功率；SOC_{min} 和 SOC_{max} 分别为电池组荷电状态的最小和最大值。

用极小值原理来寻找最优的控制变量 $\boldsymbol{u}^*(t) = [throttle(t), shift(t)]$ 使得汉密尔顿函数取得最小值，即

$$H(\boldsymbol{x}(t), \boldsymbol{u}^*(t), t, \boldsymbol{\lambda}(t)) \leqslant H(\boldsymbol{x}(t), \boldsymbol{u}(t), t, \boldsymbol{\lambda}(t)) \tag{5-51}$$

本例中汉密尔顿函数为系统动态方程与瞬时成本的组合：

$$H(\boldsymbol{x}(t), \boldsymbol{u}(t), t, p(t)) = \boldsymbol{\lambda}^T(t) * f(\boldsymbol{x}(t), \boldsymbol{u}(t)) + \dot{m}_f(t) + \beta \mid shift(t) \mid \tag{5-52}$$

式中，$f(\boldsymbol{x}(t), \boldsymbol{u}(t))$ 为系统状态方程；$\boldsymbol{\lambda}(t) = (\lambda_1(t), \lambda_2(t))$ 为协态变量，维数与状态变量 $x(t)$ 相同。依据 PMP 原理，协态变量应满足式（5-25），把式（5-52）代入式（5-25），并统一整理为

$$\begin{cases} \dot{\lambda}_1(t) = -\lambda_1(t) \dfrac{\partial f_1(\cdot)}{\partial x_1} + \dfrac{\partial \dot{m}_f}{\partial x_1} + \beta \dfrac{\partial \mid shift(t) \mid}{\partial x_1} \\ \dot{\lambda}_2(t) = -\lambda_2(t) \dfrac{\partial f_2(\cdot)}{\partial x_2} + \dfrac{\partial \dot{m}_f}{\partial x_2} + \beta \dfrac{\partial \mid shift(t) \mid}{\partial x_2} \end{cases} \tag{5-53}$$

其中，$f_1(\cdot)$ 和 $f_2(\cdot)$ 分别代表状态变量 SOC 和挡位的微分，工程上可以认为 $\partial f_1(\cdot)/\partial x_2$ 和 $\partial f_2(\cdot)/\partial x_1$ 是 0。一般认为 SOC 在较短时段范围内的变化仅与电池端功率输出有关，而与 SOC 本身当前值无关，该假设主要依据电池

组 SOC 相对变化较为缓慢而提出。同时认为 $\dfrac{\partial \dot{m}_{\mathrm{f}}}{\partial x_1}+\beta\dfrac{\partial|shift(t)|}{\partial x_1}$ 为 0，则可以确定 $\lambda_1(t)$ 为常数。与换挡控制相对应的协态变量 $\lambda_2(t)$ 可以通过联立系统状态方程和式（5-52），且通过以下公式获得：

$$u^*(t)=\arg\min H \tag{5-54}$$

针对本问题的迭代优化流程见图 5-25。值得注意的是，本计算中包含两个系统状态量和两个系统控制量，控制量 $sh(t)$ 只能在 $\{-1,0,1\}$ 中取值，依据计算 SOC 终端值是否满足 SOC 终端约束条件来确定是否寻优完成。

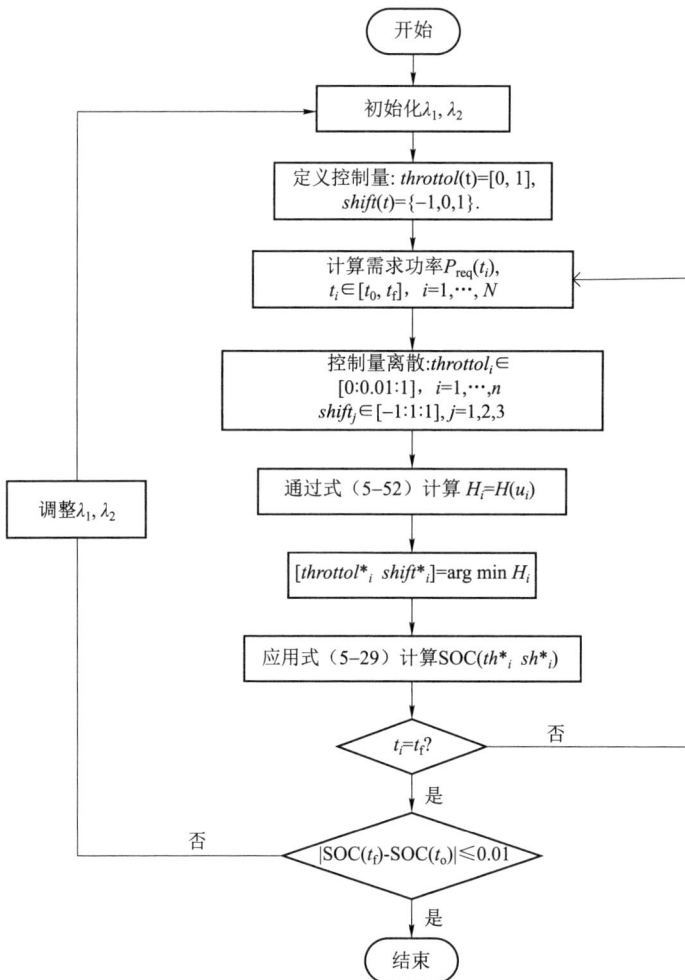

图 5-25　本问题中 PMP 迭代优化方法

5.3.2 基于极小值原理的求解结果

上文 PMP 优化可产生最优的、连续的控制策略。将上述建立起来的 PMP 优化问题在 MATLAB 中编程实现，优化所针对的工况为 CYC_WEICHAI。最终协态变量表示为

$$\lambda_1(t) \equiv -3\,500$$

$$\lambda_2(t) = \begin{cases} 0, & -1 \leqslant v(k+1)-v(k) \leqslant 1 \\ -\gamma, & v(k+1)-v(k) < -1 \\ \gamma, & v(k+1)-v(k) > 1 \end{cases} \tag{5-55}$$

其中，γ 经过多轮调试取 0.011；$v(k)$ 为第 k 步车辆速度。需要注意的是，PMP 求解得到的是针对特定的行驶工况的一组最优控制变量。一旦车辆行驶工况确定，最优的控制策略将寻找到一条使等效燃油消耗量最小的路径，同时保证最终的 SOC 接近设定的最终 SOC 值。所得结果与前文动态规划结果对比如图 5-26~图 5-29 所示。图 5-26 为 SOC 变化曲线，可见在动态规划与极小值原理所获得的结果非常一致。图 5-27 和图 5-28 分别为挡位随速度分布以及挡位随时间变化曲线。仅在若干时刻挡位控制不同，绝大多数时间挡位控制一致。图 5-29 为发动机工作点分布，由图可知发动机工作点分布也较为一致。

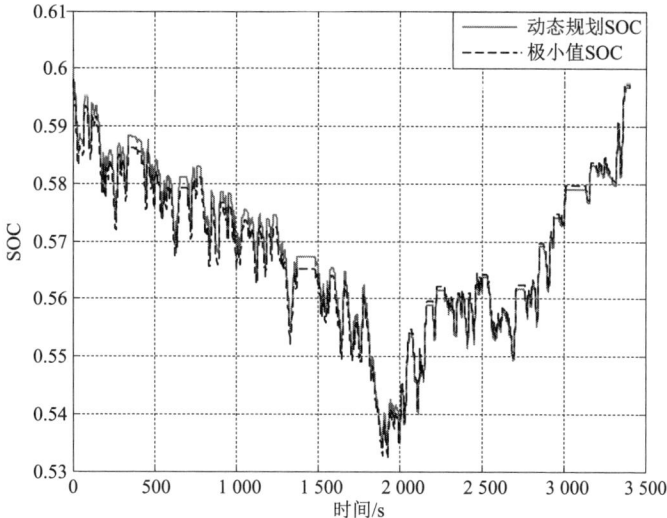

图 5-26 DP（动态规划）和 PMP 中 SOC 变化曲线

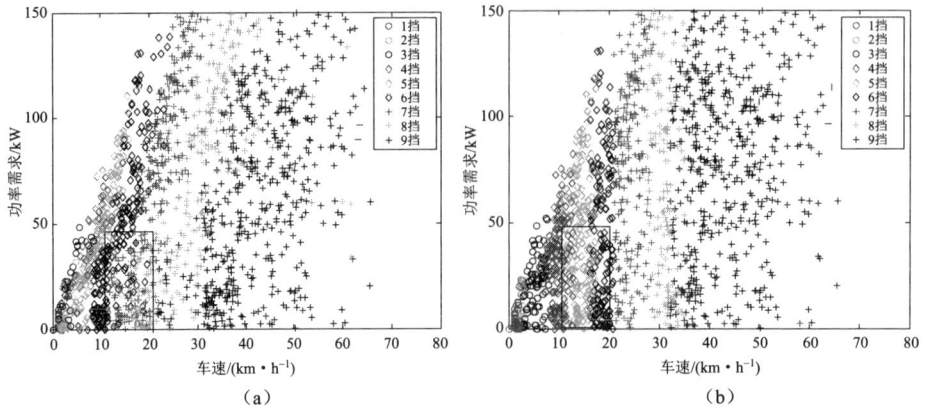

图 5-27　DP 和 PMP 挡位与车速关系分布（见彩插）

（a）DP 挡位随速度分布；（b）PMP 挡位随速度分布

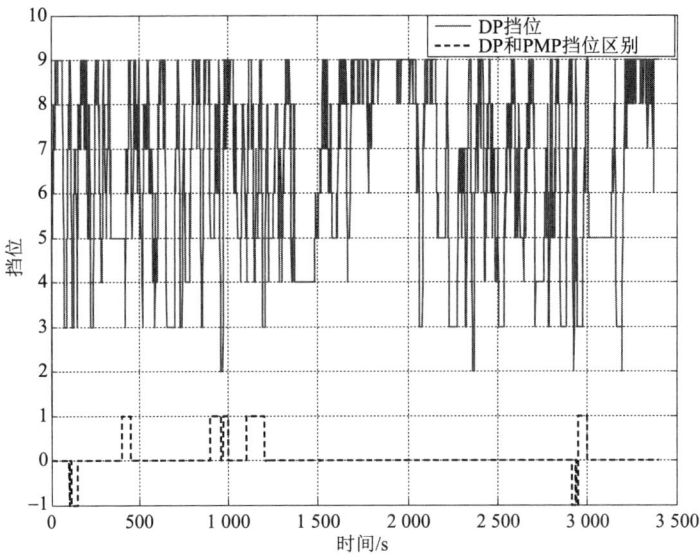

图 5-28　DP 和 PMP 中挡位变化对比

由最优控制理论可知[11]，PMP 中的协态变量 $\boldsymbol{\lambda}$ 与动态规划中有关变量相对应：

$$\boldsymbol{J}_x^*(\boldsymbol{x}^*(t),t)=\boldsymbol{\lambda}^*(t) \tag{5-56}$$

通过式（5-56）对两种方法进行验证。将两种方法的结果统计并计算它们的相对误差，如图 5-30 和图 5-31 所示，显示两种方法的误差较小，证明了两种方法的正确性和一致性。

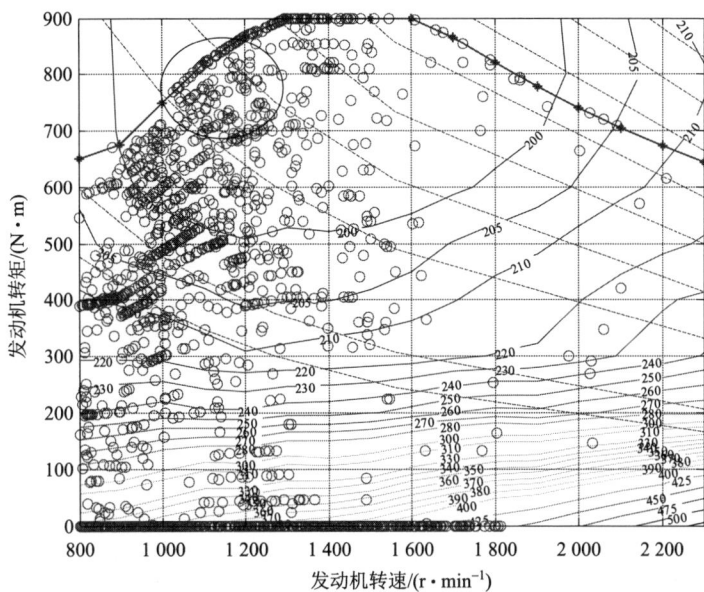

（a）

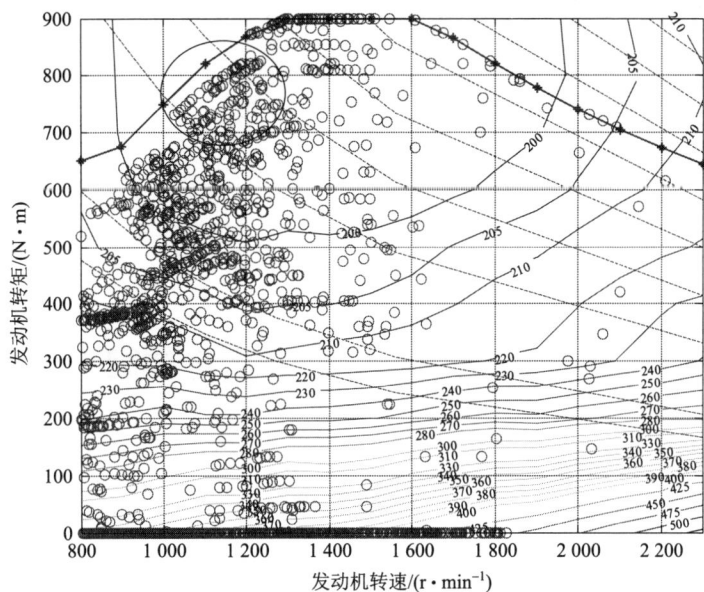

（b）

图 5-29　DP 和 PMP 中发动机工作点分布

（a）DP 发动机工作区域；（b）PMP 发动机工作区域

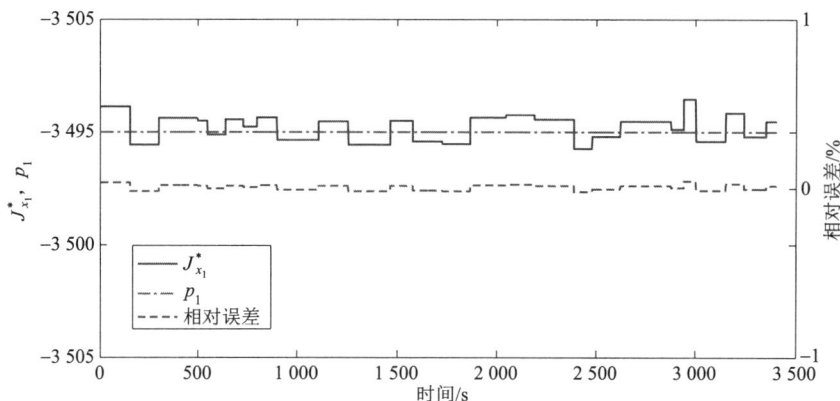

图 5-30 $J_{x_1}^*$ 和 p_1 的对比

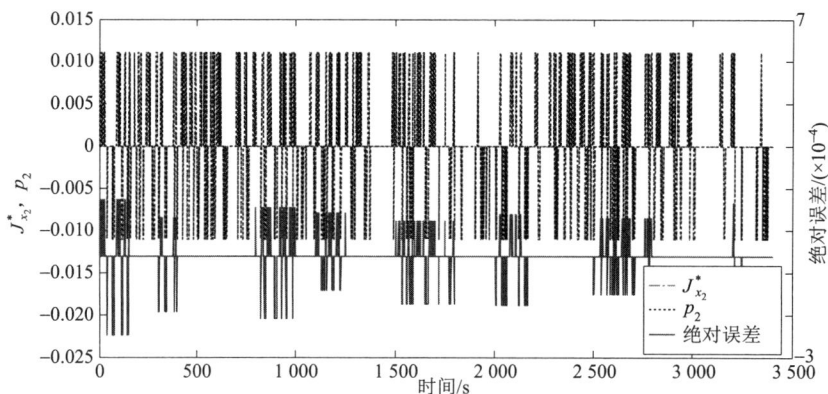

图 5-31 $J_{x_2}^*$ 和 p_2 的对比

5.4 基于随机动态规划的优化控制[18,19]

确定性动态规划方法必须提前知道驾驶员需求功率,因此只能针对确定的工况进行离线优化,无法实车应用。即便获得离线最优解,提取其因果属性需要对系统深入理解。随机动态规划理论(也称马尔科夫决策理论)在不确定性问题分析上应用广泛,最早曾用于发动机和变速器性能优化上,并显示出一定的优越性。美国学者[20~25]将随机动态规划应用到混合动力汽车整车控制策略中。与动态规划不同,随机动态规划将驾驶员的需求功率看成Markov 过程,能更真实地反映驾驶员功率需求。随机动态规划优化的结果是一个全状态反馈的最优控制表格,有望下载到控制器应用于实车中。本节以混合动力履带车辆能量管理策略为应用对象，重点介绍基于随机动态规划的优化控制。

5.4.1 混合动力履带车辆驱动系统及其建模

混合动力履带车辆驱动结构如图 5-32 所示，采用串联式混合动力形式，双侧电动机分别独立驱动两侧主动轮，发动机-发电机组和动力电池组作为双能量源给两侧电动机提供功率。发电机采取三相永磁同步发电机并经过整流后变为直流，混合驱动系统可简略表达为图 5-33[26]。

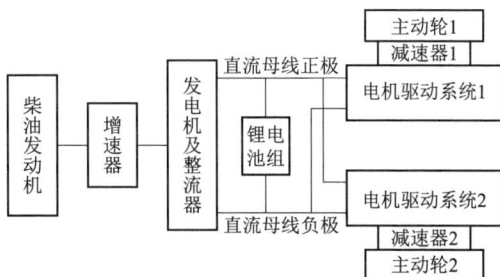

图 5-32　混合动力履带车辆驱动结构

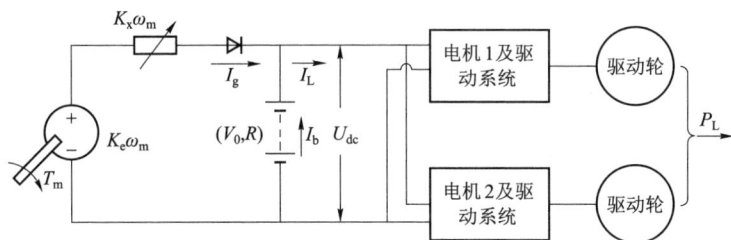

图 5-33　混合动力系统简略模型

永磁同步发电机-整流桥直流侧电压、电磁转矩方程为[26]

$$\begin{cases} U_{dc} = K_e\omega_m - K_x\omega_m I_{dc} \\ T_e = \dfrac{P_m}{\omega_m} = \dfrac{P_{dc}}{\omega_m} = K_e I_{dc} - K_x I_{dc}^2 \end{cases} \quad (5\text{-}57)$$

式中，T_e 为发电机电磁转矩，N·m；K_e 为发电机的等效电动势系数，V/(rad·s^{-1})；K_x 为发电机等效阻抗系数；$K_x = 3PL_g/\pi$，其中 P 为发电机极对数，L_g 为发电机电枢同步电感，H。发电机输入转矩是由发动机经过一个增速箱传递过来的，转速动态方程为[26]

$$\begin{cases} \dfrac{T_{eng}}{i_{e\text{-}g}} - T_e = 0.104\,7\left(\dfrac{J_e}{i_{e\text{-}g}^2} + J_g\right)\dfrac{dn_g}{dt} \\ n_g = i_{e\text{-}g} n_{eng} \end{cases} \quad (5\text{-}58)$$

式中，T_{eng} 为发动机输出转矩，N·m；n_{eng}，n_g 分别为发动机、发电机转速，

153

r/min；J_e，J_g 分别为发动机、发电机转动惯量，$kg \cdot m^2$；i_{e-g} 为增速比。

电池组采用内阻模型，忽略终端电阻，动态方程为

$$\begin{cases} \dot{SOC} = -I_b / C_{bat} \\ U_{dc} = V(SOC) - R_{int} I_b \end{cases} \quad (5-59)$$

功率平衡方程为

$$P_{req} = U_{dc}(I_g + I_b) \quad (5-60)$$

根据电池充放电特性，对电池电压、电流和电池荷电状态约束如下：

$$\begin{cases} I_{bmin} \leqslant I_b \leqslant I_{bmax} \\ n \cdot u_{bmin} \leqslant U_{dc} \leqslant n \cdot u_{bmax} \\ SOC_{min} < SOC < SOC_{max} \end{cases} \quad (5-61)$$

式中，I_{bmin}，I_{bmax} 分别为电池组最大放电电流和最大充电电流；u_{bmin} 和 u_{bmax} 分别为电池端电压最低值和最高值；SOC_{min}，SOC_{max} 分别为电池最小、最大允许荷电状态。根据电池组与发电机-发动机匹配结果，对发电机转速、直流母线电流有以下要求：

$$\begin{cases} n_{gmin} < n_g < n_{gmax} \\ 0 < I_g < I_{gmax} \end{cases} \quad (5-62)$$

式中，n_{gmin}，n_{gmax} 为发电机最小转速和最大转速；I_{gmax} 为发电机直流侧最大电流。母线电压的确定由发电机输出端电压和电池组输出电压大小决定。当 $V_b > K_e \omega_m$ 时，$U_{dc} = U_{bat}$；当 $V_b < K_e \omega_m$ 时，$U_{dc} = U_{bat}$。V_b 为电池组开路电压。

联立以上公式可求得母线电压、发电机输出电流、电池输出电流的表达式：

$$\begin{cases} U_{dc} = \dfrac{-b + \sqrt{b^2 - 4ac}}{2a}，当 V_b < K_e \omega_m 时 \\ U_{dc} = V_b - I_b R_b，当 V_b \geqslant K_e \omega_m 时 \end{cases} \quad (5-63)$$

式中，$a = \dfrac{1}{R_b} + \dfrac{1}{K_x \omega_m}$，$b = \dfrac{E_b}{R_b} + \dfrac{K_e}{K_x}$，$c = P_L$。

$$\begin{cases} I_b = \dfrac{V_b - \sqrt{V_b^2 - 4 R_b P_L}}{2 R_b}，当 V_b \geqslant K_e \omega_m 时 \\ I_b = \dfrac{V_b - U_{dc}}{R_b}，当 V_b < K_e \omega_m 时 \end{cases} \quad (5-64)$$

$$I_g = \dfrac{P_L}{U_{dc}} - I_b \quad (5-65)$$

5.4.2 基于随机动态规划的优化控制模型

5.4.2.1 驾驶员需求功率及其转移概率的确定

以实车行驶试验为设计工况，如图 5-34 所示。它包括两侧履带的速度特征，平均车速为 14.43 km/h，行驶距离为 3.976 km。

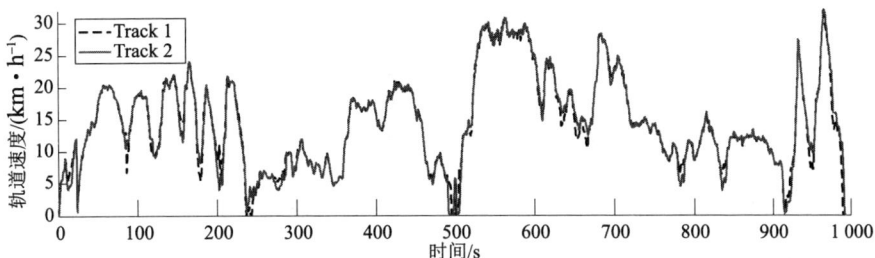

图 5-34   试验工况

根据试验工况，可以求出相应时刻的履带车辆的功率需求 P_{req}。需求功率由克服前进阻力和克服转向阻力组成，计算如下：

$$P_{req} = (F_r + F_a + F_{aero}) \cdot \bar{V} + M \cdot \omega \tag{5-66}$$

$$\begin{cases} F_r = mgf \\ F_a = ma \\ F_{aero} = \dfrac{C_d A}{21.15} \bar{V}^2 \\ M = \dfrac{1}{4} \mu L mg \end{cases} \tag{5-67}$$

式中，F_r 为地面阻力；F_a 为惯性阻力；F_{aero} 为空气阻力；M 为转向阻力矩；L 为履带接地长度；μ 为转向阻力系数；m 为整车质量；ω 为转向角速度。

驾驶员的需求功率不可能提前知道，视作随机过程，且具有马尔科夫性质，即下一时刻的需求功率只取决于当前车速和当前需求功率，与之前的状态无关。将需求功率离散为有限个数的一列值：

$$P_{req} \in \{p_{req}^1, p_{req}^2, p_{req}^3, \cdots, p_{req}^{N_p}\} \tag{5-68}$$

车速同样离散为有限个数的一列值：

$$\bar{V} \in \{\bar{v}^1, \bar{v}^2, \cdots, \bar{v}^{N_v}\} \tag{5-69}$$

用转移概率 $P_{im,j}$ 表示在当前 k 时刻平均车速 $\bar{v}^m$ 和当前时刻需求功率 p_{req}^i 条件下，$(k+1)$ 时刻需求功率 p_{req}^j 的概率：

$$P_{im,j} = \Pr\{p_{req}^j \mid p_{req} = p_{req}^i, \bar{v} = \bar{v}^m\} \tag{5-70}$$

$$i, j = 1, 2, \cdots, N_p; m = 1, 2, \cdots, N_v$$

155

且 $\sum_{j=1}^{N_p} P_{im,j} = 1$。

　　转移概率 $P_{im,j}$ 的值由履带车辆的试验工况来确定。由于已知每一时刻试验工况的车速，则根据车辆的动力学方程，可以求出对应时刻的需求功率。通过近邻法（Nearest Neighborhood）将获得的数据 $(P_{req}, \bar{v})$ 量化为 $(P_{req}^i, \bar{v}^m)$。转移概率值由最大似然估计法确定：

$$\hat{P}_{im,j} = \frac{m_{im,j}}{m_{im}}, \text{如 } m_{im} \neq 0 \qquad (5-71)$$

式中，$m_{im,j}$ 表示在车速为 $\bar{v}^m$ 时，需求功率从 p_{req}^i 转移到 p_{req}^j 发生的次数；m_{im} 表示在车速为 $\bar{v}^m$ 时，需求功率 p_{req}^i 总发生转移的次数，且 $m_{im} = \sum_{j=1}^{N_p} m_{im,j}$。采用该方法可获得不同车速下需求功率转移概率矩阵。图 5-35 所示为在某车速下需求功率转移矩阵概率分布。

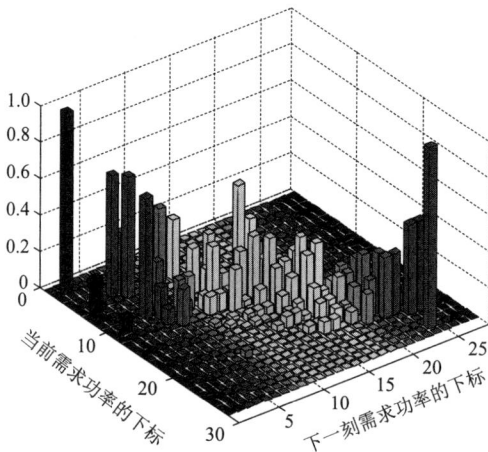

图 5-35　某车速下需求功率转移矩阵概率分布（见彩插）

5.4.2.2　随机动态规划过程

1）最优控制问题建模

混合动力履带车辆以 SOC 和 n_g 为系统状态量的离散动态方程为

$$\text{SOC}(k+1) = \text{SOC}(k) - \frac{1}{C} I_{bat} \qquad (5-72)$$

$$n_g(k+1) = n_g(k) + \frac{\dfrac{T_g}{i_{e-g}} - T_m}{\dfrac{2\pi}{60}\left(\dfrac{J_g}{i_{e-g}^2} + J_g\right)} \qquad (5-73)$$

式中

$$I_{\text{bat}}=\begin{cases}\dfrac{V(\text{SOC})-\sqrt{V(\text{SOC})^2-4\cdot R_{\text{int}}P_{\text{dem}}}}{2\cdot R_{\text{int}}}, \text{当 }U_{\text{dc}}>K_{\text{e}}\omega_{\text{m}} \text{ 时}\\[4mm]\dfrac{V(\text{SOC})-U_{\text{dc}}}{R_{\text{int}}}, \text{当 }U_{\text{dc}}\leqslant K_{\text{e}}\omega_{\text{m}} \text{ 时}\end{cases} \tag{5-74}$$

进一步把发动机-发电机组和电池组间功率分配看作离散时间序列马尔科夫决策问题，状态方程为

$$x_{k+1}=f(x_k,u_k,w_k) \tag{5-75}$$

式中，$x_k=\begin{Bmatrix}\text{SOC}(k)\\n_{\text{eng}}(k)\end{Bmatrix}$，控制量取发动机电子油门开度信号；$u_k=thro(k)\in$ $[0,1]$；w_k 为随机干扰变量，令 $w_k=P_{\text{req}}$，并满足 5.4.2.1 中通过对实车循环工况获得的需求功率转移概率分布；f 代表式（5-70）~式（5-73）。离散化系统状态变量和控制变量 $\text{SOC}\in\{\text{SOC}^1,\text{SOC}^2,\cdots,\text{SOC}^{N_s}\}$，$n_g\in\{n_g^1,n_g^2,\cdots,$ $n_g^{N_g}\}$，$u\in\{thro^1,thro^2,\cdots,thro^{N_u}\}$。

单步状态转移成本函数（即优化目标函数）为

$$r(x_k,u_k)=T_s\cdot F(n_{\text{eng}}(k),thro(k))+\alpha\cdot(\text{SOC}_{k+1}-\text{SOC}_0)^2 \tag{5-76}$$

式中，$r(x_k,u_k)$ 为在 x_k 状态下施加控制量 u_k 引发的单步状态转移成本；T_s 为离散步长，取 1 s；$F(n_{\text{eng}}(k),thro(k))$ 代表转速 $n_{\text{eng}}(k)$ 和 $thro(k)$ 下的燃油消耗率，由发动机万有特性试验获得。为约束电池过度充放，在单步状态转移成本中包含下一时刻 SOC 与初始 SOC 的差的平方项。α 为加权因子，以调节在优化中燃油消耗与电池组能量平衡的权重。马尔科夫决策的目的是寻找控制律 π，实现整个随机过程中的成本期望最小，表达如下：

$$\min C_N^{\pi}(x_0)\equiv E^{\pi}\left\{\sum_{k=1}^{N-1}r(x_k,u_k)+r_N(x_N)\right\} \tag{5-77}$$

其中，$C_N^{\pi}(x_0)$ 表示初始值为 x_0、施加控制律 π 的总体成本；$r_N(x_N)$ 为终端成本，表达为

$$r_N(x_N)=\alpha\cdot(\text{SOC}_N-\text{SOC}_0)^2 \tag{5-78}$$

系统状态或控制量受以下约束：

$$\begin{cases}0<\text{SOC}(k)<1\\|\text{SOC}(N)-\text{SOC}(0)|<\Delta\text{SOC}\\n_{\text{g\_min}}<n_g(k)<n_{\text{g\_max}}\\n_g(k+1)-n_g(k)<\Delta n\\I_{\text{bat\_max\_char}}(k)<I_{\text{bat}}(k)<I_{\text{bat\_max\_disch}}(k)\\0<I_g(k)<I_{\text{g\_max}}\\0\leqslant u(k)\leqslant 1\end{cases} \tag{5-79}$$

式中，ΔSOC 为允许的 SOC 偏差；$n_{\text{g\_min}}$，$n_{\text{g\_max}}$ 分别为发电机允许的最低和最高转速；Δn 为单位时间步长内允许的发电机速度增长率；$I_{\text{bat\_max\_char}}$，$I_{\text{bat\_max\_disch}}$ 为电池组最大充电电流（为负值）和放电电流；$I_{\text{dc\_max}}$ 为发电机组的最大输出电流。

2）策略迭代法求解

P_{req} 为随机变量，导致下一时刻状态变量被看作条件概率，则期望成本函数重新表达为

$$C_N^\pi(x_0) \equiv E^\pi \Big(\sum_{k=1}^{N-1} \sum_{j=1}^{Np} \hat{p}_{km,j}(r_{kj}(x_{kj}, u_{kj}) + r_N(x_N)) \Big) \tag{5-80}$$

它包括前 $N-1$ 阶概率分布的成本和终端成本，当 $N\to+\infty$ 时，成为无限马尔科夫决策问题。一般引入折扣因子 λ 来加快收敛，总的期望成本函数表示为

$$V_{N,\lambda}^\pi(x_0) \equiv E^\pi \Big\{ \sum_{k=1}^{N-1} \sum_{j=1}^{Np} \hat{p}_{im,j}[\lambda^{k-1} r_{kj}(x_{kj}, u_{kj}) + \lambda^{N-1} r_N(x_N)] \Big\} \tag{5-81}$$

综合以上公式最终获得贝尔曼最优方程的递归形式：

$$C^\pi(x_{N-1}) = r_{N-1}(x_{N-1}, u_{N-1}) + \lambda \cdot C^\pi(x_N) \tag{5-82}$$

采用策略迭代法求解上述最优控制问题，具体算法如下[13]：

（1）设 n 为迭代次数。初始化 $n=0$，任意假定一个初始的策略 π^0。

（2）策略评估。将 π^n 代入迭代方程（5-81）。若 $|C_{n+1}-C_n| \leqslant \varepsilon$，则停止，取最优值函数 $C_{\pi^n}^* C_n$；否则，令 $C_n = C_{n+1}$，继续迭代直到 $|C_{n+1}-C_n| \leqslant \varepsilon$ 为止。

（3）策略改进。将第（2）步求得的最优值函数 C^* 代入迭代方程，获得针对最优值函数的控制策略，$\pi^{n+1} = \arg \min C^*$。

（4）如果 $\pi^n = \pi^{n+1}$，则停止，最优的策略 $\pi^* = \pi^n$；否则，$n=n+1$，重复第（2）（3）步。

基于 MATLAB 软件编写混合动力车辆能量管理最优控制问题，采用策略迭代法求解出最优控制。由于随机动态规划计算量较大，在高性能计算机工作站上单次计算耗用 23 h 完成①，获得状态与控制相对应的最优控制策略表格。图 5-36 为车速在 35 km/h 时的发动机电子油门最优控制，X 轴和 Y 轴分别是功率需求和电池组 s_c 值，Z 轴是相应的发动机电子油门控制量。

___
① 双核 CPU，Intel Xeon 2.4 GHz，内存 12 G。

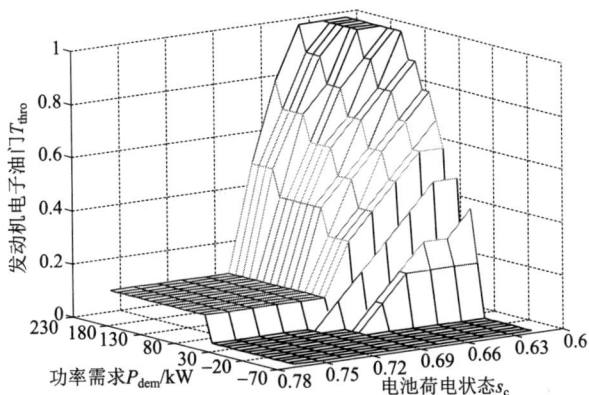

图 5-36　车速为 35 km/h 的发动机电子油门最优控制

5.4.3　结果分析及相关结论

采用最优能量管理策略后，在选定工况的功率负载下仿真结果如图 5-37、图 5-38 和图 5-39 所示。图中显示发动机工作在 1 000～1 400 r/min 之间，且基本沿着最佳油耗曲线实现功率的调节。电池组 SOC 能够稳定地维持在 0.6～0.7 之间。

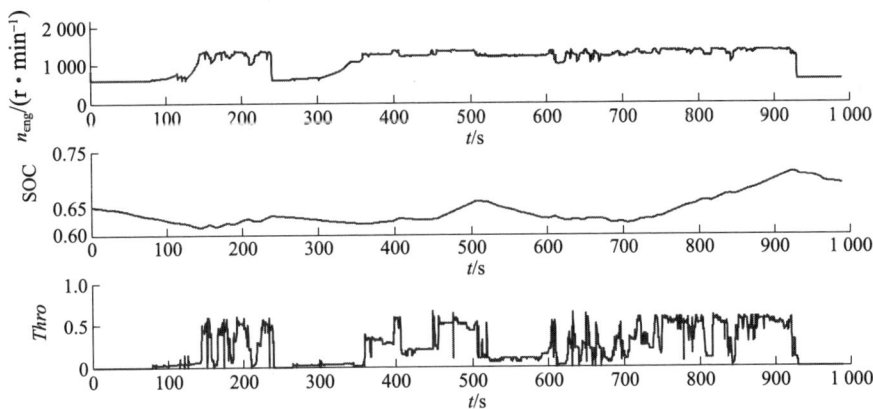

图 5-37　发动机转速、SOC 和发动机电子油门

所获得的能量管理最优控制策略不同循环工况下都具有较好的燃油经济性。图 5-40 显示在图 5-41 所示循环工况下发动机的工作点位置，与初始的多点速度控制策略相比，发动机工作范围得到改善，在满足负载功率需求的同时，提高了燃油经济性。

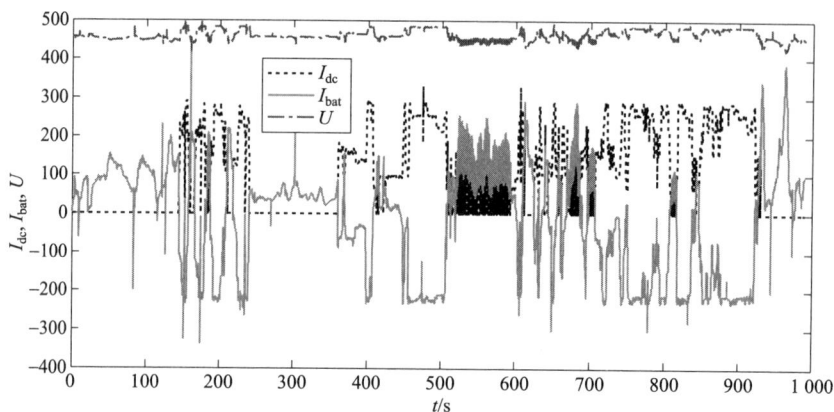

图 5-38　直流母线电压、发电机和电池组电流

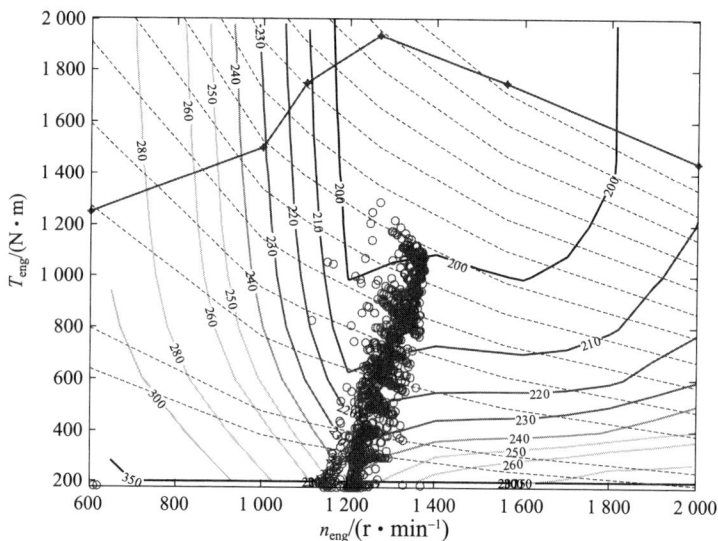

图 5-39　基于 SDP 控制策略下发动机工作点

图 5-34 所示工况中，采用随机动态规划方法（SDP）得出的控制策略的油耗为 2 767.4 g，与基于规则的多点控制策略相比油耗减少了 16.4%。图 5-41 所示工况中采用随机动态规划方法（SDP）得出控制策略油耗为 1 336.7 g，比采用基于规则的多点控制策略油耗减少 12.1%。

随机动态规划最大的优点就是所求控制策略中状态量和控制量一一对应，相当于一个最优控制表格，该表格可以通过函数拟合的方式方便在控制器中使用。该控制器不依赖于某个确定的工况，具有较好的适用性。

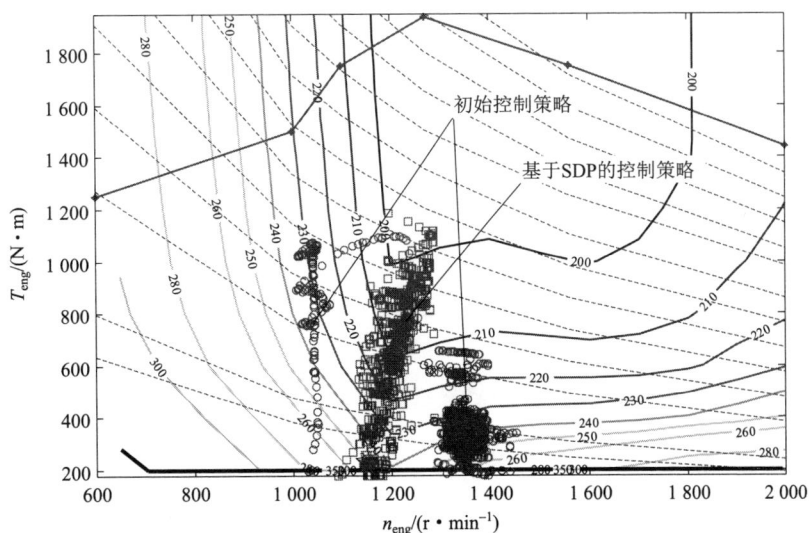

图 5-40　不同控制下发动机工作点对比

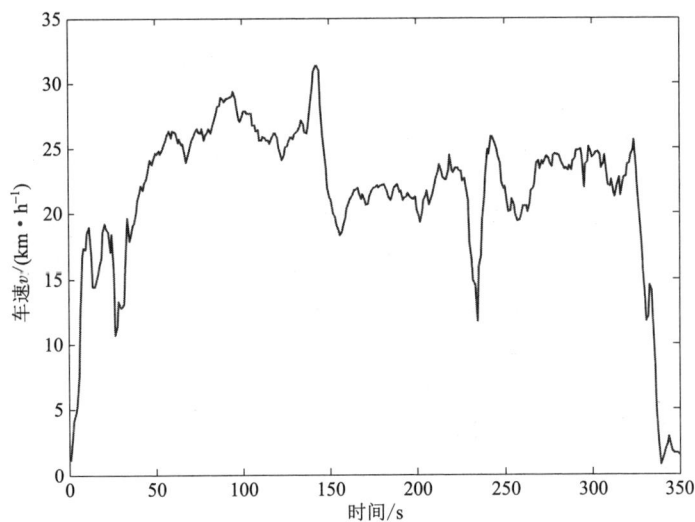

图 5-41　实车场地试验某行驶工况

5.5　系统参数和控制的耦合优化

　　地面车辆混合动力驱动系统顶层设计问题主要是确定驱动结构和关键部件选型设计，也即通常所说的系统集成和参数匹配问题。特别是驱动结构一旦确定，如何选出匹配最优的部件，并能预见其在后续系统控制中的实施以及系统在综合性能中的作用将成为重要的技术内容。地面车辆混合驱动系统由于控制的突出作用，导致系统集成与匹配必须综合考虑匹配与控制的相互作用。

5.5.1 系统参数和控制的耦合优化问题

常见的参数匹配设计多基于准静态过程下的性能预测。这种设计常依据地面车辆动力性或燃油经济性指标来核算动力驱动系统部件的功率、转矩和转速指标。该类设计没有考虑详细的动态过程而偏于粗放，常应用在初期设计中，后期仍然需要大量的台架与实车检验，设计风险大。由于不考虑详细的动态过程，难以获得最优的系统设计。

随着基于模型设计技术的发展，一种趋势是尽早采用详细的模型开展系统参数选型的匹配。其中一类参数匹配设计则详细评估不同部件功率、转速或转矩参数，在特定循环工况下，采用固定的控制逻辑结构，并与不同的控制门限及阈值配合，以实现优化的性能指标。该类参数匹配把系统放置在典型负载下，探讨不同的部件参数以及控制参数对系统性能的影响，具有一定的工程价值。一个典型的例子是 ADVISOR 软件中提供的自动选型（Autosize）功能，该功能即在多个性能工况约束条件下（如加速时间和最高车速）和多个循环工况下寻求最优的部件设计参数[27]。另一类典型的应用是开展参数以及确定性控制逻辑结构下控制阈值的优化。该类应用在每次优化迭代中，寻求部件参数和控制参数变化时对优化目标函数的影响，采用不同的优化算法来实现[28]。这类设计考虑了部件和控制在整个动态过程中的性能变化及其互动，但其控制逻辑结构是确定的。然而，由于在优化过程中系统匹配与功率调控的相互关系是变化的，很难保证固化的控制逻辑结构与参数选型的最优匹配，因此无法保证最优系统参数和控制的获得。此外，在某些系统参数的匹配下，后续控制实施的可行性也非常重要。揭示系统参数匹配与最优控制的作用对理解系统特征以及系统标定具有重要意义。这些问题通过基于最优控制理论的参数与控制耦合优化来解决。

5.5.2 基于最优控制理论的系统参数和控制的耦合优化

5.5.2.1 理论基础

地面车辆混合驱动系统匹配的任务是确定系统构型以及主要部件特性。混合驱动系统对控制的严重依赖，使得部件的参数特性与系统控制耦合明显，必须获得匹配和优化的驱动系统配置和控制器才能保证混合驱动系统性能最优。这种耦合关系表现为：部件特性是系统控制的基础和前提条件，为后续控制施加提供了可行的约束控制；系统控制主要解决多动力源或功率传递环节的功率适应性调节以满足车辆行驶要求，同时要确保其工作在许可范围内，具备最优的综合性能指标和自适应能力。因此在系统匹配阶段，必须考虑在最优控制实施的前提下，主要参数间的相互动态作用过程，确保最优的系统参数与控制的配合。

着重考虑参数与控制的耦合，地面车辆混合驱动系统由动态方程描述：

$$\dot{x}(t) = f(x(t), u(t), t, d) \tag{5-83}$$

式中，d 为系统及部件的参数。寻找混合动力驱动系统参数 d，使得以下综合性能指标取最小值：

$$\min_d \left[w_p \cdot e(d) + w_c \cdot \left(g_N(x_N) + \int_{t_a}^{t_b} L(x(t), u(t), t) \right) \right] \tag{5-84}$$

其中，驱动系统参数受等式或不等式约束：$H(d) = 0$，$G(d) < 0$；$e(d)$ 为与驱动系统参数取值相关的优化目标函数；w_p 和 w_c 分别为驱动系统参数优化目标函数以及最优控制性能函数指标的加权值；t_a 和 t_b 为控制优化过程的起止时间。

上述过程通常形成内外两层相互耦合与迭代的系统优化，其优化流程如图 5-42 所示。在优化外层，主要开展混合驱动系统参数的优化，多采用基于

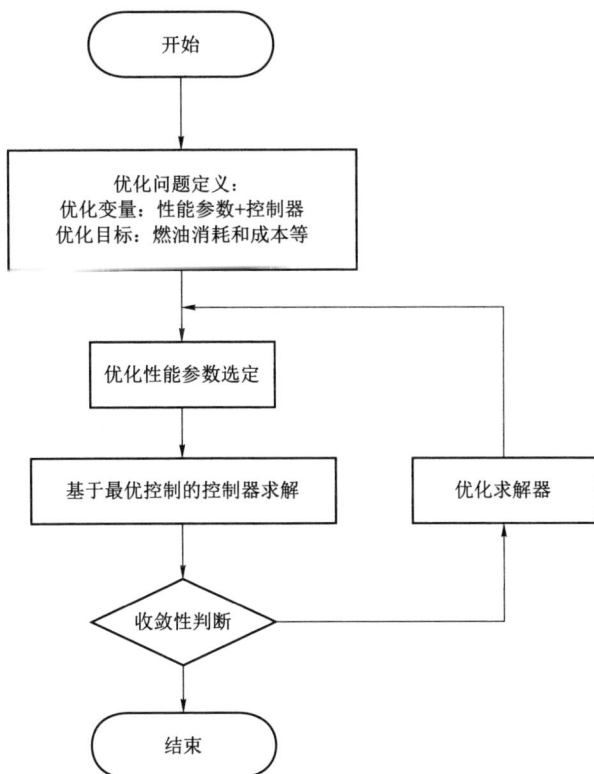

图 5-42 考虑参数和控制过程的耦合优化

参数优化的算法，如最速梯度法、非线性序列二次优化以及模拟退火法等。在优化内层，开展在系统参数完全决定的前提下、基于最优控制理论的控制优化，常用动态规划或庞特里亚金极小值原理求得最优控制 $u(t)$。总体性能指标由式（5-84）计算。

5.5.2.2 履带车辆混合驱动系统参数和控制耦合优化[29]

1) 驱动系统及控制耦合优化建模

对图 5-33 所示履带车辆混合驱动系统开展参数与控制的耦合优化，给定循环工况如图 5-34 所示，系统参数与所用模型与 5.4 节完全相同，不再赘述。对于混合驱动履带式车辆来说，能够静默行驶是一种优势，可以降低热辐射和噪声。为了维持这一工作模式，电池组中存储的能量应该保持在合理的范围内，形成了电池组端电压和电池组容量的约束：

$$V(0.7) \cdot C \geqslant E_{ele} \tag{5-85}$$

式中，E_{ele} 为满足静默模式行驶里程的必要的能量值，由实验给定。系统优化前的关键参数值如表 5-4 所示。

表 5-4　系统优化前的关键参数值

参数	$m/$ kg	$I_z/$ $(kg \cdot m^2)$	i_0	$r/$ m	$B/$ m	$K_e/$ $(V \cdot s \cdot rad^{-2})$	$K_x/$ $(N \cdot m \cdot A^{-2})$	i_{e-g}	$C/$ $(A \cdot h)$	$J_e/$ $(kg \cdot m^2)$	$J_g/$ $(kg \cdot m^2)$	$l/$ m
值	15 200	55 000	13.2	0.313	2.55	1.65	0.000 37	1.60	50	3.2	2.0	3.57

依据设计循环工况和部件参数，通过对发动机转矩 T_{eng} 的最优控制，确定发电机组和电池组间的功率分配以实现最小油耗。设电子油门信号 $ACC_{eng} \in [0,1]$，调节发动机转矩在容许范围内变化。动态规划技术能够解决以上最优控制问题。但是系统的某些重要参数和控制存在耦合，基于动态规划的控制策略仅对特定参数系统而言最优，必须考虑系统参数和控制策略的联合优化。

引入可缩放模型以用于优化过程中缩放系统的性能参数。本文中固定发动机参数，电池容量和开路电压的大小则分别由比例因子 x_{CAP} 和 x_{OCV} 进行缩放。当假设内阻与开路电压成正比、与电池容量成反比时，电池容量、开路电压和内阻如下式所示：

$$C = x_{CAP} \cdot C_{bas} \tag{5-86}$$

$$V(SOC) = x_{OCV} \cdot V_{bas}(SOC) \tag{5-87}$$

$$R_{int\_ch}(SOC) = x_{OCV}/x_{CAP} \cdot R_{int\_ch\_bas}(SOC) \tag{5-88}$$

$$R_{int\_dis}(SOC) = x_{OCV}/x_{CAP} \cdot R_{int\_dis\_bas}(SOC) \tag{5-89}$$

式中，C_{bas} 为电池初始容量；$V_{bas}(SOC)$ 为随 SOC 的函数变化的电池组开路电压；$R_{\text{int\_ch\_bas}}(\text{SOC})$ 和 $R_{\text{int\_dis\_bas}}(\text{SOC})$ 为随 SOC 变化的内阻。

发动机和发电机的传动比将发动机转速/扭矩按比例传入发电机，将其视为外环优化的一个参数。混合度用于测量主动力源和辅助动力源功率的相对大小。对所研究的串联混合配置的履带式车辆而言，发动机-发电机是主动力源，电池组是辅助动力源，混合度 x_h 为

$$x_h = P_{\text{bat\_max}} / (P_{\text{bat\_max}} + P_{\text{gen\_max}}) \tag{5-90}$$

式中，$P_{\text{bat\_max}}$ 为电池组最大输出功率，$P_{\text{gen\_max}}$ 为发电机的最大输出功率。$P_{\text{bat\_max}}$ 基于实际电流的范围由下式计算：

$$P_{\text{bat\_max}} = \max_{\text{SOC} \in [0,1]} \frac{V^2(\text{SOC})}{4R_{\text{int\_dis}}(\text{SOC})} \tag{5-91}$$

为了确保获得具有工程意义的方案，限制 $x_h \in [0, 0.4]$。系统参数与控制耦合优化问题表达为

$$\min_{x_{\text{OCV}}, x_{\text{CAP}}, i_{\text{e-g}}, x_h} \left(\sum_{i=0}^{N-1} T_s \cdot F(n_{\text{eng}}(k), T_{\text{eng}}(k)) \right) \tag{5-92}$$

约束条件为

$$x(k+1) = f(x(k), ACC_{\text{eng}}(k), P_{\text{req}}(k))$$

$$0.2 \leq x_{\text{OCV}} \leq 2$$

$$x_h \leq 0.4$$

$$0.2 \leq x_{\text{CAP}} \leq 2$$

$$1 \leq i_{\text{e-g}} \leq 4$$

$$V(0.7) \cdot C < E_{\text{ele}} \tag{5-93}$$

$$|\text{SOC}(N) - \text{SOC}(0)| < \Delta\text{SOC}$$

$$n_{\text{eng\_idle}} < n_{\text{eng}}(k) < n_{\text{eng\_max}}$$

$$|n_{\text{eng}}(k+1) - n_{\text{eng}}(k)| < \Delta n$$

$$I_{\text{bat\_max\_char}} < I_{\text{bat}}(k) < I_{\text{bat\_max\_disch}}$$

$$0 < I_g(k) < I_{\text{g\_max}}$$

SOC = 0.7 时的开路电压与电量的乘积应该大于足够支持静音行驶里程的能量值。式（5-92）包含两层嵌套的优化，外层通过改变系统参数来优化耗油量，内层根据外层选择的系统参数生成最优控制策略并计算最优的油耗。两层回路形成驱动系-控制器耦合优化过程，能获得系统参数和控制策略的全局最优设计，耦合优化过程与图 5-42 类似。

2）结果和讨论

由于存在双层迭代优化过程，计算量较大。为了提高计算效率，一旦内环约束条件被打破，当前的搜索过程即停止，成本函数被置入一个很大的无

165

效值。实验过程中可以观察到明显的非线性特征。在计算过程中，初始先由实验设计技术（DOE, Design of Experiment）寻找所有可行设计空间的响应图谱，之后应用二次非线性规划算法获得全局优化值[30]。

耗油量与 i_{e-g} 和 x_{OCV} 的关系如图 5-43 所示。该图显示 i_{e-g} 和 x_{OCV} 有明显的最优对应关系。在低油耗区，i_{e-g} 随着 x_{OCV} 的增加而增加以保证最优的燃油经济性。进一步研究发现，这主要是为了实现电池组和发动机-发电机电压范围的良好配合，是实现二者最优功率分配控制的基础。由此可知，若由于 i_{e-g} 导致发电机和电池组电压范围匹配不当，能量分配控制对燃油经济性的影响变得十分有限。应当指出，如果 i_{e-g} 和电池组电压范围被限制在图 5-43 所示低油耗区，则最优功率分配控制的作用会相当明显。图 5-44 显示当选择不同组 i_{e-g} 和 x_{OCV} 时，发动机在最优控制下的工作点。该图显示，若 i_{e-g} 和 x_{OCV} 匹配得好，则发动机的工作曲线较靠近高效区，正如图 5-44 中取 $D2$ 点所对应的图线，其油耗为 2 824 g。而选择其他参数点发动机工作区域则远离高效区，如 $D1$ 和 $D3$ 组，油耗分别为 3 163 g 和 3 513 g，比 $D2$ 组分别高出 12.0% 和 24.4%。

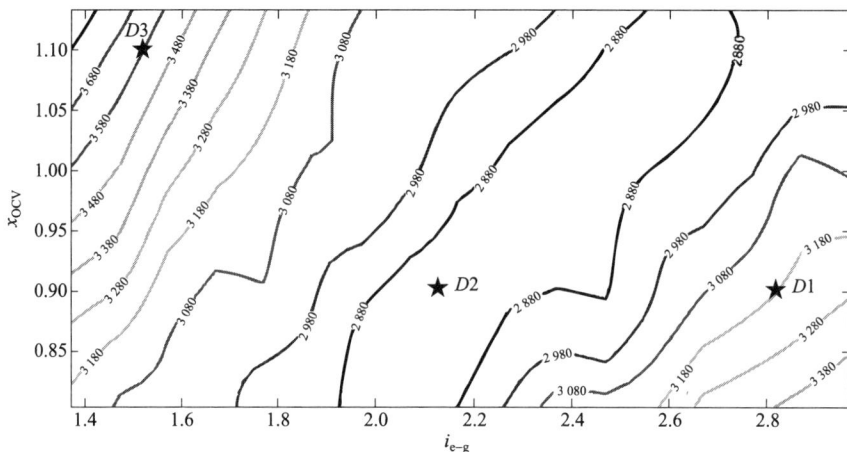

图 5-43　与 i_{e-g} 和 x_{OCV} 相关的油耗等高线

油耗、x_{CAP} 和 x_h 的关系如图 5-45 所示。x_h 和 x_{CAP} 应该限定在特定的范围内才能获得最优的燃油经济性。虽然图中等油耗曲线存在噪声，但对于 x_h 来说还是存在最优的范围的，在 0.25～0.30 之间。结论表明，对于该类型的混合动力车辆，对 x_h 的选择应该非常谨慎，因为燃油经济性并不总随着 x_h 的增加而提高。耗油量、x_h 和 x_{CAP} 之间有着更为复杂的相互作用。

图 5-46 显示在参数点 $D1$、$D2$、$D3$ 所获得动态过程图。$D1$ 和 $D3$ 表示两种为优化匹配的发动机-发电机和电池组。在 $D1$ 点，i_{e-g} 的值相对于电池电压

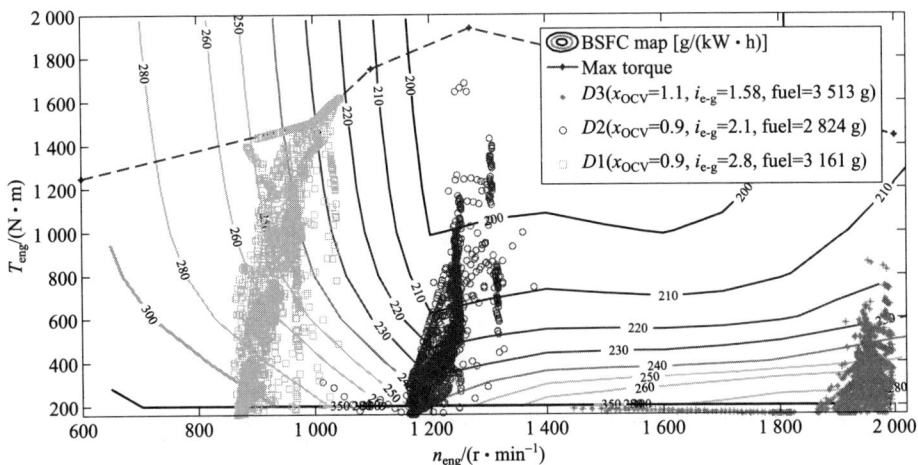

图 5-44 三种不同参数下的发动机工作点图（$x_{CAP} = 2$，$x_h < 0.4$）

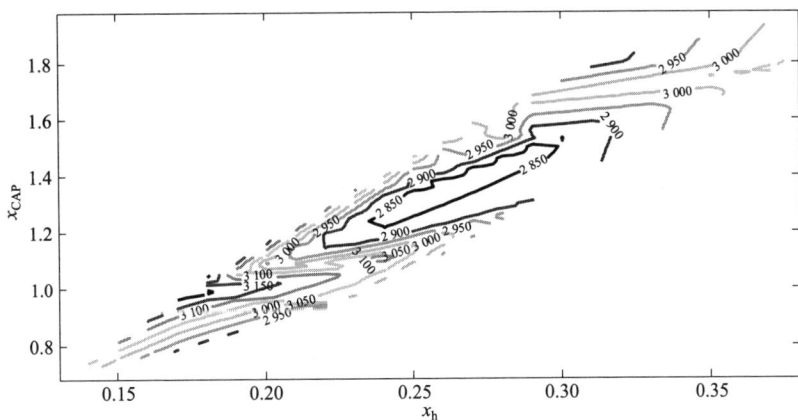

图 5-45 与 x_{CAP} 和 x_h 相关的耗油量图

范围低得多，$D3$ 点恰好相反。因此当参数选为 $D1$、$D3$ 点时，发动机转速运行在过高或过低区。对于不同的参数点，动态规划得到的控制策略也不同。在 $D1$ 点，发动机在高速范围进行发电，当 230~260 s，功率需求较低时，发动机停止工作。对于 $D2$ 和 $D3$ 点，发动机分别工作在 900 r/min 和 1 200 r/min 左右。由于 $D3$ 发动机工作在低速范围，因此其经常输出最大扭矩来提高功率。$D2$ 具有相对合理的转矩与转速匹配，能够实现最低油耗。很明显电池组在 $D3$ 比 $D2$ 更倾向于发生大电流充放过程，电池组在 $D1$ 比 $D2$ 投入使用的强度更低。该规律可以指导电池参数的选定。可以看出，期望速度范围内的发电机和许可 SOC 范围内的电池组间电压的合理匹配十分重要，可以防止电功率的过度使用或电功率供应不足，保证电功率合理输出。

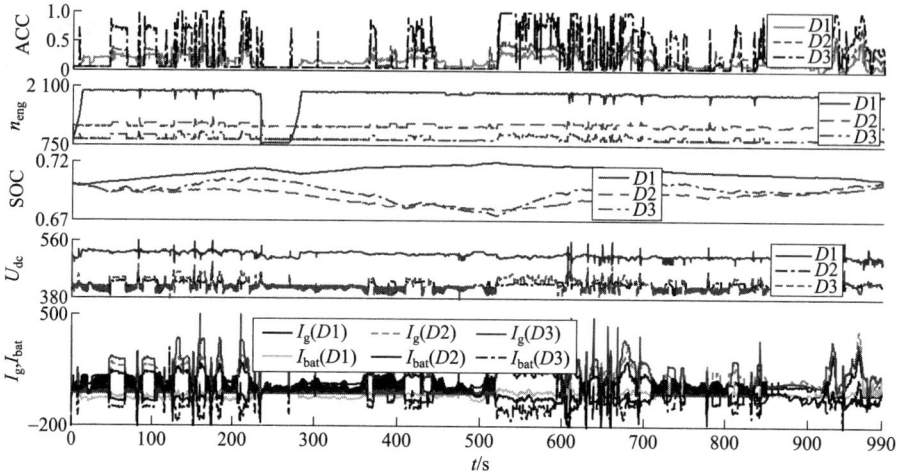

图 5-46 典型变量组 $D1$、$D2$、$D3$ 的动态过程图

优化后的结果和初始参数见表 5-5，优化结果显示电池容量增加 28.0%，电压下降为初始值的 89.9%。这有助于提高电池供应更大的瞬态电流的能力，却不会因此过多地损失电池的可靠性，最终油耗量比初始参数降低 16.2%。

表 5-5 初始设计参数和联合最优化设计参数的对比

最优设计结果							初始设计参数的值				燃油经济性提高量
x_{OCV}^*	x_{CAP}^*	x_h^*	i_{e-g}^*	$C^*/$ (A·h)	$V^*(1)$ /V	耗油量 /g	$C/$ (A·h)	$V(1)$ /V	i_{e-g}	耗油量 /g	
0.90	1.68	0.25	2.15	64	436	2 820	50	485	1.60	3 365	16.2%

地面车辆混合驱动系统参数选定在系统最优设计中较为重要，良好的性能需要合理的参数匹配，尤其一些主要参数。即便是最优控制策略，但当参数不当匹配时仍会限制性能的提高。应当指出，最优控制策略只是在当前给定结构、参数和负载的最优解。混合驱动系统-控制策略联合优化设计框架能揭示系统构型参数和控制策略间的关系，对系统构型和控制策略的协同设计非常有用，构型参数决定了系统各组件协同运作的可能空间，最优控制策略确定了在构型参数间合理工作的方法。

参考文献

[1] Kim，Peng H. Power management and design optimization of fuel cell/battery hybrid vehicles

[J]. Journal of Power Sources, 2007, 165 (2): 819-832.

[2] Lin C-C, Peng H, Grizzle J W, Kang J-M. Power management strategy for a parallel hybrid electric truck [J]. IEEE Trans. Control Syst. Technol., 2003, 11 (6): 839-849.

[3] Jinming Liu, Huei Peng. Control optimization for a power-split hybrid vehicle [C]. Proceedings of the 2006 American Control Conference. Minneapolis, Minnesota, USA, June 14-16, 2006.

[4] Xiaowu Zhang, Chiao-Ting Li, Dongsuk Kum, Huei Peng. Prius+ and Volt-: Configuration Analysis of Power-Split Hybrid Vehicles With a Single Planetary Gear [J]. IEEE TRANSACTIONS ON VEHICULAR TECHNOLOGY, 2012, 61 (8): 3544-3552.

[5] Sciarretta A, Guzzella L, Onder C H. On the Power Split Control of Parallel Hybrid Vehicles: from Global Optimization towards Real-time Control [J]. 2003, 5: 195-203.

[6] 欧阳易时, 金达峰, 罗禹贡. 并联混合动力汽车功率分配最优控制及其动态规划性能指标的研究 [J]. 汽车工程, 2006, 28 (2): 117-121.

[7] 浦金欢, 殷承良, 张建武. 并联型混合动力汽车燃油经济性最优控制 [J]. 上海交通大学学报, 2006, 40 (6): 947-951.

[8] 秦大同, 隗寒冰, 段志辉, 陈淑华. 重度混合动力汽车油耗和排放多目标实时最优控制 [J]. 机械工程学报, 2012, 48 (6): 83-89.

[9] 朱元, 田光宇, 陈全世, 吴昊. 混合动力汽车能量管理策略的四步骤设计方法 [J]. 机械工程学报, 2004, 40 (8): 127-133.

[10] Bellman R. Dynamic Programming [M]. New Jersey: Princeton University Press, 1957.

[11] Kirk D E. Optimal Control Theory: An Introduction [M]. Dover Publications Incorporated: Mineola, NY, USA, 2004: 227-240.

[12] Sundstrom O, Guzzella L. A Generic Dynamic Programming Matlab Function [C]. In Proceedings of the 18th IEEE International Conference on Control Applications, Saint Petersburg, Russia, 2009: 1625-1630.

[13] M. L. Puterman. Markov Decision Processes: Discrete Stochastic Dynamic Programming [M]. John Wiley & Sons Inc., 1994.

[14] 侯仕杰. 基于动态规划的混合动力汽车能量管理优化控制研究 [D]. 北京: 北京理工大学, 2011.

[15] 邹渊, 侯仕杰, 韩尔樑, 刘林, 陈锐. 基于动态规划的混合动力商用车能量管理策略优化 [J]. 汽车工程, 2012, 34 (8): 663-668.

[16] McKain D L, Clark N N, Balon T H, 等. Characterization of Emissions from Hybrid-Electric and Conventional Transit Buses [C]. SAE Paper 2000-01-2011, 2000.

[17] Zou Yuan, Liu Teng, Sun Fengchun, Huei Peng. Comparative Study of Dynamic Programming and Pontryagin's Minimum Principle on Energy Management for a Parallel Hybrid Electric Vehicle. Energies [J]. Energies, 2013, 6 (4): 2305-2318.

[18] 陈锐. 基于动态规划的混合动力履带车辆能量管理策略研究 [D]. 北京: 北京理工大学, 2011.

[19] 邹渊, 陈锐, 侯仕杰, 胡晓松. 基于随机动态规划的混合动力履带车辆能量管理策

169

略 [J]. 机械工程学报，2012，48（14）：91-96.

[20] Sciarretta A, Guzzella L. Control of hybrid electric vehicles [J]. IEEE Control Systems Magazine, 2007, 27（2）：60-70.

[21] 朱元，吴志红，田光宇，张涵，孙鸿航. 基于马尔可夫决策理论的燃料电池混合动力汽车能量管理策略 [J]. 汽车工程，2006，28（9）：798-802.

[22] 张炳力，代康伟，赵韩，江昊，胡先锋. 基于随机动态规划的燃料电池城市客车能量管理策略优化 [J]. 系统仿真学报，2008，20（17）：4664-4667.

[23] Lin C-C, Peng H, Grizzle J. A stochastic control strategy for hybrid electric vehicles [C]. In Proceedings of the American Control Conference, 2004.

[24] Romaus C, Gathmann K, Joachim Böcker. Optimal energy management for a hybrid energy storage system for electric vehicles based on Stochastic Dynamic Programming [C]. Vehicle Power and Propulsion Conference（VPPC），2010.

[25] Johannesson L, Asbogard M, Egardt B. Assessing the potential of predictive control for hybrid vehicle powertrains using stochastic dynamic programming [J]. IEEE Transactions on Intelligent Transportation Systems, 2007, 8.

[26] 李军求. 电传动车辆混合动力系统能量分配与管理 [D]. 北京：北京理工大学，2005.

[27] ADVISOR User Document [R]. National Renewable Energy Laboratory, 2002.

[28] 吴静波，张承宁，邹渊，李军求. 基于遗传蚁群算法的履带式混合动力车辆控制策略参数优化 [J]. 车辆与动力技术，2009，3：44-48.

[29] Yuan Zou, Fengchun Sun, Xiaosong Hu, Lino Guzzella and Huei Peng. Combined Optimal Sizing and Control for a Hybrid Tracked Vehicle [J]. Energies, 2012, 5（11）：4697-4710.

[30] iSight Software User Guide（4.5 Release）；Dassault Company：Cary, NC, USA, 2010.

6

车辆混合驱动系统非线性规划优化控制

车辆混合驱动系统的最优控制问题也可以转化为非线性优化问题来求解，这种情况下把驱动系统参数与控制都当作时域范围内的优化变量来处理。由于大规模非线性优化求解器的存在，上述方法日益具备可行性。当前应用较多的是伪谱法和凸优化法。伪谱法是一类针对普遍优化控制问题的非线性规划求解方法，而凸优化法则是一类针对凸优化问题的求解方法。

6.1 最优控制到非线性规划转化

非线性最优控制问题（OCP，Optimal Control Problem）是指性能指标、状态方程或者约束条件中存在非线性函数项的最优控制问题，通用的表述形式为确定状态 $x(t)$，控制 $u(t)$ 使 Bolza 性能泛函 J 取得最小值：

$$J = \Phi(x(t_0), t_0, x(t_f), t_f) + \int_{t_0}^{t_f} L(x(t), u(t), t) \mathrm{d}t \qquad (6-1)$$

其中状态方程为

$$\dot{x}(t) - f(x(t), u(t), t) = 0, t \in [t_0, t_f] \qquad (6-2)$$

边界条件为

$$E(x(t_0), x(t_f), t_0, t_f) = 0 \qquad (6-3)$$

积分不等式约束为

$$\int_{t_0}^{t_f} g(x(t), u(t), t) \mathrm{d}t - \tilde{g} \leqslant 0 \qquad (6-4)$$

路径约束为

$$c(x(t), u(t), t) \leqslant 0, t \in [t_0, t_f] \tag{6-5}$$

状态量和控制量的上下限约束为

$$\underline{x(t)} \leqslant x(t) \leqslant \overline{x(t)}, t \in [t_0, t_f]$$

$$\underline{u(t)} \leqslant u(t) \leqslant \overline{u(t)}, t \in [t_0, t_f] \tag{6-6}$$

其中，Bolza 型目标函数中的积分项 $L(x(t), u(t), t)$ 为拉格朗日项；$\Phi(x(t_0), t_0, x(t_f), t_f)$ 为梅耶项；$x(t), u(t)$ 分别为系统状态量和控制量，状态方程和边界条件亦可以看作施加于系统的等式约束。

本质为有约束的非线性最优控制问题可以理解为轨迹优化问题，求解方法一般可以分为两类：间接法和直接法。

6.1.1　间接法

间接法的基础是最优控制理论，即庞特里亚金极小值原理。该方法通过引入 Hamilton 函数和协态变量给出了最优轨迹需要满足的一阶最优必要条件，以这些最优必要条件为基础，间接法将轨迹优化问题转为两/多点边值问题。通过求解两/多点边值问题，间接法可以高精度地确定最优解。但间接法也存在一些缺点，如对边值问题的初值估计精度要求高，在求解过程中需要求解状态方程和协态方程，计算量较大，且算法的鲁棒性比较差，对于较复杂的系统，推导一阶必要条件特别困难等。

6.1.2　直接法

直接法通过引入时间离散网格，将控制变量和/或状态变量离散，并将动态约束条件转化为代数约束条件，最终使原来的连续轨迹优化问题转化为一个离散参数优化问题，即非线性规划问题（NLP，Nonlinear Programing），结合非线性规划求解器即可获得（局部）最优解。优化变量通常包含离散网格点上的控制变量序列和/或状态变量序列。

直接法根据离散化变量的不同可分为三类。

第一类方法为直接配点法，即同时将状态变量和控制变量离散化，微分方程转化为代数约束条件，如通过引入离散网格可以将微分方程 $\dot{x} = f(x, u, t)$ 在某离散时间节点 t_i 处采用梯形积分公式得到 $x_{i+1} = x_i + 0.5 \times (f_{i+1} + f_i)(t_{i+1} - t_i)$，相当于通过有限差分法来近似导数项，此处 $f_i = f(t_i, x_i, u_i)$。进而将离散的动态约束条件改写成残值形式，即 $R_i = x_{i+1} - x_i - 0.5 \times (f_{i+1} + f_i)(t_{i+1} - t_i)$，离散的动态约束条件就等价于要求残值 R_i 在节点上为零。优化的过程就是不停调整状态和控制量，使这些残值趋于零，同时也要满足边界条件，并使性能指标最小。这样，这些残值表达式和原最优控制问题中的其他约束一起构成配点法中非线性规划问题的约束条件。这一类算法收敛速度快，并且收敛半径较大，是目前应用较多的求解最优控制问题的直接法之一。

第二类方法是数值积分法，只离散控制变量，对微分方程进行显式数值积分，同时得到状态变量序列，进而得到终端时刻 t_f 的状态。优化的过程就是不断调整控制变量序列，使得终端约束条件得到满足并使性能指标取极值。这种方法需要进行数值积分，缺点是计算量较大，代表算法是直接单步或多步打靶法。

第三类方法是只离散状态变量的微分包含法，该方法通过求解部分状态方程将控制变量消去，并将余下的状态方程进行离散从而转化为残值形式。余下的思路和配点法类似，只不过此处优化变量只有状态变量序列。

依据以上所述，不同的变量进行离散后的连续最优控制问题转化为非线性规划问题，求解 NLP 的算法已经相对较成熟，主要有罚函数法、SQP（Sequence Quadratic Programming）法、内点法和信赖域法，目前存在的求解软件包有以稀疏 SQP 算法为基础的 SNOPT[1]（Sparse Nonlinear OPTimizer）软件包、以内点法为基础的 IPOPT[2]（Interior Point OPTimizer）软件包、以囊括了两种内点法和一种线性 SQP 方法为基础的 KNITRO[3] 软件包等。

除了以上软件包中常见的传统数值算法，若干新型智能算法也得到了研究者的关注，如遗传算法、模拟退火算法等，在改善全局收敛性方面有一定成效。如 NSGA–Ⅱ算法是最近发展起来的具有优良性能的多目标遗传算法，它引入了快速分类、约束支配和精英策略，每一次运行可以获得多个 Pareto 最优解。启发式算法的优点是：具有找到非线性规划问题的全局最优解的潜力，鲁棒性好，收敛半径大；缺点是：搜索效率较低，收敛速度较慢。

直接法的形式有多种，优化变量的选择和动态约束的离散方法有很大的灵活性。若将微分包含法看成特殊的配点法，则可以粗略地将直接法分成直接配点法和直接打靶法两大类。早期的直接配点法采用固定阶分段多项式近似状态量，求解收敛速度较慢；目前正交多项式被用来近似状态和控制量，不仅提高了计算精度，也加速了收敛速度，又被称为伪谱法。因此，伪谱法在越来越多的实际问题中表现出很好的优势，为求解复杂的非线性最优控制问题提供一个方向。基于 MATLAB 环境下采用直接法求解最优控制问题的软件包也日渐增多，较具代表性的软件包有 GPOPS[4]、RIOTS[5]、DIDO[6]、DIRECT[7]、PROPT[8] 等。

6.2 伪谱法的理论基础

伪谱法与普通配点法最大的区别在于它使用数值微分来近似导数项，采用基于 Lagrange 插值基函数的全局近似，从而得到节点上的离散动力学方程，也即残值表达式；而普通配点法采用数值积分或有限差分方法得到微分方程，即动态约束在离散节点上的残值。与大部分直接法相比，伪谱法有一个理论上的亮点，即可以利用其结果来估计间接法中的协态变量。绝大部分的直接法由于没有利用最优控制所诱导的一阶最优必要条件，因此很难保证结果的最优特性。而在伪谱法中，伪谱离散将原连续轨迹优化问题转化为非线性规划问题，这个非线性规划问题的一阶必要条件（即 Karush-Kuhn-Tucker 或 KKT 条件）可以证明与最优控制所诱导的最优必要条件是等价的，称为乘子等价映射定理。这一结果沟通了直接法和间接法，即最优控制理论的联系。

构造伪谱法离散网格点有两个特点：第一，它们不是任意给的均匀网格点，而是正交多项式或其组合的零点；第二，它们通常是 Gauss 积分点，也就是根据相应权函数可以利用被积函数在伪谱网格点上的值来求积分值。常用的正交多项式有 Legendre 多项式、Chebyshev 多项式和 Jacobi 多项式，而每一种正交多项式可以对应不同的 Gauss 积分点，如 Gauss-Lobatto 节点、Gauss 节点和 Gauss-Radau 节点。这三类 Gauss 积分点依次包含两个时间边界节点、不含时间边界节点和一个时间边界节点。利用不同正交多项式和 Gauss 积分点组合可构造出多种伪谱法格式，常见的伪谱法格式有 Chebyshev-Gauss-Lobatto（CGL）、Legendre-Gauss（LG）、Legendre-Gauss-Radau（LGR）、Legendre-Gauss-Lobatto（LGL）等。

以式（6-1）～式（6-6）所述最优控制问题为例，上述 Bolza 问题的时间取值范围是 $[t_0, t_f]$，引入归一化时间变量 $\tau \in [-1, 1]$，将原最优控制问题转化为区间 $[-1, 1]$ 上的标准最优控制问题：

$$t = \frac{t_f - t_0}{2}\tau + \frac{t_f + t_0}{2} \tag{6-7}$$

将式（6-7）代入到式（6-1）～式（6-5）。时间区间变为 $[\tau_0, \tau_f] = [-1, 1]$，Bolza 问题转化为以下适合伪谱法的标准 Bolza 问题：

$$\min_{x(\tau), u(\tau), \tau \in [-1, 1]} \left(J = \Phi(x(-1), x(1), t_0, t_f) + \frac{t_f - t_0}{2} \int_{-1}^{1} L(x(\tau), u(\tau), \tau) \mathrm{d}\tau \right) \tag{6-8}$$

同时满足
$$\frac{\mathrm{d}x}{\mathrm{d}\tau} = \frac{t_f - t_0}{2} f(x(\tau), u(\tau), \tau; t_0, t_f), \tau \in [-1, 1] \tag{6-9}$$

$$\frac{t_f - t_0}{2} \int_{-1}^{1} g(x(\tau), u(\tau), \tau) \mathrm{d}\tau \leqslant \tilde{g} \tag{6-10}$$

$$E(x(-1), t_0, x(1), t_f) = 0$$
$$C(x(\tau), u(\tau), \tau; t_0, t_f) \leqslant 0, \tau \in [-1, 1] \tag{6-11}$$

因为本章第 3 节所介绍的实例是利用 Radau 伪谱法进行求解的，所以针对以上经过时间变换得到的最优控制问题，重点阐述 Radau 法的求解过程。

6.2.1　状态和控制变量离散化

Radau 伪谱法求解最优控制问题的基本思路为：将未知的状态变量和控制变量在一系列 Legendre-Gauss-Radau（LGR）点上离散化，然后采用 Lagrange 插值多项式逼近真实的状态变量与控制变量，再通过对被近似的状态变量表达式求导来代替状态微分方程。LGR 点为多项式 $P_{N-1}(\tau)+P_N(\tau)$ 的零点，有 N 个离散点位于区间 $[-1,1)$ 内，其中左侧端点 -1 也是一个配置点。其中 $P_N(\tau)$ 为 N 阶 Legendre 多项式，表达式及其递推公式为

$$P_N(\tau)=\frac{1}{2^N N!}\frac{\mathrm{d}^N}{\mathrm{d}\tau^N}\big[(\tau^2-1)^N\big] \tag{6-12}$$

$$P_0(\tau)=1,P_1(\tau)=\tau \tag{6-13}$$

$$(N+1)P_{N+1}(\tau)=(2N+1)\tau P_N(\tau)-N\cdot P_{N-1}(\tau) \tag{6-14}$$

其中配置点记为 τ_i，$i=1,2,\cdots,N$，且 $\tau_{N+1}=1$，在将时间区间分为 N 段之后，采用 Lagrange 插值多项式的线性组合来近似状态变量 $x(t)$ 和控制变量 $u(t)$，可得到以下表达式：

$$x(\tau)\approx X(\tau)=\sum_{i=1}^{N+1}L_i(\tau)X(\tau_i)=\sum_{i=1}^{N+1}L_i(\tau)X_i \tag{6-15}$$

$$L_i(\tau)=\prod_{j=1,j\neq i}^{N+1}\frac{\tau-\tau_j}{\tau_i-\tau_j}=\frac{b(\tau)}{(\tau-\tau_i)\dot{b}(\tau_i)} \tag{6-16}$$

式中，$b(\tau)=\prod_{i=1}^{N}(\tau-\tau_i)$。

$$u(\tau)\approx U(\tau)=\sum_{i=1}^{N}\tilde{L}_i(\tau)U(\tau_i)=\sum_{i=1}^{N}\tilde{L}_i(\tau)U_i \tag{6-17}$$

$$\tilde{L}_i(\tau)=\prod_{j=1,j\neq i}^{N}\frac{\tau-\tau_j}{\tau_i-\tau_j} \tag{6-18}$$

式中，$L_i(\tau)$ 为 Lagrange 插值多项式。基于上述状态变量和控制变量的离散化结果，需要进一步对状态方程和约束条件等进行转化计算。

6.2.2　微分矩阵与导数近似

系统的状态方程含有状态变量对时间的导数项，此处对导数的近似一般是指整体近似，在伪谱法中，函数的 Lagrange 插值基函数是全局定义的，而导数的伪谱近似是通过对 Lagrange 插值多项式求微分得到的，因此它属于整体近似方法。除此之外，通常的有限差分法属于局部近似，依赖于 Lagrange

局部插值近似。对 Lagrange 插值多项式（6-15）求导可得：

$$\dot{x}(\tau) \approx \dot{X}(\tau) = \sum_{i=1}^{N+1} \dot{L}_i(\tau) X_i \tag{6-19}$$

只考虑 LGR 配点上的状态变量的导数值，令 $\tau = \tau_k$，代入式（6-19）可得：

$$\dot{x}(\tau_k) \approx \dot{X}(\tau_k) = \sum_{i=1}^{N+1} \dot{L}_i(\tau_k) X_i = \sum_{i=1}^{N+1} D_{k,i} X_i \tag{6-20}$$

$$D_{k,i} = \dot{L}_i(\tau_k) = \begin{cases} \dfrac{\dot{b}(\tau_k)}{\dot{b}(\tau_i)(\tau_k - \tau_i)}, & k \neq i \\[3mm] \dfrac{\ddot{b}(\tau_k)}{2\dot{b}(\tau_k)}, & k = i \end{cases}$$

式中，$i = 1, 2, \cdots, (N+1)$；$k = 1, 2, \cdots, N$，因此以 $D_{k,i}$ 为元素的 $\boldsymbol{D}$ 为一个 $N \times (N+1)$ 的矩阵，称为状态微分矩阵。那么状态方程（6-2）可以由下面的约束条件代替：

$$\sum_{i=1}^{N+1} D_{k,i} X_i = \frac{t_f - t_0}{2} f(X_k, U_k, \tau_k; t_0, t_f), k = 1, 2, \cdots, N \tag{6-21}$$

这样原微分方程动态约束便转化为代数约束，而且微分矩阵 $\boldsymbol{D}$ 亦可以事先计算出来，式（6-21）左边为状态变量的线性组合形式，为后面的稀疏非线性规划问题中雅可比矩阵计算提供了便利。性能指标 J 中的 Lagrange 项需要计算积分，这里采用的是积分逼近精度较高的 Gauss 积分公式，将其代入式（6-1）中可以得到 J 中的 Lagrange 项的近似表达：

$$\int_{-1}^{1} L(x(\tau), u(\tau), \tau; t_0, t_f) \approx \sum_{k=1}^{N} w_k L(x(\tau_k), u(\tau_k), \tau_k; t_0, t_f)$$

$$= \sum_{k=1}^{N} w_k L(X_k, U_k, \tau_k; t_0, t_f) \tag{6-22}$$

其中，$w_k (k = 1, 2, \cdots, N)$ 是 Gauss 积分公式中的积分权重，也可以事先计算出，其表达式为

$$w_k = \frac{2}{(1 - \tau_k^2)(\dot{P}_N(\tau_k))^2}, k = 1, 2, \cdots, N \tag{6-23}$$

6.2.3　NLP 问题的求解

通过把路径约束在 LGR 点上进行离散化，以及将状态变量和控制变量的近似多项式代入式（6-1）~式（6-5）中，可以得到离散形式的非线性规划

问题，如下：

$$\min_{U_{i,i=1,2,\cdots,N;t_f}} \left(J = \Phi(X_0,t_0,X_f,t_f) + \frac{t_f-t_0}{2}\sum_{k=1}^{N}w_k L(X_k,U_k,\tau_k;t_0,t_f) \right)$$

(6-24)

同时满足 $\sum_{i=1}^{N+1}D_{k,i}X_i - \frac{t_f-t_0}{2}f(X_k,U_k,\tau_k;t_0,t_f)=0, k=1,2,\cdots,N$ (6-25)

$$E(X_0,X_f,t_0,t_f)=0$$ (6-26)

$$c(X_k,U_k,\tau_k;t_0,t_f)\leqslant 0, t\in[t_0,t_f], k=1,2,\cdots,N$$ (6-27)

$$\frac{t_f-t_0}{2}\sum_{k=1}^{N}w_k g(X_k,U_k,\tau_k;t_0,t_f) - \tilde{g} \leqslant 0$$ (6-28)

至此，连续系统的最优控制问题转化为受一系列代数约束的参数优化问题：目标函数是式（6-24），优化变量是 $X_i(i=1,2,\cdots,(N+1))$ 和 $U_i(i=1, 2,\cdots,N)$，约束条件为式（6-25）~式（6-28）。可以通过求解非线性规划问题的方法引入 Lagrange 函数及相应的 Lagrange 乘子进行求解。具体的相关算法此处不再赘述。NLP 商用求解器十分成熟，所以直接采用 SNOPT 或者 IPOPT 进行较大规模优化问题的求解。

对于所求得 NLP 问题的解是否为原最优控制问题的最优解，很多学者进行了研究[9,10]，由协态映射定理可知，经过离散化后的非线性规划问题的 KKT 条件与最优控制问题的一阶必要条件的离散形式等价，并且非线性规划问题求解过程中得到的 Lagrange 乘子与原最优控制问题的协态变量有一定关系。Radau 伪谱法不仅能够得到状态变量和控制变量，而且能够通过协态映射关系直接计算出协态变量的值，使得伪谱法具有间接法的优点，解的精度高，且能够检验所得解的最优性[11]。借助协态映射定理，采用伪谱法求解最优控制问题，同时可以得到协态信息，克服原来直接法无法计算协态变量的缺点，同时也表明伪谱法是直接法和间接法之间的一座桥梁。

6.3 混合动力车辆最优控制问题求解

混合动力整车参数匹配和能量管理策略的研究一直是热点，整车参数匹配和能量管理策略都可以被看作最优化问题。基于动态规划、庞特里亚金极小值原理和凸优化理论的方法都被应用到混合动力参数匹配和能量管理策略开发中。此处以双电机独立驱动混合动力装甲车的能量管理问题为例，采用 Radau 伪谱法进行求解，并与动态规划进行对比研究。车辆结构详见 5.4.1 节，整车部件主要包括发动机-发电机组、动力电池组、驱动电机组和混合动力系统综合控制单元等[12,13]。

6.3.1　整车模型与问题描述

所选取的车辆行驶工况如图 6-1 所示。

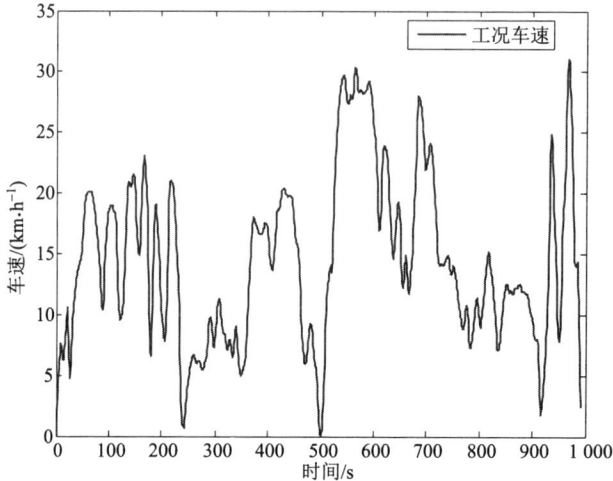

图 6-1　履带车行驶工况

选取电池组的荷电状态 SOC 和发电机转速 n_g 为状态变量，即 $x(t) = [\text{SOC}(t), n_g(t)]$；选柴油机的电子节气气门开度 ACC 为控制量，即 $u(t) = ACC(t)$；工况的初始和末尾时间设定为 t_0、t_f；仅以工况油耗最低为优化目标，可得系统的最优控制问题为

$$J = \int_{t_0}^{t_f} \dot{m}_f(n_{\text{eng}}(t), T_{\text{eng}}(t), t)\,\mathrm{d}t \tag{6-29}$$

同时满足

$$\dot{x}(t) - f(x(t), ACC(t), P_{\text{req}}(t)) = 0, t \in [t_0, t_f] \tag{6-30}$$

$$0 < \text{SOC}(t) < 1, 0 < ACC(t) < 1 \tag{6-31}$$

$$|\text{SOC}(t_f) - \text{SOC}(t_0)| < \Delta\text{SOC} \tag{6-32}$$

$$n_{\text{eng\_idle}} < n_{\text{eng}}(t) < n_{\text{eng\_max}} \tag{6-33}$$

$$I_{\text{bat\_max\_char}} < I_{\text{bat}}(t) < I_{\text{bat\_max\_disch}} \tag{6-34}$$

$$0 < I_g(t) < I_{g\_\text{max}} \tag{6-35}$$

式中，$\dot{m}_f(\cdot)$ 为燃油消耗率；$P_{\text{req}}(t)$ 为整车需求功率；发电机电流 $I_g(t)$ 与电池电流 $I_{\text{bat}}(t)$ 都有限制范围，如式（6-35）和式（6-34）所示。对于状态量 SOC 而言，需要保证电量在运行完一个工况后能够维持电量，所以用式（6-32）进行限制。

6.3.2　结果分析与对比

针对上述的最优控制问题，采用 Radau 伪谱法（RPM，Radau Pseudo-spectral Methods）进行优化，其中 NLP 求解器为 IPOPT。得到的控制量和状态量的轨迹与动态规划（DP）的对比结果如图 6-2 和图 6-3 所示。

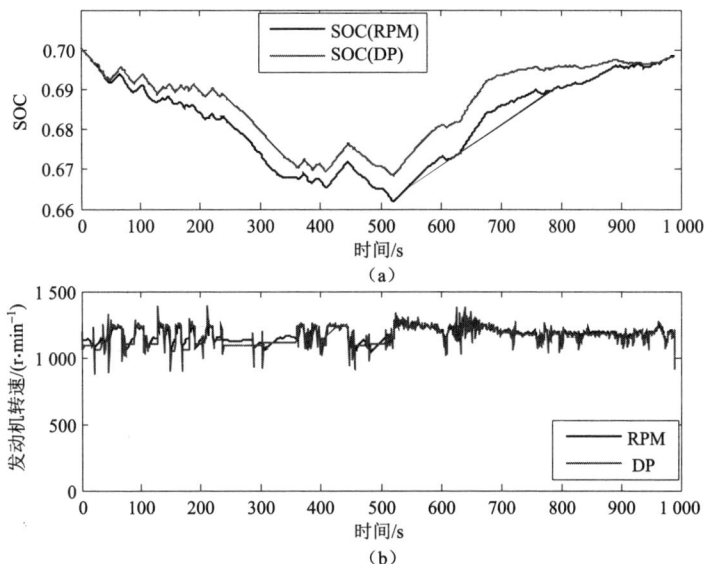

图 6-2　履带车辆状态量 SOC 和发动机转速最优轨迹对比图（见彩插）

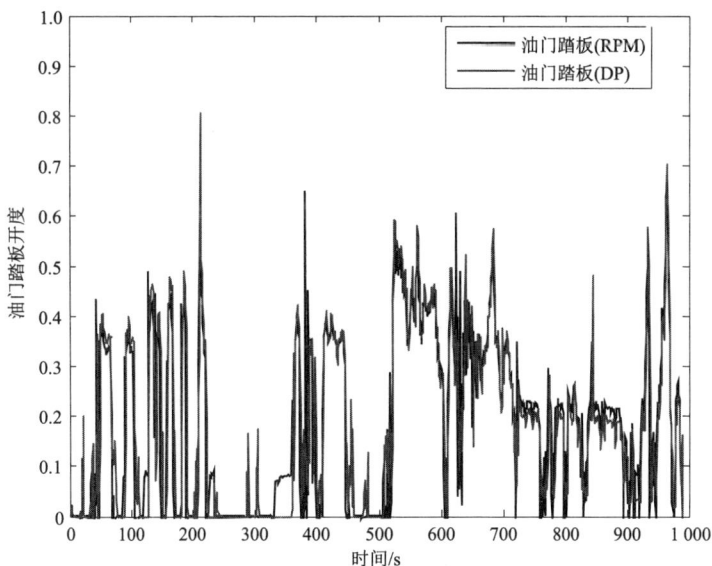

图 6-3　履带车辆控制量 ACC 最优轨迹对比图（见彩插）

　　由图 6-2 可以看出，两种算法得到的 SOC 变化趋势基本一致，但是 RPM 算法较 DP 结果产生略大的 SOC 下降，这也可以从图 6-4、图 6-5 中电池电流的变化情况看出，不管在工况的前半段还是工况后半段，RPM 算法计算的电池充电电流更缓和，波动幅度相比于动态规划的结果更小。

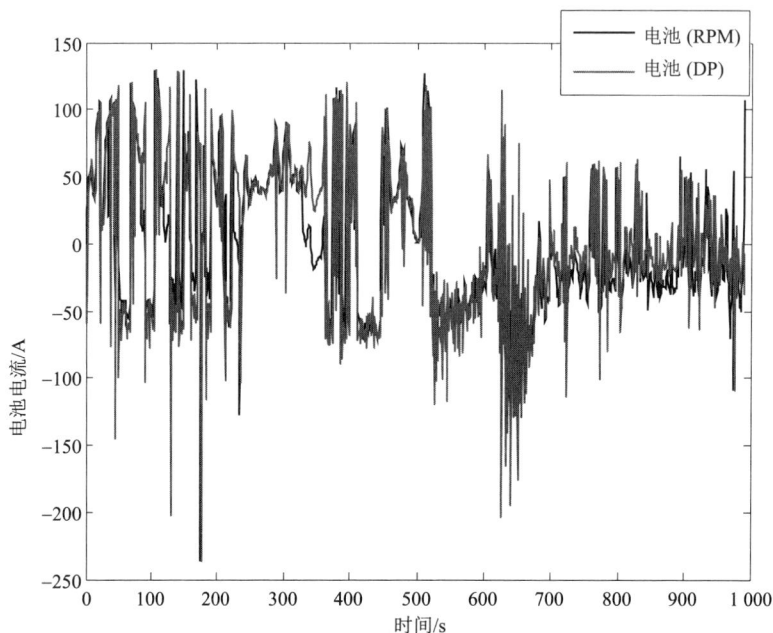

图 6-4　I_{bat} 的对比图（见彩插）

　　RPM 算法得到的发动机转速相比于 DP 结果更稳定。从发动机工作点对比图 6-6 也可以看出，对于动态规划算法，发动机在转速为 800～1 000 r/min 之间也有工作点，而 RPM 得到的发动机转速波动范围比动态规划更小，这也是导致 RPM 计算的油耗相比 DP 稍好的直观原因。理论上 RPM 是在初值选择较好的情况下搜索优化变量在连续空间上的最优解，而 DP 是在一系列离散的状态和控制量之间进行寻优。随着网格划分越来越细，DP 求得的油耗值逐渐减小，并收敛于最优值，但是同时，网格划分密度增加带来计算时间和计算量的增加。但两者对于履带车辆混合驱动系统油耗的改善是基本相同的。以上分析说明，RPM 也可以被考虑为一种优化能量管理策略的方法，尤其是当整车考虑的状态量或者控制量增多时，DP 会产生维数灾难，但是 RPM 的计算时间只是随着变量数增加而线性增加。根据以上结果，RPM 可以作为混合驱动系统优化的有效工具。

　　在计算能量管理策略的应用方面，利用直接 Radau 伪谱法可以得到跟 DP 结果有相当参考价值的最优控制规律和状态变化轨迹。最优控制规律得到之

（a）

（b）

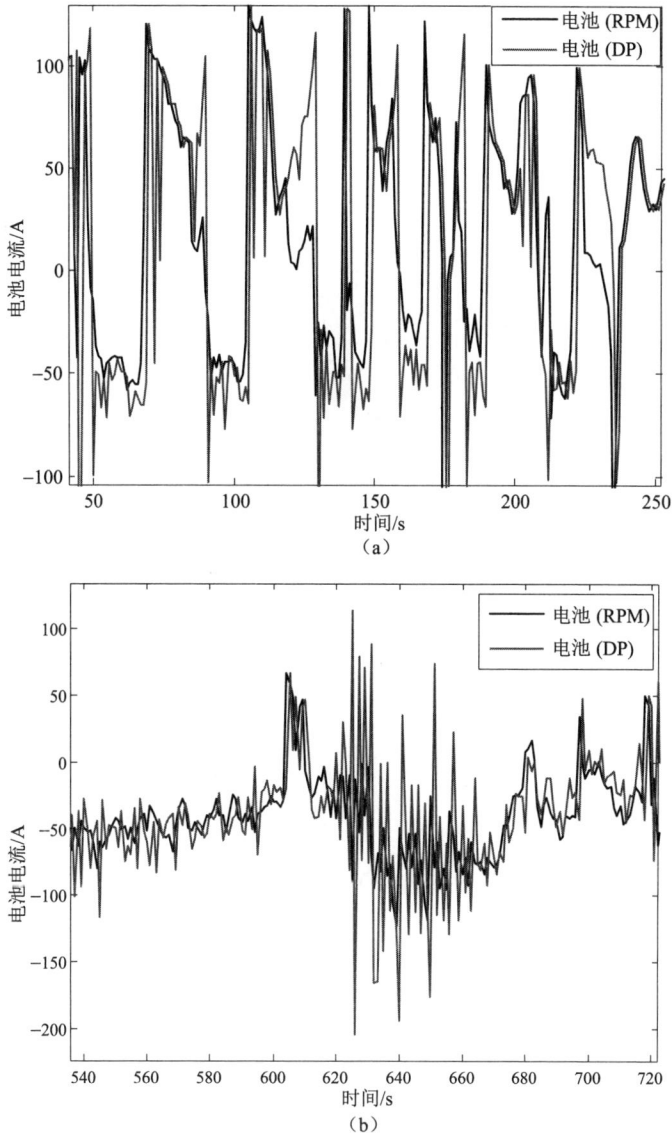

图 6-5 I_{bat} **的局部细节对比图（见彩插）**

（a）50~250 s 局部对比；（b）540~720 s 局部对比

后，还需提取控制规则规律以实时实现应用。对于串联式结构的混合动力系统，一般采取的是发动机多点或者单点转速控制策略，如果从这一层面上看，两种算法得到的结果一致。RPM 在并联混合动力车或者混联混合动力车上的应用值得进一步研究。

RPM: 2 534 g; DP:2 606 g

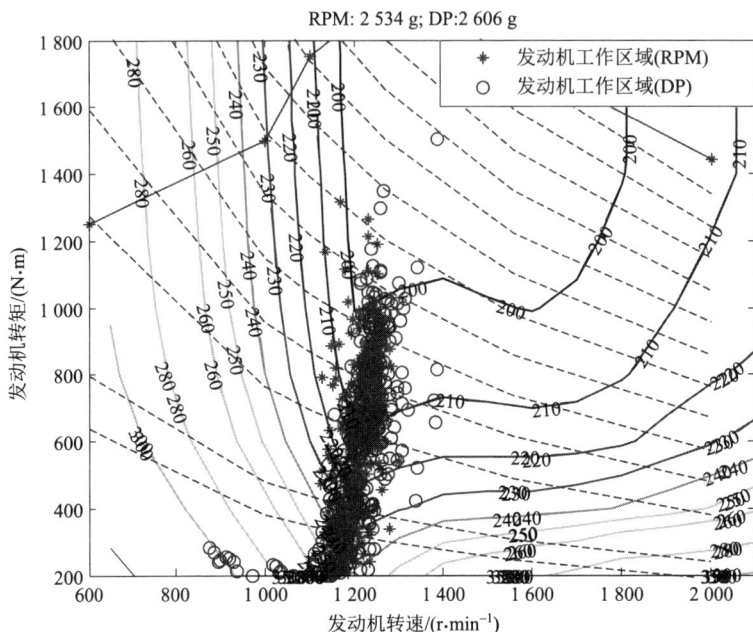

图 6-6 发动机工作点对比图

6.4 凸优化基础

6.4.1 凸优化的意义与优势

    系统地评估混合动力车辆的环境和经济影响涉及复杂的混合动力驱动系统以及车辆与充电网络的互动。更重要的是，在评估混合动力车辆的时候，其燃油经济性取决于能量/功率管理控制器的控制策略与当前行驶工况的适应性。混合动力控制器把油门踏板位置解析成车辆需要从动力系统获取的转矩或功率，然后决定主动力源的工作点，例如发动机或者燃料电池。同时控制器决定能量缓冲元件的充放电功率。如果能量管理控制器设计得不好，就会导致错误的控制决策，有可能导致投资失败。因此迫切需要一种软件算法实现混合动力车辆的仿真研究，从而得到最佳的混合动力系统配置，并同时得到最优的能量管理控制策略。这种算法需要具有较好的计算效率，从而可以评估混合动力系统、充电基础设施以及燃油经济性等多种相关的参数。

    研究中已经提出了多种方法用于进行系统匹配与控制优化的协同优化。通常会把这种问题分解成系统匹配和控制两个问题，然后分别对两者进行优化，或者二者进行迭代优化[14~16]。一种迭代优化算法把优化问题描述成一个双层次问题，例如一个优化问题以若干相关的其他优化问题为约束条件。双层次优化问题本身不是凸问题，但是在一些特殊情况下可在一定精度范围内求解。然而，顺序和迭代优化通常都无法得到全局优化结果。另外，可以使用嵌套优化策略，外层优化过程对混合动力系统的物理对象在可行范围内进行优化，内层优化则对外层选中的系统对象寻找最优控制方法，本书5.6节中已提及该方法。这种方法可以得到全局最优结果，但是计算量大（如使用动态规划来寻找最优控制策略），或者需要进行很多模型近似。如果系统匹配和控制同时进行优化，例如把问题描述成一个凸问题，则可以得到很高的计算效率。在任意的初始化情况下，基于梯度下降的优化算法都能快速有效地获得凸问题的全局最优解。

6.4.2 凸优化的基本概念

式（6-36）描述了一个普遍的凸优化问题

$$
\begin{aligned}
&\text{minimize} \quad f_0(x) \\
&\text{subject to} \quad f_i(x) \leqslant 0, \quad i=1,\cdots,m \\
&\qquad\qquad\quad h_j(x)=0, \quad j=1,\cdots,p \\
&\qquad\qquad\quad x \in \mathcal{X}
\end{aligned}
\tag{6-36}
$$

其中，$\mathcal{X} \subset \mathbf{R}^n$ 是一个凸集，x 为优化变量；$f_i(x)$，$i=0$，$\cdots$，m，即目标函数和不等式约束应为优化变量的凸函数；等式约束 $h_j(x)$ 则为优化变量的仿射线性函数。凸集和凸函数的定义如下所述。

（1）凸集。

$\mathcal{X} \subset \mathbf{R}^n$ 是凸集，如果其满足：

$$
x_i \in \mathcal{X}(i=1,2,\cdots,r)
$$

$$
\sum_{i=1}^{r} \alpha_i = 1(\alpha_i \geqslant 0) \Rightarrow \sum_{i=1}^{r} \alpha_i x_i \in \mathcal{X}
\tag{6-37}
$$

几何解释：x_1，$x_2 \in \mathcal{X}$，则线段 $[x_1,x_1]$ 上的任何点都 $\in \mathcal{X}$。

（2）凸函数。

凸函数：设 $\mathcal{X}$ 是 $\mathbf{R}^n$ 上的凸子集，如果

$$
f\left(\sum_{i=1}^{r} \alpha_i x_i\right) \leqslant \sum_{i=1}^{r} \alpha_i f(x_i), \forall x_i \in \mathcal{X}, \sum_{i=1}^{r} \alpha_i = 1(\alpha_i \geqslant 0)
\tag{6-38}
$$

则函数 $f(x)$ 称为凸函数。

凸函数一阶可微定义：如果 $f(x)$ 一阶可微，则 $f(x)$ 是凸函数等价于，对于所有的 $x \in dom(f)$，有

$$
f(x) \geqslant f(x_0) + \nabla f(x_0)(x-x_0)
\tag{6-39}
$$

凸函数二阶可微定义：如果 $f(x)$ 二阶可微，则 $f(x)$ 是凸函数等价于，对

于所有的 $x \in dom(f)$，有

$$\nabla^2 f(x) \geq 0 \tag{6-40}$$

常见的凸函数包括：

（1）线性函数和仿射函数都是凸函数。

（2）二次函数 $f(x) = x^\mathrm{T}Px + 2q^\mathrm{T}x + r$ 是凸函数等价于 $P \geq 0$。

（3）任意求范数操作是凸函数。

（4）x^α 在 $\mathbf{R}^{++}$ 上是凸的（$\alpha \geq 1$，$\alpha \leq 0$）。

（5）指数函数 $\exp(ax)$ 是凸的。

（6）$|x|$，$\max(0, x)$，$\max(0, -x)$ 是凸的。

请参考文献［17］了解掌握更多关于凸优化理论的细节。

6.5 凸优化在混合驱动系统优化控制中的应用

本节介绍如何使用凸优化来进行混合动力燃料电池车的部件选型，即选取适当大小的燃料电池组和超级电容。如图 6-7 所示，这辆公交车直接由电动机驱动，电力来源于燃料电池和超级电容[18]。

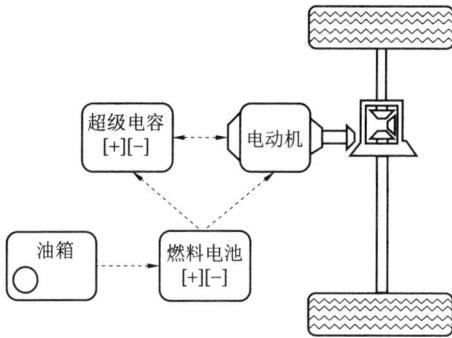

图 6-7　燃料电池混合驱动系统

燃料电池可以直接把燃料的化学能转换为电能，它与内燃机相比有几个优点：具有较高的燃料热效率，可降低噪声，可降低环境污染。另外，燃料电池车通常会配备一个能量缓冲器，一般是电池组或者超级电容，可以进一步提高能量利用率。能量缓冲器可以提高能量利用率的原因是：能量缓冲器可以进行制动能量回收；合理分配燃料电池组和能量缓冲器发出的功率可以让燃料电池组工作在高效率区域；另外，燃料电池混合动力车可以通过降低燃料电池的大小从而降低成本和车重；延长燃料电池的使用寿命；加快车辆的动态响应速度；减少热车时间。然而，混合动力燃料电池车 FCHV 比非混合动力燃料电池车更加复杂，所以下文介绍的如何优化混合动力系统部件大小的问题是非常重要的。

6.5.1 FCHV 混合动力系统部件大小的选型问题

城市公交车具有很大的燃油经济性改善空间，所以一直是混合动力技术

的重点应用对象。在本例中，研究对象是一个燃料电池混合动力公交车，使用氢气作为燃料，超级电容作为能量缓冲器。公交车的行驶工况是一个速度/加速度随时间变化的轨迹，这个行驶工况符合实际的交通状况、乘客的舒适性以及车辆的驱动能力。也可以使用车速曲线、道路海拔高度以及公交站点和行车中的停车时间间隔来描述这个行驶工况。图6-8是一个公交线路的实例，公交车在起始点和终点的车速都是0，海拔高度也一样，这样不用考虑车辆的动能和重力势能问题。另外，为了研究车辆的燃油经济性，起始点和终点时刻的超级电容电量也需要是一样的，这样车辆运行消耗的能量全都来自于氢气。

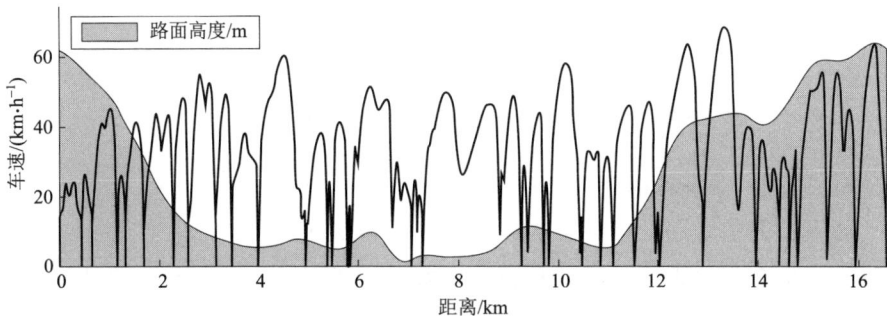

图6-8 公交线路模型

在已知运行工况以及不违反系统约束条件的情况下，通过优化燃料电池和超级电容的功率输出分配，可以使车辆行驶过程燃料消耗最少。这个过程需要利用超级电容的特性，为了更大程度地降低燃料电池的动态功率要求，以及存储更多的制动能量，最好加大超级电容的容量。然而增加超级电容的大小会增加车辆的成本，为了降低车辆制造成本，需要减少超级电容和燃料电池的大小，所以必须在车辆的使用生命周期内综合权衡车辆的制造成本与节油效果。图6-9展示了解决这个问题的优化框架，表6-1用语言描述了这个优化问题，在6.5.2节中用数学公式描述了这个优化问题，最后给出了这个问题的优化结果。

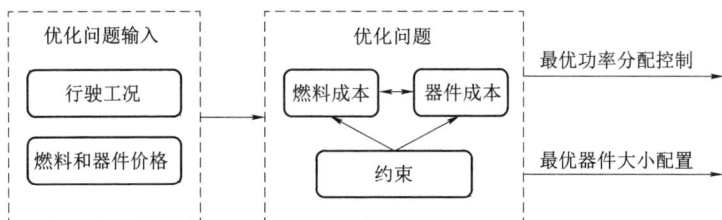

图6-9 系统配置与控制过程系统优化

185

表 6-1 优化问题的语言描述

最小化：
燃油消耗+系统成本；
约束条件：
行驶工况约束；
能量转换和平衡约束；
能量缓冲器动态约束；
器件的物理限制；
……
（在公交线路工况中每一时刻都要符合上述约束）

6.5.2 混合驱动系统的数学建模

6.5.2.1 车辆纵向动力学模型

车辆被简化为一个质点，车重 $m(s_F, s_B)$ 取决于 s_F 和 s_B 两个参数的大小，这两个参数分别代表燃料电池和超级电容的比例系数。车辆纵向动力学方程可以描述为驱动电机给主减速器的驱动转矩方程：

$$T_{dem}(s_F, s_B, t) = \left(J_V + m(s_F, s_B)\frac{R_\omega^2}{r_{fg}^2}\right)\dot{\omega}_M(t) + \frac{\rho_a A_f c_d R_\omega^3}{2r_{fg}^3}\omega_M^2(t) +$$
$$m(s_F, s_B)\frac{c_r R_\omega}{r_{fg}}g\cos\alpha(t) + m(s_F, s_B)\frac{R_\omega}{r_{fg}}g\sin\alpha(t)$$

$$(6-41)$$

式中，$\omega_M(t)$ 为驱动电机的转速；J_V 为车辆的转动部件惯量，包括车轮、电机、主减速器、传动轴和所有旋转轴的转动惯量。电机在每一时刻的转速直接由循环工况计算得到：

$$\omega_M(t) = v_{dem}(t)\frac{r_{fg}}{R_\omega} \qquad (6-42)$$

式中，r_{fg} 是主减速器传动比，R_ω 是车轮半径。式（6-41）的需求转矩由四部分组成：

（1）加速转矩；

（2）克服空气阻力的转矩；

（3）克服滚动阻力的转矩；

（4）克服坡度阻力需要的转矩。

式（6-41）中相关参数见表 6-2。

表 6-2 主要参数

参 数	数 值
旋转部件转动惯量	$J_V = 55 \text{ kg} \cdot \text{m}^2$
车辆基本质量	$m_0 = 14\ 573 \text{ kg}$
燃料电池基本质量	$m_F = 223 \text{ kg}$
超级电容基本质量	$m_B = 176 \text{ kg}$
车轮半径	$R_\omega = 0.509 \text{ m}$
主减速器传动比	$r_{fg} = 4.7$
迎风面积	$A_f = 7.54 \text{ m}^2$
风阻系数	$c_d = 0.7$
滚动阻力系数	$c_r = 0.007$
空气密度	$\rho_a = 1.184 \text{ kg} \cdot \text{m}^{-3}$
重力加速度	$g = 9.81 \text{ m} \cdot \text{s}^{-2}$

汽车质量包括车辆基本质量，以及燃料电池质量和超级电容质量：

$$m(s_F, s_B) = m_0 + m_F s_F + m_B s_B \tag{6-43}$$

假设车辆的基本质量 m_0 不变，主减速器也没有传动损失。这种假设主要是为了在教学过程中使问题相对简单。当然，如果能统计出公交车沿途的上下客流量，也可以使车辆基本质量随时间变化。在不改变问题凸特性的条件下，也可以做一些其他的修改，例如车重使用满载质量，或者使用更加复杂的动力系统模型。

把式（6-43）代入式（6-41），则需求转矩可以表示为

$$T_{dem}(s_F, s_B, t) = T_0(t) + T_1(t)s_F + T_2(t)s_B \tag{6-44}$$

很明显，需求转矩是比例系数 s_F 和 s_B 的线性函数。在评估控制策略或者比较不同的车辆配置时，通常假设车辆严格按照驾驶工况行驶。这样车辆模型就是一个反过来的仿真模型，先根据工况计算出需要的牵引转矩，然后假设动力系统的牵引转矩等于这个值。这样就取消了驾驶员模型，并且不需要把车速作为状态向量，使模型简化并减少了计算负担。这样通过循环工况数据，就可以知道每一时刻的车速 $v_{dem}(t)$ 和加速度 $\dot{v}_{dem}(t)$，然后可以求得式（6-42）和式（6-44）中每一时刻的 $\omega_M(t)$、$T_0(t)$、$T_1(t)$、$T_2(t)$ 参数，这样式（6-44）中唯一未知的参数就是比例系数 s_F 和 s_B。

6.5.2.2 电机

式（6-44）中的车辆需求转矩由电机提供，而电力由燃料电池和超级电容提供。电机还在制动过程中发电，并将电能存储于超级电容中。这个过程可以用数学公式表达为机械-电机转矩和功率平衡方程：

$$T_M(t) = T_0(t) + T_1(t)s_F + T_2(t)s_B + T_{brk}(t) \tag{6-45}$$

$$P_{Me}(\cdot) = P_{Fe}(t) + P_B(t) - P_{Bd}(\cdot) - P_a \tag{6-46}$$

其中，$T_M(t)$ 和 $P_{Me}(\cdot)$ 为电机的转矩和功率；$T_{brk}(t)$ 为机械制动的力矩；$P_a = 7\ kW$ 是车载辅助系统消耗的功率；功率 $P_{Fe}(t)$，$P_B(t)$，$P_{Bd}(\cdot)$ 分别为燃料电池输出的电功率、超级电容消耗的总功率和内部耗散功率；符号 $f(\cdot)$ 代表它是优化参数的函数。电机消耗的电功率和输出的机械功率之间的关系由一个静态图描述，如图 6-10 所示。

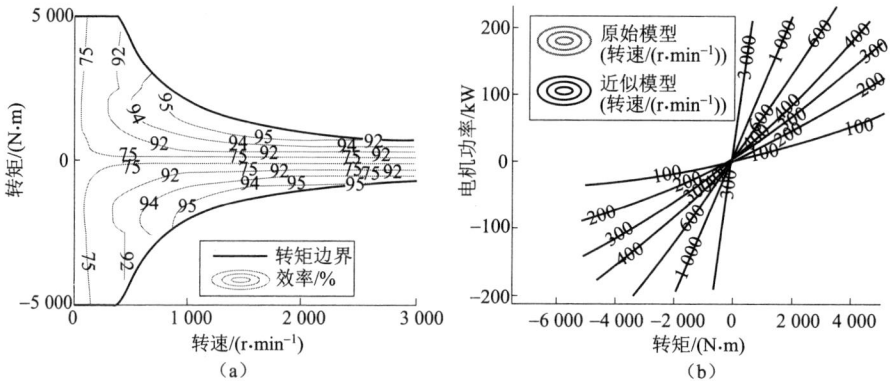

图 6-10　电机的效率图
（a）原始模型；（b）近似模型（原始模型与近似模型重合）

由图 6-10（b）可以发现，电机消耗的电功率与输出转矩之间是一个凸关系，同时可以看出在电机的工作转速范围内消耗的电功率与转矩成二次方函数关系：

$$P_{Me}(T_M(t), t) = a_0(\omega_M(t)) + a_1(\omega_M(t))T_M(t) + a_2(\omega_M(t))T_M^2(t)$$

$$\tag{6-47}$$

式中的系数根据不同的转速而不同。效率曲线的近似是根据若干个电机转速进行的，公式中的系数 $a(j)$，$j = 0, 1, 2$，在每个计算步长中根据当前的电机转速 $\omega_M(t)$ 进行线性插值来获取。系数 $a_2(\omega_M(t))$ 为非负值，以确保 $P_{Me}(\cdot)$ 相对于 $T_M(t)$ 为凸的。二次多项式模型除了在本例中应用之外，还广泛应用于电机和内燃机相关的文献中。

电机产生的机械转矩要符合以下转矩限制：

$$T_M(t) \geqslant T_{Mmin}(\omega_M(t)) \tag{6-48}$$

转矩限制也是转速的函数。这些限制将被应用于电机的输出转矩和最大转速，但是这里忽略了一个重要注释——假设这些约束条件不会被违反。这是一个自然假设，否则这个问题就会无解，也没有必要进行优化。电机的转矩限制见图6-10（a）。

6.5.2.3 燃料电池系统（FCS）

燃料电池系统包含串联的燃料电池单体和辅助系统，例如氢气储存和供应系统、空气供应系统、水管理系统以及冷却系统。燃料电池通过电化学反应产生直流电，其效率取决于发出的电功率，如图6-11（a）所示。基本燃料电池系统（未乘以比例系数）的功率可以表示为[19]

$$P_{FfB}(\cdot) = b_0 + b_1 P_{FeB}(t) + b_2 P_{FeB}^2(t) \tag{6-49}$$

式中，$b_2 \geq 0$。基本燃料电池系统的原始效率曲线和近似效率曲线如图6-11（b）所示。

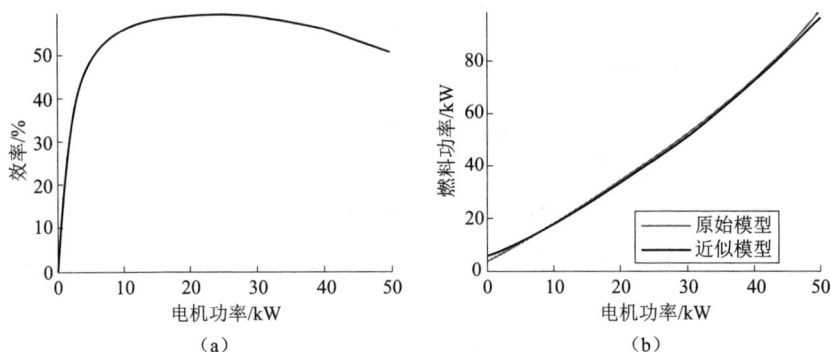

图 6-11　燃料电池的效率曲线
（a）原始模型；（b）近似模型

二次多项式的燃料电池模型还被应用于 Tazelaar 等人（2012a，b）[20,21] 的文献中，Funck（2003）[22] 和 Gasser（2005）[23] 进行了更加详细的描述和实验验证。Tazelaar 等人（2012a，b），Funck（2003），Gasser（2005）的研究还指出，燃料电池的燃料功率和产生的电功率都与燃料电池多少线性相关，即与燃料电池组增加或减少燃料电池单体有关。所以，根据 $P_{Ff}(t) = s_F P_{FfB}(t)$，$P_{Fe}(t) = s_F P_{FeB}(t)$，乘以比例系数以后的燃料电池组燃料功率可以表示为

$$P_{Ff}(P_{Fe}(t), s_F) = b_0 s_F + b_1 P_{Fe}(t) + b_2 \frac{P_{Fe}^2(t)}{s_F} \tag{6-50}$$

对任意正比例系数 s_F，这个函数相对于 s_F 和 $P_{Fe}(t)$ 都是凸函数。

燃料电池输出的电功率限制为

$$0 \leq P_{Fe}(t) \leq s_F P_{FeBmax} \tag{6-51}$$

式中，P_{FeBmax} 为基本燃料电池组的额定功率。

6.5.2.4 超级电容

超级电容由 n_0 个相同的超级电容单体串联组成，单体开路电压为 $u(t)$，内阻为 R。由于超级电容的存储容量和可用功率只与单体的数量有关，因此与单体串联或并联无关。超级电容的内阻消耗功率可以表示为

$$P_{\text{Bd}}(\ \cdot\ ) = Ri^2(t)n_0 \tag{6-52}$$

其中，$i(t)$ 表示单体电流。另外内阻耗散功率也可以写成超级电容单体总消耗功率 $P_{\text{B}}(t)$ 和存储能量 $E_{\text{B}}(t)$ 的函数：

$$P_{\text{Bd}}(P_{\text{B}}(t), E_{\text{B}}(t)) = \frac{RC}{2}\frac{P_{\text{B}}^2(t)}{E_{\text{B}}(t)} \tag{6-53}$$

它是关于 $P_{\text{B}}(t)$ 和 $E_{\text{B}}(t)$ 的凸函数。单体存储能量 $E_{\text{B}}(t) = Cu^2(t)n_0/2$ 为正，即

$$E_{\text{B}}(t) > 0 \tag{6-54}$$

其中超级电容单体的电容为 C。电容存储能量和总消耗功率的关系为

$$\dot{E}_{\text{B}}(t) = -P_{\text{B}}(t) \tag{6-55}$$

这里采用了标准符号，功率为正表示放电。

如果要加大超级电容，则把超级电容单体数量 n_0 用 $n = s_{\text{B}}n_0$ 代替。有趣的是，超级电容加大以后并不影响式（6-53）和式（6-55），但是单体的电压和电流极限会受到影响：

$$u(t) \leqslant u_{\max} \tag{6-56}$$

$$i_{\min} \leqslant i(t) \leqslant i_{\max} \tag{6-57}$$

把电池单体电压表示为单体存储能量的函数，单体电流表示为功率和能量的函数，则限制条件可以写为[24,25]

$$E_{\text{B}}(t) \leqslant s_{\text{B}}\frac{Cu_{\max}^2 n_0}{2} \tag{6-58}$$

$$i_{\min}\sqrt{\frac{2n_0}{C}E_{\text{B}}(t)s_{\text{B}}} \leqslant P_{\text{B}}(t) \leqslant i_{\max}\sqrt{\frac{2n_0}{C}E_{\text{B}}(t)s_{\text{B}}} \tag{6-59}$$

式（6-59）中的平方根函数是 $E_{\text{B}}(t)$ 和 s_{B} 的凹函数，它表示非负变量的几何平均值。这样约束式（6-59）是凸的，其中 $i_{\min} \leqslant 0$，$i_{\max} \geqslant 0$。

类似的凸模型也可以应用于电池，电池单体的开路电压可以近似为 SOC 的仿射函数。这种近似对混合动力车是适用的，因为为了延长电池使用寿命，会避免 SOC 过高或者过低。电池的凸建模可以参考 Murgovski 等人（2012b）[26]，Egardt 等人（2014）[31] 的相关论文。

本文使用的超级电容单体参数请参考表 6-3。

表 6-3 超级电容单体参数

参 数	值
最大开路电压	$u_{max} = 2.85$ V
最大放电电流	$i_{max} = 2\,200$ A
最大充电电流	$i_{min} = -2\,200$ A
内阻	$R = 0.29$ mΩ
容量	$C = 3\,000$ F
质量	0.59 kg

6.5.2.5 目标函数

优化目标是使成本函数最小，成本函数 $\Phi(\cdot)$ 包含车辆运行成本和车辆器件成本。运行成本就是消耗的氢气成本，器件成本包含燃料电池组和超级电容的成本。成本函数可以写为

$$\Phi(\cdot) = \omega_h \int_0^{t_f} P_{Ff}(P_{Fe}(t), s_F)\,dt + \omega_F s_F + \omega_B s_B \tag{6-60}$$

式中，ω_h，ω_F，ω_B 为权重系数，它们分别把每一项成本换算为统一的 €/km，t_F 为运行工况结束时间。权重系数公式如下：

$$\omega_h = \frac{c_h}{H_h d_{dc}} \tag{6-61}$$

$$\omega_F = \frac{c_F P_{FeBmax}}{n_y d_y}\left(1 + p_y\,\frac{n_y + 1}{2}\right) \tag{6-62}$$

$$\omega_B = \frac{c_B n_0}{n_y d_y}\frac{Cu_{max}^2}{2}\left(1 + p_y\,\frac{n_y + 1}{2}\right) \tag{6-63}$$

式中，c_h 为氢气价格，单位是 €/kg；c_F 为燃料电池的价格，单位是 €/kW；c_B 为超级电容的价格，单位是 €/（kW·h）（包括材料、制造、成组和电路）；$H_h = 120$ MJ/kg 为氢气的低热值；n_y 为公交车的使用年限；d_y 为每年行驶的里程数；d_{dc} 为行驶工况的里程数，由工况的速度曲线直接积分得到

$$d_{dc} = \int_0^{t_F} v_{dem}(t)\,dt \tag{6-64}$$

$Cu_{max}^2/2$ 表示燃料电池单体最大的存储能量；式（6-62）和式（6-63）括号中的内容代表折旧成本。假设在公交车的整个生命周期内不更换燃料电池和超级电容。式（6-61）、式（6-62）和式（6-63）中的其他参数和数值请参考表 6-4。

表 6-4 公式（6-61）、公式（6-62）和公式（6-63）中其他参数取值

参　　　数	值
氢气价格	$c_h = 4.44\ €/\text{kg}$
燃料电池价格	$c_F = 34.78\ €/(\text{kW} \cdot \text{h})$
超级电容价格	$c_B = 10\ 000\ €/(\text{kW} \cdot \text{h})$
每年运行里程	$d_y = 70\ 000\ \text{km}$
使用年限	$n_y = 2$ 年
年利率	$p_y = 5\%$

6.5.2.6　凸优化问题

用数学公式表达上述优化问题，表 6-5 为程序伪代码。使用一阶欧拉公式展开，对问题进行离散化。需要注意的是，机械和电力转矩/功率平衡方程：

$$T_M(t) = T_0(t) + T_1(t)s_F + T_2(t)s_B + T_{brk}(t)$$

$$P_{Fe}(t) + P_B(t) - P_{Bd}(P_B(t), E_B(t)) - P_a = P_{Me}(T_M(t), t)$$

被松弛为：

$$T_M(t) \geqslant T_0(t) + T_1(t)s_F + T_2(t)s_B + T_{brk}(t) \tag{6-65}$$

$$P_{Fe}(t) + P_B(t) - P_{Bd}(P_B(t), E_B(t)) - P_a \geqslant P_{Me}(T_M(t), t) \tag{6-66}$$

之所以在式（6-66）中进行松弛，是因为要保持问题的凸特性。因为在凸优化问题中，非线性项，例如 $P_{Bd}(P_B(t), E_B(t))$ 和 $P_{Me}(T_M(t), t)$ 是不可以被等式约束的。虽然松弛以后的问题与原问题不一样了，但是不难证明松弛问题的最优解与原问题的最优解是一致的。松弛可以理解为让超级电容释放更多能量，这显然不是最优的，最后可以得到结论：如果要得到最优解，式（6-66）必须保持等号。

同样，式（6-65）也进行了松弛，并从问题中去除了机械制动转矩。当需求转矩为正时，如果公式采用不等号，则电机发出的转矩会大于需求转矩，造成能量浪费，显然不是最优的。但是当需求转矩为负时，如果电机的制动转矩达到极限或者超级电容充满了，则公式会采用不等号。其中缺失的转矩就是需要的机械制动转矩，当优化过程结束时就能得到。Egardt 等人（2014）[31] 文献中更严格地证明了松弛不会对优化结果造成影响。

这个凸问题已经写成了 VCX 模型语言（Grant and Boyd, 2010）[32]，求解过程请参考 SeDuMi（Labit 等, 2002）[33]。Murgovski 等人（2014）[30] 提供了完整的 MATLAB 程序。

表 6-5　混合动力公交车器件参数与能量管理同时优化的凸优化 CVX 伪代码

最小化：$\omega_{\mathrm{h}} \sum_{k=1}^{N} \left(b_0 s_{\mathrm{F}} + b_1 P_{\mathrm{Fe}}(k) + b_2 \dfrac{P_{\mathrm{Fe}}^2(k)}{s_{\mathrm{F}}} \right) \Delta t + \omega_{\mathrm{F}} s_{\mathrm{F}} + \omega_{\mathrm{B}} s_{\mathrm{B}}$

优化变量：$P_{\mathrm{Fe}}(k)$，$P_{\mathrm{B}}(k)$，$E_{\mathrm{B}}(k)$，$T_{\mathrm{M}}(k)$，s_{F}，s_{B} 　$\forall k = 1, \cdots, N$

约束条件：

$T_{\mathrm{M}}(k) \geq T_0(k) + T_1(k)s_{\mathrm{F}} + T_2(k)s_{\mathrm{B}}$，

$P_{\mathrm{Fe}}(k) + P_{\mathrm{B}}(k) - \dfrac{RC}{2} \dfrac{P_{\mathrm{B}}(k)}{E_{\mathrm{B}}(k)} - P_{\mathrm{a}} \geq a_0(\omega_{\mathrm{M}}(k)) + a_1(\omega_{\mathrm{M}}(k))T_{\mathrm{M}}(k) + a_2(\omega_{\mathrm{M}}(k))T_{\mathrm{M}}^2(k)$，

$E_{\mathrm{B}}(k + 1) - E_{\mathrm{B}}(k) = - P_{\mathrm{B}}(k)\Delta t$，

$E_{\mathrm{B}}(N + 1) = E_{\mathrm{B}}(1)$，

$T_{\mathrm{M}}(k) \geq T_{\mathrm{Mmin}}(\omega_{\mathrm{M}}(k))$，

$0 \leq P_{\mathrm{Fe}}(k) \leq s_{\mathrm{F}} P_{\mathrm{FeBmax}}$，

$0 \leq E_{\mathrm{B}}(k) \leq s_{\mathrm{B}} \dfrac{C u_{\mathrm{max}}^2 n_0}{2}$，

$i_{\mathrm{min}} \sqrt{\dfrac{2n_0}{C} E_{\mathrm{B}}(k) s_{\mathrm{B}}} \leq P_{\mathrm{B}}(k) \leq i_{\mathrm{max}} \sqrt{\dfrac{2n_0}{C} E_{\mathrm{B}}(k) s_{\mathrm{B}}}$，

$s_{\mathrm{F}} > 0$，

$s_{\mathrm{B}} > 0$，

对所有 $k = 1, \cdots, N$

6.5.3　优化结果

图 6-12 展示了综合每公里成本与燃料电池和超级电容大小选型的关系。从图中可以看到成本与能量源大小的关系是一个复杂的非线性关系，而不是一个单调关系。这个结果展示了凸优化可以有效地找到问题的全局最优解（图 6-12 的 * 位置）。另外，图 6-12（b）中的阴影区域代表此处的燃料电池和超级电容大小不能满足车辆的动力性要求。表 6-6 列出了最优成本、元件大小以及优化计算时间。

表 6-6　优化结果

参　　数	值
燃料电池大小	69.3 kW
超级电容大小	0.7 kW · h
总成本	0.28 € · km^{-1}
优化计算时间	10 s

仿真计算机配置：2.67 GHz 双核处理器，4 GB 内存。

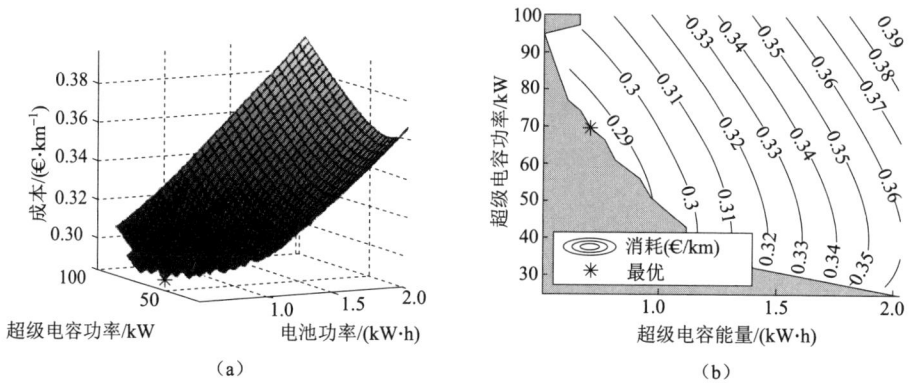

（a）

（b）

图 6-12　不同燃料电池和超级电容大小与最低成本之间的关系

（a）曲面；（b）等值线

图 6-13 展示了燃料电池和超级电容的功率分配曲线，以及超级电容的 SOC 曲线。从图中可以看到，超级电容提供了大部分的瞬态功率，而燃料电池则工作在高效率负载区域。图 6-14 显示了燃料电池和超级电容的工作效

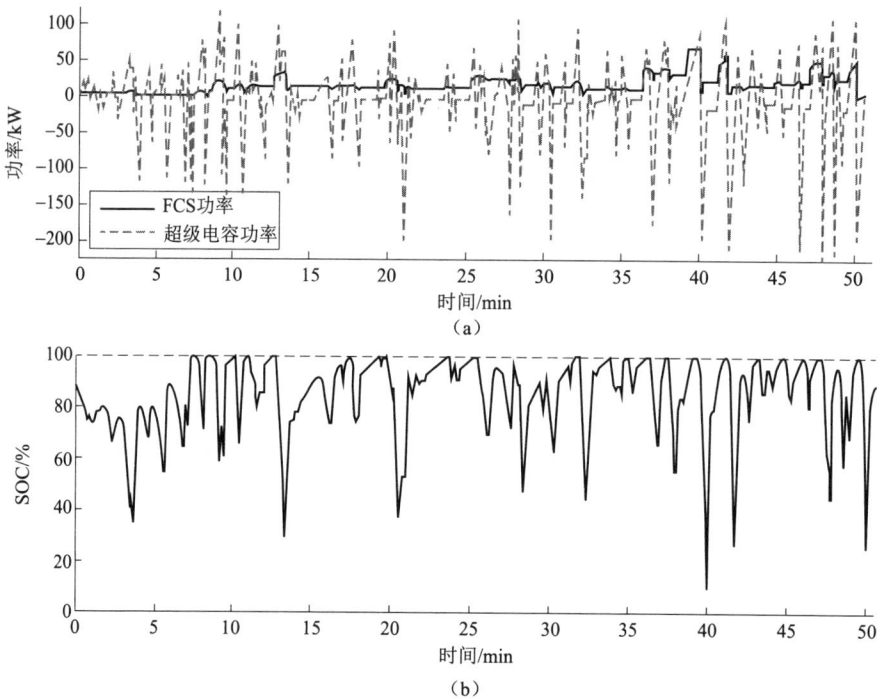

（a）

（b）

图 6-13　最优控制结果和状态轨迹

（a）燃料电池和超级电容的功率轨迹；（b）超级电容的 SOC

率。很明显，燃料电池和超级电容的大部分工作点都落在高效率区域。燃料电池在大功率发电时效率较低，此时超级电容作为一个能量缓冲器不断地吸收或者发出功率。

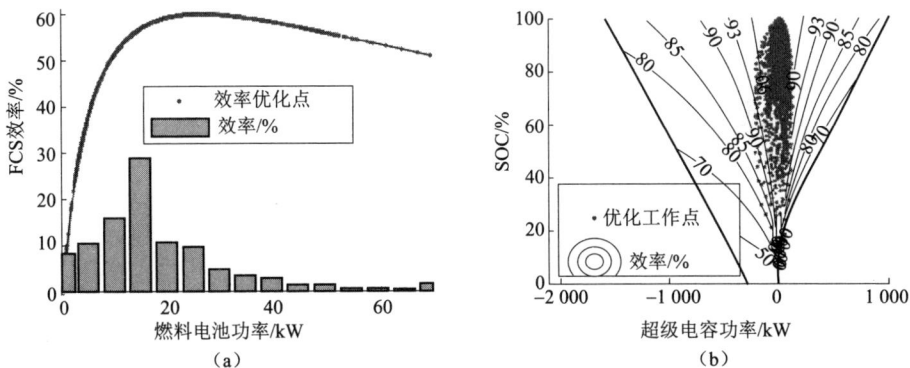

（a）   （b）

图 6-14　优化后的燃料电池和超级电容的工作点分布

（a）燃料电池（柱状图显示了工作点的分布）；（b）超级电容（功率边界用粗线表示）

6.5.4　其他混合动力系统应用

前文中通过燃料电池/超级电容混合动力车的优化实例展示了凸优化算法在解决系统配置和控制协同优化问题中的效率和可行性。实际上，凸优化算法还可以应用于其他混合动力系统，例如并联、串联式混合动力系统，如图 6-15 所示。在并联式结构中，内燃机和电机在传动轴上进行动力耦合，所以除了纯电驱动工作模式和混合驱动工作模式外，内燃机可以直接驱动车辆。相反，在串联式混合动力车中，发动机-发电机组与驱动轴没有机械连接，内燃机只先通过发电机发电，然后用电力驱动车辆，而不能直接驱动车辆。

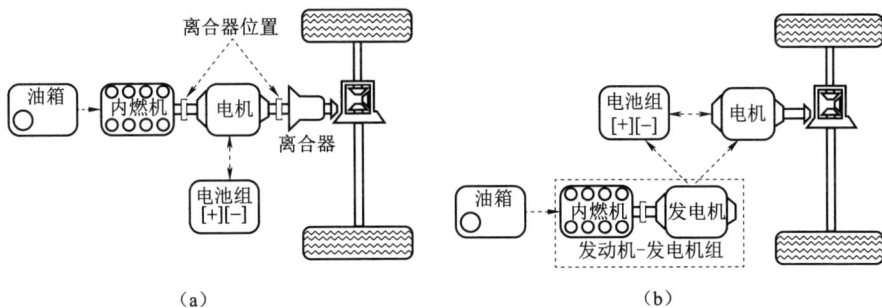

（a）   （b）

图 6-15　并联和串联式混合动力车

（a）并联式混合动力系统（发动机和电机在驱动轴上进行动力耦合）；

（b）串联式混合动力系统（发动机-发电机组与传动轴没有机械耦合）

并联式混合动力车的凸建模和优化的关键在于建立发动机转矩-燃油消耗率的近似曲线。有一种特别的方法可以把燃油消耗率和发动机转矩关系描述成仿射线，每条曲线对应一个转速，这种方法叫 Willans 线（Guzzella and Onder，2010）[34]。另外还有一种近似方法，Guzzella and Sciarretta（2013）[35]，Murgovski 等人（2012c）[27]，把燃油消耗率表达成二次多项式，类似于公式（6-47）的电机近似，如图 6-16（b）所示。Murgovski 等人（2012c）[27]，Pourabdollah 等人（2013）[36]的文献详细描述了如何利用凸优化法进行并联式混合动力公交车和乘用车的系统配置和能量管理。

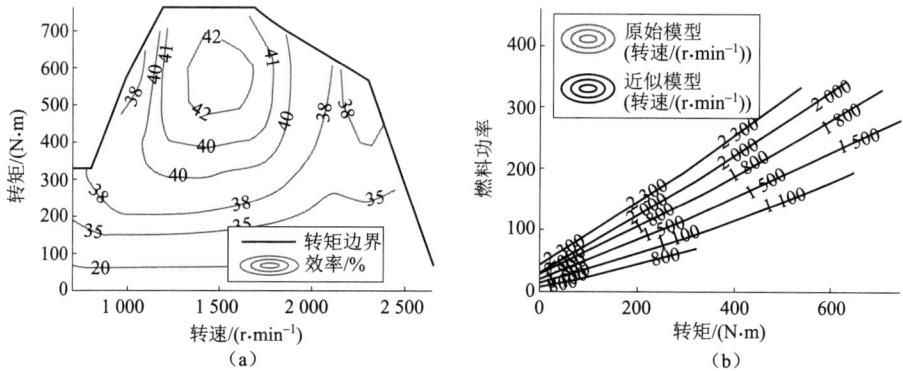

图 6-16 发动机效率曲线
（a）原始模型；（b）近似模型（原始模型与近似模型重合）

对于串联式混合动力车，其挑战在于发动机-发电机组 EGU 的凸建模。一种比较成熟的方法是把 EGU 近似为燃油消耗率随发电功率变化的二次曲线，如图 6-17 所示。这个 EGU 的近似二次曲线可以精确描述真实 EGU 的能量损失，但是这个假设成立的前提是 EGU 本身工作在最优工作线上，这个目标要靠 EGU 控制器来实现。Murgovski 等人（2012c）[27]，Hu 等人（2013）[37]文献中详细介绍了凸优化在串联式混合动力车中的应用。

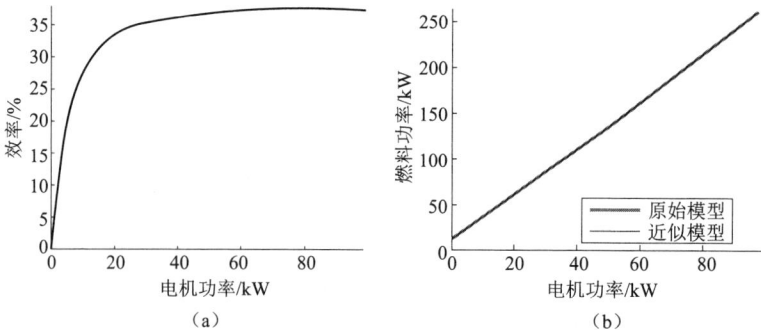

图 6-17 发动机-发电机组的模型
（a）原始模型；（b）近似模型（原始模型与近似模型重合）

除了并联和串联式混合动力车外，凸优化还可以应用于带有行星齿轮的混联式混合动力车中，如图 6-18 所示。能量管理策略的凸建模过程需要把问题分解成两个优化问题。第一个是静态问题，寻找最优的发动机转速使混合驱动系统的效率最高，包括发动机发电机组、行星齿轮机构及其相连的运动能量转换装置。第二个是动态优化问题，决定混合驱动系统和能量缓冲器之间的功率分配。可以把混合驱动系统的能量损失近似为电功率的二次多项式凸函数，这样就可以用凸优化求解能量管理问题[30]。

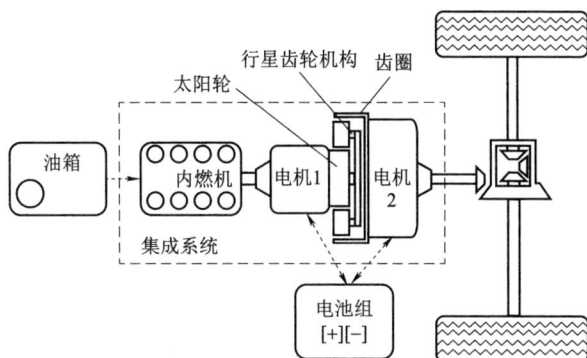

图 6-18　混联式混合动力车

有一点需要指出，混合动力车经常涉及一些整数决策，例如发动机开关以及变速箱挡位等。当这些整数决策不能表示为凸问题时，那么它们只能在凸优化算法之外解决。可以用试探方法解决整数决策问题，Murgovski 等人（2012c）[27]，Pourabdollah 等人（2013）[36] 文章中介绍了利用简单的试探策略得到串联和并联式混合动力车的次最优解。还有更复杂的依赖于迭代求解的方法来解决凸问题，Murgovski 等人（2013）[29]，Elbert 等人（2014）[40] 文章介绍了一种凸优化与庞特里亚金极小值原理协同优化的方法。

并联式混合动力车也有可能配备无级变速箱，这样传动比就可以连续变化，使用凸优化就可以得到最佳的变速箱传动比曲线。在这个过程中，包括发动机在内的旋转能量被当作一个纯状态变量，这样，内燃机燃油消耗率和电机的电功率以及转矩约束必须表达为旋转能量（或者角速度的平方）的凸函数。详细内容请参考 Murgovski 等人（2014）[28]。

除了 6.5.2 介绍的超级电容以外，凸优化还被用于电池组建模以及电池组和超级电容的组合，用于进行系统配置以及能量管理（Hu 等，2014）[38] 和（Hu 等，2015）[39]。另外在 Murgovski 等人（2012a）[25]，Murgovski 等人（2014）[28]，（Hu 等，2015）[39] 和 Johannesson 等人（2013）[41] 的文章中，分别建立了电池与温度和老化关系的模型。有了这些模型，就可以进行考虑温度和老化程度的系统配置和能量管理优化。

参考文献

［1］ Gill P E, Murray W, Saunders M A. SNOPT：An SQP algorithm for large-scale constrained optimization ［J］. SIAM journal on optimization, 2002, 12（4）：979-1006.

［2］ Wächter A, Biegler L T. On the implementation of an interior-point filter line-search algorithm for large-scale nonlinear programming ［J］. Mathematical programming, 2006, 106（1）：25-57.

［3］ Byrd R H, Nocedal J, Waltz R A. KNITRO：An integrated package for nonlinear optimization ［M］//Large-scale nonlinear optimization. Springer US, 2006：35-59.

［4］ Rao A V, Benson D A, Darby C, et al. Algorithm 902：Gpops, a matlab software for solving multiple-phase optimal control problems using the gauss pseudospectral method ［J］. ACM Transactions on Mathematical Software （TOMS）, 2010, 37（2）：22.

［5］ Schwartz A, Polak E, Chen Y. Recursive Integration Optimal Trajectory Solver 95 ［J］. 1997.

［6］ Ross I M, Fahroo F. User's manual for DIDO 2001 α：a MATLAB application for solving optimal control problems ［J］. Dept. of Aeronautics and Astronautics, Naval Postgraduate School TRAAS-01-03, Monterey, CA, 2001.

［7］ Moosa I. Royal Melbourne Institute of Technology ［J］. 10 Year Anniversary, 2011：67.

［8］ Rutquist P E, Edvall M M. Propt-matlab optimal control software ［J］. Tomlab Optimization Inc, 2009：260.

［9］ Benson D A, Huntington G T, Thorvaldsen T P, et al. Direct trajectory optimization and costate estimation via an orthogonal collocation method ［J］. Journal of Guidance, Control, and Dynamics, 2006, 29（6）：1435-1440.

［10］ Huntington G T. Advancement and analysis of a Gauss pseudospectral transcription for optimal control problems ［D］. University of Florida, 2007：50-85.

［11］ Garg D, Patterson M A, Darby C L, et al. Direct trajectory optimization and costate estimation of general optimal control problems using a Radau pseudospectral method ［C］//Proceedings of the AIAA Guidance, Navigation, and Control Conference and Exhibit. 2009：1-29.

［12］ Zou Y, Sun F C, Zhang C N, et al. Optimal energy management strategy for hybrid electric tracked vehicles ［J］. International Journal of Vehicle Design, 2012, 58（2）：307-324.

［13］ 陈锐. 基于动态规划的混合动力履带车辆能量管理策略研究 ［D］. 北京：北京理工大学, 2011.

［14］ Filipi Z, Louca L, Daran B, et al. Combined optimisation of design and power management of the hydraulic hybrid propulsion system for the 6×6 medium truck ［J］. International Journal of Heavy Vehicle Systems, 2004, 11（3）：372-402.

［15］ Kim M J, Peng H. Power management and design optimization of fuel cell/battery hybrid vehicles [J]. Journal of power sources, 2007, 165 (2): 819-832.

[16] Sundstrom O, Guzzella L, Soltic P. Torque-assist hybrid electric powertrain sizing: From optimal control towards a sizing law [J]. Control Systems Technology, IEEE Transactions on, 2010, 18 (4): 837-849.

[17] Boyd S, Vandenberghe L. Convex optimization [M]. Cambridge university press, 2004.

[18] Murgovski N., X. Hu, L. Johannesson, and B. Egardt. (A. Conejo and J. Yan, editors). Combined design and control optimization of hybrid vehicles. Electric Car and Hybrid Car, Handbook of Clean Energy Systems, Johan & Wiley, 2015 (4).

[19] Hu X, Murgovski N, Johannesson L M, et al. Optimal Dimensioning and Power Management of a Fuel Cell/Battery Hybrid Bus via Convex Programming [J]. 2014, 20 (1): 457-468.

[20] Tazelaar E, Shen Y, Veenhuizen P A, et al. Sizing stack and battery of a fuel cell hybrid distribution truck [J]. Oil & Gas Science and Technology-Revue d'IFP Energies nouvelles, 2012, 67 (4): 563-573.

[21] Tazelaar E, Veenhuizen B, van den Bosch P, et al. Analytical solution of the energy management for fuel cell hybrid propulsion systems [J]. Vehicular Technology, IEEE Transactions on, 2012, 61 (5): 1986-1998.

[22] Iwasita T, Vielstich W, Lamm A, et al. Handbook of Fuel Cells [J]. Handbook of Fuel Cells, 2003, 2.

[23] Grasser F, Rufer A C. An analytical, control-oriented state space model for a PEM Fuel Cell System [C] //Power Conversion Conference-Nagoya, 2007. PCC'07. IEEE, 2007: 441-447.

[24] Murgovski N, Johannesson L, Hellgren J, et al. Convex optimization of charging infrastructure design and component sizing of a plug in series HEV powertrain [C] //IFAC Proceedings Volumes. 18th IFAC World Congress, Milano, 28 August-2 September 2011. 2011, 18: 13052-13057.

[25] Murgovski N, Johannesson L, Grauers A, et al. Dimensioning and control of a thermally constrained double buffer plug-in HEV powertrain [C] //51st IEEE Conference on Decision and Control, Maui, 10-13 December 2012. 2012: 6346-6351.

[26] Murgovski N, Johannesson L, Sjöberg J. Convex modeling of energy buffers in power control applications [C] //IFAC Workshop on Engine and Powertrain Control Simulation and Modeling. 2012: 92-99.

[27] Murgovski N, Johannesson L, Sjöberg J, et al. Component sizing of a plug-in hybrid electric powertrain via convex optimization [J]. Mechatronics, 2012, 22 (1): 106-120.

[28] Murgovski N, Johannesson L M, Egardt B. Optimal battery dimensioning and control of a CVT PHEV powertrain [J]. Vehicular Technology, IEEE Transactions on, 2014, 63 (5): 2151-2161.

[29] Murgovski N, Johannesson L M, Sjoberg J. Engine on/off control for dimensioning hybrid electric powertrains via convex optimization [J]. Vehicular Technology, IEEE Transactions

199

on, 2013, 62 (7): 2949-2962.

[30] Murgovski N. , X. Hu, and B. Egardt. Time-efficient energy management of a planetary gear hybrid electric vehicle [C]. IFAC World Congress, Cape Town, South Africa, August 24-29, 2014: 4831-4836.

[31] Egardt B, Murgovski N, Pourabdollah M, Johannesson L. Electro-mobility studies based on convex optimization [J]. E Control Systems Magazine, 2014, 34 (2): 32-49.

[32] Grant M, Boyd S, Ye Y. CVX: Matlab software for disciplined convex programming [J]. 2008.

[33] Labit Y, Peaucelle D, Henrion D. SeDuMi interface 1. 02: a tool for solving LMI problems with SeDuMi [C] //Computer Aided Control System Design, 2002. Proceedings. 2002 IEEE International Symposium on. IEEE, 2002: 272-277.

[34] Guzzella L, Onder C. Introduction to modeling and control of internal combustion engine systems [M]. Springer Science & Business Media, 2009.

[35] Guzzella L, Sciarretta A. Vehicle propulsion systems [M]. Springer-Verlag Berlin Heidelberg, 2007.

[36] Pourabdollah M, Murgovski N, Grauers A, et al. Optimal sizing of a parallel PHEV powertrain [J]. IEEE Transactions on Vehicular Technology, 2013, 62 (6): 2469-2480.

[37] Hu X, Murgovski N, Johannesson L, et al. Energy efficiency analysis of a series plug-in hybrid electric bus with different energy management strategies and battery sizes [J]. Applied Energy, 2013, 111: 1001-1009.

[38] Hu X, Murgovski N, Johannesson L M, et al. Comparison of three electrochemical energy buffers applied to a hybrid bus powertrain with simultaneous optimal sizing and energy management [J]. Intelligent Transportation Systems, IEEE Transactions on, 2014, 15 (3): 1193-1205.

[39] Hu X, Johannesson L, Murgovski N, et al. Longevity-conscious dimensioning and power management of the hybrid energy storage system in a fuel cell hybrid electric bus [J]. Applied Energy, 2015, 137: 913-924.

[40] Elbert P, Nuesch T, Ritter A, et al. Engine on/off control for the energy management of a serial hybrid electric bus via convex optimization [J]. IEEE Transactions on Vehicular Technology, 2014, 63 (8): 3549-3559.

[41] Johannesson L, Murgovski N, Ebbesen S, et al. Including a Battery State of Health model in the HEV component sizing and optimal control problem [C] //IFAC Advances in Automotive Control. 2013, 7 (1): 398-403.

7

轮式车辆混合驱动系统
建模与控制实例

　　混合驱动系统建模与控制的主要目的是获得最优的系统匹配与控制，建立精度与可计算性平衡的系统模型是其前提条件。以模型为基础，开展系统匹配与最优控制设计是其核心内容。一旦最优匹配与控制确定，如何通过仿真手段加速系统验证与改进就较为重要了，已经成为混合驱动系统开发中不可或缺的内容。本章首先对功率分流型混合驱动系统进行控制优化设计；其次，在前述章节的基础上，以并联式商用车控制实时仿真为例，阐述其快速仿真开发方法。

7.1　功率分流型混合驱动系统优化控制

　　功率分流型混合驱动系统的核心特征是通过功率分流型装置实现动力耦合，其实质是一种转矩式汇流装置，多以行星齿轮系为代表。迄今为止，市场上的典型代表有日本丰田公司的普锐斯（Prius）和美国通用公司的沃蓝达（Volt），两款车型都获得了较大成功[1]。本节以丰田公司普锐斯为例开展混合驱动系统的最优控制设计，其混合驱动系统结构如图 7-1 所示。

　　该驱动系统通过两个电动机和行星排机构相连接，将发动机转速和转矩与车辆车速和需求转矩解耦，充分发挥发动机功率，避免多次转化。制动时，通过驱动电机实现再生制动回收能量。混合动力的能量管理与优化控制就是协调各动力源功率分配，它是混合动力车辆驱动系统的核心技术。通常混合动力的优化控制可以分为两层结构。对低层控制而言，各个部件控制系统来管理各个子系统的行为，接收高层控制器指令并提供信息反馈。对高层控制

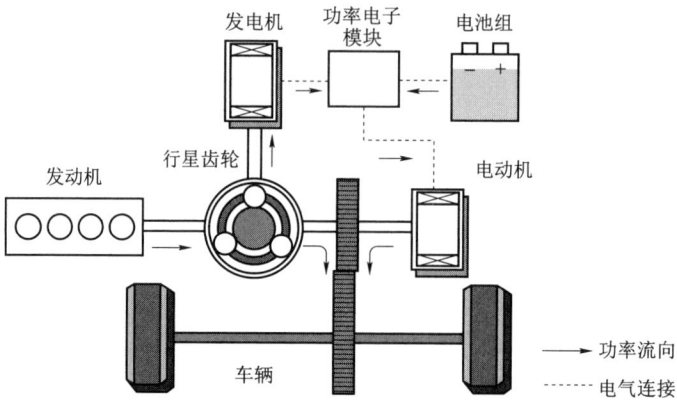

图 7-1 丰田普锐斯混合驱动系统结构

而言，一个车辆整体层面的监督控制系统来协调各个子系统工作，从而满足一定的性能目标，常分为基于经验的控制策略、等效消耗最小策略（ECMS）和全局最优控制策略等。

7.1.1 动力驱动系统模型

7.1.1.1 行星排模型

行星排可以连接三个旋转件，主要包含太阳轮、行星架和齿圈，如图 7-2 所示[2]。由于三个部件之间通过齿轮进行机械连接，因此齿圈的转速 ω_r、太阳轮转速 ω_s 以及行星架转速 ω_c 在任意时刻满足：

$$\omega_s S + \omega_r R = \omega_c (R+S) \tag{7-1}$$

式中，R 和 S 分别代表齿圈和太阳轮的半径。因为转速间的相互关系，一个行星排实际上只有两个转速自由度。

图 7-3 所示为行星排的受力分析图，规定正方向向左，行星齿轮的惯量都等效到与之相连的轴上，则行星排三个部件的动态方程为

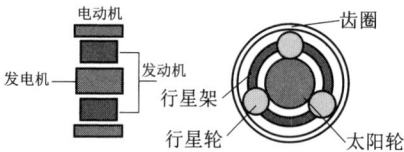

图 7-2 行星排结构示意图

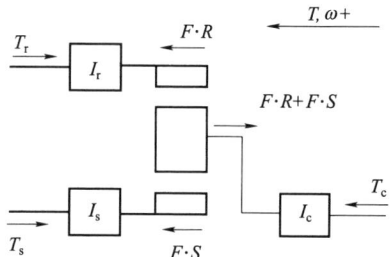

图 7-3 行星排受力图

$$\dot{\omega}_r I_r = F \cdot R - T_r \tag{7-2}$$

$$\dot{\omega}_c I_c = T_c - F \cdot R - F \cdot S \tag{7-3}$$

$$\dot{\omega}_s I_s = F \cdot S - T_s \tag{7-4}$$

式中，T_r，T_s 和 T_c 分别为作用在齿圈、太阳轮和行星架的转矩；I_r，I_s 和 I_c 分别为与齿圈、太阳轮和行星架的转动惯量；F 为行星轮与太阳轮和齿圈之间的内力。

当忽略太阳轮、行星架和齿圈的转动惯量时，由式（7-2）、式（7-3）和式（7-4）可得

$$T_s + T_r + T_c = 0 \tag{7-5}$$

忽略转动惯量，依据行星排功率平衡可得

$$T_s \omega_s + T_r \omega_r + T_c \omega_c = 0 \tag{7-6}$$

综合式（7-1）、式（7-5）和式（7-6）可得

$$T_r = -\frac{R}{R+S}T_c$$
$$T_s = -\frac{S}{R+S}T_c \tag{7-7}$$

式（7-7）表示由行星架输入力矩按一定比例分配给太阳轮和齿圈，该比例由行星排本身设计决定。注意式（7-7）成立的前提是忽略行星轮系转动惯量。该公式说明行星轮系是一类转矩式分流装置。太阳轮、齿圈以及行星架转速取决于力的相互作用，为控制提供了自由度。

7.1.1.2 发动机模型

发动机采用基于查表的静态模型，任意时刻燃油消耗率可以通过该时刻的发动机转速和力矩查表得出，忽略由燃油喷射和点火控制引起的瞬时响应[3]。

7.1.1.3 电动机/发电机模型

混合驱动系统包含两个电机，其中电机 1 为发电机，电机 2 为电动机，电机模型为

$$P_{MG} = T_{MG}\omega_{MG}\eta_{MG}^k \tag{7-8}$$

式中，T_{MG} 和 ω_{MG} 分别为电机的转矩和转速。若电机的转速和转矩符号相同（如同时为正或为负），则电机功率为正，表示电机正在消耗电量，处于电动状态。类似地，如果电机的转速和力矩拥有不同的符号（如一正一负），则电机正在产生电能，处于发电状态。k 表示电机能量流动方向，当电机工作在电动模式消耗电能时，$k=-1$，即能量由电池流向电机；当电机工作在发电状态产生电能时，$k=1$，即电机正在给电池充电。η_{MG} 代表电机效率，是电机转矩和转速的函数[4]。

203

7.1.1.4 电池模型

混合驱动系统中电池向两个电机输出或吸收功率，电池功率为

$$P_{\text{bat}} = T_{\text{MG1}} \omega_{\text{MG1}} \eta_{\text{MG1}}^k \eta_{\text{c1}}^k + T_{\text{MG2}} \omega_{\text{MG2}} \eta_{\text{MG2}}^k \eta_{\text{c2}}^k \tag{7-9}$$

式中，η_{c1} 和 η_{c2} 为电机控制器的效率。

电池采用开路电压-内阻模型，开路电压 V_{oc} 和内阻 R_{bat} 是电池荷电状态 SOC 的函数[5]。SOC 由电池容量 Q_{max} 和当前电流 I_{bat} 决定：

$$\dot{\text{SOC}} = \frac{-I_{\text{bat}}}{Q_{\text{max}}} \tag{7-10}$$

电池的输出功率表示为

$$P_{\text{bat}} = V_{\text{oc}} I_{\text{bat}} - I_{\text{bat}}^2 R_{\text{bat}} \tag{7-11}$$

SOC 的微分表达为

$$\dot{\text{SOC}} = \frac{V_{\text{oc}} - \sqrt{V_{\text{oc}}^2 - 4(T_{\text{MG1}} \omega_{\text{MG1}} \eta_{\text{MG1}}^k \eta_{\text{c1}}^k + T_{\text{MG2}} \omega_{\text{MG2}} \eta_{\text{MG2}}^k \eta_{\text{c2}}^k) R_{\text{bat}}}}{2 R_{\text{bat}} Q_{\text{max}}} \tag{7-12}$$

7.1.1.5 传动系统模型

图 7-4 为把所有转动惯量和转矩等效到行星轮系时的混合驱动系统受力简图，规定向右为正。从图中可以看出，发动机惯量与行星架相连，与行星架相互作用转矩为 T_c；发电机 MG1 惯量与太阳轮相连，与太阳轮相互作用转矩为 T_s；车辆惯量以及电动机 MG2 惯量与齿圈相连，与齿圈相互作用转矩为 T_r。K 为电机 MG2 到驱动轴的减速比。

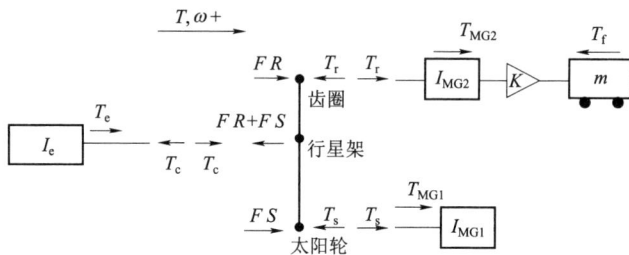

图 7-4 混合驱动系统受力简图

汽车行驶中，电机 1、电机 2 及发动机分别产生主动力矩施加给行星轮来影响车辆的运动。对电机 1 和太阳轮有如下动态方程：

$$\dot{\omega}_{\text{MG1}} I_{\text{MG1}} = T_s + T_{\text{MG1}} \tag{7-13}$$

式中，T_{MG1}，ω_{MG1} 和 I_{MG1} 分别为电机 1 的转矩、转速和转动惯量。

把式（7-4）代入式（7-13）得

$$\dot{\omega}_{\text{MG1}}(I_{\text{MG1}} + I_s) = F \cdot S + T_{\text{MG1}} \tag{7-14}$$

对行星架和发动机有如下动态方程：

$$\dot{\omega}_e I_e = T_e - T_c \tag{7-15}$$

式中，T_e，ω_e 及 I_e 分别为发动机转矩、转速和转动惯量。把式（7-3）代入式（7-15）得

$$\dot{\omega}_e(I_e + I_c) = T_e - F \cdot R - F \cdot S \tag{7-16}$$

齿圈与车辆驱动轴相连，齿圈的动态方程也包括车辆的动态。忽略轮胎磨损和效率损失，齿圈和驱动轴有如下动态方程：

$$\dot{\omega}_r \left(\frac{R_{tire}}{K^2} m + I_{MG2} \right) = (T_r + T_{MG2}) - \frac{1}{K} \left[T_f + mg f_r R_{tire} + 0.5 \rho A C_d \left(\frac{\omega_r}{K} \right)^2 R_{tire}^3 \right] \tag{7-17}$$

式中，ρ 为空气密度；A 为迎风面积；C_d 为空气阻力系数；f_r 为滚动阻力系数；T_{MG2} 为电机 2 的转动惯量；K 为主加速比；m 为汽车质量；R_{tire} 为轮胎半径；T_f 为制动力矩；T_{MG2} 为电机 2 的力矩。把式（7-2）代入式（7-17）得

$$\dot{\omega}_r \left(\frac{R_{tire}}{K^2} m + I_{MG2} + I_r \right) = (F \cdot R + T_{MG2}) - \frac{1}{K} \left[T_f + mg f_r R_{tire} + 0.5 \rho A C_d \left(\frac{\omega_r}{K} \right)^2 R_{tire}^3 \right] \tag{7-18}$$

联合式（7-1）、式（7-14）、式（7-16）和式（7-18）可得混合驱动系统状态空间方程：

$$\begin{bmatrix} I_e + I_c & 0 & 0 & R+S \\ 0 & \dfrac{R_{tire}}{K^2} m + I_{MG2} + I_r & 0 & -R \\ 0 & 0 & I_{MG1} + I_s & -S \\ R+S & R & S & 0 \end{bmatrix} \begin{bmatrix} \dot{\omega}_e \\ \dot{\omega}_r \\ \dot{\omega}_{MG1} \\ F \end{bmatrix} \tag{7-19}$$

$$= \begin{bmatrix} T_e \\ T_{MG2} - \dfrac{1}{K} \left[T_f + mg f_r R_{tire} + 0.5 \rho A C_d \left(\dfrac{\omega_r}{K} \right)^2 R_{tire}^3 \right] \\ T_{MG1} \\ 0 \end{bmatrix}$$

式（7-19）即发动机、齿圈（电机 2 转速）及电机 1 转速的状态方程。该方程表明发动机、电机 1 和电机 2 以及机械制动转矩作为系统的输入会影响行星排三个原件的角加速度以及内力 F，当然也会影响各个部件的转速，其中内力 F 是功率耦合的媒介[6]。

7.1.2 功率分流型混合驱动系统最优控制问题

用动态规划方法求解能量管理最优控制问题，首要的问题是系统状态量

和控制量的选定。动态规划存在"维数灾难"问题，因此必须对模型进行降阶处理以简化计算[7]。本实例中，选定电池 SOC 和发动机转速 ω_e 作为状态变量，忽略其他变量的动态过程，选定电机 2 转矩 T_{MG2} 和发动机节气门开度 *Throttol* 作为控制变量，则依据当前发动机转速可以确定发动机转矩 T_e。当循环工况一定时，给定当前控制变量和状态变量，则可以确定下一时刻系统的状态[8]。

系统状态变迁的因果模型如图 7-5 所示。由于齿圈和车轮相连，因此齿圈的速度和加速度在任意时刻完全由循环工况确定。一旦电机 2 转矩 T_{MG2} 确定，则由式（7-17）求出齿圈作用于电机轴的转矩 T_r。由于行星轮系的特征，则太阳轮转矩 T_s 以及行星架转矩 T_c 可由式（7-7）求得。忽略太阳轮动态过程，则 T_{MG1} 由式（7-14）确定。由于当前齿圈和发动机转速已知，可由式（7-1）求出太阳轮转速，即 ω_{MG1}。最终由式（7-16）确定下一时刻发动机转速 $\omega_e(k+1)$，由式（7-9）和式（7-12）确定电池组下一时刻荷电状态 $SOC(k+1)$。成本函数确定为单步油耗 $Fuel(k)$ 的叠加，单步油耗由发动机转矩 $T_e(k)$ 和发动机转速 $\omega_e(k)$ 根据发动机油耗 MAP 确定[9]。

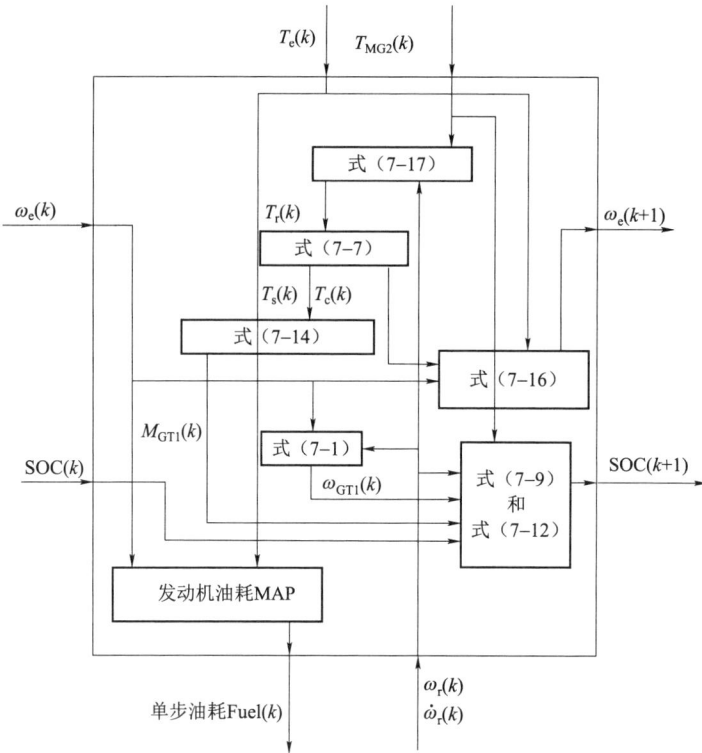

图 7-5 混合驱动系统状态变迁的因果模型

运用动态规划求解最优解时，进行状态量和控制量的网格划分非常重要，直接影响优化解的精确程度和计算的复杂度。在网格划分结束后，经历离散时间间隔，状态量会转移到下一时刻，同时也能计算出在该步转移中代价函数的大小。本实例采用的状态量和控制量网格划分如表 7-1 所示。

表 7-1 系统状态量和控制量网格划分

系统状态变量	
发动机转速 ω_e	$1\,000 : 50 : 4\,000$
荷电状态 SOC	$0.55 : 0.005 : 0.85$
控制变量	
发动机节气门开度 Throttle	$0 : 0.025 : 1$
电机 1 转矩 T_{MG1}	$-55 : 15 : 55$

7.1.3 结果与讨论

1）控制优化验证

选择城市道路循环工况 UDDS（Urban Dynamometer Driving Schedule）进行控制优化，循环工况如图 7-6 所示。仿真软件 AUTONOMIE 普锐斯驱动系统模型及其控制策略经过了测试验证，故借用该模型结果与最优控制的效果进行对比。

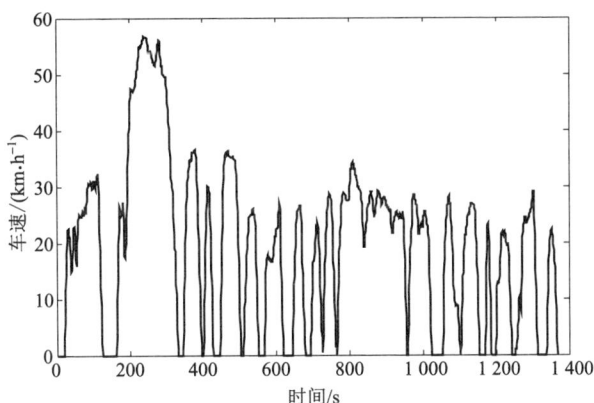

图 7-6 UDDS 循环工况

普锐斯在 AUTONOMIE 中的模型结构如图 7-7 所示。在工况给定的情况下，驾驶员模型通过比较实际车速与已知车速来进行加速或制动指令。能量管理控制器通过接受这些指令来决定不同子系统的能量输出。仿真模型还包括发动机、电动机/发电机和电池等模型。通过选取车辆模型、选取工况、确定模型、运行仿真四个步骤就可以开展特定车辆不同工况下的仿真。

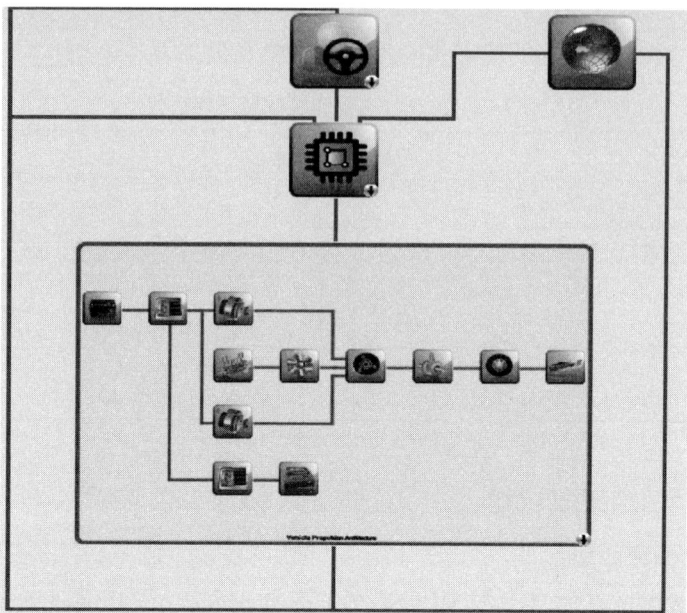

图 7-7 普锐斯混合驱动系统模型（取自 AUTONOMIE 软件）（见彩插）

2）仿真结果比较分析

控制优化的目的是通过发动机节气门开度 *Throttol* 及电机 1 转矩 T_{MG1} 的调节来保持电池 SOC 在合理范围内，同时要求尽可能降低油耗。图 7-8 显示了使用动态规划以及 AUTONOMIE 软件所获得的 SOC 曲线。从图 7-8 中看出，两种方法的 SOC 曲线变化趋势大致相同，且终值都回到了预设的 SOC 范围（0. 65±0. 01）。图 7-8 显示，采用动态规划方法的 SOC 变化比 AUTONOMIE 软件更加剧烈，这是因为当前使用的动态规划算法并未对电池电流值施加约束，这可能导致对电池寿命有一定影响。

图 7-9 展示了动态规划（DP）与 AUTONOMIE 中发动机工作点的分布。该图显示，动态规划中发动机工作点分布更加理想，基本在最优转速-转矩曲线上跳动。AUTONOMIE 中一部分的发动机工作点导致车辆的油耗较高。发动机工作点的差别导致了两种方法行驶相同工况后的油耗差别，图 7-8 中 SOC 的终值并未完全相同，采取 SOC 修正方法来比较油耗。动态规划方法油耗约为 223 g，而 AUTONOMIE 软件油耗约为 272 g，动态规划比 AUTONOMIE 节油 18%，说明动态规划获得的控制策略比 AUTONOMIE 软件中普锐斯车辆的内嵌策略更节油。

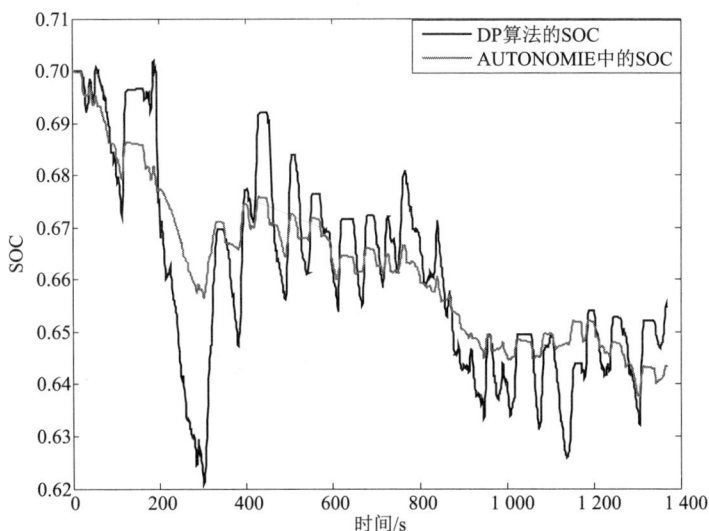

图 7-8　动态规划和 AUTONOMIE 中 SOC 变化曲线

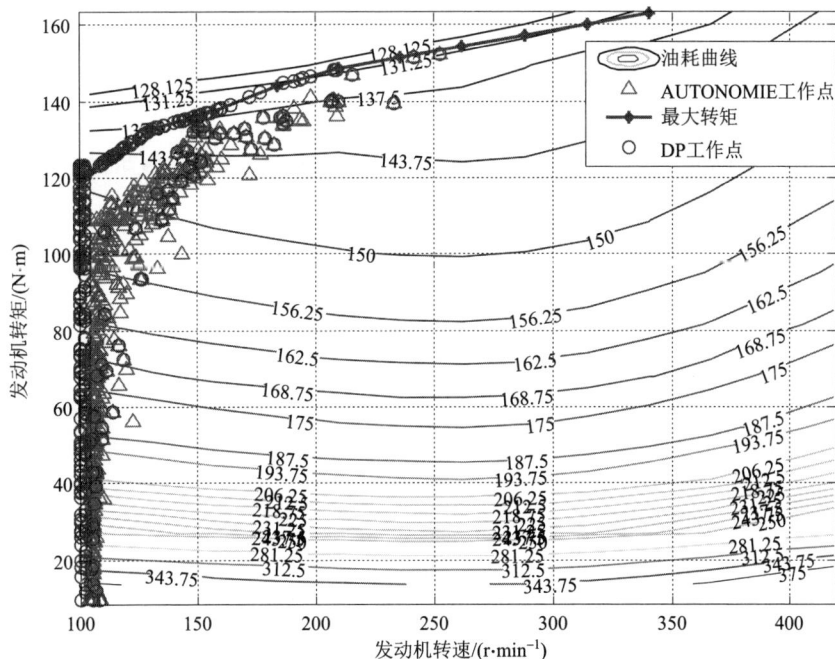

图 7-9　动态规划与 AUTONOMIE 中发动机工作点分布

　　图 7-10 显示了动态规划方法和 AUTONOMIE 软件中的发动机转速、电动机转速以及电池电流图。图 7-10 中电动机转速曲线一致，说明了同一被控对

象在同一条工况上的需求功率是相同的，且两种控制都可以实现工况跟随。图 7-10 中两种途径所获得的发动机转速差别明显，主要是动态规划所获得的发动机转速变化太频繁，相应的动态规划中电流变化要比 AUTONOMIE 中的电流变化情况更剧烈。需要注意的是，电池电流过大会影响电池寿命，发动机转速太剧烈变化在工程也是不期望的，因此，需要对动态规划问题引入系统约束进行修正。

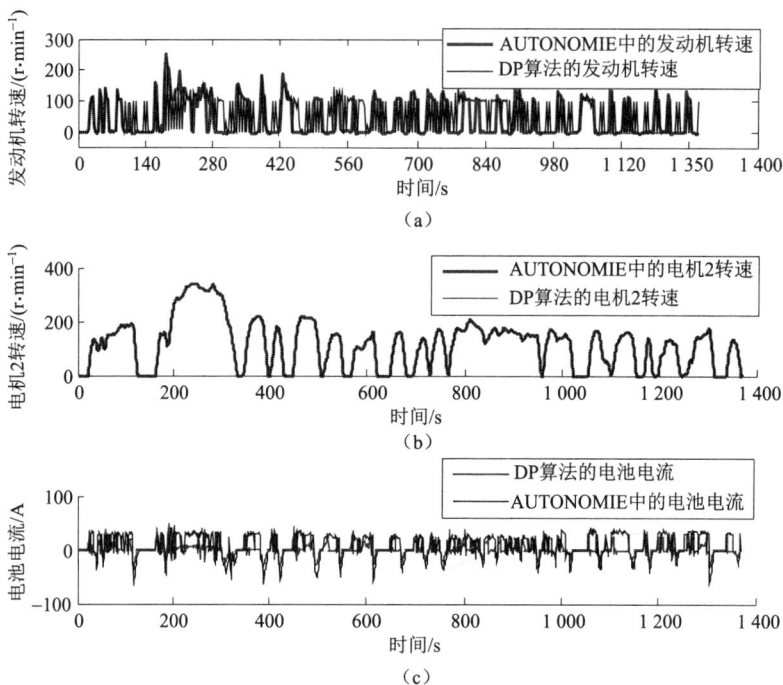

图 7-10　动态规划和 AUTONOMIE 中发动机和电动机转速以及电池电流

在动态规划中加入电池电流值以及发动机单步计算转速增加量的约束，优化目标仍然是降低燃油消耗并保证 SOC 在终了时刻回到预设范围，并与 AUTONOMIE 的结果进行对比。图 7-11 为增加电流和发动机加速度约束之后动态规划（简称 Re-DP）和 AUTONOMIE 的 SOC 曲线。相比图 7-8，图 7-11 中增加约束后的动态规划所得的 SOC 曲线变化较为平缓，反映了在动态规划中加入电流和转速约束引发了 SOC 的变化。

图 7-12 是带约束动态规划与 AUTONOMIE 软件获得的发动机工作点比较。对比图 7-12 和图 7-9 分析得出，电流约束和发动机加速度约束使得发动机一部分工作点不在最佳燃油消耗曲线上，落入与 AUTONOMIE 重合的工作区域，使油耗增加。通过 SOC 修正后，该动态规划油耗约为 254 g，比 AUTONOMIE 节油 6.62%。

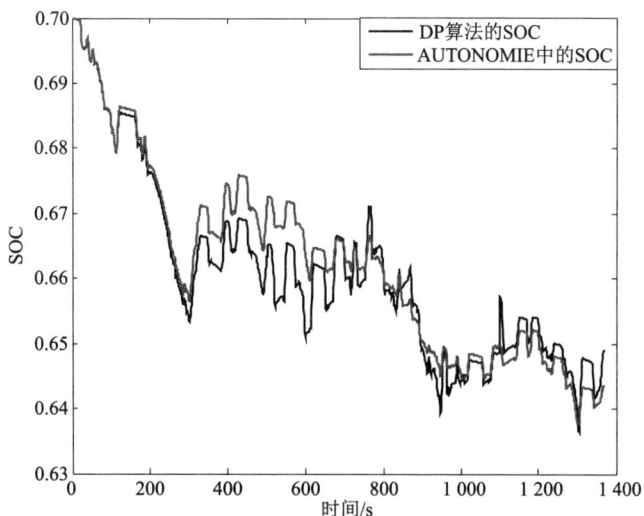

图 7-11 增加约束后动态规划和 AUTONOMIE 中 SOC 曲线

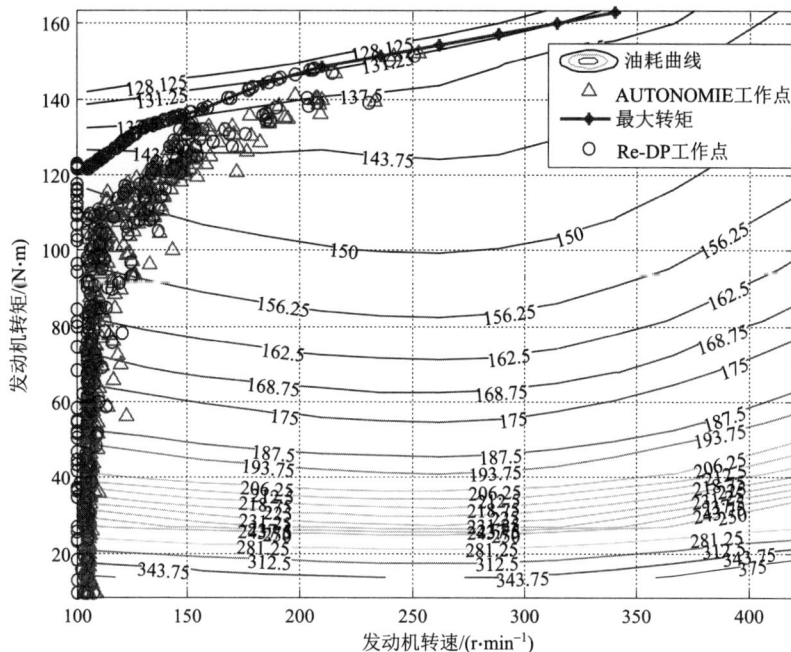

图 7-12 增加约束后动态规划和 AUTONOMIE 中发动机工作点分布

图 7-13 为增加电流和发动机加速度约束后的动态规划和 AUTONOMIE 中发动机和电动机转速以及电池电流的对比。图 7-13 中电动机曲线仍然一致，说明两种方法都能满足循环工况的要求。与图 7-10 不同，图 7-13 中发动机

的转速剧烈变化的情况大幅减少，说明了在动态规划中加入发动机加速度约束所起的作用，且电流变化不太剧烈，这也是图 7-11 中电池组两条 SOC 曲线较为接近的原因。

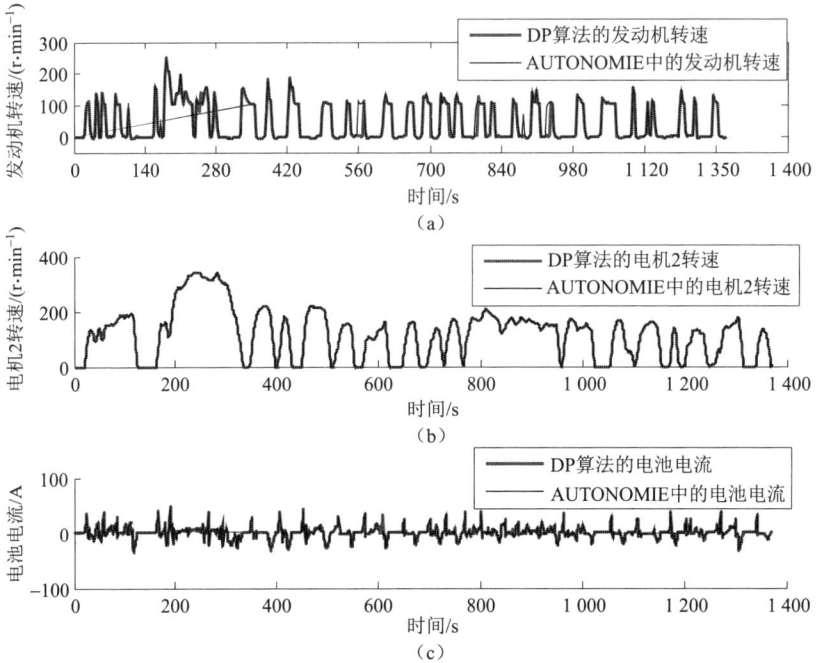

图 7-13　增加约束后的动态规划与 AUTONOMIE 中发动机和
电动机转速及电池电流对比

上述实例对比分析表明：

（1）从动态规划的两次优化结果看出，该方法有能力对车辆性能和系统控制参数进行约束，使得优化控制结果更加贴近实际驾驶。

（2）基于动态规划的优化控制策略比 AUTONOMIE 中基于规则的控制策略更优，节油率约为 6%。

（3）两次动态规划优化结果的不同主要由于其优化约束不同。

控制优化问题的建立包含优化目标、状态和控制变量及多种相关约束等因素，通过对动态规划中电池电流绝对值和发动机加速度进行约束之后，实质是对最优控制问题进行了新的定义。综上所述，通过与 AUTONOMIE 控制策略对比，说明动态规划方法在地面车辆混合驱动系统控制最优设计中具有理论与工程应用价值。

7.2　并联式商用车控制实时仿真

第 5 章已经通过动态规划或庞特里亚金极小值原理求得最优控制策略，

一旦获得最优控制策略，就需要将控制策略转化为实时算法代码写入综合控制单元以进一步对算法代码进行测试与检验。整车控制策略的性能与驾驶员的操控有密切关系，一般会把驾驶员操纵环节纳入仿真中，形成"驾驶员-综合控制器-车辆-地面"的闭环控制仿真系统[11,12]。本节对基于 dSPACE 的硬件在环仿真技术进行分析，利用 dSPACE 和整车综合控制器硬件平台建立混合动力商用车"驾驶员-综合控制器"在环的仿真平台，利用该平台对基于动态规划理论改进的整车控制策略进行实时仿真。

7.2.1 基于 dSPACE 的硬件在环仿真（HIL）

硬件在环仿真（HIL）是计算机辅助控制工程控制系统设计（CACSD, Computer-Aided Control System Design）的一种方法。该方法主要用于控制原型的算法代码在产品型控制器中实现后，被控对象无法获得的情况，采用实时数字模型来模拟被控对象，以对控制器算法及整个系统进行仿真测试。

硬件在环仿真（HIL）与快速控制原型仿真（RCP）具有一定的区别。首先，硬件在环仿真的前提是控制算法代码已经全部完成，形成产品型的控制器，而快速控制原型仿真的目的是获得较好的控制算法原型。其次，硬件在环仿真的重点是对最终确定的控制算法原型的代码实现进行测试和检验，其中不乏对代码的修改，而快速控制原型的重点是通过试验确定较好的控制算法原型。另外，硬件在环仿真中的 dSPACE 作为虚拟的被控对象和外部环境，按被控对象的数学模型进行运算，而在快速控制原型中，dSPACE 作为控制器进行不同控制逻辑的运算。

混合动力商用车"驾驶员-综合控制器"在环的整车控制实时仿真定义为：采用真实的驾驶员操纵设备和综合控制单元，被控对象及其外界环境用数学模型来模拟实现，包括发动机、电机、动力电池组、变速器、车辆动力学以及路面阻力等，通过 CAN 总线完成综合控制器与上述车辆各组成单元之间的通信，完成包括"驾驶员-综合控制器"在内的硬件在环仿真，用以测试和检验整车控制算法代码以及考虑驾驶员输入的整车动力性能。在混合动力商用车辆"驾驶员-综合控制器"在环的整车控制实时仿真中，驾驶员操纵真实的输入设备，包括加速踏板和制动踏板，产品型的综合控制器接收输入设备产生的各种模拟信号，并通过 CAN 总线接收车辆各部件的反馈信号，经过整车控制算法计算出发动机节气门开度、电机输出转矩指令以及变速箱挡位指令等，通过 CAN 总线发送给相应的被控对象。利用 dSPACE 实现被控对象的数学模型，包括发动机、电机、动力电池组、变速箱等，该模型接收综合控制器的相应指令，并做出正确的响应，完成车辆的正常行驶。此外，dSPACE 中的车辆模型还要将车辆当前的运行状态及时反馈给综合控

213

制器[13,14]。

在混合动力商用车"驾驶员–综合控制器"在环的整车控制实时仿真中，驾驶员对输入设备进行实时操作，综合控制器接收驾驶员输入并运行控制算法实时代码，同时通过 CAN 总线向 dSPACE 中运行的虚拟的被控对象发送发动机、电机、变速箱和自动离合器的相应指令。dSPACE 中虚拟的被控对象模型通过实时运算给出当前混合动力商用车的各部件运行状态，并且通过 CAN 总线把相关信息反馈给综合控制器。驾驶员可以通过图形界面观测混合动力商用车的运动情况，形成"驾驶员–综合控制器–车辆–地面"的闭环仿真系统。

7.2.2 混合动力商用车"驾驶员–综合控制器"在环的实时仿真平台搭建

7.2.2.1 实时仿真平台的总体结构

dSPACE 是一种功能强大的、面向控制工程应用的软硬件系统平台，该系统可以与 MATLAB 实现集成，形成面向控制的设计、仿真与测试一体化的工程环境。dSPACE 提供各种功能较强的 A/D 转换、D/A 转换、各类数字 I/O、串行通信以及 CAN 总线接口，可以方便地与外界进行数据交互。同时，dSPACE 把各种接口卡映射为 MATLAB/Simulink 的实时仿真接口模块（RTI，Real-Time Interface），支持用户在 MATLAB/Simulink 环境下进行配置。

图 7-14 为基于 dSPACE 硬件系统搭建的混合动力商用车"驾驶员–综合控制器"在环的整车控制实时仿真平台的实物图，其总体结构示意图如图 7-15 所示。

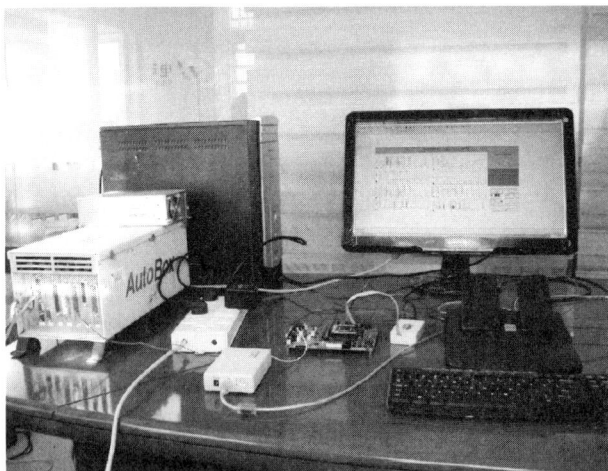

图 7-14 HIL 仿真平台实物图

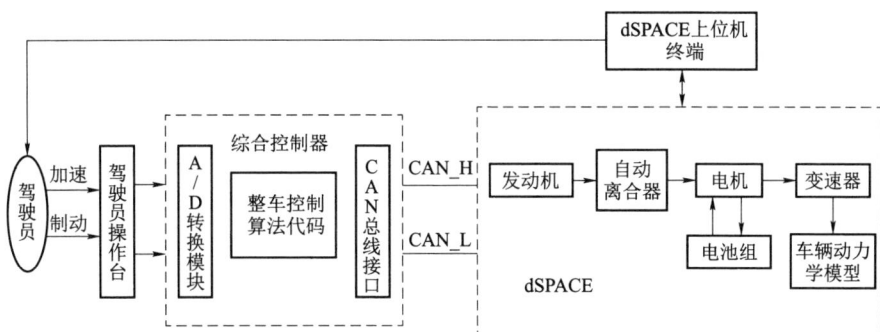

图 7-15 硬件在环仿真平台的结构示意图

该实时仿真平台利用 dSPACE 运行混合动力商用车的动力驱动系统以及地面阻力等的数学模型，并采用 dSPACE 中的 DS4302 接口卡实现整车综合控制器指令与车辆运行状态反馈信号的 CAN 总线通信。混合动力商用车的运行状态可以通过 dSPACE 上位机终端进行实时显示，驾驶员根据上位机终端反馈的整车运动状态，将当前的操作意图通过加速踏板或制动踏板产生 0~5 V 的电压，该电压值经过综合控制器中的 A/D 转换模块转化为综合控制器可以识别的操作指令，并且结合由 dSPACE 通过 CAN 总线发来的车辆运行状态（如车速、电池组 SOC 等），综合控制器在每个控制周期运行整车控制算法代码求得对发动机、电机、变速箱、自动离合器及机械制动器等的控制指令，然后通过 CAN 总线发送到 dSPACE 中控制车辆行驶。

7.2.2.2 综合控制器算法代码的生成

在整个硬件在环系统的搭建过程中，将 Simulink 中 Stateflow 形式的控制逻辑转化为 C 代码是非常重要的一步工作。在此利用 MATLAB 中的 RTW Embedded Coder 工具箱将 Simulink 环境下的整车控制策略转化为 C 代码。代码生成时需要特别注意以下三个问题：

（1）进行 C 代码生成时，首先要设置 "Solver" 的参数，步长类型选择 "Fixed-step"，其具体数值直接反映了综合控制器的控制周期，求解器类型选择为 "discrete（no continuous states）"。

（2）RTW Embedded Coder 支持多家单片机制造商的 C 代码自动生成，因此，一定要结合自己具体应用的单片机类型来设置 "Hardware Implementation" 选项。在此，作者用到的综合控制器里安装的为飞思卡尔的 S12 系列单片机。

（3）在 "Real-Time Workshop" 选项卡中，需要将 "System target file" 选择为 "ert. tlc"，否则生成的代码将无法正确下载到单片机中。最后要将 "Language" 设置为 C 语言，然后单击 "Build" 按钮，即开始将 Simulink 中的控制策略转化为 C 代码，如图 7-16 所示。

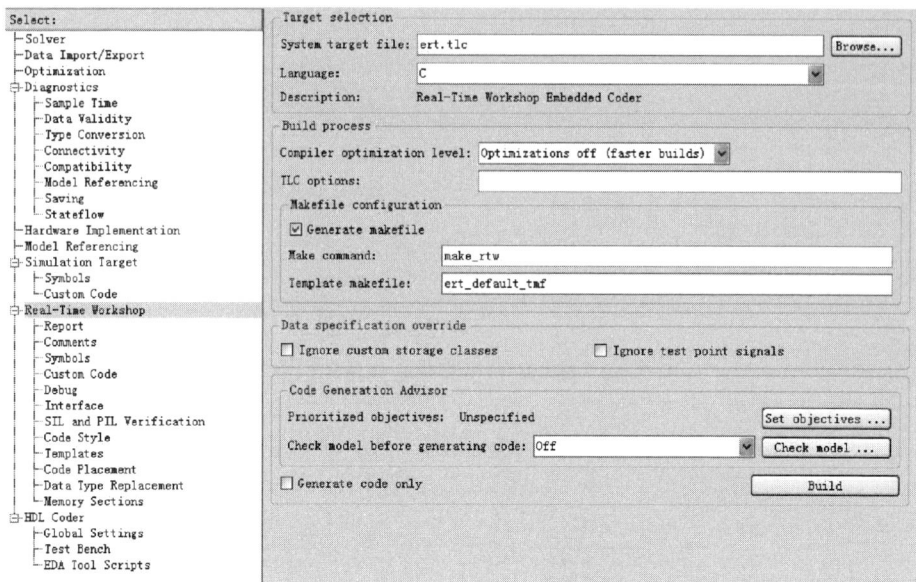

图 7-16　RTW Embedded Coder 参数设置对话框

　　Simulink 里的整车控制策略转化为 C 代码后，并不能直接编译下载到综合控制器中运行。首先，在 Code Warrior 中针对飞思卡尔 S12 系列单片机建立一个新的工程文件夹，然后将 RTW Embedded Coder 生成的 C 文件加载到该工程文件夹目录下，其中会有两个 main 函数文件（新建的工程文件中的 main. c 文件和加载进来的 ert_main. c 文件），而一个工程文件夹中只能有一个 main 函数，因此将 main. c 文件删除。现在，ert_main. c 成为整个工程文件夹的主函数文件，在该文件中需要编写硬件初始化程序、A/D 转换程序、延时程序以及 CAN 总线发送和接收程序等，其中硬件初始化程序又包括 PLL 初始化程序、A/D 初始化程序和 CAN 初始化程序。在将所有程序编写完并调试无错后，通过单片机的 BDM 调试器把编译后的机器码下载到综合控制器中，实现整车控制策略由 Simulink 到综合控制器的转化。

7. 2. 2. 3　CAN 总线通信及 dSPACE 中车辆驱动系统模型

　　在综合控制器的每个控制周期内，综合控制器都要接收从 dSPACE 中传来的车辆运行状态信息，并把控制算法代码计算出的控制指令发送给dSPACE，这两者之间的数据通信是通过 CAN 总线实现的。

　　dSPACE 里的板卡 DS4302 提供了 4 通道独立的 CAN 控制器，支持CAN2. 0A 和 CAN2. 0B 协议，在 MATLAB/Simulink 中可以通过接收器和发送器模块来实现 CAN 总线信号的发送与接收。选择 DS4302 中的第三路 CAN 通道进行数据传输，在完成相应的硬件连接以后，需要进行 CAN 协议的制订，以保证 CAN 总线正确无误地进行数据传输。参考 SAE J1939 标准，制订 CAN 通信协议，实时仿真中 CAN 通信波特率为 250 Kb/s，通信周期为 50 ms。

dSPACE 中运行混合动力商用车的动力驱动系统以及地面阻力等的数学模型，并在 Simulink 中加入 CAN 接收器和发送器模块，然后按照上述 CAN 协议对 CAN 模块进行参数设置，设置完参数并确保模型无错后便可以编译下载到 dSPACE 中运行。最终下载到 dSPACE 中的模型如图 7-17 所示。

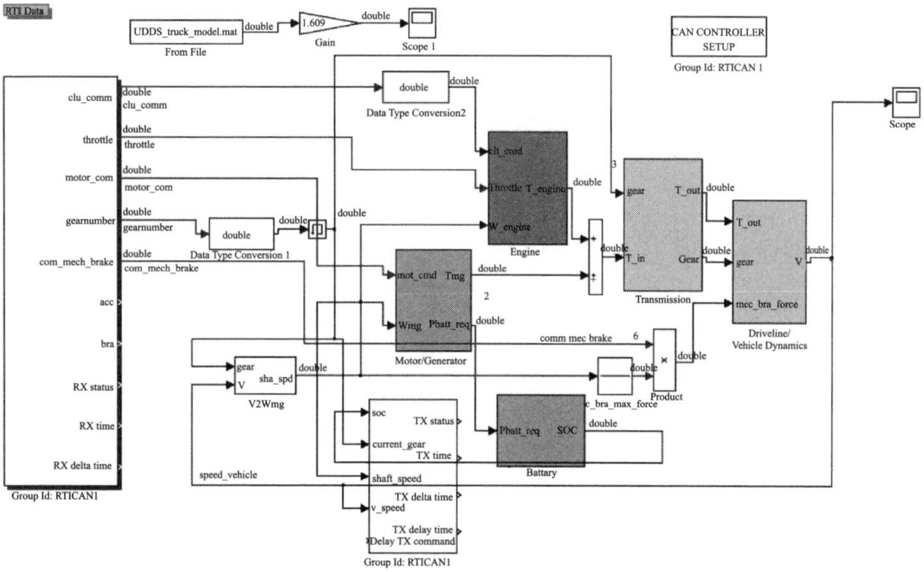

图 7-17　下载到 dSPACE 中的模型

7.2.3　混合动力商用车"驾驶员-综合控制器"在环的整车控制实时仿真

采用跟随现有循环工况的方法，由驾驶员根据循环工况的车速和车辆现有的实际车速的差值，通过踩加速或制动踏板，保证实际车速尽量跟随循环工况车速。在这里，循环工况我们选取用于商用卡车仿真的最典型的工况 UDDS_Truck Cycle。UDDS_Truck Cycle 的最高车速要大于本混合动力商用车的设计最高车速，所以将工况 UDDS_Truck Cycle 的车速值乘以系数 0.75 后作为仿真用的车辆循环工况。整个仿真实验过程中，车辆的运行状态可以通过 dSPACE 上位机终端进行实时监控，监控界面如图 7-18 所示。

实时仿真实验持续时间为 1 000 s，图 7-19 列出了包括车速跟随情况、驾驶员加速/制动踏板信号、AMT 变速箱挡位、发动机和电机输出功率、电池组 SOC 和机械制动等的相关实验结果曲线。

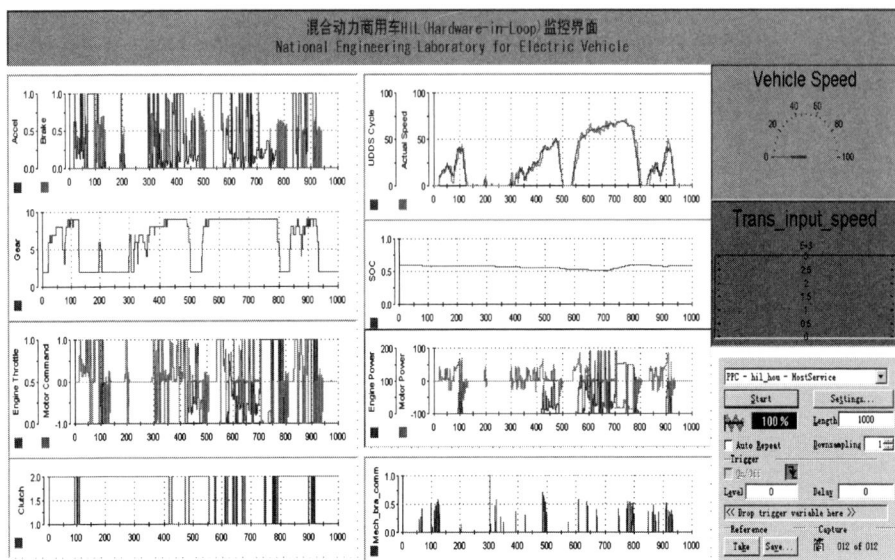

图 7-18　混合动力商用车 HIL 监控界面（见彩插）

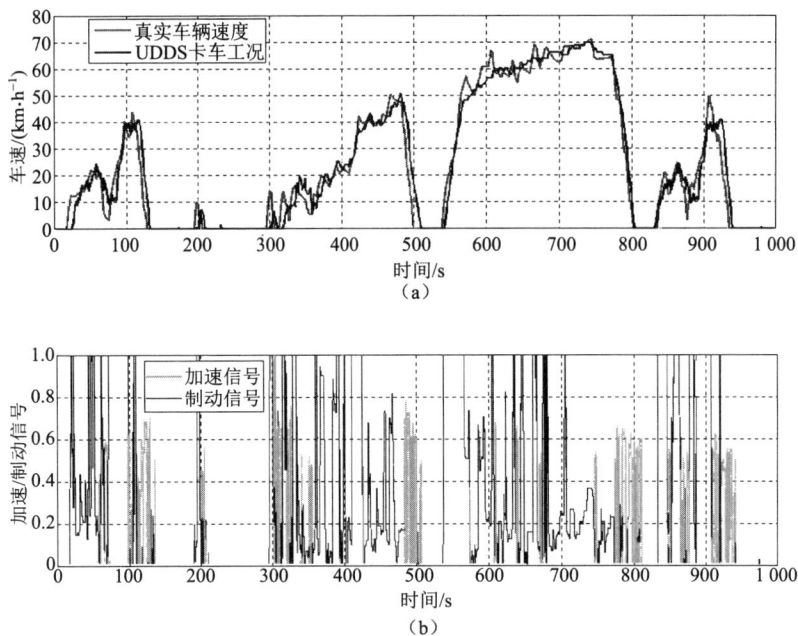

图 7-19　"驾驶员-控制器"在环的实时仿真结果

（a）车速-时间曲线；（b）驾驶员加速/制动信号

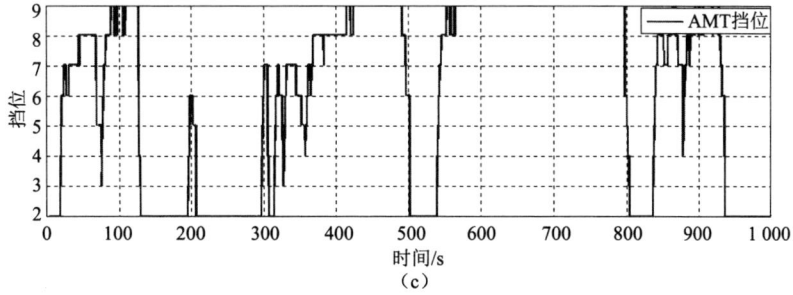

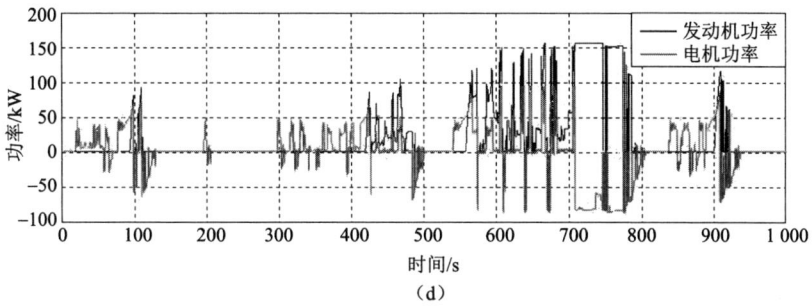

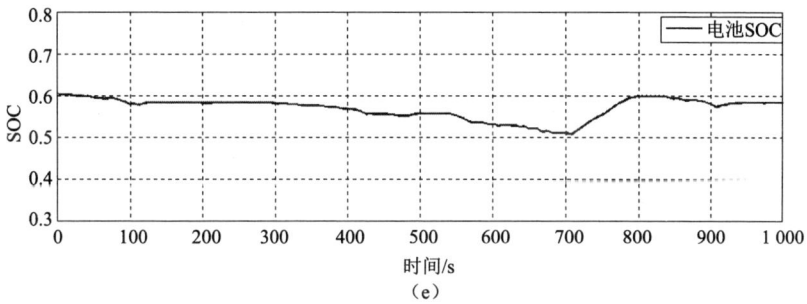

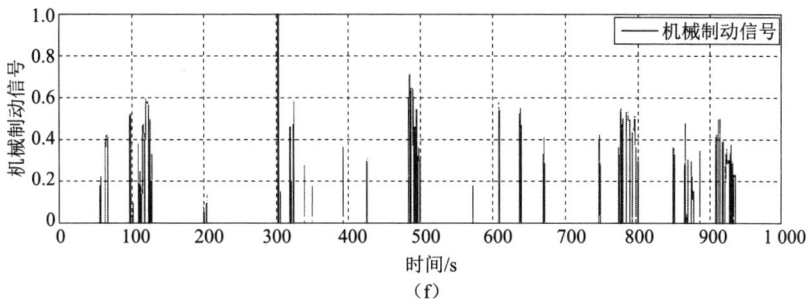

图 7-19 "驾驶员-控制器"在环的实时仿真结果（续）

（c）AMT 挡位变化曲线；（d）发动机和电机输出功率；

（e）电池组 SOC 变化曲线；（f）机械制动器制动指令

　　实验结果表明，车辆起步或车速较低时，自动离合器分离，发动机关闭，此时只是动力电池组提供能量，由电机驱动车辆行驶，有效避免了发动机工作在燃油经济性较低的低转速区；当车速较高时，发动机起动，自动离合器接合，发动机参与驱动车辆行驶过程，随着驾驶员逐渐踩下加速踏板，驾驶员需求功率不断升高，此时发动机和电机同时输出驱动力矩，车辆运行在混合驱动模式，具体的发动机和电机输出功率可以参照图 7-19（d）。

　　AMT 变速箱的挡位变化图 7-19（c）表明，挡位变化与车速有着直接联系，并且在仿真实验的过程中，驾驶员可以明显感觉到挡位的变化还与驾驶员踩加速踏板的位置有关。相同车速下，驾驶员踩加速踏板越深，AMT 变速箱越倾向于降挡，目的是为了提高变速箱的传动比，增加车辆驱动力矩，满足驾驶员加速要求。通过实时仿真实验我们可以看到，基于动态规划设计的 AMT 双参数换挡控制策略符合车辆换挡实际情况，可同时满足车辆加速性能和燃油经济性的要求。

　　图 7-19（e）为电池组 SOC 的变化曲线，当电池组 SOC 较高时，电机会较多地参与车辆驱动，此时 SOC 会逐渐降低。但当 SOC 降到一定水平时，电机就会较多地工作在发电模式或者仅输出较小的驱动力矩，而基本由发动机提供所有的驱动力矩，除满足车辆正常行驶外还要给电池组进行充电。此外，当驾驶员踩下制动踏板进行制动时，电机会工作在发电状态，电机尽可能地吸收制动能量来给电池组充电，如果电制动不足以满足驾驶员的制动需求，则机械制动器会参与到工作中来，与电制动一起对车辆实施制动。从实验结果来看，整车控制策略能够保证电池组 SOC 的均衡性，能有效避免电池组的过充或过放现象，这对延长电池组的使用寿命较为重要。

参考文献

［1］ Wikipedia. Prius and Volt ［EB/OL］. ［2014］. http：//zh. wikipedia. org/wiki/Prius, http：// zh. wikipedia. org/wiki/Volt.

［2］ Liu J M, Peng H, Filipi Z. Modeling and analysis of the toyota hybrid system ［C］. IEEE/ ASME：Proceedings of the 2005 IEEE/ASME International Conference on Advanced Intelligent Mechatronics. California. 2005：134-139.

［3］ Liu J M, Peng H. Control optimization for a power-split hybrid vehicle ［C］. IEEE：Proceedings of the American Control Conference. Minneapolis. 2006：466-471.

［4］ Liu J M, Peng H. Modeling and control of a power-split hybrid vehicle ［J］. IEEE Transactions on control systems technology, 2008, 16（6）：1242-1251.

［5］ Zou Y, Liu T, Sun F C. Comparative study of dynamic programming and pontryagin's minimum principle on energy management for a parallel hybrid electric vehicle ［J］.

Energies, 2013, 6 (4): 2305-2318.

[6] Liu J M. MODELING, Configuration and control optimization of power-split hybrid vehicles [D]. Michigan: University of Michigan, 2007.

[7] Chen Z, Mi C C. Energy management for a power-split plug-in hybrid electric vehicle based on dynamic programming and neural networks [J]. IEEE transactions on Vehicular Technology, 2013, 63 (4): 1567-1580.

[8] Krik D E. Optimal control theory: an introduction [M]. Dover Publications, Inc. Mineola, New York, 1970.

[9] 邹渊, 陈锐, 侯世杰. 基于随机动态规划的混合动力履带车辆能量管理策略 [J]. 机械工程学报, 2012, 48 (14): 91-96.

[10] Argonne. AUTONOMIE [EB/OL]. [2014] http://www.autonomie.net/

[11] Yeo H, Kim H. Hardware-in-the-loop simulation of regenerative braking for a hybrid electric vehicle [J]. Proceedings of the Institution of Mechanical Engineers, Part D: Journal of Automobile Engineering. 2002, 216 (11): 855-864.

[12] Ramaswamy D, McGee R. A case study in hardware-in-the-loop testing: Development of an ECU for a hybrid electric vehicle. SAE Technical Paper 2004-01-0303, 2004, doi: 10.4271/2004-01-0303.

[13] Bhangu B S, Bentley P, Stone D A. Nonlinear observers for predicting state-of-charge and state-of-health of lead-acid batteries for hybrid-electric vehicles [J]. IEEE transactions on Vehicular Technology, 2005, 54 (3): 783-794.

[14] Phatiphat T, Stephane R, Bernart D. Control strategy of fuel cell supercapacitors hybrid power sources for electric vehicle [J]. Journal of power sources. 2006, 158 (1): 806-814.

221

8

履带车辆混合驱动系统建模与控制实例

　　履带车辆混合系统担负着动力生成和功率传递的功能，其特征为存在两路输出，且必须依托两侧履带转矩和转速关系的配合来实现车辆的各类机动性能。混合驱动系统由于其节能潜力以及驱动系统电气化引发的新特点而在履带车辆上的应用逐渐增多，驱动系统建模与控制已经成为履带车辆混合动力系统的关键技术之一，该技术担负着系统功能集成与验证的职责。一旦在数学上把握住驱动系统的根本特征，对系统集成与控制设计和优化的意义非常重大，即具备了完全实现数字样机集成与验证的基础，有望大幅度降低系统原型研制与验证的周期与成本。本章针对高速履带和低速重载车辆混合动力系统，从系统建模与控制的视角，结合科学研究及其工程实践给出详细的论述。高速履带车辆某混合动力履带车辆为研究对象，重点阐述基于最优控制的系统设计与验证。低速重载车辆以混合动力推土机为对象，重在阐述基于模型的控制设计及其仿真。

8.1　混合动力高速履带车辆实例

　　所研究的混合动力高速履带车辆采用双电机分别驱动两侧主动轮，取消了转向机构，依靠两侧电动机把发动机-发电机组与车载电池组发出的电能转化为机械能，实现车辆行驶[1~3]。为进一步增加发动机-发电机组和电池组之间的功率分配的自由度，在直流母线和电池组之间增加了 DC-DC 变换器。该DC-DC 变换器的引入增加了系统集成与控制的自由度，相对于 5.4 节进一步复杂化，系统结构如图 8-1 所示。

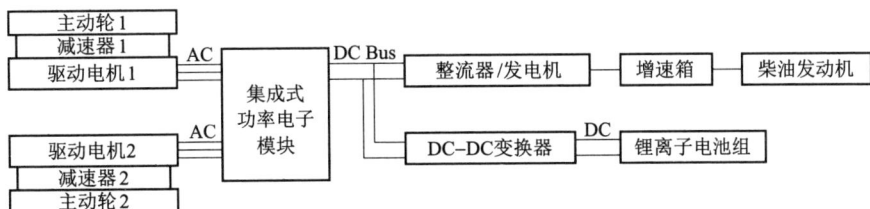

图 8-1　双电机独立驱动履带车辆混合驱动系统结构

8.1.1　双电机独立驱动高速履带车辆混合驱动系统参数匹配

8.1.1.1　履带车辆双侧电机驱动系统匹配设计

　　囿于现有电动机功率密度与电力电子器件的限制，必须在电动机与主动轮之间采用两挡变速器以满足车辆需求。在方案设计阶段，选择合适的电动机特性与两挡变速器传动比非常重要。对采用固定侧传动比的混合动力履带车辆驱动系统的直驶和转向进行匹配计算已较为常见[4]。双侧电机动力布置的特点使得传统履带车辆传动系统的匹配设计方法并不完全适合。作者提出一种直驶、转向等多种工况综合的方法，该方法在全速度范围开展对电动机外特性与两挡变速器的综合设计与评估。

　　1）单侧履带多工况动力需求特性[5,6]

　　单侧履带动力因数定义为单侧履带发出牵引/制动力与车重之比。一般而言，直驶工况的最高车速、最大爬坡度和越野路面平均车速以及 0~32 km/h 加速时间是履带车辆动力性能的重要指标。高速直驶和越野直驶工况下单侧履带需求动力因数为

$$D_1 = D_2 = 0.5f + \frac{C_D A v^2}{21.15 \times 2mg} \qquad (8-1)$$

式中，D_1，D_2 分别为内外侧履带需求的动力因数；f 为滚动阻力系数，高速直驶和越野工况分别取 0.055 和 0.15；C_D 为空气阻力系数；A 为履带车辆的正投影面积；v 为车速；m 为总质量。

　　直行工况时，最大爬坡需求动力因数为

$$D_1 = D_2 = (\sin \alpha + f\cos \alpha)/2 \qquad (8-2)$$

式中，α 为最大爬坡度，取 31°。该工况下 f 取 0.09。

　　不考虑换挡的 0~32 km/h 直驶加速时间为

$$t = \frac{1}{3.6} \int_0^{32} \frac{\delta}{[2D_1 - f - C_D A v^2/(21.15mg)]g} dv \qquad (8-3)$$

式中，δ 为质量增加系数，取 1.2。

　　不同转向工况下，内外侧履带需求动力因数为

$$\begin{cases} D_{1,2}=0.5f+\mu L/4B & \rho \in [0,0.5] \\ \begin{cases} D_1=0.5f-\mu L/4B & \\ D_2=0.5f+\mu L/4B & \rho \in (0.5,+\infty) \end{cases} \end{cases} \quad (8\text{-}4)$$

式中，μ 为转向阻力系数；L 为履带接地长度；B 为履带中心距；ρ 为相对转向半径。

$$\rho = R/B \quad (8\text{-}5)$$

式中，R 为转向半径，m。

转向阻力系数为

$$\mu = \frac{\mu_{max}}{0.925+0.15\rho} \quad (\rho \geqslant 0.5) \quad (8\text{-}6)$$

式中，μ_{max} 为 $\rho=0.5$ 时转向阻力系数，设计时取 0.8。一般认为当 $\rho<0.5$ 时，$\mu=\mu_{max}$。

不同平均车速下可以达到的最小转向半径能更全面地反映履带车辆的机动性能，必须在性能设计阶段予以考虑。一般而言，相同车速下转向半径越小越好，便于在狭窄地面转向，但是如果转向半径设计得过小，在低附着路面将引发车辆侧滑。

车辆转向不产生侧滑的条件为

$$\rho \geqslant \frac{v^2}{\varphi g B} \quad (8\text{-}7)$$

式中，φ 为地面横向附着系数。

图 8-2 显示了履带车辆 Challenger TN54 和 M1 X1100 能达到的转向半径-车速关系，并画出了不同横向附着系数时的侧滑曲线。对双电机独立驱动混合动力履带车辆而言，理论上可以通过对两侧驱动电机协调控制来实现更优的转向半径-车速曲线。车辆小半径转向一般发生在低速区，高速行驶时一般仅存在大半径方向修正。为充分利用地面附着能力，设计初期选一定横向附着系数 φ 的侧滑转向半径-车速曲线作为设计目标曲线。

不考虑履带滑移与滑转，内外侧履带速度 v_1、v_2 分别为

$$\begin{cases} v_1=v(1-1/2\rho) \\ v_2=v(1+1/2\rho) \end{cases} \quad (8\text{-}8)$$

内外侧履带牵引力需求在中心转向时相等，其余转向中外侧履带驱动牵引力需求大于内侧履带，因此把外履带牵引需求作为单侧履带驱动力特性设计的依据。再生转向时，内履带制动需求作为单侧履带制动力特性设计的依据。联立式（8-4）~式（8-8），取 $m=14\,000\,\text{kg}$，$L=3.547\,\text{m}$，$B=2.547\,\text{m}$，消去变量 v 和 ρ，可获得转向时内外侧履带不同速度下的动力因数 D_1-v_1、D_2-v_2 曲线。单侧履带需要同时满足内外履带不同速度下的动力需求。把最高

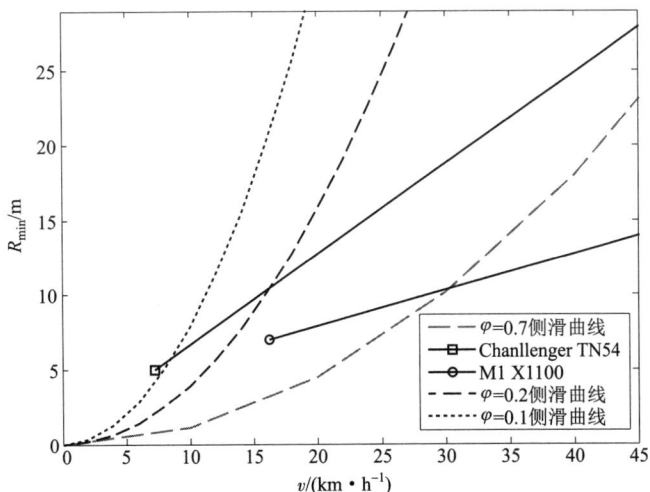

图 8-2 最小转向半径-车速关系

车速、最大爬坡度和越野路面平均车速工况动力因数需求综合表示为单侧履带的不同转速下动力因数需求图，如图 8-3 所示。该图揭示了单侧履带在全速度范围中的动力需求特征。由图可见，单侧履带的较大功率需求发生在三种工况，即作为外侧履带进行小半径转向、45 km/h 越野和最大车速。选 $\varphi =$ 0.1 转向半径-车速侧滑曲线作为设计目标，则据图 8-3 获得的单侧履带最大驱动功率需求为 110 kW。

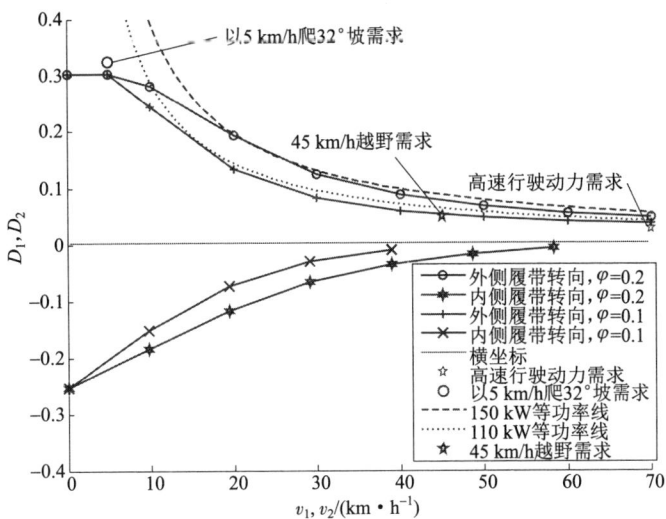

图 8-3 单侧履带的不同速度下动力因数需求曲线

2）电动机与两挡传动比匹配设计

电动机功率经过两挡变速箱传动至主动轮，考虑变速箱与主动轮到履带的效率，单侧电动机输出功率为

$$P_{m} = \frac{P_{e}}{\eta_{ch}\eta_{xd}} \tag{8-9}$$

式中，P_e 为单侧履带需求功率；η_{ch} 为变速箱效率，取 0.9；η_{xd} 为行动装置效率，且 $\eta_{xd} = 0.95 - 0.001\ 7v$。

由式（8-9）可获得电动机最大需求功率 $P_{m,max} = 150\ kW$。

两挡变速器与电动机匹配应从低速爬坡和最高车速行驶工况入手，兼顾转向动力需求。

低速挡应能爬越最大坡，有

$$\frac{2T_{max}i_1\eta_{ch}\eta_{xd}}{r_z mg} \geqslant 0.6 \tag{8-10}$$

式中，T_{max} 为电动机低速下的最大需求转矩；i_1 为低挡传动比；r_z 为主动轮半径。

高速挡应能达到设计最高车速，有

$$\frac{0.377 r_z n_{max}}{i_2} \geqslant 70 \tag{8-11}$$

式中，n_{max} 为电动机最大转速；i_2 为高挡传动比。

$P_{m,max}$、T_{max} 和 n_{max} 表征了电动机基本机械输出特性，可得电动机输出转矩为

$$T = \begin{cases} T_{max} & (n \leqslant n_{max}) \\ \dfrac{P_{m,max}}{n} & (n > n_{max}) \end{cases} \tag{8-12}$$

式中，n 为电动机转速。

综合考虑技术风险与可行性的电动机转速-转矩特性如图 8-4 所示。该图可作为选择 T_{max} 和 n_{max} 的重要参考。取 $T_{max} \in [900, 1\ 200]$，$n_{max} \in [5\ 000, 6\ 000]$。

为了深入、全面地进行匹配设计，取 $T_{max} = 100 \times [9, 9.5, 10, 10.5, 11, 11.5, 12]$，据式（8-10）求得 $i_1 = [20.46, 19.38, 18.41, 17.53, 16.74, 16.01, 15.34]$。取 $n_{max} = 1\ 000 \times [5, 5.5, 6]$，则据式（8-11）求得 $i_2 = [8.83, 9.72, 10.6]$。

单侧履带的动力因数为

$$D = \frac{Ti\eta_{ch}\eta_{xd}}{r_z mg} \tag{8-13}$$

式中，i 为电动机到主动轮的传动比。

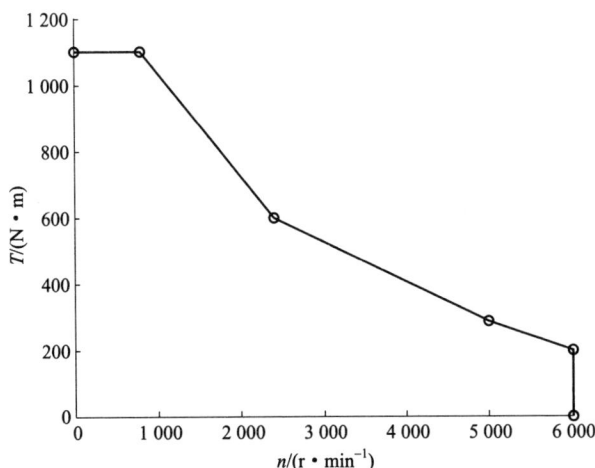

图 8-4 驱动电机机械输出特性调研参数

上述 T_{max}、n_{max}、i_1 和 i_2 共组合出 21 个匹配方案。综合考虑电动机参数、i_1/i_2 以及低速挡最大车速大于 32 km/h 得出 4 种方案，见表 8-1。

表 8-1 4 种电动机与传动比匹配方案

方案	$T_{max}/$（N·m）	$n_{max}/$（r·min⁻¹）	i_1	i_2	i_1/i_2
1	1 000	5 000	19.01	8.83	2.2
2	900	5 500	21.13	9.72	2.2
3	950	5 500	20.02	9.72	2.1
4	1 000	5 500	19.01	9.72	2.0

结合已有电动机特性参数，确定方案 4 为最终匹配方案，该方案单侧履带动力特性如图 8-5 所示。图中低速挡与高速挡覆盖了单侧履带动力需求，能满足车辆机动性要求。

3）性能校核与验算

实际上，电动机不具有理想的恒功率特性。图 8-4 所示电动机在 2 400～5 000 r/min 内恒功率机械输出 150 kW，在 800～2 400 r/min 及 5 000 r/min 后机械功率皆小于 150 kW。必须进一步根据电动机实际转矩-转速输出特性展开性能校核与验算。采用图 8-4 所示电动机外特性与最终两挡变速器匹配方案，且认为电动机制动力与驱动力输出特性一致，参照机械传动转向牵引计算原理，绘制单侧履带动力因数及车辆转向内外侧履带动力因数曲线，如图 8-6 所示。利用该图可分析车辆在不同路面上直驶与转向的综合性能，低速挡下外侧履带速度为 v_2 时，外侧履带在 $\mu_{max}=0.8$ 地面上获得最小转向半径为 ρ_1。该半径下内侧履带能提供所需制动力的最大速度为 $v_1>v_2$，因此当内侧

227

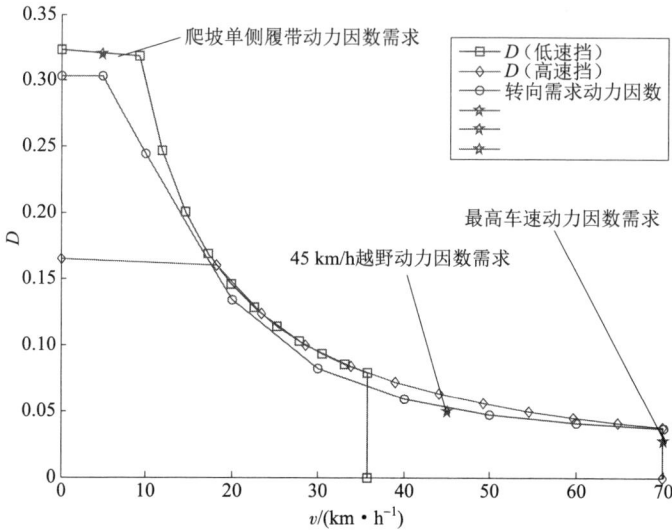

图 8-5　方案 4 单侧履带动力特性

履带以更小的速度 $v_1 = \dfrac{1-1/2\rho}{1+1/2\rho}v_2$ 行驶时，制动力输出必然满足要求。由图 8-6 最终可知，低速挡下可以实现中心转向与半径为 $B/2$ 的转向，车速小于 20 km/h 时，能在 $\mu_{max}=0.8$ 和 $\mu_{max}=0.6$ 路面上分别实现 $\rho \leqslant 11$ 和 $\rho \leqslant 7$ 的转向。车速大于 40 km/h 时，能在 $\mu_{max}=0.8$ 和 $\mu_{max}=0.6$ 路面上实现 $\rho \leqslant 40$ 和 $\rho \leqslant 30$ 的转向，满足高速行驶修正方向要求。低速挡能提供的最大动力因数约 0.65，满足最大爬坡度的性能要求。最高车速时能提供的动力因数为 0.06，满足最大车速性能的要求。根据式（8-3）求得低速挡良好路面上 0~32 km/h 加速时间为 5.5 s。

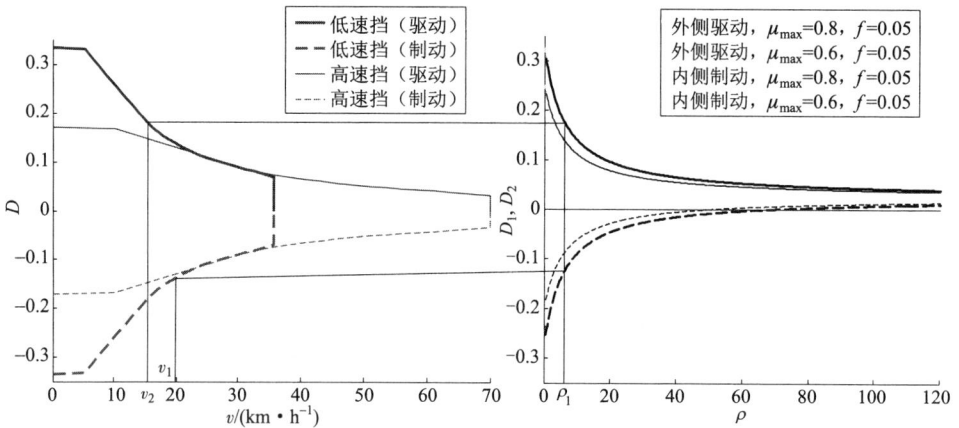

图 8-6　双侧电机驱动系统转向牵引匹配分析图

8.1.1.2 不含 DC-DC 变换器的发动机-发电机组和电池组电功率耦合

发动机-发电机组及整流器抽象为与转速相关的直流电压源和与输出电流相关的内阻模型，参见式（5-53）和式（5-54）。电池组采用基于内阻的简化模型，参见式（5-55）。任意时刻发动机-发电机组和电池组功率与两侧电动机输出功率相平衡：

$$T_1\omega_1\eta_{mot}^{-sign(T_1)}+T_2\omega_2\eta_{mot}^{-sign(T_2)}=U_{dc}(I_g+I_{bat}) \tag{8-14}$$

式中，η_{mot} 为电动机驱动系统效率，通过试验获得；T_1，T_2 为两侧电动机输出转矩，N·m；ω_1，ω_2 为两侧电动机转速，rad/s；U_{dc} 为直流母线电压。

当 $U_g<U_{bat}$ 时，$I_g=0$，发电机无法输出电功率；$U_{dc}=U_{bat}>U_g$，母线电压由电池组和功率需求决定。当 $I_g>0$ 时，发电机输出电功率，电池组输出或吸收电功率，$U_{dc}=U_g=U_{bat}$，母线电压最终由功率需求、ω_g 和 SOC 决定。

以 U_g 和 U_{bat} 为纵坐标、发动机转速和电池组 SOC 为横坐标分别绘制电功率匹配特性，如图 8-7 所示。该图揭示了两者匹配的特点，当发动机转速为 n_1，工作于点 $A(U_{dc},n_1)$ 时，由于电压约束存在，电池组在 SOC＝SOC1 时工作于点 B，SOC＝SOC2 时工作于点 C。SOC 越高，电池组提供电功率的能力越高。当 SOC＝SOC3＝0.7，电池组工作于点 $D(U_{bat3},SOC3)$ 时，发电机无法输出电功率，故 $I_g=0$。可见，在该类串联式混合驱动系统中母线电压由功率需求、SOC 和发电机转速共同决定。

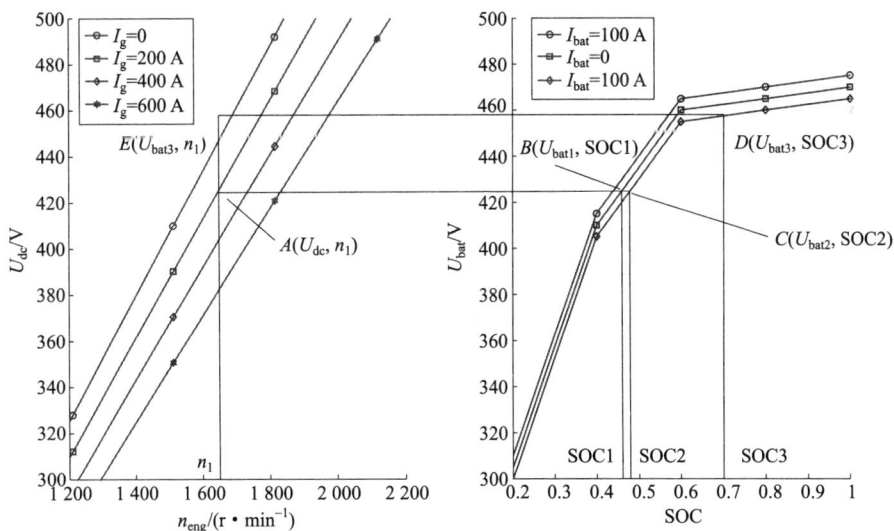

图 8-7　发动机-发电机组和电池组电压匹配特性

从系统控制的角度来看，发动机转速和电池组 SOC 确定了系统的工作点，这两个物理量决定着系统功率输出的能力。系统最终的功率输出取决于双侧电机驱动车辆所施加的功率，而母线电压可以看作功率匹配的最终结果。从另一个角度讲，不同的母线电压确定了发动机-发电机组和电池组混合供电的能力，该能力的最大值一般认定为该状态下发出功率的能力。此外，为避免电池组过度放电而导致寿命下降，常希望电池组放电电流和充电电流不要过大。同时，受限于线缆发热等原因，也不希望发电机输出电流太大。以上构成了系统的约束条件。考虑电池放电电流和发电机组输出电流约束条件下系统的最大输出功率与发动机转速和电池组 SOC 的关系如图 8-8。值得注意的是，图 8-8 所描述的最大功率是该状态下最大的功率能力，在实践工作中到底输出多大功率是由负载来决定的。最大功率输出能力由发动机-发电机组和电池组 SOC 共同决定。

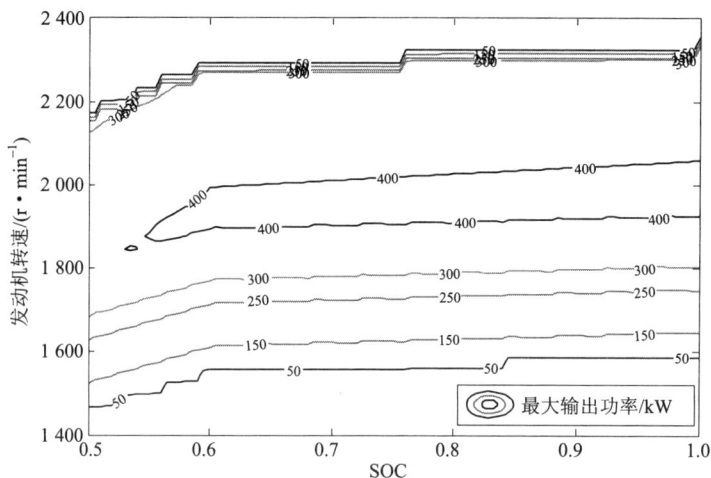

图 8-8　发动机-发电机组和电池组最大输出功率

$(I_{bat}<200\ \text{A},\ I_g<800\ \text{A})$（见彩插）

8.1.1.3　含 DC-DC 变换器的发动机-发电机和电池组功率耦合

锂离子电池组在不同 SOC 范围下开路电压变化范围较大的特点，影响着电池组和发动机组的混合供电能力。当电池组 SOC 较小时，锂离子电池开路电压较低，此时发动机-发电机组转速增加时，首先会给电池组充电而减小了向外输出电功率的能力。反之，当电池组 SOC 较大而开路电压高时，发动机-发电机在低速情况下无法对外输出电功率。此外，充放电电流的大小对锂电池寿命具有较大影响，这也极大地限制了电池组和发动机-发电机组混合供电能力。在直流母线和动力电池组之间加入 DC-DC 变换器有助于解决上述问题。

DC-DC 变换器的数学模型表达为

$$U_{bat}I_{bat}\eta^{\text{sign}(I_{dc\text{-}dc})}=U_{dc\text{-}dc}I_{dc\text{-}dc} \tag{8-15}$$

其中，U_{bat} 为电池组输入电压；I_{bat} 为电池组电流，向外输出电流为正；$\eta^{sign(I_{dc-dc})}$ 为 DC-DC 变换器效率，该值与 DC-DC 电流方向有关；U_{dc-dc} 为变换器输出电压；I_{dc-dc} 为变换器输出电流。可见，DC-DC 变换器的作用在于实现直流母线电流和电压与电池组当前 SOC 具备功率能力匹配的电压和电流，扩展了电池组参与功率供应的能力，当然也导致了控制复杂度的增加。

8.1.2　双电机独立驱动高速履带车辆控制策略设计

8.1.2.1　动力学行驶控制[7]

1) 控制方案

车辆的正常行驶完全依赖于两侧电动机输出力矩的配合，如何配合以及如何通过控制来实现配合是混合动力履带车辆动力学控制的基本问题。图 8-9 从控制角度直观地描述了混合动力履带车辆动力学控制问题的本质。图中 T_1、T_2 分别为作用在两侧主动轮上的力矩，F_r 表示地面对车辆的作用。Command 代表驾驶员命令，feedback 是车辆的状态反馈，k_1、k_2 代表输出给电动机 1 和电动机 2 的控制量。

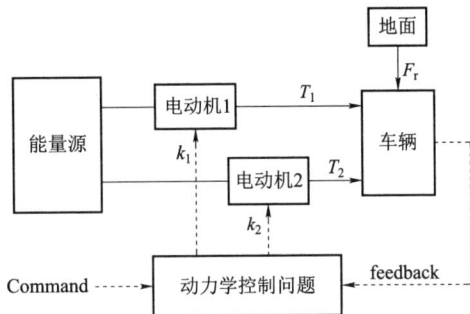

图 8-9　电传动履带车辆动力学控制问题示意图

动力学控制的任务是按收并解释驾驶员命令 Command，同时获得车辆反馈信号 feedback，依据一定的规则输出控制量 k_1、k_2 对 T_1、T_2 进行调节，从而实现驾驶员行驶意图。驾驶员命令 Command 通过驾驶员操作输入设备产生。feedback 可以是整车可监测到的任意动力学参数，如两侧主动轮转速等。控制量 k_1、k_2 可以是对主动轮力矩具有调节作用的任意物理量，如速度和电流等。混合动力履带车辆动力学控制的关键就是寻找映射 f：（Command, feedback）$\rightarrow (k_1, k_2)$，使车辆在一定范围 F_r 的地面上能依据驾驶员命令 Command 行驶。

混合动力履带车辆动力学控制方案的关键是对驾驶员命令 Command 的解释方法和控制量 k_1 和 k_2 的确定。一种动力学控制方案把 Command 解释为两侧主动轮的转速关系，控制量 k_1 和 k_2 分别选定为两侧主动轮的目标角速度 n_{1*}、n_{2*}。电动机控制器 1、2 通过对电动机 1、2 的控制来实现 $n_1 = n_{1*}$，$n_2 = n_{2*}$，其中 n_1、n_2 分别为两侧主动轮转速，定义为转速调节控制策略。另一种更为直接的控制方案则把驾驶员命令 Command 解释为作用在两侧主动轮上的力矩关系，控制量 k_1、k_2 分别选定为作用在两侧主动轮上的目标转矩 T_{1*}、T_{2*}，电动机控制器 1、2 控制电动机 1、2 实现 $T_1 = T_{1*}$，$T_2 = T_{2*}$，定义为转矩调节控制策略。两种控制方案的反馈信号可以取两侧电动机转速以及电动机控制器的各物理量，下文分别叙述。

2）转速调节控制策略

转速调节控制策略由综合控制单元和两侧电动机控制器相互配合实现。综合控制单元在每一时刻解释驾驶员意图，为两侧电动机控制器提供转速目标指令。不同工况下两侧电动机转子轴负载范围随机变化，当两侧电动机不能把转速调节到目标值时，综合控制单元必须对两侧电动机进行协调控制，以最大限度地实现行驶意图。

（1）整车及驱动系统建模。

调速电动机控制器采用比例－积分环节对输出转矩进行校正。对于履带车辆大惯量系统，忽略电动机转矩响应时间，认为感应电动机在同转速下的最大制动转矩等于最大驱动转矩。电动机输出转矩为

$$T = \begin{cases} K_p[n_r - n_c] + K_i \int_0^t [\dot{n}_r - \dot{n}_c] d\tau & (-T_{max}(n_r) < T < T_{max}(n_r)) \\ T_{max}(n_r) & (T \geqslant T_{max}(n_r)) \\ -T_{max}(n_r) & (T \leqslant -T_{max}(n_r)) \end{cases}$$

$$(8-16)$$

式中，n_r 为电动机的实际转速；n_c 为电动机的目标转速；T 为电动机的输出力矩；K_p 为比例系数，K_i 为积分系数。K_p 和 K_i 体现两侧电动机调速的动态特性，整定后取相同值。

根据履带车辆动力学理论，有

$$\begin{cases} m\dot{v}_y = F_1 + F_2 - F_{r1} - F_{r2} \\ I_z\dot{\omega} = -F_1\dfrac{B}{2} + F_2\dfrac{B}{2} + F_{r1}\dfrac{B}{2} - F_{r2}\dfrac{B}{2} - M_h \\ F_{1,2} = \begin{cases} 0.5\varphi mg & \dfrac{T_{1,2}i_0\eta}{r} > 0.5\varphi mg \\ \dfrac{T_{1,2}i_0\eta}{r} & \dfrac{T_{1,2}i_0\eta}{r} \leqslant 0.5\varphi mg \end{cases} \\ M_h = \begin{cases} 0 & \omega = 0 \\ \dfrac{\mu lmg}{4}\left[1 - \left(\dfrac{2\lambda}{l}\right)^2\right] & \omega \neq 0 \end{cases} \\ n_{r1,2} = \dfrac{30i_0}{\pi}\dfrac{v_y \pm \omega B/2}{r} \end{cases}$$

$$(8-17)$$

式中，m 为整车质量；v_y 为质心线速度沿纵向分量；F_1，F_2 为由主动轮发出的牵引力；F_{r1}，F_{r2} 为两侧履带受到的滚动阻力；I_z 为整车转动惯量；ω 为角速度；B 为履带接地中心距；M_h 为转向阻力矩；φ 为地面附着系数；$T_{1,2}$ 为两侧电动机的驱动转矩；i_0 为电动机输出轴到主动轮的传动比；η 为电动机转子输出轴到履带的效率；r 为主动轮半径；λ 为履带接地段瞬心纵向向前的偏移量；l 为整车长度；μ 为转向阻力系数。式（8-16）和式（8-17）构成以两侧电动机目标转速为输入的混合动力履带车辆整车驱动系统模型。

（2）转速调节控制策略设计与建模。

加速踏板定义为整车的目标平均车速 $\bar{v}$，并且与加速踏板角位移呈线性关系：

$$\bar{v} = \frac{\bar{v}_{max}}{\alpha_{max} - \alpha_0}(\alpha - \alpha_0) \tag{8-18}$$

式中，α 为加速踏板角位移；α_0 为自由行程角位移；α_{max} 为加速踏板最大角位移；$\bar{v}_{max}$ 为整车最大目标平均车速。

制动踏板的不同位置分别对应电制动与机械制动的功能。在电制动范围内定义制动踏板对应整车目标平均车速的减速度 a^-，并且与制动踏板角位移呈线性关系：

$$a^- = \frac{a^-_{max}}{\beta_{max} - \beta_0}(\beta - \beta_0) \tag{8-19}$$

式中，β 为制动踏板角位移；a^-_{max} 为最大的目标减速度；β_{max} 为电制动范围内的最大角位移；β_0 为电制动范围内的自由行程。

上述加速踏板和制动踏板的定义存在重复区域，对加速踏板定义修正为：当整车目标平均车速低于当前实际车速时（即驾驶员收回加速踏板），两侧电动机保持滑行而不制动。

当方向盘位于自由行程以内，驾驶员意图为直驶；当方向盘角度大于自由行程时，驾驶员意图为转向，并且定义方向盘转角对应着整车目标横摆角速度：

$$\omega = \frac{\omega_{max}}{\theta_{max} - \theta_0}(\theta - \theta_0) \tag{8-20}$$

式中，θ 为方向盘角位移；ω_{max} 为最大横摆角速度；θ_0 为方向盘自由行程；θ_{max} 为方向盘最大角位移。

不同的转向方式把驾驶员操作解释为两侧电动机的不同目标转速。综合考虑整车机动性、电动机与车载能源因素，在转向过程中选用独立式，转向后回正采用内外侧转速趋于平均转速的方式，转向过程中由目标平均车速 $\bar{v}$ 和标角速度 ω 即可以获得两侧电动机的目标转速 n_1' 和 n_2'。转向过程中有

$$\begin{cases} n_1' = \dfrac{30i_0}{\pi} \dfrac{\bar{v}}{r} \\ n_2' = \dfrac{30i_0}{\pi} \dfrac{(\bar{v}-B\omega)}{r} \end{cases} \tag{8-21}$$

转向后回正过程中及直驶过程中有

$$n_{1,2}' = \frac{30i_0}{\pi} \frac{\bar{v}}{r} \tag{8-22}$$

由于两侧电动机速度调整需要时间且存在无法达到的目标转速，在每个控制周期，控制策略都要以两侧电动机的当前转速和相关电压、电流状态为参考基础来发送下一周期的目标转速指令。任意控制周期 k 向两侧电动机发送的目标指令为

$$n_{1,2}^*(k) = f\left[n_1'(k), n_2'(k), n_1^*(k-1), n_2^*(k-1), n_1(k-1), n_2(k-1), f_b(k-1) \right] \tag{8-23}$$

式中，$n_{1,2}^*(k)$ 为第 k 个控制周期由驾驶员输入解释的两侧电动机的目标转速；$n_{1,2}^*(k-1)$ 为第 $k-1$ 个控制周期向两侧电动机发送的转速指令；$n_{1,2}(k-1)$ 为第 $k-1$ 个控制周期获得的两侧电动机的实际转速；$f_b(k-1)$ 为第 $k-1$ 个控制周期获得的电压和电流反馈量；f 为各种控制逻辑的总和。单侧电动机调速的主要控制逻辑如下：

① 如果 $n(k) < n'(k) - e$，那么 $n^*(k) = n(k) + \Delta n$；

② 如果 $n(k) > n'(k) + e$，那么 $n^*(k) = n(k)$；

③ 如果 $a^- > 0$，那么 $n^*(k)$ 要在①或②的基础上再减去 a^-。

其中 e、Δn 需要通过试验最终标定，是电动机实际转速的函数。

采用 Simulink/Stateflow 软件包建立控制策略模型，主要包括直驶控制策略和转向控制策略，分别如图 8-10 和图 8-11 所示。直驶控制策略引入两侧主动轮的角速度位移补偿程序以保证直驶稳定性。转向控制策略采用独立式转向与转向后趋于两侧车速平均速度的回正方式。直驶控制逻辑中，按驾驶员是否踩下制动踏板分为两个状态，一种状态为按减速度 a^- 制动，另一种状态根据实际转速是否已经达到或超出目标转速分别进行处理。转向控制逻辑中，按驾驶员是否踩下制动踏板分为两个状态，当踩下制动踏板转向时，控制策略不仅要控制车辆按减速度 a^- 降低平均车速，同时控制两侧电动机形成转速差。当转向中踩下加速踏板，控制车辆在加速过程中形成速度差转向。把前进工况下控制逻辑与整车驱动系统模型联合，两侧电动机转速反馈到转向控制逻辑中，得到以加速踏板、制动踏板和方向盘为输入的、包含转速调节控制策略的混合动力履带车辆模型，如图 8-12 所示。

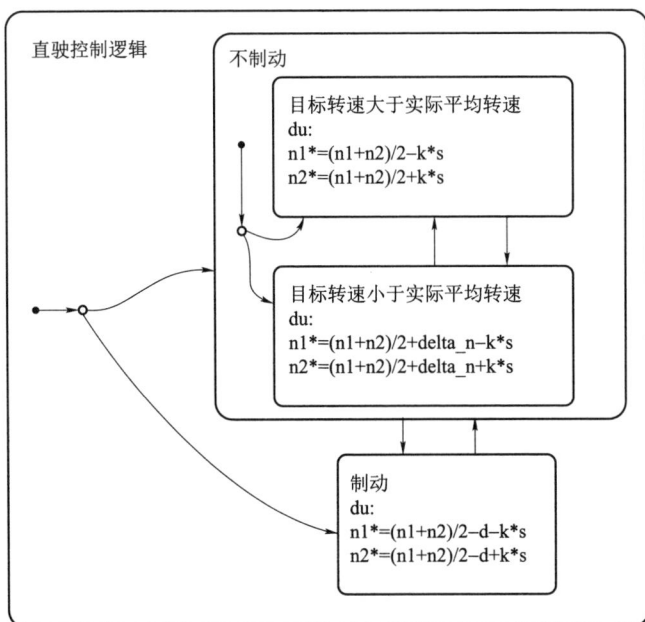

图 8-10　直驶控制逻辑界面图

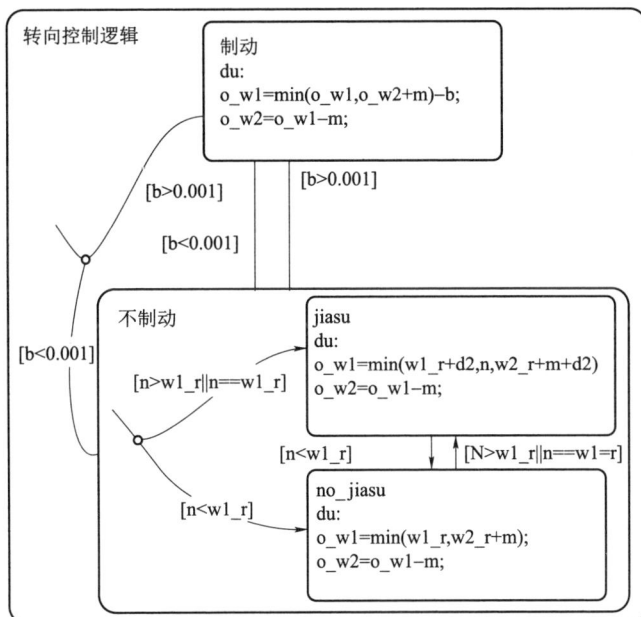

图 8-11　转向控制逻辑界面图

（注：图 8-10、图 8-11 中的 d 即为前文的制动减速度 a^-）

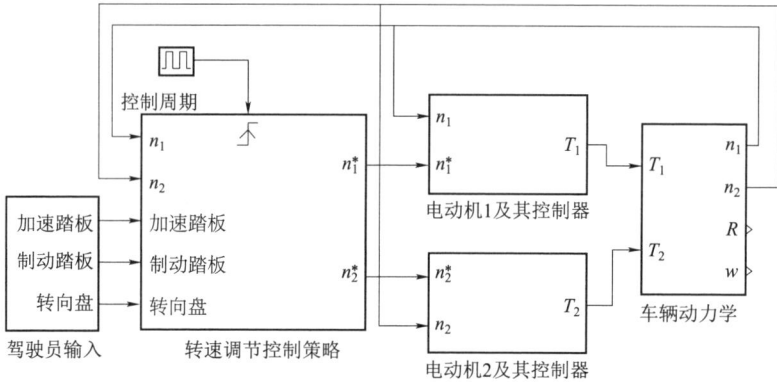

图 8-12   包含驾驶员输入的、转速调节控制环节的电传动履带车辆驱动系统模型

（3）转速调节的动力学控制仿真与验证。

第 1 个仿真工况为车辆以初速度 18 km/h（两侧电动机转速为 2 015 r/min），分别在柏油路和松软土路转向。加速踏板对应车速 18 km/h，方向盘在 2~5 s 对应整车目标角速度为 0.8 rad/s，其余时间为零，制动踏板信号为零。图 8-13 为两侧电动机转速指令和实际转速，图 8-14 为两侧电动机输出力矩。由图可知，控制策略在每控制周期对两侧电动机的调速情况进行监测，当外侧电动机没有足够大的输出转矩驱动电动机达到指令转速时，控制策略在下一周期降低外侧电动机目标转速指令，此时为保证两侧电动机转速差的形成，同时降低内侧电动机目标转速指令。随着两侧转速的降低，电动机转矩输出能力增大，以此来克服转向阻力。转向后回正时，采用趋于两侧电动机平均

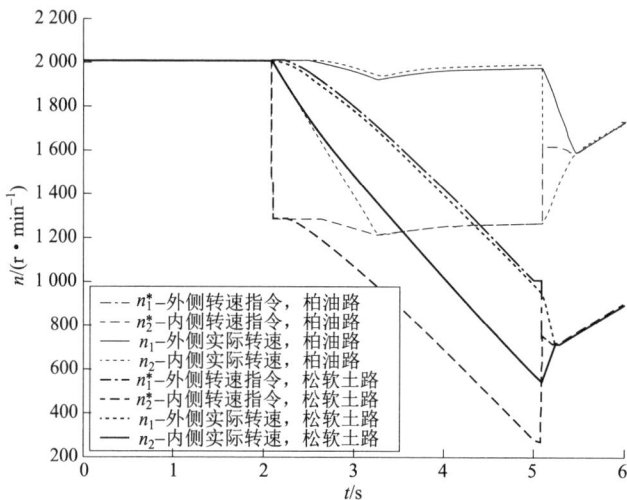

图 8-13   转向中两侧电动机转速指令和实际转速

速度的方法来消除转速差，以实现迅速回正。回正完成进入直驶状态后加速，以满足平均车速要求。图 8-15 为整车横摆角速度，未达到驾驶员给定值，且松软路面横摆角速度小于柏油路。值得说明的是，当电动机转矩输出能力不足时，控制策略优先保证转向。当电动机力矩能力足够时，控制策略能在优先保证转向的情况下同时实现加速或制动。

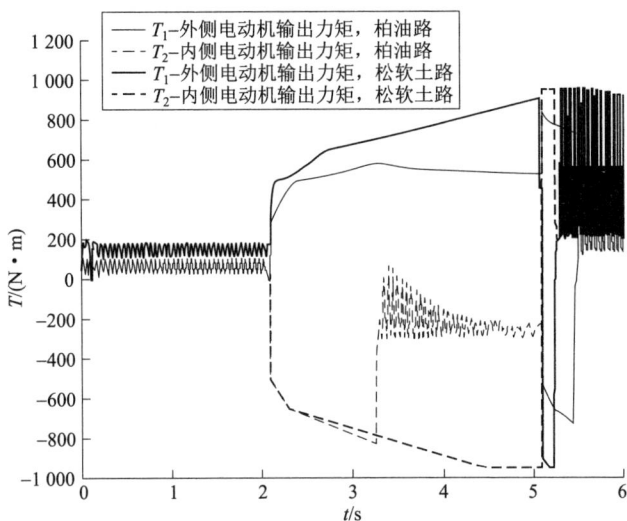

图 8-14　转向中两侧电动机输出力矩

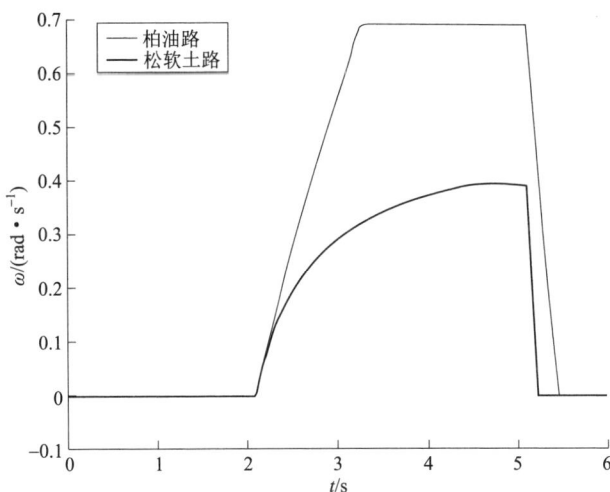

图 8-15　转向中车辆横摆角速度

第 2 个仿真工况为直驶稳定性仿真。设定车辆初速度为 9 km/h，驾驶员意图为以该速度匀速行驶，方向盘和制动踏板信号均为 0，一侧履带除受到滚动阻力外，还受到了在 $[-1\,000, 1\,000]$ N 内均匀分布的随机阻力，2~3 s 受 10 000 N 脉冲力。图 8-16 为直驶两侧电动机转速指令和实际转速，图 8-17 为直驶中两侧电动机转矩情况。由图知，一侧滚动阻力随机变化时，电动机力矩响应快，整车保持直驶。一侧受脉冲阻力时，该侧速度降低，此时控制策略向另一侧电动机发送较低转速指令以保证两侧电动机不产生速差。图 8-18 为随机阻力在不同路面引发的转向半径变化。

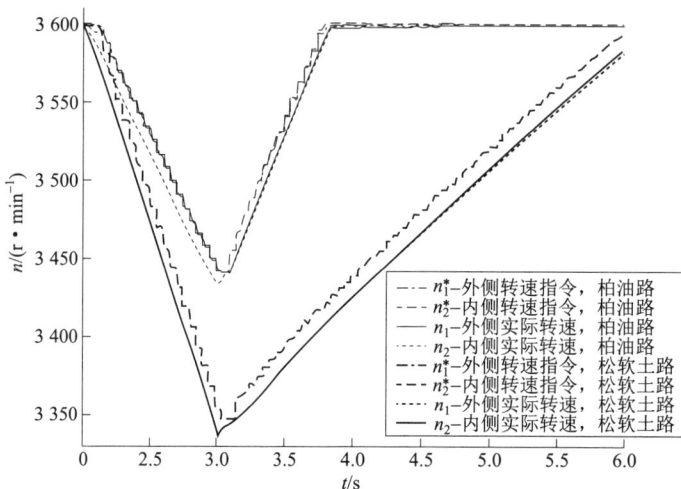

图 8-16 直驶中两侧电动机转速指令及实际转速

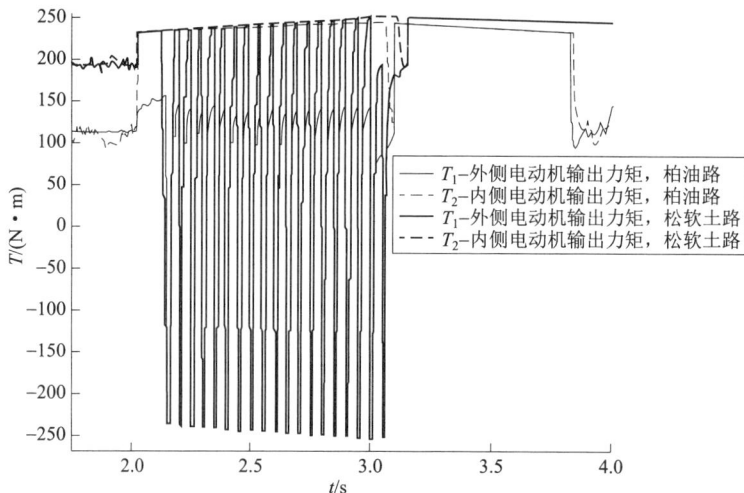

图 8-17 直驶中两侧电动机输出转矩

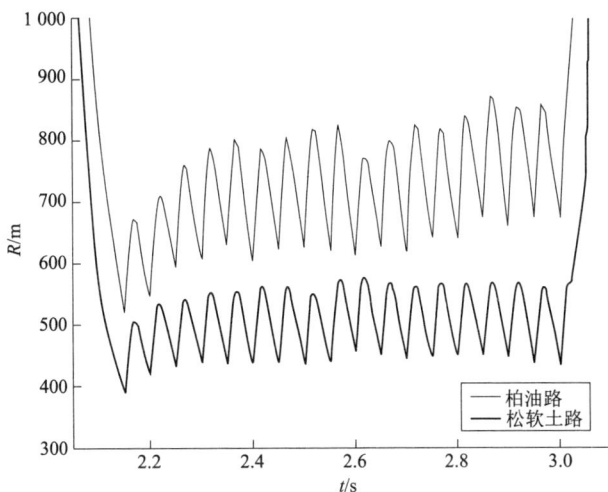

图 8-18 直驶中随机阻力引发的转向半径变化

转速调节控制方案在我国某车辆试验场进行试验。图 8-19 为驾驶员指令输入曲线，图 8-20 为转速指令及实际转速曲线。0~3 s 加速踏板持续增加至约 20%，方向盘与制动踏板信号为 0，两侧电动机随目标转速指令增加到 500 r/min（车速相当于 4.5 km/h），由于引入两侧电动机转速差积分补偿，故两侧电动机转速能迅速调整一致。3~10 s 方向盘行程约为 30%，加速踏板行程持续降低至 5%，在控制策略作用下车辆实现转向并降速。7~8.5 s 间随着方向盘回正，实现两侧电动机转速趋于平均转速回正方式。约 11 s 后踩下制动踏板，两侧电动机降速至车辆停止。试验表明，转速调节控制策略通过对两侧电动机转速调节实现行驶意图。

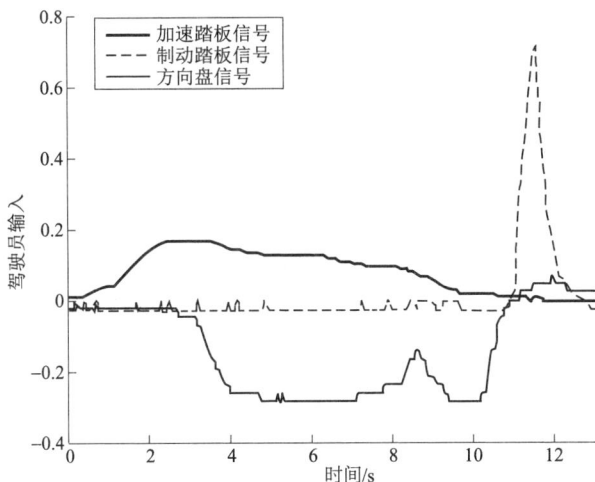

图 8-19 驾驶员输入（归一化）

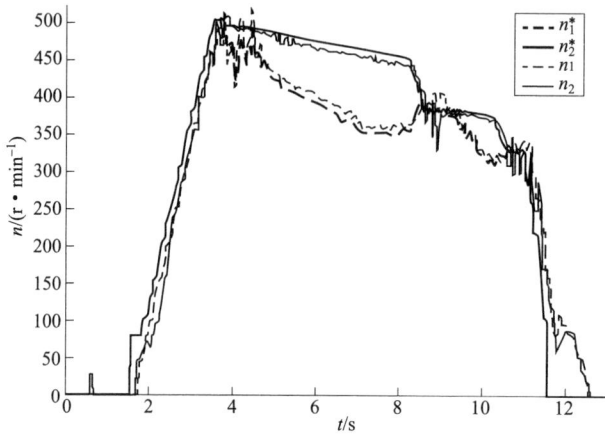

图 8-20　转速指令与实际转速

3）转矩调节的控制策略

双电机独立驱动混合动力履带车辆动力学模型可表达为

$$
\begin{cases}
(T_1+T_2)\dfrac{i_0\eta}{r}-F_{r1}-F_{r2}=m\dot{v}_y \\[2mm]
(T_2-T_1)\dfrac{i_0\eta}{r}\dfrac{B}{2}+(F_{r1}-F_{r2})\dfrac{B}{2}-M_h=I_z\dot{\omega} \\[2mm]
M_h=\begin{cases}0 & \omega=0 \\[1mm] \dfrac{\mu lmg}{4}\left[1-\left(\dfrac{2\lambda}{l}\right)^2\right] & \omega\neq0\end{cases}
\end{cases}
\tag{8-24}
$$

式中，F_{r1}，F_{r2} 为地面滚动阻力；ω 为整车角速度；v_y 为履带车辆质心纵向线速度；$T_{1,2}$ 为两侧电动机输出转矩；i_0 为电动机输出轴到主动轮的传动比；η 为电动机输出轴到履带的效率；M_h 为转向阻力矩；λ 为履带接地段瞬心纵向偏移距离；l 为整车长度；m 为整车质量；I_z 为整车转动惯量；μ 为转向阻力系数。

式（8-24）说明，如果在任意时刻驾驶员可以对两侧电动机输出转矩 T_1、T_2 之和以及 T_1、T_2 之差进行控制和调节，就意味着驾驶员可以直接影响直驶平均车速 v_y 和整车横摆角速度 ω，从而达到履带车辆动力学控制的目的。这就是转矩调节双侧驱动控制方法的基本思路，图 8-21 为转矩调节控制策略控制系统框图。

在转矩调节控制策略中，驾驶员操纵控制 T_1、T_2 之和及 T_1、T_2 之差，把路面阻力因素排除在外。相同的 T_1、T_2 之和及 T_1、T_2 之差与不同阻力共同作用会表现为不同的直驶平均车速 v_y 和整车横摆角速度 ω，驾驶员感知后由大脑反馈继续操控 T_1、T_2 之和及 T_1、T_2 之差，以达到行驶目标。

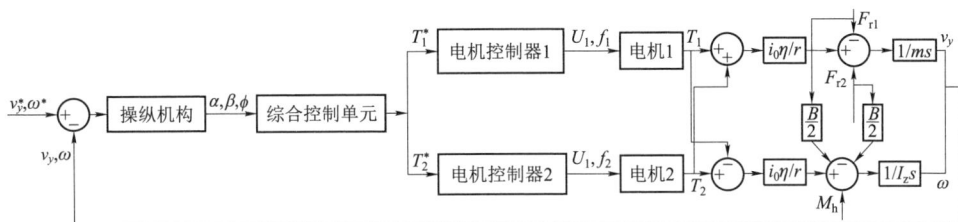

图 8-21 转矩调节控制策略控制系统框图

引入控制量 γ、ξ，规定 $-1 \leqslant \gamma \leqslant 1$，$-1 \leqslant \xi \leqslant 1$。假设两侧电动机具有完全一致的最大转矩输出特性 $T_{\max}(n)$。如果在某时刻对两侧电动机输出转矩按如下规则进行给定：

$$\begin{cases} T_1 = \gamma \cdot T_{\max}(n_1) \\ T_2 = \xi \cdot \gamma \cdot T_{\max}(n_2) \end{cases} \tag{8-25}$$

则当控制量 γ、ξ 在闭区间 $[-1,1]$ 取值时，可以使两侧电动机在各自当前转速下输出转矩之差与输出转矩之和获得最大可能的范围。最直接的思路是把加速踏板对应 $\gamma \in [0,1]$，制动踏板对应 $\gamma \in [-1,0]$，方向盘对应 $\xi \in [-1,1]$。通过对加速踏板、制动踏板及方向盘组合操作，两侧电动机在其转矩输出能力之内形成范围较宽的转矩之和以及转矩之差，实现直驶和转向。

上述思路包括直驶与转向两个方面，直驶的问题可采用调节转速的控制来解决[7]，转向的难点在于转向中以及转向后回正时两侧转矩的配合。

研究前进时转向中及转向后的回正过程，重点讨论加速踏板与方向盘配合，$\gamma \in [0,1]$。图 8-22 显示转向过程中两侧电动机转速-转矩关系，n_2、n_1 分别为转向中或转向后回正时内外侧电动机转速。假设两侧电动机具有相同的最大转矩输出特性，并且相同转速下最大驱动转矩等于制动转矩，$T_{\max}(n)$ 为电动机最大输出转

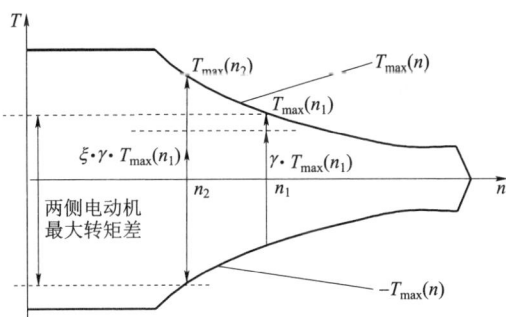

图 8-22 转向过程内外侧电动机转速、转矩示意图

矩-转速特性。根据电动机输出特性，$T_{\max}(n_1) < T_{\max}(n_2)$。

转向进行中应尽可能使输出转矩差加大。转矩差表达为

$$T_1 - T_2 = \gamma \cdot T_{\max}(n_1) - \xi \cdot \gamma \cdot T_{\max}(n_2) \tag{8-26}$$

式（8-26）在 $\xi \in (0,1)$ 时，可能出现 $T_1 - T_2 \leqslant 0$，这种情况不利于转向，应进行修正。要利于转向，此时内侧电动机输出驱动力矩不应该大于外侧的，

因此内外侧电动机目标输出转矩应该按如下规则给出：

$$\begin{cases} T_1 = \gamma \cdot T_{\max}(n_1) \\ T_2 = \xi \cdot \gamma \cdot T_{\max}(n_1) \end{cases} \quad (0 < \xi < 1) \tag{8-27}$$

当 $\xi \in [-1, 0]$ 时，为了形成两侧电动机较大的输出转矩差，充分发挥内侧电动机的制动能力，内外侧电动机的目标输出转矩按如下规则给出：

$$\begin{cases} T_1 = \gamma \cdot T_{\max}(n_1) \\ T_2 = \xi \cdot \gamma \cdot T_{\max}(n_2) \end{cases} \quad (-1 \leq \xi \leq 0) \tag{8-28}$$

在转向过程中可能形成的最大转矩差为 $T_{\max}(n_1) + T_{\max}(n_2)$。

在转向后的回正过程中，应尽可能使外侧与内侧电动机的输出转矩差较小，或提供与整车横摆角速度相反的力矩以便车辆迅速回正。图 8-22 显示了转向后回正过程的转速、转矩情况。为利于回正，此时两侧电动机的目标转矩按下式给出：

$$\begin{cases} T_1 = \xi \cdot \gamma \cdot T_{\max}(n_1) \\ T_2 = \gamma \cdot T_{\max}(n_2) \end{cases} \quad (-1 \leq \xi \leq 1) \tag{8-29}$$

在转向后的回正过程中，两侧电动机可以形成利于回正的最大转矩差为 $T_{\max}(n_1) + T_{\max}(n_2)$。利用对称性，分别考虑转向以及转向后回正过程，同样可以导出制动踏板与方向盘配合时两侧电动机目标输出转矩的给定方法（此时 $\lambda \in [-1, 0]$）。

最后对于前进工况，当 γ、ξ 取不同值时，内外侧电动机的目标转矩按给定规则进行归纳，包括转向和回正两种情况，具体计算方法见式（8-30）。

$$\begin{cases} \begin{cases} T_1 = \gamma \cdot T_{\max}(n_1) \\ T_2 = \xi \cdot \gamma \cdot T_{\max}(n_1) \end{cases} \gamma \in [0,1], \xi \in [0,1] \\[2ex] \begin{cases} T_1 = \gamma \cdot T_{\max}(n_1) \\ T_2 = \xi \cdot \gamma \cdot T_{\max}(n_2) \end{cases} \gamma \in [0,1], \xi \in [-1,0] \\[2ex] \begin{cases} T_1 = \xi \cdot \gamma \cdot T_{\max}(n_1) \\ T_2 = \gamma \cdot T_{\max}(n_2) \end{cases} \gamma \in [-1,0], \xi \in [-1,1] \\[2ex] \begin{cases} T_1 = \xi \cdot \gamma \cdot T_{\max}(n_1) \\ T_2 = \gamma \cdot T_{\max}(n_2) \end{cases} \gamma \in [0,1], \xi \in [-1,1] \\[2ex] \begin{cases} T_1 = \gamma \cdot T_{\max}(n_1) \\ T_2 = \xi \cdot \gamma \cdot T_{\max}(n_1) \end{cases} \gamma \in [-1,0], \xi \in [0,1] \\[2ex] \begin{cases} T_1 = \xi \cdot \gamma \cdot T_{\max}(n_1) \\ T_2 = \gamma \cdot T_{\max}(n_2) \end{cases} \gamma \in [-1,0], \xi \in [-1,0] \end{cases} \tag{8-30}$$

右侧标注：转向过程（前三组），回正过程（后三组）

对驾驶员输入进行定义：首先定义加速踏板、制动踏板与控制变量 γ 的关系为

$$\gamma = \frac{\alpha - \alpha_0}{\alpha_{\max} - \alpha_0} \text{或} \frac{\beta - \beta_0}{\beta_{\max} - \beta_0} \tag{8-31}$$

式中，α 为加速踏板角位移；α_0 为加速踏板自由行程角位移；$\alpha_{\max}$ 为加速踏板最大角位移；β 为制动踏板角位移；β_0 为制动踏板自由行程角位移；$\beta_{\max}$ 为制动踏板最大角位移。

方向盘的定义式考虑对称性，只考虑向右旋转方向盘，当方向盘从 φ_0 向右旋转到 φ_2 时，ξ 值从 1 渐变为 -1。设 ξ 由 $\varphi_0 \sim \varphi_1$ 以及 $\varphi_1 \sim \varphi_2$ 呈线性变化，则 ξ 可由方向盘转角 φ 得出：

$$\xi = \begin{cases} 1 & 0 \leq \varphi \leq \varphi_0 \\ \dfrac{\varphi - \varphi_0}{\varphi_1 - \varphi_0} & \varphi_0 < \varphi \leq \varphi_1 \\ \dfrac{\varphi - \varphi_1}{\varphi_2 - \varphi_1} & \varphi_1 < \varphi \leq \varphi_2 \end{cases} \tag{8-32}$$

上述控制策略回正过程需驾驶员通过反打方向盘来实现。如果回正时仅操作方向盘到自由量程，将完全依赖转向阻力矩进行回正。

采用 Simulink/Stateflow 软件对上述控制策略进行建模，根据驾驶员不同操作组合分别设计包含多个状态的控制策略有限状态机模型，如图 8-23 所示。简单起见，图中省略不同状态间迁移条件及执行动作函数。

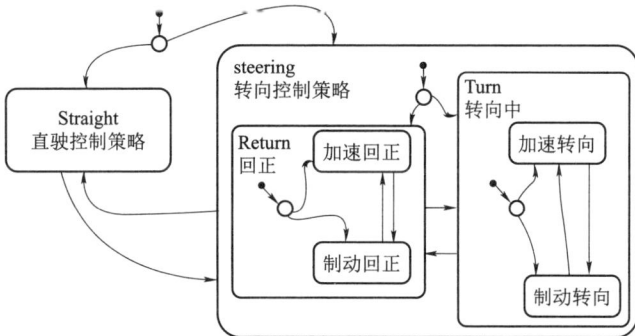

图 8-23　调节转矩的动力学控制策略有限状态机模型

建立以驾驶员加速踏板、制动踏板与方向盘为输入的、包含转矩调节控制策略的混合动力履带车辆及驱动系统模型，如图 8-24 所示。

在不同路面开展以加速踏板、制动踏板和方向盘为输入的、包含转矩控制策略的仿真。加速踏板和制动踏板信号分别以角位移量程占有效量程的百分数

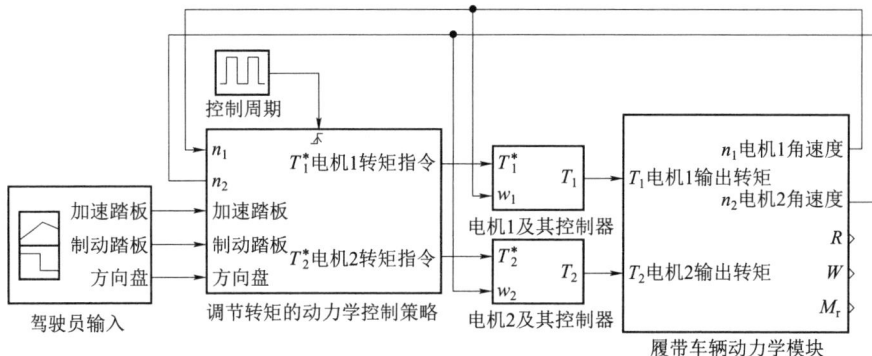

图8-24 包含转矩调节控制策略电传动履带车辆模型

表示。方向盘参数：$\varphi_0 = 5°$，$\varphi_1 = 30°$，$\varphi_2 = 50°$。车辆参数：$m = 14\,400\,\text{kg}$，$I_z = 55\,000\,\text{kg} \cdot \text{m}^2$，$B = 2.55\,\text{m}$，$l = 3.57\,\text{m}$，$H = 0.942\,\text{m}$，$r = 0.313\,\text{m}$，$i_0 = 13.2$；柏油路面 $f = 0.05$，$\mu = 0.49$；松软土路 $f = 0.12$，$\mu = 1.0$。

以 5 m/s（电动机转速为 2 015 r/min）初始速度分别在不同路面上进行直驶及转向仿真。图 8-25 为加速踏板、制动踏板与方向盘信号，图 8-26 为两侧电动机的转速与转矩曲线。0.5~1 s 间，方向盘转角小于 30°，制动踏板信号不为零，$\xi > 0$，$\gamma < 0$，两侧电动机同时制动，但内侧电动机制动力矩要大于

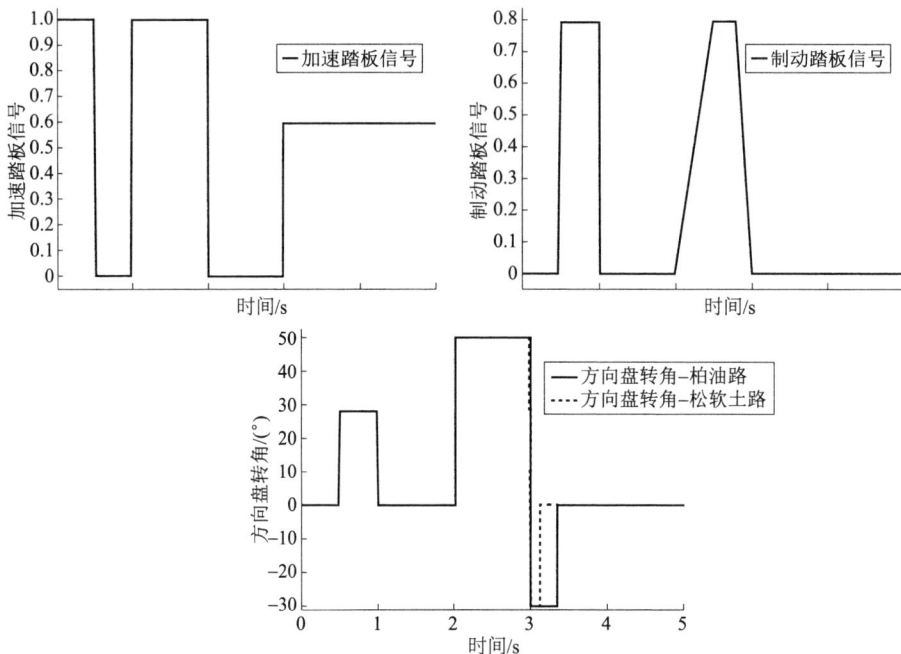

图8-25 加速踏板、制动踏板与方向盘信号

外侧，实现制动中转向。约 1 s 后方向盘回到零位，制动踏板信号为零，加速踏板到最大量程，两侧电动机同时驱动，主要依赖转向阻力矩回正，约 2 s 时完成回正。2~3 s 间，方向盘到最大量程，制动踏板不为零，$\xi=-1$，$\gamma<0$，内侧电动机制动，外侧电动机驱动，两者之差克服转向阻力矩转向。约 3 s 时反打方向盘绝对值小于 30°，$\xi>0$，$\gamma>0$，两侧电动机同时驱动，内侧驱动力矩大于外侧，两者之差形成回正力矩实现回正。松软土路转向阻力矩大于柏油路面，因此松软土路回正快于柏油路面。上述仿真表明，所设计的转矩调节控制策略能够有效地把驾驶员的操作映射为两侧电动机的转矩指令，从而实现驾驶员的行驶意图。

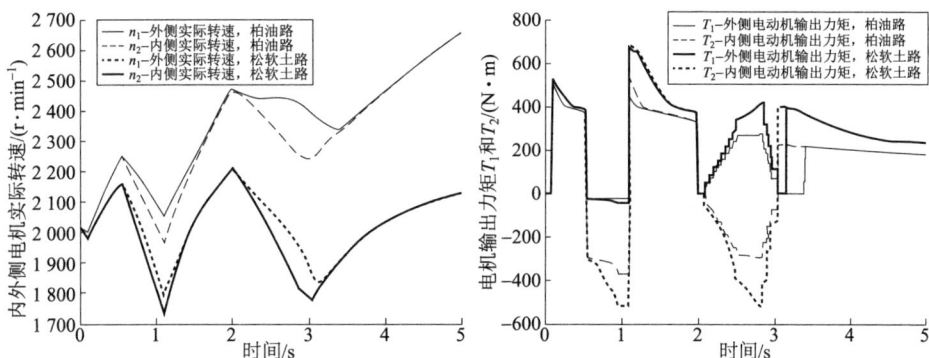

图 8-26 两侧电动机的转速与转矩曲线

图 8-27 为转矩调节控制策略行驶试验结果。10~20 s 间，加速踏板行程信号持续增加至 40% 左右并最终变为 0，方向盘与制动踏板信号为 0（$\gamma\approx0.4$，$\xi=0$），两侧电动机目标转矩为正向驱动，两侧电动机控制器控制输出转矩跟踪目标转矩来实现车辆加速至约 10 km/h。20~30 s，方向盘至一端最大量程，加速踏板接近最大量程，制动踏板信号为 0（$\gamma\approx0.9$，$\xi=-1$），外侧电动机以当前转速约 90% 的最大转矩进行驱动，内侧以当前转速约 90% 的最大转矩制动（该电机相同转速下最大制动转矩值小于最大驱动转矩值），两侧电动机控制器控制两侧电动机输出转矩跟踪目标转矩克服转向阻力实现转向。33 s 后制动踏板不为 0，加速踏板信号和方向盘信号为 0（$\gamma\approx-1$，$\xi=1$），综合控制单元向两侧电动机控制器发出制动指令实现车辆制动。试验表明，转矩调节控制策略实现了驾驶员行驶意图，是可行、有效的。

8.1.2.2 能量管理与控制

在高速履带车辆混合驱动系统中，发动机-发电机组和电池组混合供电，其能量管理与控制主要表现在任何时候所设计控制策略能够响应驾驶员操作，明确给出发动机控制指令，如发动机油泵的喷油量，以及位于电池组与直流母线之间 DC-DC 变换器的通断情况，如高频开关信号的占空比等。能量管理

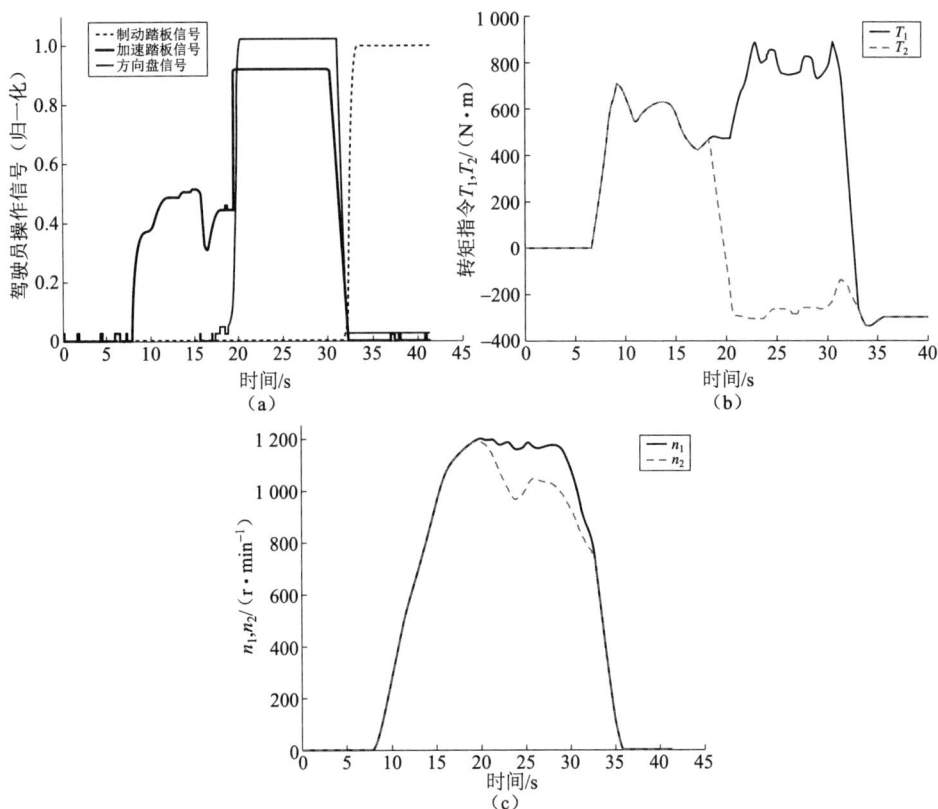

图 8-27　转矩调节动力学控制策略试验结果

（a）驾驶员输入；（b）转矩指令；（c）实际转速

与控制影响着发动机-发电机和电池组能量分配与利用方式，对系统性能与能耗的影响极大。

1）基于规则的能量管理策略

基于规则的能量管理策略主要依据工程经验与反复调试获得，主要包括发动机-发电机组多点转速控制与 DC-DC 电压匹配控制。

发动机-发电机主要为响应驾驶员需求提供电功率，要求响应快速、功率可控和转速稳定，其运行工作点取决于两侧电动机的功率输出，具有被动的特点。多点转速控制基于需求功率覆盖（Request Power Coverage）的观点，即发动机-发电机转速决定着其功率输出能力。为响应不同情况下的功率需求，设置多个转速使发动机在这些转速间依据功率需求大小切换，既满足车辆功率需求，又不致使发动机一直工作在高转速范畴而引发过大的噪声和磨损。为避免发动机在相邻转速间频繁切换，设置了功率-转速切换滞环。

　　DC-DC 变换器依赖高频开关通断实现电池组功率输出或回收母线上多余的功率。其控制方法多采用直流母线目标电压控制，即根据发动机-发电机目标转速，确定母线目标电压值，DC-DC 变换器确保直流母线电压稳定在该范围。当母线电压低于该目标值时，增加高频通断开关占空比；反之，减小高频通断开关占空比。

　　由于直流母线电压品质对两侧驱动电机的工作特性有一定影响，在确定母线电压目标电压值时需要考虑直流母线功率的增加率。当功率增加率大于一定数值时，此时为避免母线电压下降太快而引发发动机熄火，希望动力电池组较多参与功率供给，适当提高直流母线目标电压值，以增大电池组的电功率输出。

　　以上能量管理与控制策略多基于工程经验和主观的设计，虽然常常来自于设计人员的直觉，但是也在系统集成与控制中占有非常重要的地位。该类设计方法多依赖反复系统仿真与实验验证检验，特别是系统参数和控制参数的调试，开发成本和设计风险难以忽略。

　　2）基于动态规划的能量策略设计

　　当在动力电池组和直流母线之间加入 DC-DC 时，DC-DC 通过高频通断实现对电池组功率流的调控，相对于不增加 DC-DC 而言，具有如下特点：

　　（1）可以完全截断电池组功率，使电池组不参与工作；当然也可以完全导通，这种情况与不增加 DC-DC 的情况完全一致；

　　（2）当发动机工作在不同转速时，可以通过调节 DC-DC 占空比来实现电压与发动机-发电机组匹配，以响应功率的需求。

　　不含 DC-DC 的履带车辆混合驱动系统最优控制问题已经在 5.4 节中进行了详细建模与求解，该最优问题选取电池组 SOC 和发动机转速为状态变量，发动机电子油门为控制变量，给定实车行驶试验为设计工况（图 5-34），以功率平衡为约束求得最优的控制。当 DC-DC 存在时，上述优化问题进一步复杂化，主要表现为控制变量 DC-DC 高频率通断占空比信号的增加，该通断信号会引发系统状态方程的变化。该通断一般为高频信号，会使计算步长过小，从而致使最优控制求解几近不可能，必须选用更加宏观的控制信号以体现 DC-DC 的作用。

　　采用动态规划来进行控制策略设计。状态量仍选用发动机转速以及电池组 SOC，控制变量选择发动机输出转矩，DC-DC 会引入额外的控制变量。由于 DC-DC 的作用在于调节动力电池组与发动机组端电压的匹配，忽略 DC-DC 高频率通断过程，选定直流母线电压 U_{dc} 为第二个控制变量。履带车辆混合驱动系统最优控制问题表达为：寻找最优的控制变量 $u(k) = [T_{eng}(k),$ $U_{dc}(k)]$，使整个设计工况中的油耗最低。

247

$$J(x(0)) = \min \sum_{k=0}^{N-1} T_s \cdot F(n_{eng}(k), T_{eng}(k)) \quad (k = 0, 1, 2, \cdots, N-1)$$

$$(8-33)$$

且任何时候，系统满足状态方程和系统约束如下：

$$\begin{cases} x(k+1) = f(x(k), u(k), P_{req}(k)) \\ 0 < T_{eng}(k) < T_{max\_eng}(n_{eng}(k)) \\ U_{dc\_min} < U_{dc}(k) < U_{dc\_max} \\ n_{eng\_idle} < n_{eng}(k) < n_{eng\_max} \\ |n_{eng}(k+1) - n_{eng}(k)| < \Delta n \\ I_{bat\_max\_char} < I_{bat}(k) < I_{bat\_max\_disch} \\ 0 < I_g(k) < I_{g\_max} \\ |SOC(N) - SOC(0)| < \Delta SOC \end{cases} \quad (8-34)$$

式中，$x(k) = [n_{eng}(k), SOC(k)]$，$f$ 代表系统输入 $u(k)$ 和功率需求 $P_{req}(k)$ 对状态量 $x(k)$ 的影响，本实例除了增加 DC-DC 变换器外，均与 5.4 节中相同，模型即参数关系说明如图 8-28 所示。

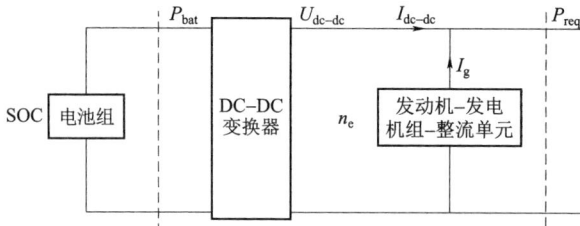

图 8-28　含 DC-DC 变换器的混合驱动系统及参数关系

系统输入输出单步计算过程如图 8-29 所示。由于母线电压 U_{dc-dc} 作为控制量可知，因此在当前状态量 n_{eng} 和 SOC 已知的情况下，可以依据发动机-发电机组等效电路方程求出发电机的输出电流 I_g，此时 DC-DC 输出电功率可以获得，故而电池组输出电功率可以获得。依据动力电池组-内阻模型，可以求出 $SOC(k+1)$。发电机输出电流 I_g 确定了当前发电转矩，当发动机转矩给定时，依据发动机-发电机组转速动态方程，可以求得 $n_{eng}(k+1)$。单步成本函数为油耗函数与 5.4 节相同，通过查表获得。

采用动态规划方法求解上述最优控制问题，注意为了反映发动机调速动态特性增加了单步发动机调速 Δn 的约束。图 8-30 为最优控制下系统的时间变化历程。由图可知，发动机转速多停留在 1 000～1 500 r/min 之间，而母线电压则与发动机转速成正比例变化。图 8-31 为当 Δn 取不同值时发动机的工作点，可以看到 Δn 越大，代表发动机调速性能越好，也就是发动机工作点越

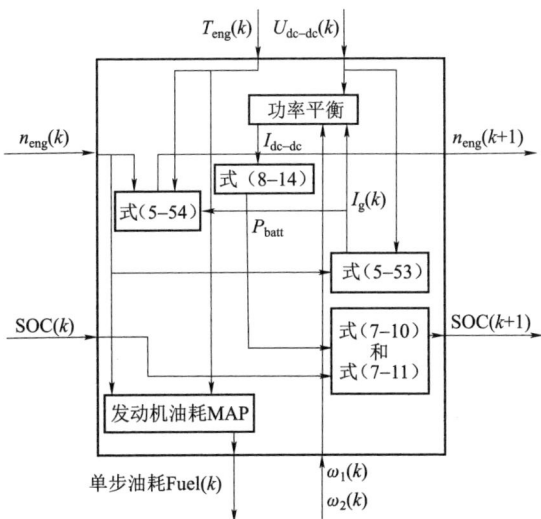

图 8-29　系统输入输出单步计算过程

趋近于最佳燃油消耗曲线。Δn 越小，代表发动机调速性能有限，则发动机倾向于工作在低速和高速两个区域。

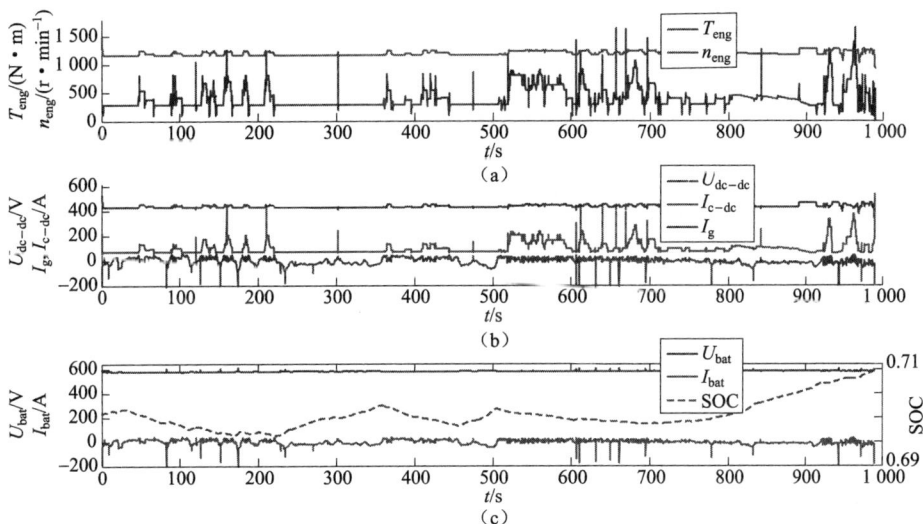

图 8-30　最优控制下系统的时间变化历程（$\Delta n = 20$ r · min^{-1}）（见彩插）

进一步分析发现，发动机-发电机组功率输出、发动机转速 n_{eng} 和母线电压 U_{dc-dc} 三者关系如图 8-32 所示。该图显示直流母线电压 U_{dc-dc} 应随着发动机转速 n_{eng} 升高或降低成比例地变化以获得良好的燃油经济性。发动机转速相同的情况下，发动机-发电机组输出功率越高，则 U_{dc-dc} 应该越小。母线电压

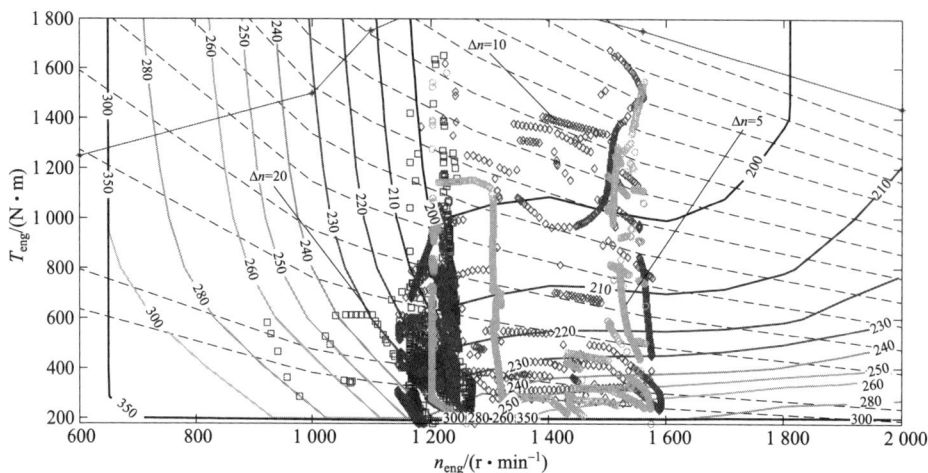

图 8-31　Δ*n* 取不同值时发动机的工作点

相同的情况下，发动机转速越高，则发动机-发电机组输出功率越多。

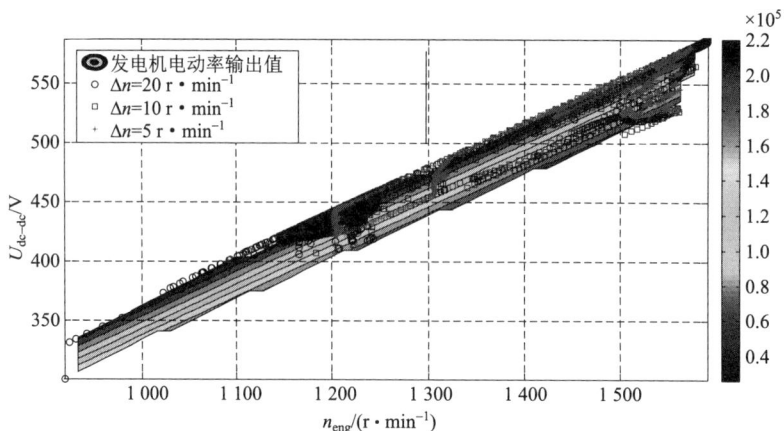

图 8-32　不同发电功率下发动机-发电机转速 n_{eng} 与母线电压 U_{dc-dc} 的关系（见彩插）

图 8-33 显示了在整个行驶工况中，发动机-发电机组输出功率与总功率的比值随总功率的统计值的拟合曲线。由图可知，当需求总功率较小时，发动机-发电机组倾向于输出需求功率的数倍，以实现对电池充电。当需求功率增大时，特别是增加为 40 kW 以上时，则几乎所有功率都有发动机-发电机组承担。

图 8-32 和图 8-33 为控制策略的设计提供了宝贵的参照和借鉴。基于此可以设计控制逻辑和代码，充分发挥控制性能并优化控制效果。需要指出的是，所设计的代码最终还是基于控制因果逻辑的，动态规划最优解的作用在于能够获得最优的控制行为，通过该行为解析和模仿来确认并进一步改进基

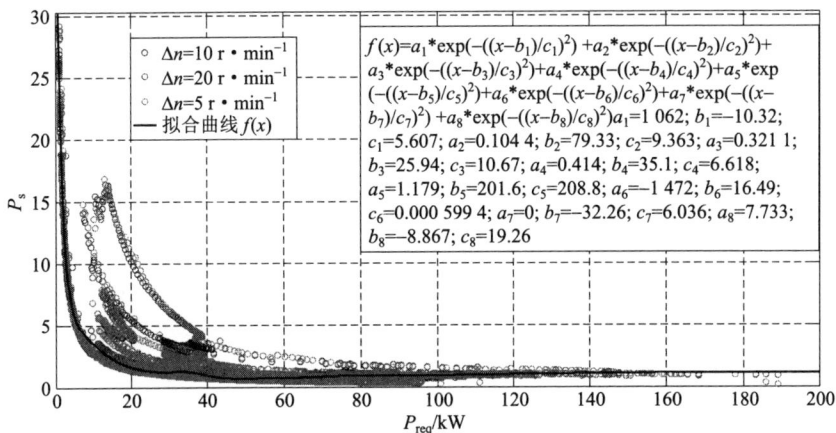

图8-33 发动机-发电机组输出功率与总功率的比值随总功率统计值的拟合曲线（见彩插）

于控制代码设计的能力与水平。

3）控制参数标定及实时控制验证

最优控制求解过程主要依赖系统的动态模型。动态规划最优控制方法的计算量随系统状态量的增加而呈指数增加[8]，随着状态量和控制量网格离散以及时间步长的细化，计算工作量巨大且较耗时，常通过模型简化以忽略部分高瞬态过程，重点依据系统设计要求和关注点考量对系统主流动态特性和能耗有重要影响的状态量，因此最优控制的模型抽象与实际系统存在一定区别。当模型越接近实际被控对象，则所获得的最优控制越接近理论最优值，所具备的控制设计指导意义与价值越高。

动态规划中抽象的控制量与实时控制中的控制量不同。本实例在动态规划中抽象的控制量为发动机输出转矩和直流母线目标电压，而实际对象的控制量是发动机电子油门和DC-DC变换器中的PWM载波信号中的占空比，动态规划中的控制频率是10 Hz，而实际对象的控制频率，尤其是DC-DC变换器的占空比信号控制频率经常达到1~10 kHz及以上。如何从动态规划最优控制结果中获得实时控制策略与规律仍然依赖于设计者对系统的理解与把控。

动态规划更主要的是获得一种控制思路和规则，至于具体的控制参数仍有待于通过实验来标定和测试，也可以这样说，基于动态规划的设计实质上是一种基于计算智能的控制律设计方法。依据最优控制结论，最终设计控制策略为：

① 发动机目标转速由功率需求P_{req}确定，功率需求参考值P_{req}^*来自两侧电动机转速和参考输出转矩的估算，目标转速与功率需求参考值通过查表法确定；

② 发动机采用PI（比例-积分）控制器，依据目标转速来调节电子油门

251

输出；

③ 直流母线电压目标值由发动机转速和功率需求 P_{req}^* 依据查表法共同确定；

④ DC-DC 变换器高频通断开关占空比采用 PI（比例-积分）控制器，依据直流母线电压目标值确定。

具体参数通过实车标定。参考上述设计策略最终形成控制代码。

所设计的控制代码经过装车试验验证，图 8-34 为某行驶工况下的试验结果。该图显示发动机目标转速随着功率需求在 1 200～1 800 r/min 间实时变化，实际转速随着目标转速而调整，有小幅度振荡。母线电压目标值依据发动机转速实现匹配，母线电压实际值跟随目标值。

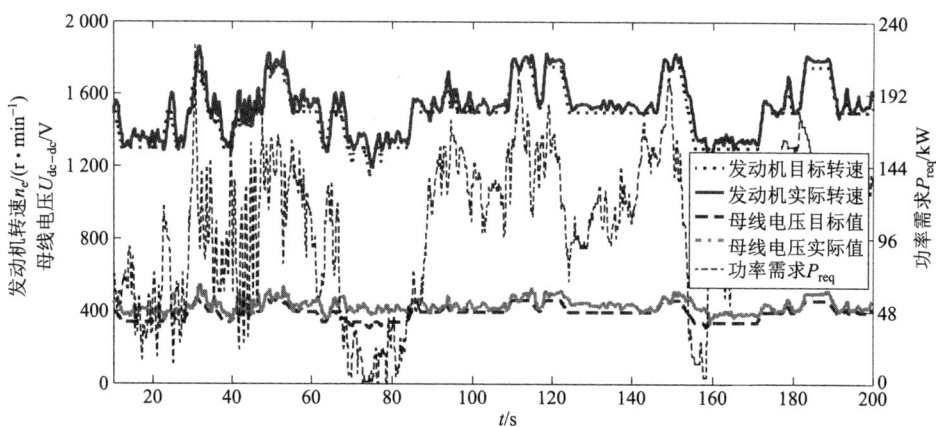

图 8-34　某行驶工况下控制代码实车实验

控制过程中直流母线与发动机转速的对应关系如图 8-35 所示，该图清晰地显示出实时控制中发动机目标转速和母线目标电压成线性对应，虽然规律

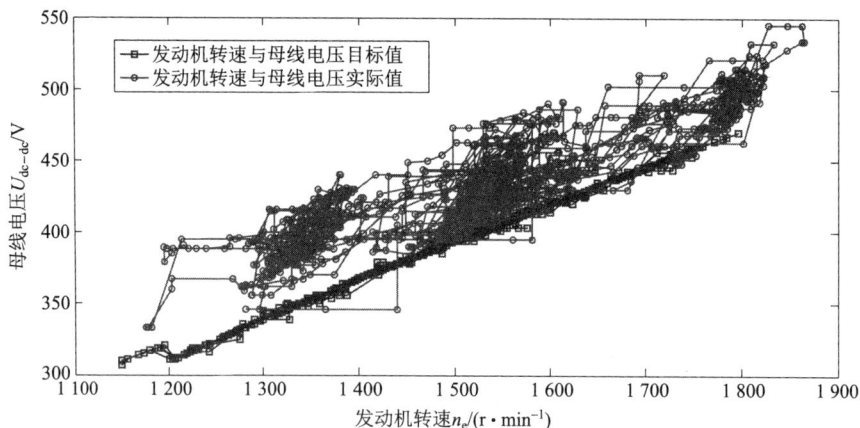

图 8-35　直流母线电压与发动机转速控制对应关系（见彩插）

与最优控制结果类似，但是对应目标电压远低于最优控制中的结果。这是由于在实际调试试验中，为了避免过多地使用锂离子电池，目标电压值降低代表着锂离子电池只有在更大功率需求情况下才会输出相同等级的电流。由于瞬态扰动和静态误差，实际控制结果与控制目标存在一定差距。这也说明最优控制解能为实时控制提供思路，但实时控制仍需要处理控制的稳定性和鲁棒性问题，两者是相辅相成的。毋庸置疑，最优控制在辅助控制思路和规律的发现和形成上具有重要的理论意义和工程价值。

8.2 混合动力推土机实例

8.2.1 混合动力推土机驱动系统建模及其参数匹配

混合动力推土机采用双电机分别驱动两侧主动轮，采用柴油发动机拖动发电机发电，为了弥补作业过程中需求功率的瞬态变化，把超级电容连接在直流母线上。混合动力推土机采用集成化电传动控制中心，其主要任务是把柴油发动机-发电机发出的交流电转化为直流电，把超级电容器直流电实时接入直流母线，把直流电逆变为交流电以驱动两侧驱动电机。混合驱动系统结构如图 8-36 所示。

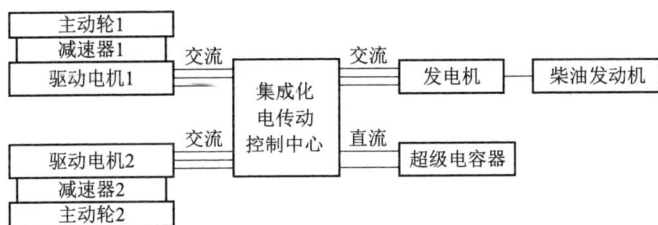

图 8-36　双电机独立驱动混合动力推土机驱动结构

在设计的初始阶段，针对双侧电机独立驱动混合动力推土机特点和性能约束条件开展混合动力系统参数选择与匹配设计是系统设计的首要工作[9]，特别是发动机-发电机组和超级电容器的动态匹配特性更需要在设计初始阶段获得。此外，动态规划理论已经成功应用在路面车辆混合动力系统以能耗最小为目标的优化设计中，且表现出较强的适应性与优越性[10~12]。本节针对所提出混合动力履带式推土机的特点，首先获得多种典型工况下等效到单侧履带的阻力特性，开展双侧电机和侧减速器传动比的匹配设计；其次依据功率链平衡完成发动机-发电机和超级电容器的参数选择，并建立发动机-发电机组和超级电容器的数学模型；最后应用动态规划理论完成对发动机-发电机组和超级电容器动态匹配及其验证，确保在初始设计阶段获得较优的参数设计值。

8.2.1.1 混合动力推土机双侧电机驱动系统匹配设计

1）单侧履带阻力特性

由于两侧履带具有对称性，采用综合所有典型工作负载工况并把阻力等效到单侧履带上的方法来确保单侧履带驱动力和制动力满足阻力要求。根据推土机设计理论及运行工况[13,14]，重点考虑平地平均切土、平地最大切土、30°坡推土、10°坡运输、0°坡运输等工况以及困难路面转向时的动力需求，确定单侧履带的阻力-速度特性。

推土机在上述工况下受到的阻力 F_R 有行驶阻力 F_D、作业阻力 F_x，转向工况时受到转向阻力矩 M_Z。其中行驶阻力 F_D 包括空气阻力 F_w、坡度阻力 F_i、滚动阻力 F_f。根据履带式推土机行驶动力学理论，推土机各工况下内外侧履带所受到的阻力 F_{in}、F_{out} 可由下式计算：

$$
\begin{cases}
F_R = F_D + F_x \\
F_D = F_w + F_i + F_f = k_w \cdot A \cdot (v/3.6)^2 + G_s \cdot \sin \alpha + G_s \cdot \cos \alpha \cdot f \\
F_x = F_{x1} + F_{x2} + F_{x3} + F_{x4} \\
M_Z = \dfrac{1}{4} \mu \cdot G_s \cdot L \\
F_{in} = F_R/2 + M_Z/B \\
F_{out} = F_R/2 - M_Z/B
\end{cases}
\tag{8-35}
$$

式中，v 为车速；G_s 为推土机使用重量；α 为坡度角；μ 为转向阻力系数，由经验公式获得；L 为履带接地长度；B 为履带中心距；k_w 为空气阻力系数；A 为推土机迎风面积；F_{x1} 为水平切削阻力，F_{x2} 为铲前积土推移阻力，F_{x3} 为刀刃与土壤的摩擦阻力，F_{x4} 为土壤沿铲刀上升的摩擦阻力的水平分力。F_{x1}，F_{x2}，F_{x3} 和 F_{x4} 由下式计算：

$$
\begin{cases}
F_{x1} = k_b b_c h \\
F_{x2} = G_t \mu_2 = \rho V_t \mu_2 = \rho \mu_2 B_c (H-h)^2 / (2 k_m \tan \phi) \\
F_{x3} = k_y b_c x \mu_1 \\
F_{x4} = G_t \mu_1 \cos^2 \delta
\end{cases}
\tag{8-36}
$$

式中，k_b 为单位面积上的切削阻力；B_c 为推土铲的宽度；h 为推土铲的切削深度；G_t 为铲刀前的积土重量；ρ 为土壤的密度；V_t 为推土铲铲前的积土容量；μ_2 为土壤间的摩擦系数；k_m 为考虑铲刀参数有关的侧漏等影响的土量换算系数；ϕ 为土壤的自然坡度角，取 $40°$；H 为铲刀高度；k_y 为计入切削刃磨损后的切削刃压入土壤的比压阻力；μ_1 为土壤与钢铁的摩擦因数；x 为磨损后刀刃与土壤的接触面积；δ 为铲刀的切削角。

现代推土机的最大驱动力 F_{max} 与整机的使用重量 G_s 之间有如下比例关系[15]：

$$F_{max} = (0.94 \sim 1.06) G_s \tag{8-37}$$

此处选取设计上限 1.06，作为车辆最大驱动力约束。推土机及土壤设计主要参数及关键系数如表 8-2[14] 所示。

表 8-2　推土机主要设计参数及关键系数

参　　数	数　　值
推土机使用重量 G_s/kN	280
最高车速 $v_{max}/(km \cdot h^{-1})$	11
转向阻力系数 μ	0.8
履带接地长度 L/m	2.73
驱动轮半径 R/m	0.468 31
传动效率 η	0.9
土量换算系数 k_m	1.27
土壤与钢铁的摩擦因数 μ_1	1
土壤的密度 $\rho/(kg \cdot m^{-3})$	1.57×10^3
平均切土深度 h_{ave}/m	0.2
最大切土深度 h_{max}/m	0.54
铲刀高度 H/m	1.315
土壤间的摩擦因数 μ_2	0.5
推土铲的宽度 B_c/m	3.725
铲刀的切削角 $\delta/(°)$	55
比压阻力 k_y/Pa	5×10^5
磨损后刀刃与土壤的接触面积 x/m^2	0.85
切削阻力系数 k_b/Pa	4.5×10^4

2）驱动电机机械外特性参数及减速比匹配

电机驱动系统机械外特性 $T(n)$ 由最大功率 P_{max}、最大转矩 T_{max} 和最高转速 n_{max} 确定，表达为

$$T(n) = \begin{cases} T_{max} & (n < P_{max}/T_{max}) \\ P_{max}/n & (n \geqslant P_{max}/T_{max}) \end{cases} \tag{8-38}$$

式中，n 为驱动电机转速。首先确保整机最大动力因数满足指标，有

$$\frac{2T_{max} \cdot i_0 \cdot \eta_{ch} \cdot \eta_{xd}}{R \cdot G_s} \geqslant 1.06 \tag{8-39}$$

式中，i_0 为侧传动比；η_{ch} 为侧传动比效率，取 0.9；η_{xd} 为行动装置效率，

$\eta_{xd}=0.95-0.001\ 7v$。

整机仍需满足最高车速指标，有

$$0.377R \cdot n_{max}/i_0 \geq v_{max} \qquad (8\text{-}40)$$

式中，v_{max} 为推土机设计最高车速。考虑到当前车用驱动电机技术的成熟度，限定 $T_{max} \in [600,1\ 000]\ \text{N} \cdot \text{m}$；$n_{max} \in [4\ 000,8\ 000]\ \text{r/min}$；$P_{max} \in [50,100]\ \text{kW}$，并将以上范围内的电机驱动机械外特性与侧传动比减速器配合，把式（8-39）和式（8-40）作为系统约束搜索系统方案。把所有方案的动力特性等效到单侧履带上并与单侧履带阻力特性画在一起得到图 8-37。

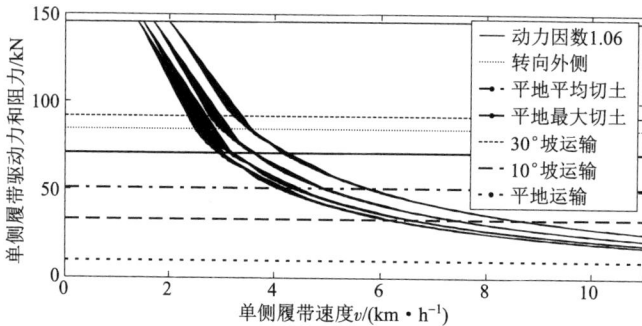

图 8-37 单侧履带驱动力和阻力特性

由图 8-37 可见，系统能力限制点主要位于恒功率区。如驱动电机机械输出功率取 70 kW 时，则在困难路面转向时外侧履带车速可达 2.8 km/h，30°坡运土最大车速可达 2.3 km/h。当功率增加到 100 kW 时，上述指标可以达到 3 km/h 以上。值得注意的是，当驱动电机最大转矩取 800 N·m、900 N·m 和 1 000 N·m 时，通过侧减速器配合，转向工况时内侧电机制动力矩大约要求分别在 617 N·m、694 N·m 和 772 N·m。可选择的电机机械特性及其与传动比的匹配如图 8-38 所示。通常侧减速器的传动比受机械变速器设计限制，其输入转速不宜太高，建议电机最大转矩取 900 N·m，最高转速取 6 200 r/min，最大功率取 85 kW，减速器传动比为 84.04。

8.2.1.2 发动机-发电机组和超级电容器参数匹配

履带式混合动力电传动推土机采用大功率电控柴油机和永磁同步发电机，发动机-发电机组、超级电容器和驱动电机通过电功率耦合，任何时候双侧驱动电机机械功率输出由发动机-发电机组和超级电容器共同提供[15]。双侧驱动电机电动模式下的功率平衡由式（8-41）表达：

$$\{(P_{m\_e}-P_{aux}) \cdot \eta_{apu} \cdot P_{CAP}\} \cdot \eta_{mot}=P_{m\_m} \qquad (8\text{-}41)$$

式中，P_{m_e} 为发动机输出机械功率；P_{aux} 为发动机 PTO 输出辅助功率，取 20 kW；η_{apu} 为发电机效率，取 0.95；P_{CAP} 为超级电容输出电功率；η_{mot} 为电

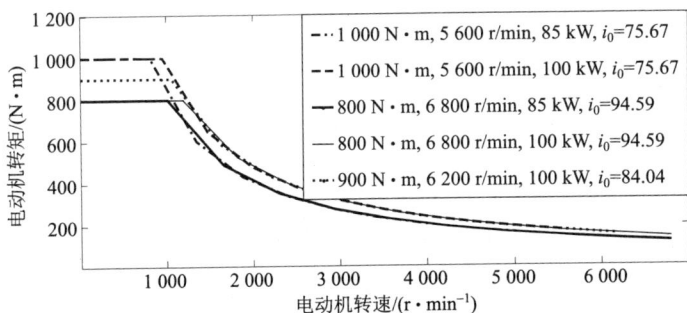

图 8-38 电机机械外特性及减速器侧传动比

机驱动系统效率，取 0.95；P_{m_m} 为两侧电机的输出机械功率之和。在工作中，发动机-发电机组为主功率源，超级电容器起功率辅助作用，在系统匹配时首先确保发动机-发电机组有足够的功率对双侧驱动电机供电。考虑从发动机输出轴到电机输出轴的效率以及发动机 PTO 附件功率要求，拟选用 205 kW 的发动机。

发电机组采用全波整流器把交流电转化为直流电，发动机和发电机组通过联轴器直接相连，转速范围一致，发电机需要把发动机功率全部转换为电功率，因此确定发电机机械输入功率为 185 kW，额定工作电压为 500 V。永磁同步发电机-整流桥直流侧电压、电磁转矩方程如下：

$$\begin{cases} U_g = K_e\omega_g - K_x\omega_g I_g \\ T_g = K_e I_g - K_x I_g^2 \end{cases} \tag{8-42}$$

式中，T_g 为发电机电磁转矩；ω_g 为发电机角速度；K_e 是感应电动势系数；$K_x\omega_g$ 为等效阻抗，阻抗系数 $K_x = 3pL/\pi$，其中 p 为发电机极对数；I_g 为发电机输出电流；U_g 为输出电压。

发动机-发电机组力学方程表达为

$$T_{eng} - T_g = (J_e + J_g)\frac{d\omega}{dt} \tag{8-43}$$

式中，T_{eng} 为内燃机输出转矩；J_e 为内燃机转动惯量；J_g 为发电机转动惯量；ω 为发动机角速度。

超级电容在宽广工作电压范围内可以对外输出功率，这点与推土机阻力瞬态剧烈变化的工作特点相适应。超级电容作为辅助功率源，其输出端直接与发电机整流后直流输出端相连接。超级电容选择既要保证匹配发动机-发电机动态响应以满足推土机工作要求，同时也要兼顾其体积和重量不至于太大。考虑推土机工作特点，设计时限定超级电容在 1 V 电压降下能持续 0.1 s 内输出 50 A 电流，则其电容值为 5 F，其工作电压可处于 200～600 V 之间。

超级电容端电压数学表达为

$$U_c = U_{c0} - \frac{1}{C}\int_{t_0}^{t} I_c \mathrm{d}t \qquad (8\text{-}44)$$

式中，C 为超级电容静态容量；U_{c0} 为初始工作电压；U_c 为开路电压；I_c 为电容电流输出。超级电容动态电量 Q_c 数学表达为

$$Q_c = C - \int_{t_0}^{t} I_c \mathrm{d}t \qquad (8\text{-}45)$$

8.2.1.3 基于动态规划的发动机-发电机和超级电容动态匹配验证

1）发动机-发电机组和超级电容器动态规划问题建立

前文所述发动机-发电机组和超级电容的参数设计必须在推土机工作的动态过程中给予详细的评估与验证，以确保在参数设计阶段就能考虑控制与系统参数的互动来确保设计成功。动态规划理论是一种求解约束条件下最优控制问题的有效数学方法[8]，适用于在混合动力推土机参数选择阶段综合考虑施加控制后发动机-发电机组和超级电容系统综合性能的评估。

评估所用的典型工作循环工况来自实车场地试验数据，包括推土机整个作业过程中速度 v 以及需求功率 P_{req} 的要求，具体有行走、切土、运土、卸土和倒退等工况，如图 8-39 所示。

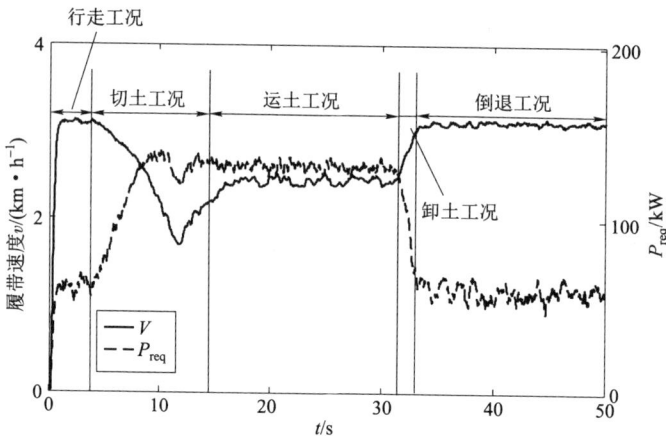

图 8-39 推土机典型工作循环及其功率需求

任何时候，发动机-发电机组和超级电容电功率输出与工况需求相平衡：

$$P_{req} = U(I_g + I_c) \qquad (8\text{-}46)$$

式中，U 为直流母线电压，依据发动机-发电机组输出电流值计算：

$$U = \begin{cases} U_c, I_g = 0 \\ U_g = U_c, I_g > 0 \end{cases} \qquad (8\text{-}47)$$

推土机状态方程统一离散化表达为

$$x(k+1) = f(x(k), u(k), P_{req}(k)) \quad (k = 0, 1, 2, \cdots, N-1) \qquad (8\text{-}48)$$

式中，$x(k)$ 表示系统的状态变量，是发动机角速度速 $\omega(k)$ 和电容电压 $U_c(k)$；f 为式（8-42）~式（8-47）的离散化形式；$u(k)$ 表示系统的控制变量，选为发动机输出转矩 $T_{eng}(k)$；$P_{req}(k)$ 为系统需求功率；N 为离散总步数。动态匹配验证的目标为系统正常工作条件下发动机燃油消耗最小：

$$J = \min \sum_{k=0}^{N-1} T_s \cdot fuel(\omega(k), T_{eng}(k), k) \tag{8-49}$$

式中，函数 $fuel$ 计算每时刻发动机对应的油耗率，由发动机转速和转矩确定；T_s 为计算步长，取 $0.1\,s$。

施加一切可行的工程约束，包括发动机转速、发电机和超级电容器电流以及直流母线电压等：

$$\begin{cases} 800 \leqslant 30\omega/\pi \leqslant 2\,000 \\ 0 \leqslant I_g \leqslant 1\,000 \\ -2\,000 \leqslant I_c \leqslant 2\,000 \\ 200 \leqslant U \leqslant 600 \end{cases} \tag{8-50}$$

动态规划方法基于 Bellman 的最优性原理[8]，它将整体的多步过程优化分解成一系列的单步优化子问题。动态匹配验证即在系统约束条件下，通过动态规划理论搜索可行、最优的控制，验证参数匹配的合理性。离散化模型和动态规划算法均在 MATLAB 软件中实现。

2）匹配结果

图 8-40~图 8-44 为发动机-发电机组和超级电容在图 8-39 典型循环工况下的匹配结果。图 8-40 和图 8-41 显示发动机倾向工作在 1 200 r/min 左右，通过调节转矩满足负载功率的需求。

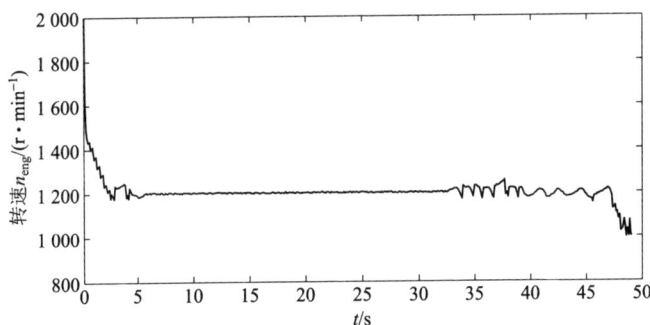

图 8-40 发动机转速

图 8-42 为超级电容电量变化，图 8-43 为发电机和超级电容电流以及直流母线电压变化，图 8-44 为发动机工作点。图 8-42 和图 8-43 显示随着发动机转速下降，母线电压稳定在约 260 V。超级电容在 0~4 s 和 34~43 s 间参与工

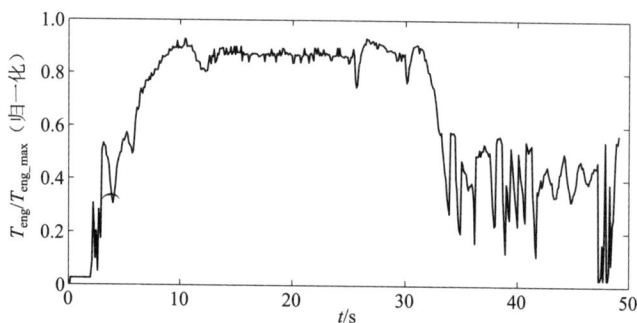

图 8-41　发动机负荷率

作明显。在 0~4 s 间发动机负荷率增加不足以满足外界负载功率时，超级电容输出电流以平衡外界负载。在 34~43 s 间负载功率下降，超级电容参与放电或吸收电流，确保发动机高效工作。图 8-44 显示发动机工作在最佳燃油区域。

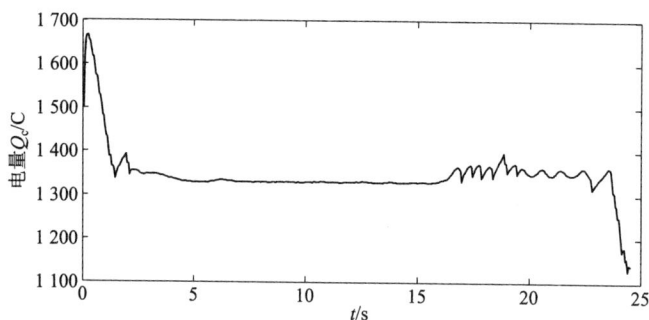

图 8-42　超级电容电量

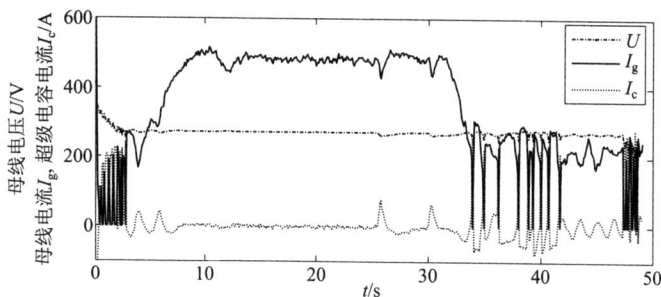

图 8-43　发电机和超级电容电流以及直流母线电压

为进一步验证极限负载下的发动机-发电机组和超级电容工作特性，设定 180 kW 恒负载条件下求解系统工作动态过程。图 8-45~图 8-47 为匹配工作过程。图中显示，发动机 0~45 s 间工作在满负荷区，转速稳定在 1 600 r/min 左右，直流母线电压为 370 V。由于负载恒定，超级电容仅在初始和终了时参加

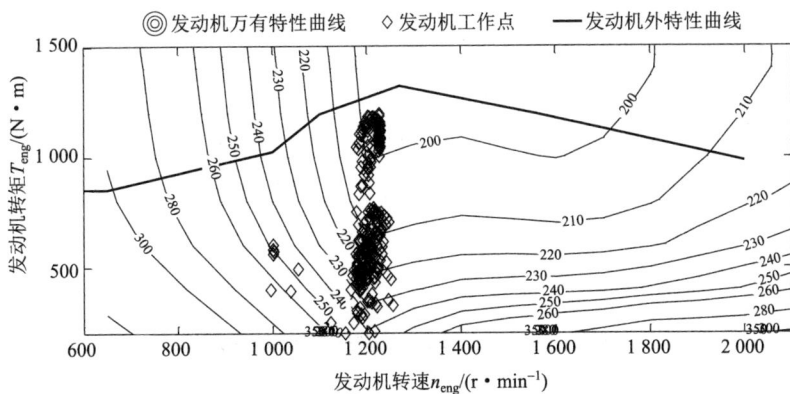

图 8-44 发动机工作点

工作，这说明超级电容的更多作用在于平衡瞬态高频负载变化。计算中发现在
180 kW 恒负载时，必须保证直流母线电压具有较大的初值，否则无解，说明在
直流母线电压小于 300 V 时，前功率链无法输出 180 kW 的电功率。

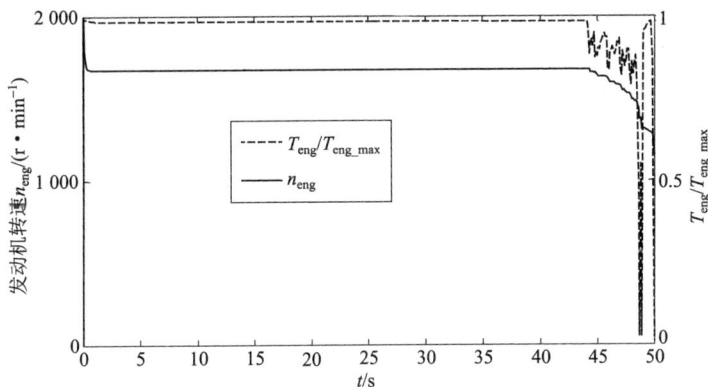

图 8-45 发动机转速和负荷率

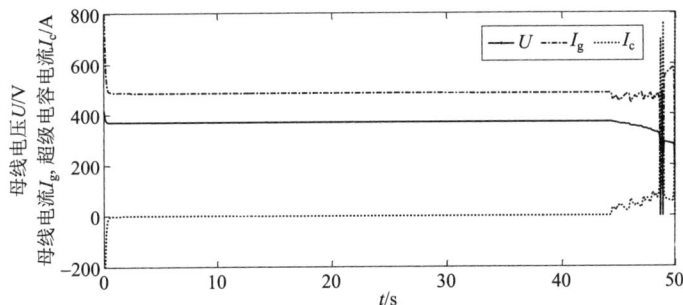

图 8-46 发电机和超级电容电流以及直流母线电压

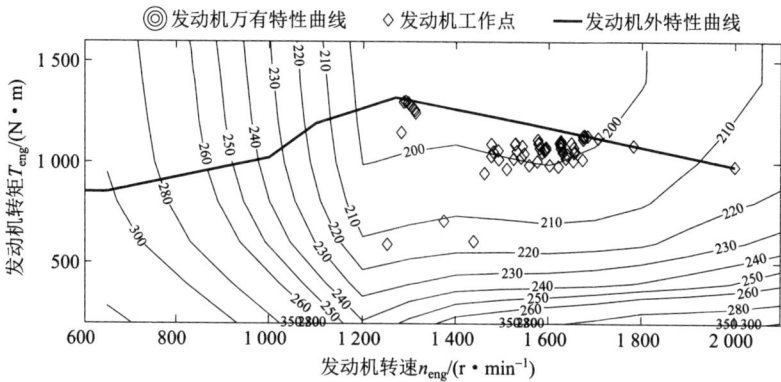

图 8-47　发动机工作点

依据动态规划理论完成了发动机-发电机组和超级电容器动态匹配设计与验证。分别考虑推土机典型工况和极限工况,以系统油耗最小为目标,探索发动机-发电机组和超级电容器动态最优工作模式。结果显示,该参数匹配条件能够满足在典型工况和极限工况下的功率要求。

8.2.2　混合动力推土机的控制设计[16]

8.2.2.1　控制方案

混合动力推土机整机的控制任务包含发动机-发电机组和双侧电机驱动控制。所研究的混合动力履带推土机的结构如图 8-48 所示。驾驶员输入包括拇指滚轮信号、减速油门信号、方向杆信号和发动机旋钮信号。能量源、综合控制单元和电动机控制器 1、2 通过 CAN 总线连接。考虑到系统的集成性和开放性,采用电动机控制器分别控制电动机 1、2,综合控制单元负责接收驾驶员指令,经运算后通过 CAN 总线向电动机控制器 1、2 和发动机-发电机组发送控制指令并接收来自控制器 1、2 的反馈信号与发动机-发电机组的反馈信号。综合控制器通过对驾驶员指令的解析和反馈信号综合运算,向电动机控制器 1、2 和发动机发送控制指

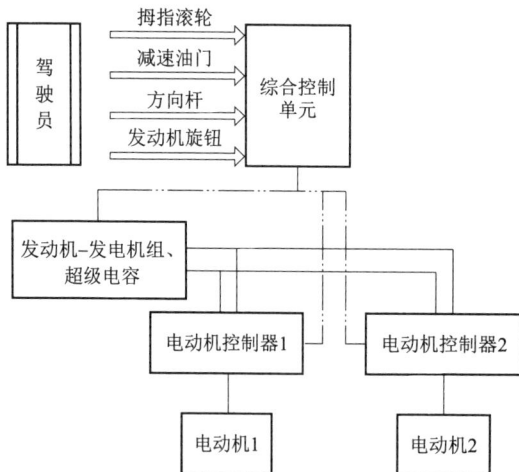

图 8-48　采用 CAN 总线的整车分布式控制结构

令，以此调节作用在电动机的力矩和发动机的工作情况。

8.2.2.2 发动机-发电机组控制

1) 不控整流下发动机多点转速控制

发电机不控整流时，电磁转矩与直流电流存在确定的对应关系，此时手油门调节发动机目标转速，系统控制结构如图 8-49 所示。常规推土机在工作时，手油门直接给定了发动机转速，工作中通过减速油门实时调节驱动功率。当手油门调节与实际功率不相适应时，

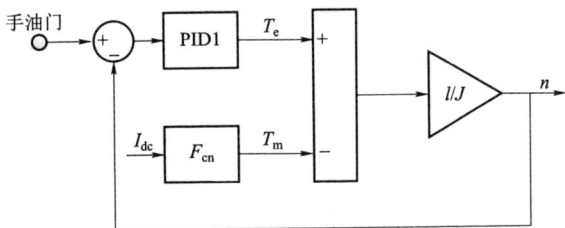

图 8-49 不控发电控制框图

发动机会工作在低负荷状态，油耗较大。因此下文提出了发动机多点转速控制方法。

2) 发动机-发电机组控制目标

在稳态工况下为两侧驱动电机提供充足、平稳的驱动功率，在急加速等动态工况下，改善发动机的动态功率输出能力，以实现推土机的最大动力性能。为实现电传动模式下发动机的控制目标，应满足以下功能：

（1）发动机的稳态功率范围应覆盖驱动电机的峰值功率，以满足推土机最大动力性能的要求。

（2）发动机转速的工作区域应远离怠速和最高极限转速。发动机转速过低时，工作状态不稳定，容易使转速跌至怠速以下，而使发动机熄火；发动机转速过高时，出现发动机负荷变化率大，转矩脉动剧烈，从而影响发动机的正常使用寿命。

（3）发动机工作状态应保持稳定，应避免对发动机进行频繁和大范围调速，这样可以减小转动惯性附件功率的损失，还可以提高发动机的动态响应速度。

（4）当发动机需要调速时，如果目标功率提高，在保证不熄火的前提下，以发动机转速的最快响应速度为原则设计；如果目标功率降低，发动机负荷减小，应兼顾燃油消耗率的要求。

3) 控制原则

由于推土机各种不同的作业工况下，功率需求处在不同的等级，采用发动机的多点转速，很好地适应了推土机的特殊作业工况。发动机多点转速控制策略定义为，将发动机的转速工作区域划分为若干转速等级，每个转速等级覆盖一定的功率范围，通过切换转速等级实现跟踪目标功率变化的控制方

法。当系统需求功率相对稳定时，转速维持在某一等级，通过发动机小范围的调节转矩来跟踪目标功率的变化；当系统需求功率大范围波动时，转速在不同等级间跃迁，以实现跟踪目标功率。发动机转速等级的划分应遵循以下几方面的原则：一方面，转速等级不宜太少，否则每个等级需要覆盖较宽的功率范围，单点转速控制策略的缺点（发动机在同一转速工作点下负荷调节范围宽，使发动机转矩脉动剧烈，且工作噪声大，影响发动机正常工作的寿命；发动机也会出现经常工作在负荷低的工况，燃油消耗率上升、经济性差）将有所体现；另一方面，转速等级也不宜太多，否则每个等级所覆盖的功率范围过窄，在同一作业工况下，发动机将在不同的转速等级之间频繁切换，使其动态响应能力下降。结合推土机作业循环工况对功率的需求，将发动机的工作转速初步划分为 4 个等级，外加怠速转速，每个转速等级覆盖一定的功率范围，各转速等级下功率覆盖范围呈阶梯状分布，且相邻转速之间设置功率滞环，如图 8-50 所示。采用发动机多点转速控制，可以避免仅由发动机旋钮来确定发动机转速，去除发动机低负荷工况。如果通过发动机旋钮与发动机多点转速控制同时作用，即可以充分利用驾驶经验，同时也可以实现发动机优化控制。

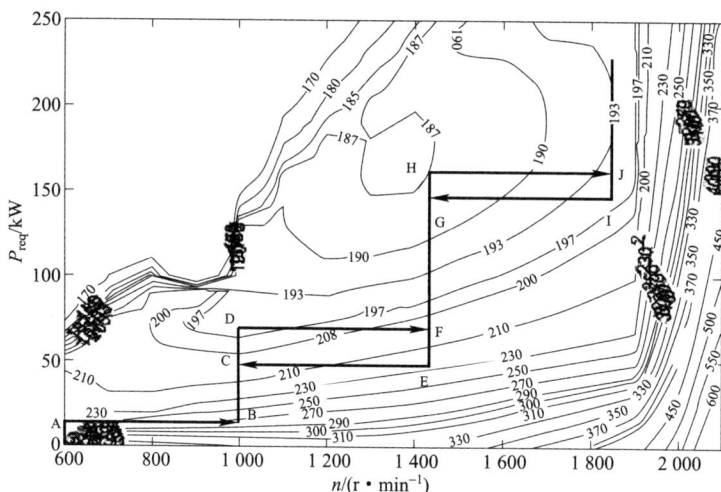

图 8-50 发动机多点转速控制策略

8.2.2.3 双侧电机驱动转速控制

1）驾驶员操作信号的定义

电驱动履带推土机的驾驶员操作设备包括拇指滚轮、油门减速踏板、方向杆、发动机旋钮，相应的操作信号如下所述。

（1）拇指滚轮信号：拇指滚轮信号定义为驾驶员的意图车速，其量程为 0~1，当拇指滚轮往上拨动，意味着提高推土机的行驶速度；往下拨动时，则意味着要降低速度。

（2）油门减速踏板信号：驾驶员油门减速踏板，转化量程在 0~1，对车速进行调整，以当前拇指滚轮所确定的转速为基准，驾驶员踩下该踏板行程越大，车速下降越多；驾驶员踩下该踏板行程越小，车速下降越少。

（3）方向杆信号：方向杆信号确定整车转向半径，预设方向杆转向信号与推土机整机转向半径对应表，根据信号值进行查表插值获得需求转向半径，然后获得两侧电机目标转速实现对两侧电机的控制。

（4）发动机旋钮信号：发动机旋钮也称"手油门"，驾驶员通过旋动发动机旋钮，使发动机工作在固定的转速点。不同工况需求的功率不同，所需发动机工作转速点也不同，驾驶员多依据经验调整。

2）推土机行驶控制逻辑

各工况下的推土机行驶控制策略需要明确推土机动力学控制的输入量、输出量、控制目标以及算法的选择，包括推土机直驶控制、推土机转向与回正控制以及中心转向控制。控制方法与思路总体上与双电机独立驱动的高速履带车辆类似，所设计的控制策略已经嵌入被控驱动系统中并经过离线仿真验证，系统模型如图 8-51 所示，包括发动机-发电机组、超级电容器、两侧驱动电机以及推土机动力学模型。仿真过程和结果不再赘述。

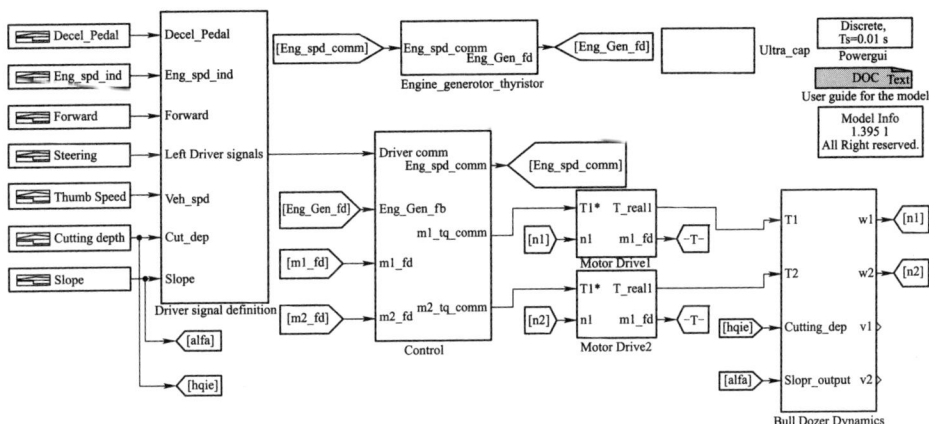

图 8-51 混合动力推土机及其控制策略模型

8.2.3 混合动力推土机快速控制仿真工程

一旦控制思路形成，基于模型的设计方法常通过快速控制仿真工程来加速控制思路的测试与验证，主要为驾驶员-综合控制器在环仿真模型。本节重点阐述应用先进仿真工具和方法对混合动力推土机控制策略快速硬件在环测试的过程和方法，并验证算法的可行性。

8.2.3.1　仿真模型及平台

为了硬件在环测试模型以及控制策略的可行性，将模型分割成三部分，包括驾驶员操作信号、整车控制策略以及包括发动机-发电机组、超级电容器、双侧驱动电机以及整车动力学模型在内的被控对象，如图 8-52 所示。

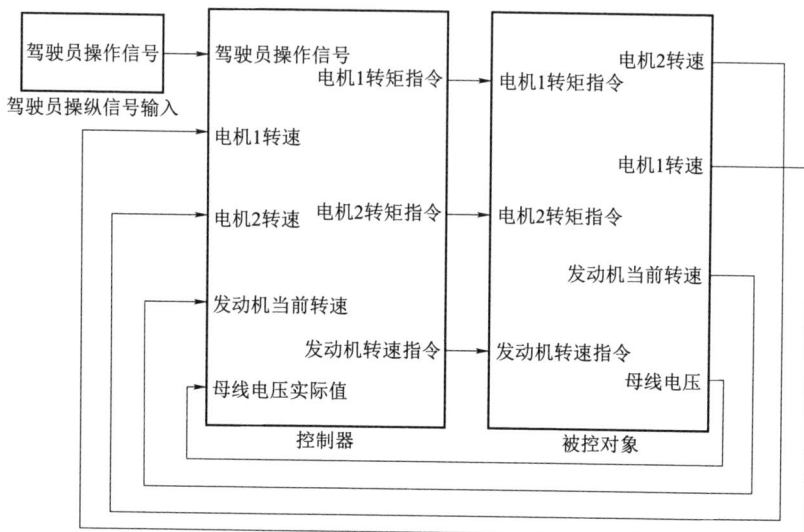

图 8-52　整车模型划分

采用驾驶员与整车控制器硬件在环的测试方案，即驾驶员操作信号的输入与整车控制器均采用实物代替。整车控制器采用 MotoTron 控制器。为保证实时性的要求，被控车辆模型虽为虚拟模型，但一并下载到 RT-LAB 目标机实时运算。整个平台实物如图 8-53 所示。在综合控制器的每个控制周期内，整车控制器都要接收驾驶员操作信号以及从 RT-LAB 中传来的车辆运行状态信息，并把控制器中代码计算出的控制指令发送给 RT-LAB，这两者之间的数据通信是通过 CAN 总线实现的。此外，整车状态信息及驾驶员操作信号通过 CAN 总线发送到 dSPACE 上监测以及显示。

各设备通过 CAN 总线通信，制订了台架实验 CAN 通信协议，通信波特率为 250 Kb/s，通信周期为 50 ms。硬件在环平台组成主要包括驾驶员操作装置、整车控制器、被控对象模型 RT-LAB 以及用作显示终端的 dSPACE。

8.2.3.2　控制器程序及被控对象模型下载

1）整车控制器程序

控制器程序主要由三部分组成：驾驶员输入信号采集模块 Driver_in、控

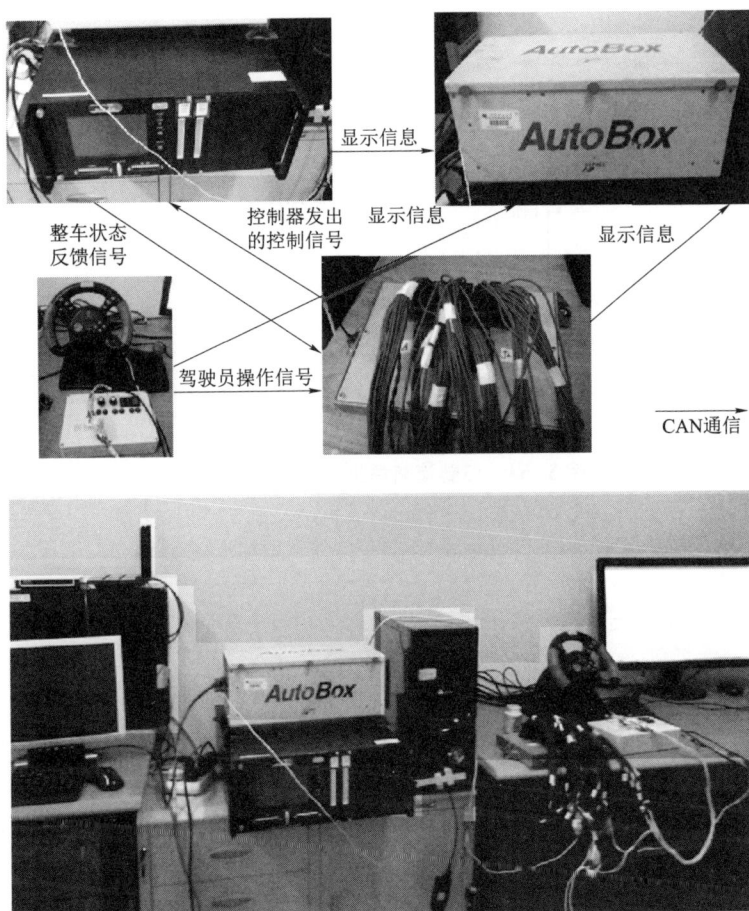

图 8-53　硬件在环测试实物图

制策略 Control_Strategy 和 CAN 总线收发模块 Sub_CAN，如图 8-54 所示。该控制模型可以直接下载到 MotoTron 控制器中实时运行。驾驶员信号采集模块采集反映驾驶员操作的电信号，包括模拟信号和开关量信号。CAN 总线收发模块实现和虚拟被控对象的数据交换，该模型可支持 CAN 总线通信格式和数据帧定义。

2）被控对象模型

被控对象模型包括发动机-发电机组、超级电容、两侧驱动电机以及推土机动力学模型，整车控制器在接收到驾驶员操作信号之后，根据整车当前状态及控制策略代码计算出两侧驱动电机下一时刻输出转矩值、发动机-发电机组转速目标值，通过 CAN 总线发送给 RT-LAB 实时目标计算机，通过实时模型计算获得整车状态并通过 CAN 总线反馈给整车控制器。RT-LAB 中下载模型如图 8-55 所示。

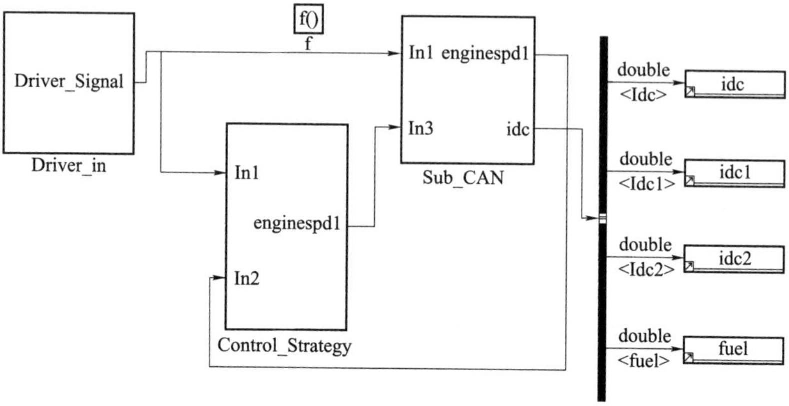

图 8-54 控制策略模型 MotoTtron 框图

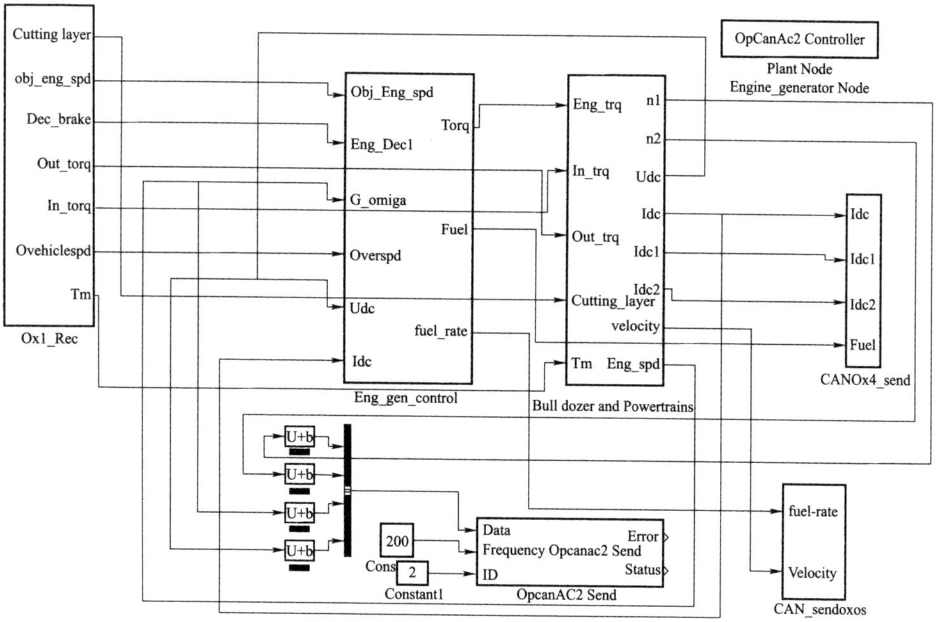

图 8-55 RT-LAB 模型结构

在整车控制器和 RT-LAB 之间 CAN 总线上挂接 dSPACE 节点，整个仿真实验中车辆运行状态可通过 dSPACE 上位机终端实时监控和显示，界面如图 8-56 所示。

8.2.3.3 测试结果

驾驶员输入遵照一定的工况进行，仿真过程持续 550 s，结果如图 8-57 所示。驾驶员首先给定手油门信号并且一直保持不变。根据控制策略可知发

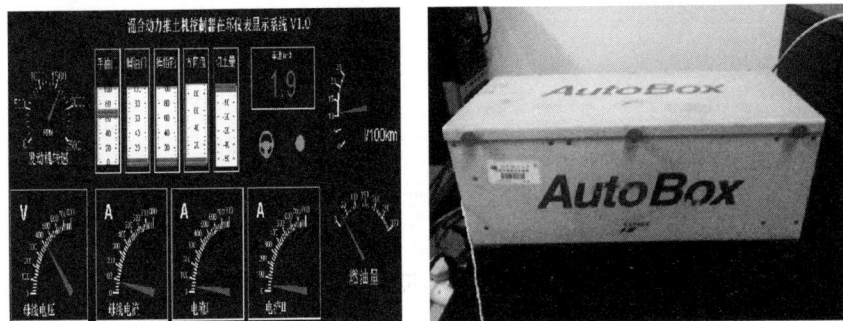

图 8-56　dSPACE 仪表显示板设计

动机由手油门设定固定转速，发动机转速曲线显示除了脚油门踩下时发动机降速，其余状态下发动机转速基本稳定在约 1 700 r/min，在需求功率突变时出现一定波动。拇指滚轮动作时，控制器对两侧电动机较快输出转矩指令，两侧电动机转速较好地跟随拇指滚轮指令。在 100~350 s 间出现转向，转向半径持续降低，直至发生原地中心转向。380 s 左右踩下减速油门踏板，发动机转速和驱动电动机转速都跟随降低。450~490 s 开始切土操作，阻力大幅增加，驱动电动机转速下降至 200 r/min，在进入和退出切土工况，由于负载突然增加和卸载导致发动机转速有波动，但迅速处于平稳状态，整车表现能够满足功能需求。

　　把"驾驶员"和"综合控制器"纳入履带式混合动力推土机整车控制实时仿真闭环，采用真实的驾驶员操纵装置以及整车控制器，利用 RT-LAB 硬件系统将被控对象及其外部环境用数学模型来模拟实现，完成了包括"驾驶员-综合控制器"在内的硬件在环（HIL）仿真，加速控制策略验证过程，有力地支撑基于模型的控制设计。

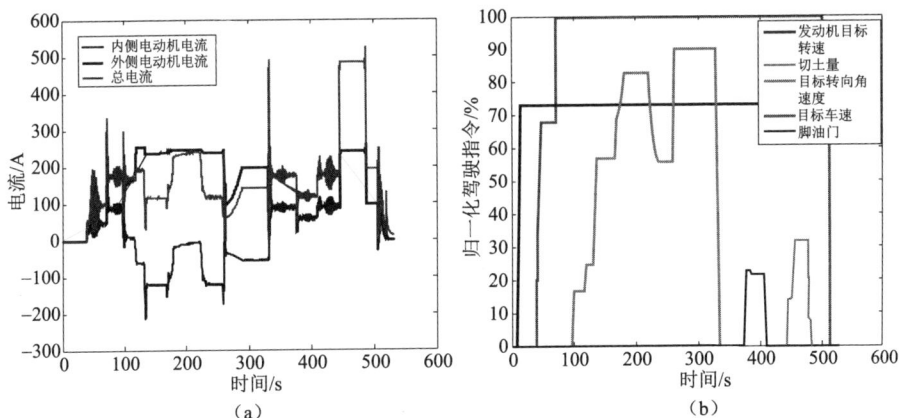

图 8-57　硬件在环测试仿真结果（见彩插）

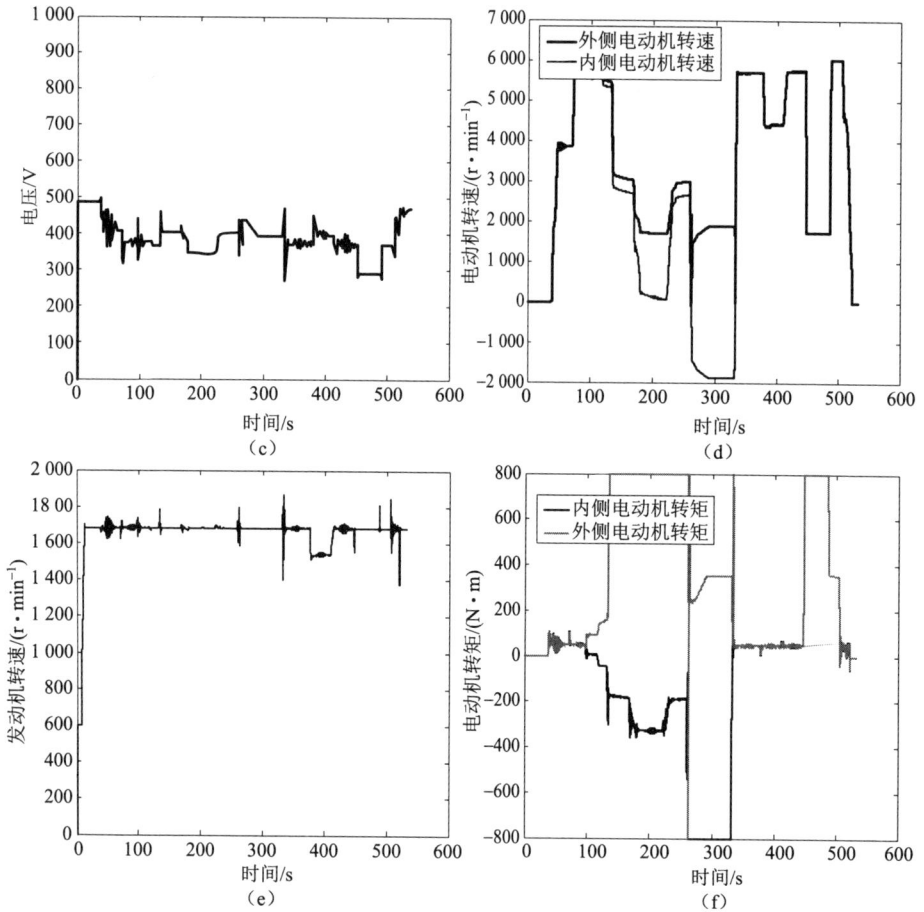

图 8-57　硬件在环测试仿真结果（续）（见彩插）

参考文献

［1］ Shafef G, Rodler K W, Waldo E, Jr. Electric drive study, ADA395233 ［R］. Warren: FMC Corporation, 1987.

［2］ FMC Corporation. Electric drive study, ADA210383 ［R］. Warren: FMC Corporation, 1987.

［3］ Sharer G. Electric drive M113 vehicle refurbishment project: sacrament electric transportation consortium RA93-23 program, ADA322403 ［R］. Santa Clara: FMC Corporation, 1997.

［4］ 谷中丽, 翟丽, 彭连云. 电传动履带车辆驱动系统匹配分析 ［J］. 北京理工大学学报, 2006, 26（增刊2）: 48-52.

［5］ 汪明德, 赵毓芹, 祝嘉光. 坦克行驶原理 ［M］. 北京: 国防工业出版社, 1983.

［6］ ［德］ Merhof W. 履带车辆行驶力学 ［M］. 韩雪海, 刘侃, 周玉珑, 译. 北京: 国防

工业出版社，1989.

[7] 邹渊. 电传动履带车辆双侧驱动控制策略研究 [D]. 北京：北京理工大学，2005.

[8] Bellman R. Dynamic Programming [M]. New Jersey：Princeton University Press，1957.

[9] 石松山，李涛，孔德文. 电传动推土机曲线作业的控制仿真研究 [J]. 工程机械，2012，43（8）：10-14.

[10] Sciarretta A，Guzzella L. Control of hybrid electric vehicles [J]. IEEE Control Systems Magazine，2007，27（2）：60-70.

[11] Lin C C，Peng H，Grizzle J，et al，Power management strategy for a parallel hybrid electric truck [J]. IEEE Transactions on Control Systems Technology，2003（11）：839-849.

[12] 张博，郑贺悦，王成. 可外接充电混合动力汽车能量管理策略 [J]. 机械工程学报，2011，47（6）：113-120.

[13] 诸文农. 履带推土机结构与设计 [M]. 北京：机械工业出版社，1986.

[14] 程雨，董林山，朱亚雄，等. 新编国内外推土机设计选型与安全操作故障分析及维修技术实例应用手册 [M]. 北京：北方工业出版社，2006.

[15] Zhao Yong，Zhou Lin. Parameter matching theory of hybrid track-type bulldozer power system [C] // World Automation Congress，June 24 - 28，2012，Puerto Vallarta，Mexico. IEEE，2012：24-28.

[16] 陈晓玲. 履带式电传动推土机模型与控制策略 [D]. 北京：北京理工大学，2012.

彩插附图

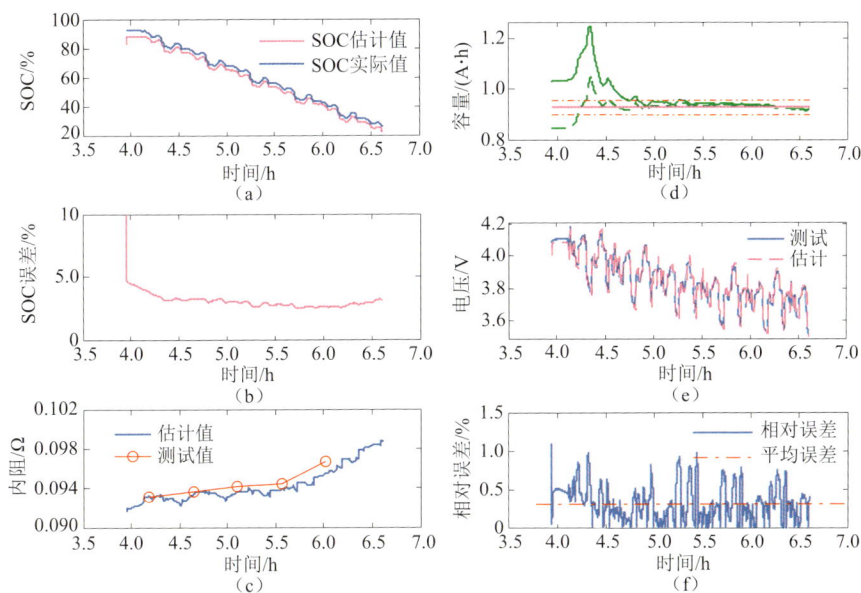

图 4-21　LiNMC 在 22 ℃下，状态估计器结果图

（a）四阶 EKF SOC 估计值与测量值；（b）SOC 估计值的误差；（c）欧姆内阻在四阶 EKF 中
所得值与实验测量值；（d）在 3% 边界下所得四阶 EKF 容量估计值与标定值；
（e）截止电压在四阶 EKF 中所得值与实验测试值；（f）截止电压的相对误差

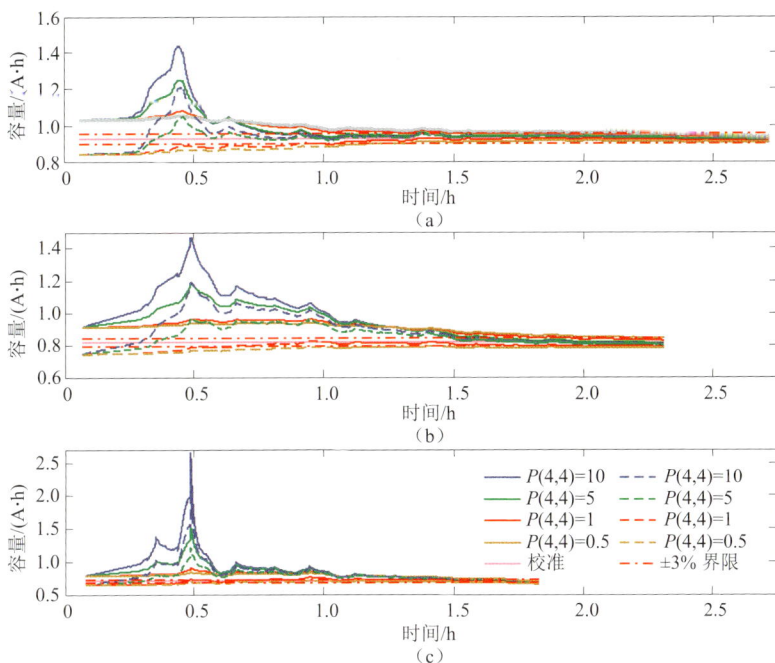

图 4-22　LiNMC 在不同的 EKF 初始参数 P_0（4，4）下所得容量估计图

（a）容量估计结果（$N=22$）；（b）容量估计结果（$N=604$）；（c）容量估计结果（$N=1\,273$）

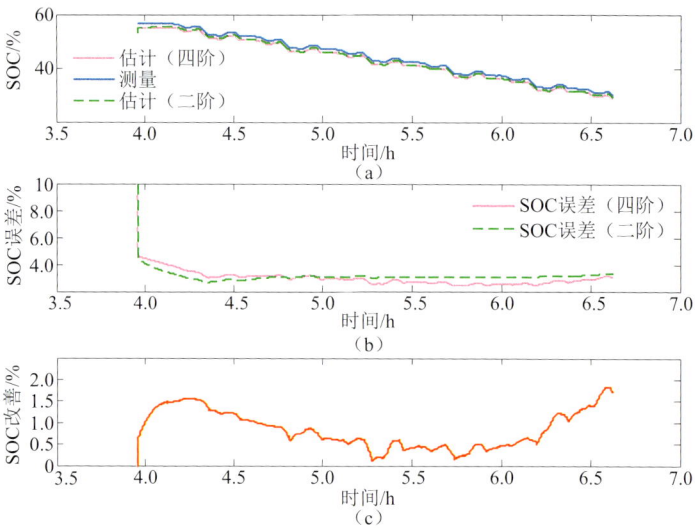

图 4-26　新电池，$N=22$ 时 SOC 的变化情况

（a）SOC 估计结果；（b）SOC 误差曲线；（c）四阶 EKF 所得 SOC 改善情况

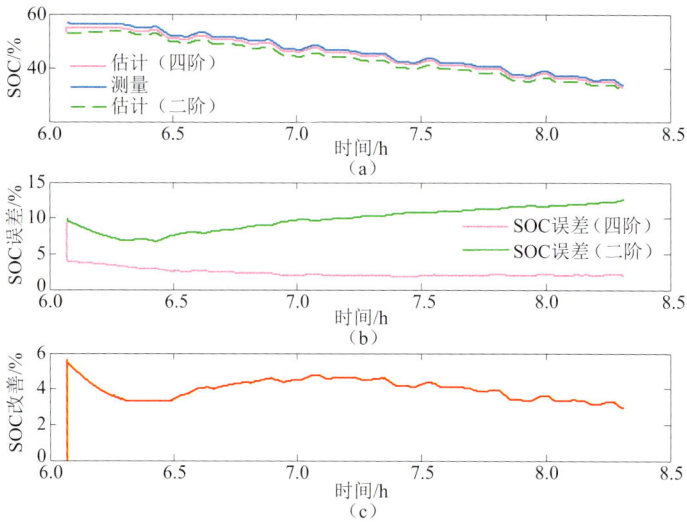

图 4-27　$N=604$ 时，SOC 的变化情况

（a）SOC 估计结果；（b）SOC 误差曲线；（c）四阶 EKF 所得 SOC 改善情况

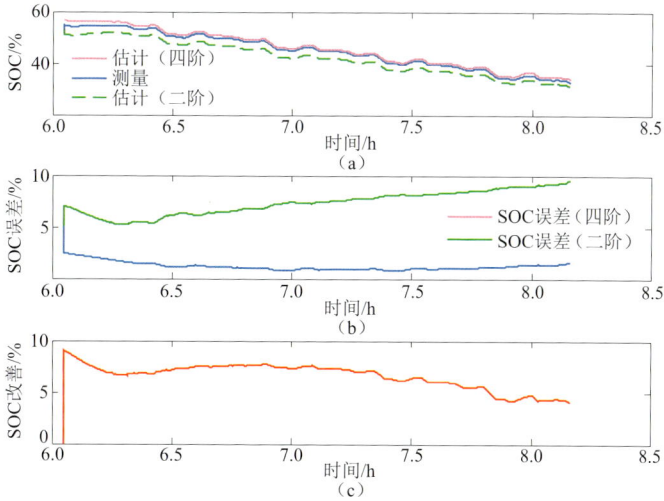

图 4-28 $N = 990$ 时，SOC 的变化情况

（a）SOC 估计结果；（b）SOC 误差曲线；（c）四阶 EKF 所得 SOC 改善情况

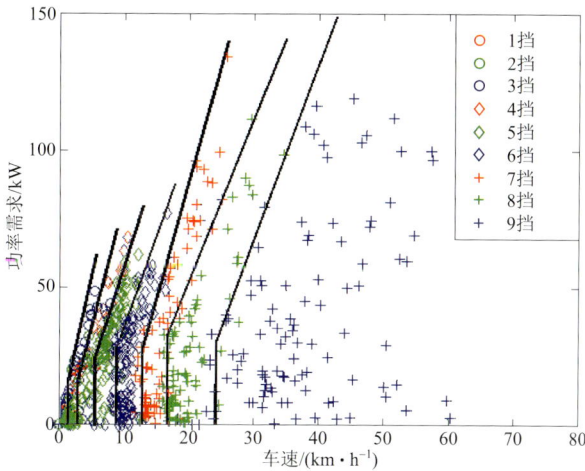

图 5-17 动态规划得到的最优挡位工作点分布图

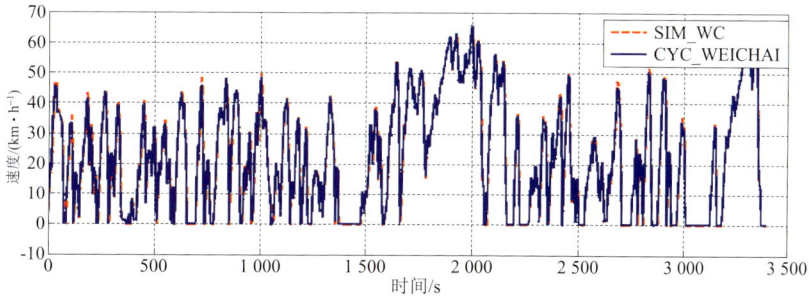

图 5-20 仿真工况跟随情况

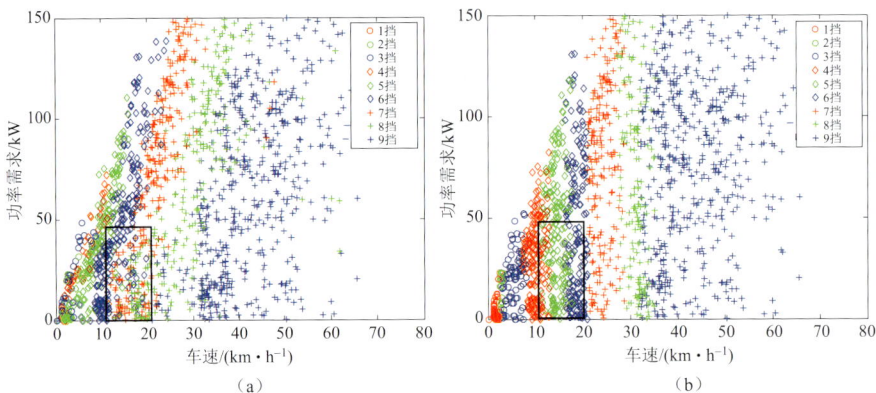

图 5-27　DP 和 PMP 挡位与车速关系分布

（a）DP 挡位随速度分布；（b）PMP 挡位随速度分布

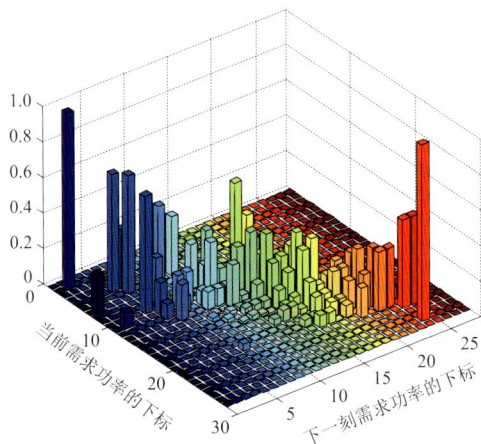

图 5-35　某车速下需求功率转移矩阵概率分布

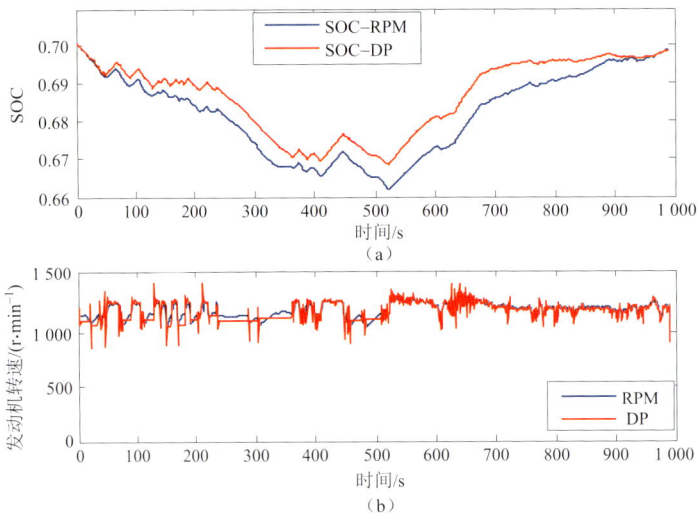

图 6-2　履带车辆状态量 SOC 和发动机转速最优轨迹对比图

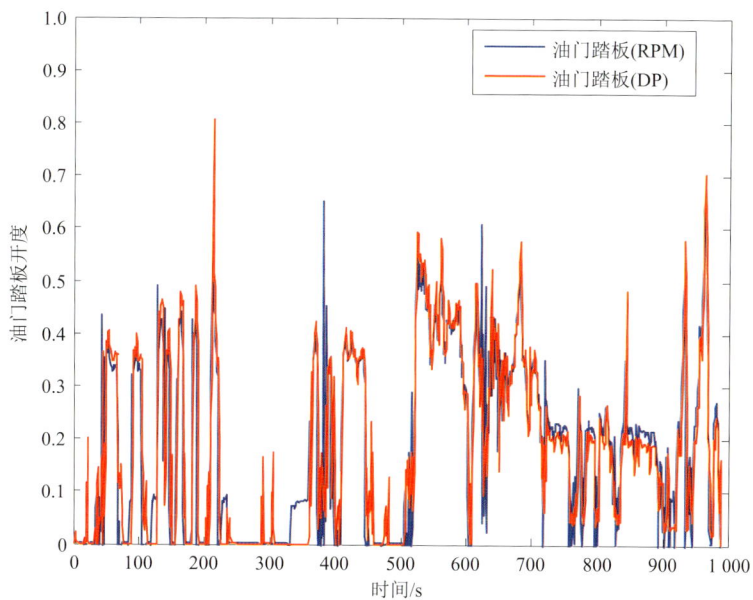

图 6-3　履带车辆控制量 *ACC* 最优轨迹对比图

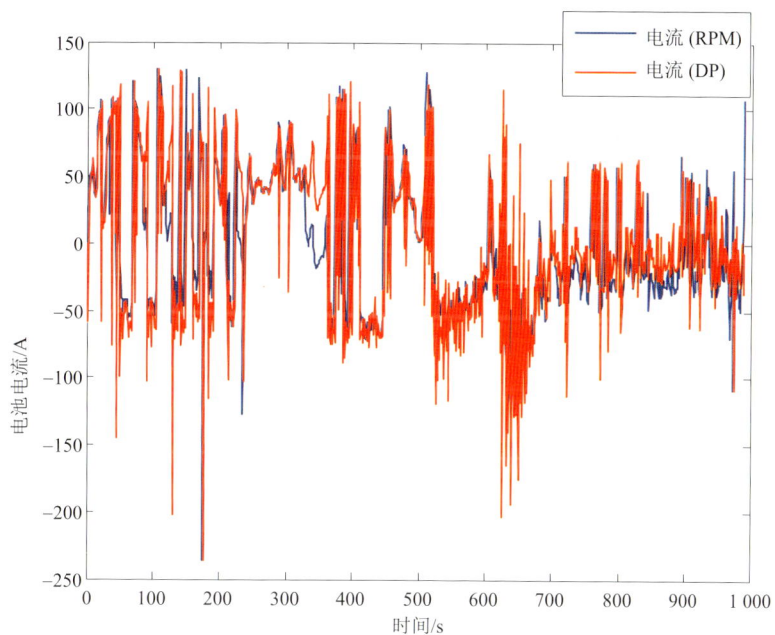

图 6-4　I_{bat} 的对比图

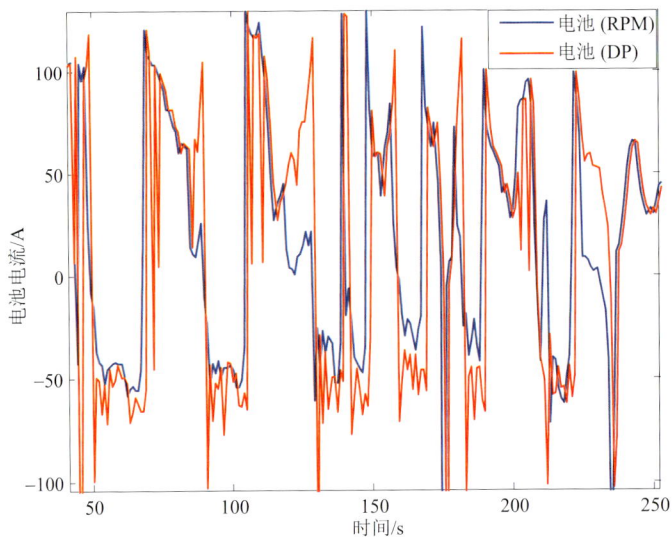

（a）

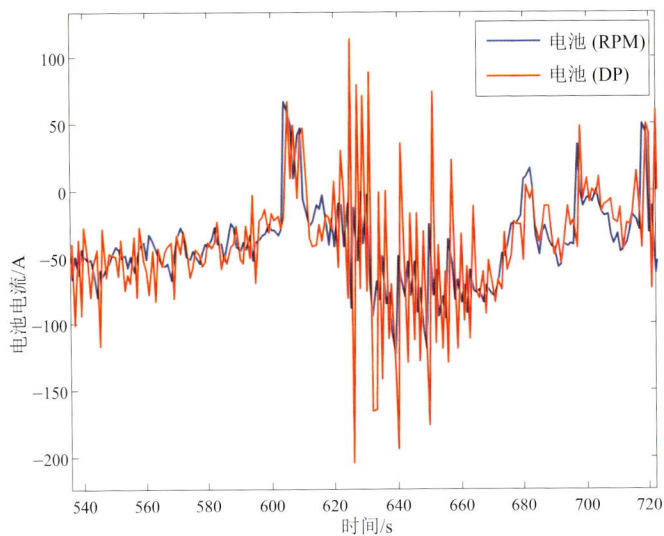

（b）

图 6-5　I_{bat} 的局部细节对比图

（a）50~250 s 局部对比；（b）540~720 s 局部对比

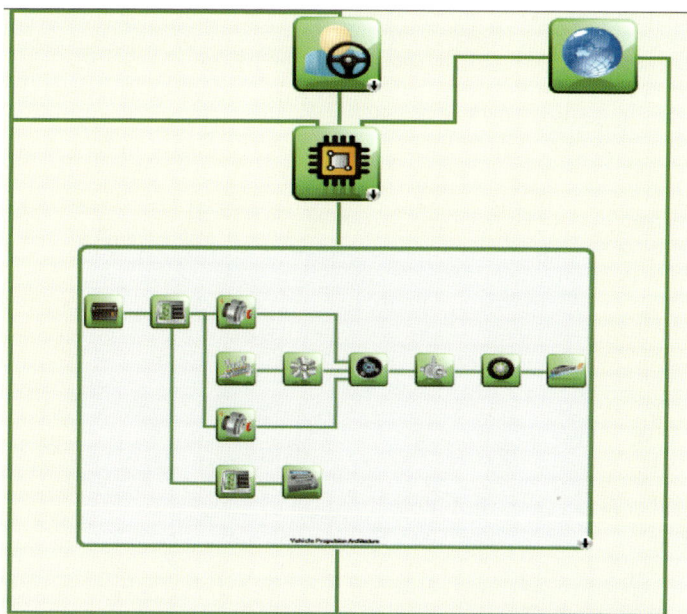

图 7-7 普锐斯混合驱动系统模型（取自 AUTONOMIE 软件）

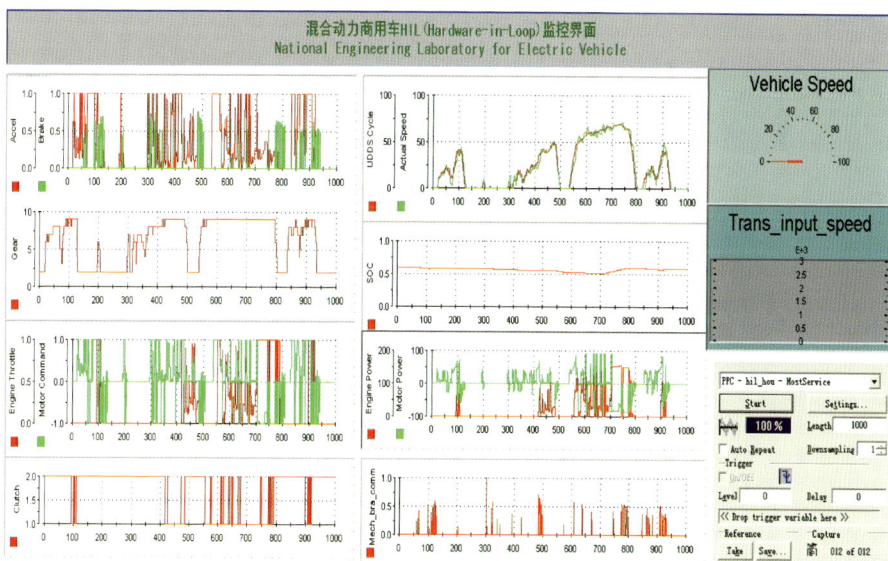

图 7-18 混合动力商用车 HIL 监控界面

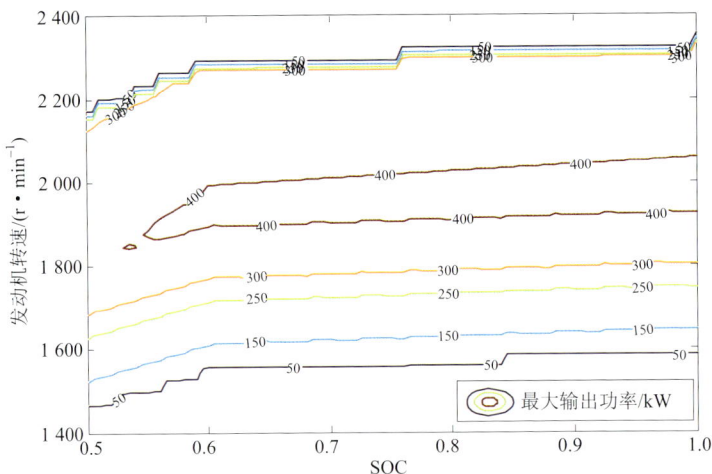

图8-8　发动机-发电机组和电池组最大输出功率（$I_{bat}<200$ A，$I_g<800$ A）

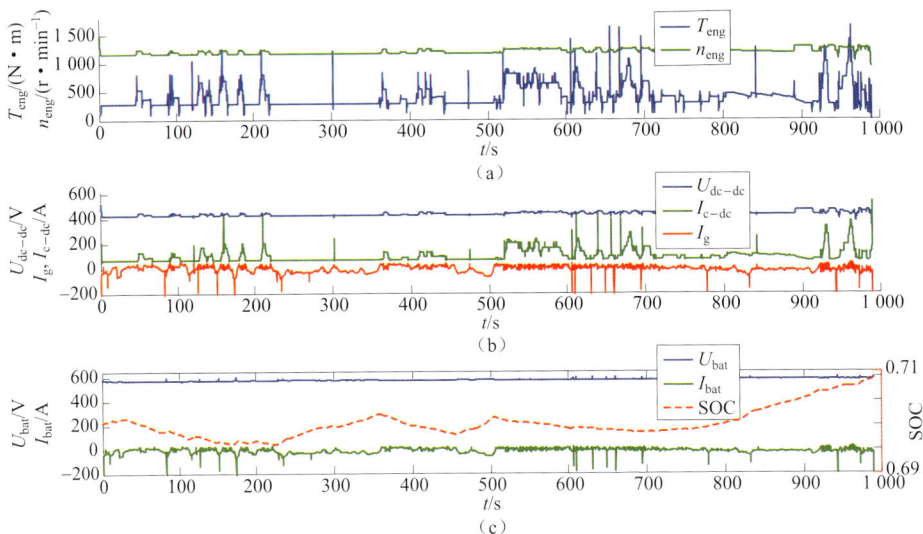

图8-30　最优控制下系统的时间变化历程（$\Delta n = 20$ r · min^{-1}）

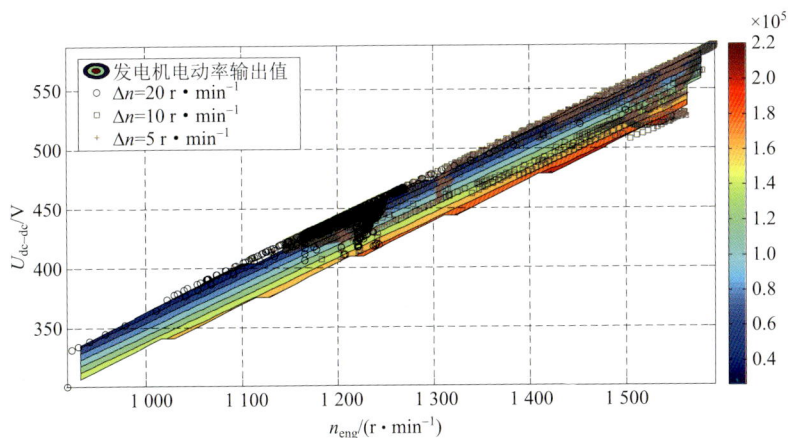

图 8-32　不同发电功率下发动机-发电机转速 n_{eng} 与母线电压 U_{dc-dc} 的关系

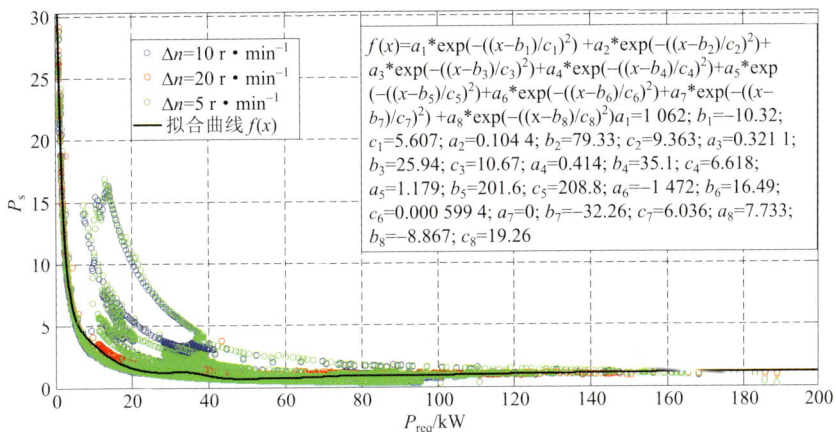

$$f(x)=a_1*\exp(-((x-b_1)/c_1)^2)+a_2*\exp(-((x-b_2)/c_2)^2)+a_3*\exp(-((x-b_3)/c_3)^2)+a_4*\exp(-((x-b_4)/c_4)^2)+a_5*\exp(-((x-b_5)/c_5)^2)+a_6*\exp(-((x-b_6)/c_6)^2)+a_7*\exp(-((x-b_7)/c_7)^2)+a_8*\exp(-((x-b_8)/c_8)^2)$$
$a_1=1\,062; b_1=-10.32; c_1=5.607; a_2=0.104\,4; b_2=79.33; c_2=9.363; a_3=0.321\,1; b_3=25.94; c_3=10.67; a_4=0.414; b_4=35.1; c_4=6.618; a_5=1.179; b_5=201.6; c_5=208.8; a_6=-1\,472; b_6=16.49; c_6=0.000\,599\,4; a_7=0; b_7=-32.26; c_7=6.036; a_8=7.733; b_8=-8.867; c_8=19.26$

图 8-33　发动机-发电机组输出功率与总功率的比值随总功率统计值的拟合曲线

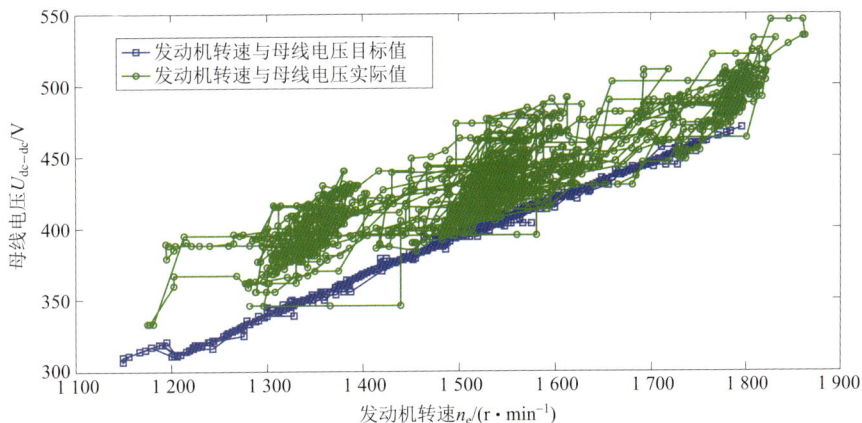

图 8-35　直流母线电压与发动机转速控制对应关系

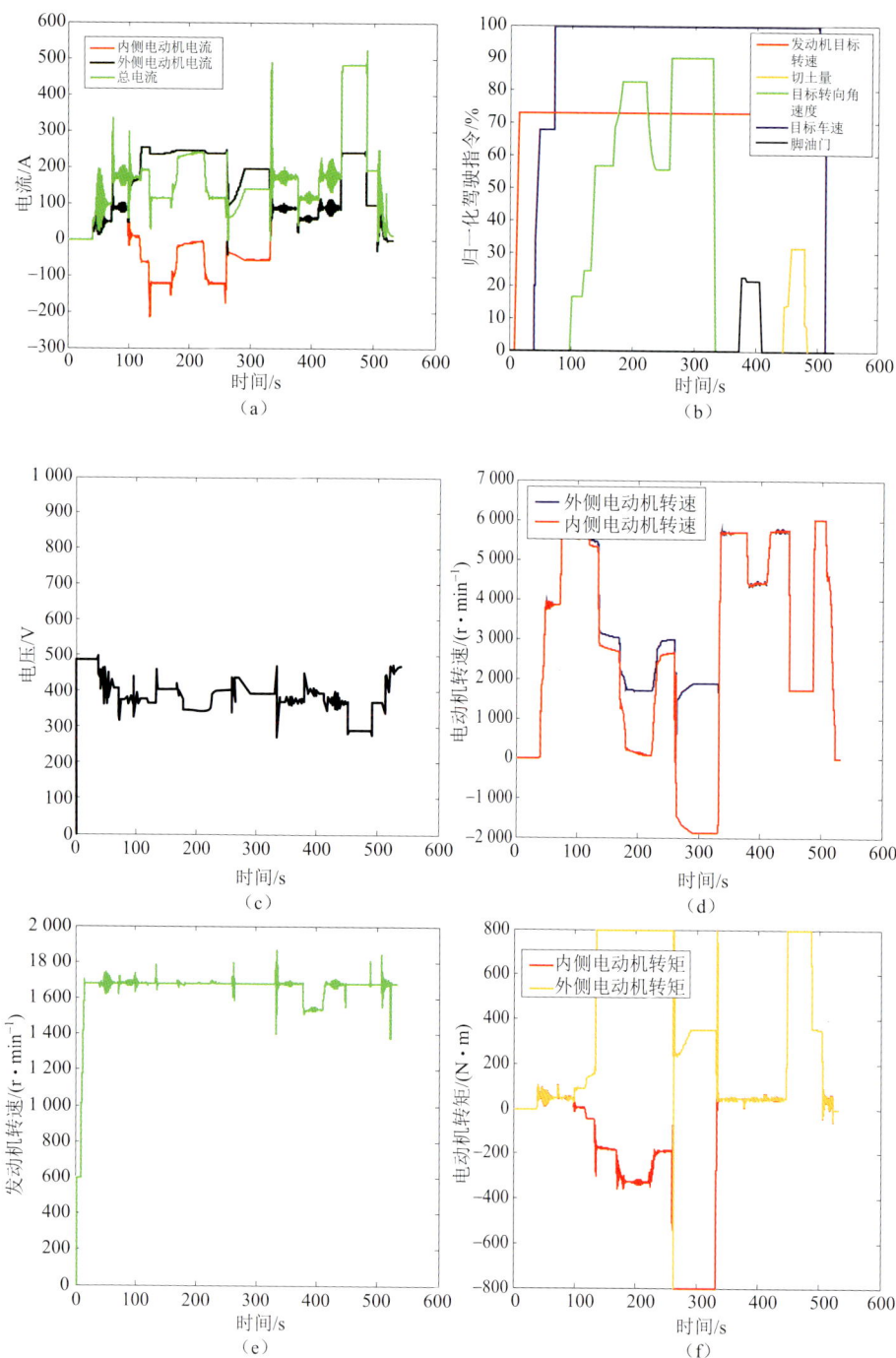

图 8-57　硬件在环测试仿真结果